常见同义词反义词词典

郭 玲 胡家喜 编

上海大学出版社
·上海·

图书在版编目(CIP)数据

常见同义词反义词词典 / 郭玲,胡家喜编. —上海:上海大学出版社,2023.2
ISBN 978-7-5671-4550-4

Ⅰ.①常… Ⅱ.①郭…②胡… Ⅲ.①汉语-同义词词典②汉语-反义词词典 Ⅳ.①H136.2-61

中国国家版本馆 CIP 数据核字(2023)第 021245 号

责任编辑　傅玉芳
封面设计　倪天辰
技术编辑　金　鑫　钱宇坤

常见同义词反义词词典
郭　玲　胡家喜　编
上海大学出版社出版发行
(上海市上大路 99 号　邮政编码 200444)
(https://www.shupress.cn　发行热线 021-66135112)
出版人　戴骏豪

*

南京展望文化发展有限公司排版
上海东亚彩印有限公司印刷　各地新华书店经销
开本 890mm×1240mm　1/64　印张 6.75　字数 327 千
2023 年 2 月第 1 版　2023 年 2 月第 1 次印刷
ISBN 978-7-5671-4550-4/H・415　定价 26.00 元

版权所有　侵权必究
如发现本书有印装质量问题请与印刷厂质量科联系
联系电话: 021-34536788

凡 例

一、本词典共收常见同义词反义词词组约1350组,供广大读者查检使用。

二、本词典条目由主词目(注音、释义、例句)、同义词词目(注音、例句)、反义词词目(注音、例句)、辨析和相关等部分组成:

1. 词目:本词典收词以现代语文词组为主。词目以词为主,也收录部分成语。

2. 注音:主词目及其同义词、反义词词目均用汉语拼音字母注音。注音时,不按词连写,不标变调。

3. 释义:主词目包括释义和例句,其同义词和反义词词目只举例句不释义。如果主词目是多义词,则在辨析部分加以说明。

4. 辨析:以辨析同义词为主。辨析说明简单扼要,突出说明同义词之间的区别。

5. 相关:相关部分列举的词语不注音、不释义、不举例,不在索引中出现。同义词和反义词之间用"/"隔开,词义相同的用";"隔开。

三、本词典的索引以成组方式编排,按主词目的汉语拼音字母顺序排列,同音的词目以第一个字的笔画多少为序。同义词用"≈"表示,反义词用"↔"表示。

词目音序索引

A

爱戴 ≈ 敬爱	1
↔ 鄙视	
爱好 ≈ 喜爱	1
↔ 厌恶	
爱护 ≈ 爱惜	1
珍惜	
↔ 破坏	
损害	
爱慕 ≈ 羡慕	2
↔ 憎恶	
安定 ≈ 稳定	2
↔ 动荡	
安分守己 ≈ 循规蹈矩	3
↔ 胡作非为	
安静 ≈ 宁静	3
平静	
↔ 嘈杂	
喧闹	
安居乐业 ↔ 流离失所	3
安全 ≈ 平安	4
↔ 危险	
安如磐石 ↔ 危如累卵	4
安慰 ≈ 抚慰	4
劝慰	
安稳 ≈ 平稳	4
↔ 颠簸	
安闲 ≈ 安逸	5
清闲	
↔ 忙碌	
安详 ≈ 慈祥	5
安葬 ≈ 埋葬	5
安置 ≈ 安顿	6
安排	
按期 ≈ 按时	6
按照 ≈ 依照	6
暗藏 ≈ 潜藏	6
隐藏	
暗淡 ≈ 黯淡	7
昏暗	

幽暗	挣脱	
↔ 明亮	↔ 陷入	
肮脏 ≈ 污秽	7	败坏 ≈ 损坏	12
↔ 洁净	拜会 ≈ 拜谒	12
翱翔 ≈ 飞翔	7	会见	
傲慢 ≈ 高傲	8	班门弄斧 ↔ 自知之明	12
骄傲	办法 ≈ 措施	12
↔ 谦恭	半壁江山 ↔ 金瓯无缺	13
谦虚	半路出家 ↔ 科班出身	13
奥秘 ≈ 奥妙	8	半途而废 ≈ 有始无终	13
玄妙	↔ 坚持不懈	
懊悔 ≈ 后悔	8	半信半疑 ≈ 将信将疑	13
B	↔ 坚信不疑	
拔刀相助 ≈ 雪中送炭	9	帮助 ≈ 帮忙	14
↔ 趁火打劫	协助	
拔苗助长 ≈ 操之过急	9	榜样 ≈ 模范	14
↔ 循序渐进	傍晚 ≈ 黄昏	14
把持 ≈ 控制	9	↔ 清晨	
把守 ≈ 看守	10	包含 ≈ 包括	15
把握 ≈ 掌握	10	包罗	
白天 ≈ 白昼	10	包围 ≈ 包抄	15
↔ 黑夜	↔ 突围	
晚上	包蕴 ≈ 含蕴	15
百家争鸣 ≈ 万马齐喑	10	宝物 ≈ 宝贝	15
百折不挠 ≈ 坚持不懈	11	↔ 废物	
↔ 一蹶不振	饱经风霜 ↔ 养尊处优	
摆设 ≈ 陈设	11	饱满 ≈ 丰满	16
摆脱 ≈ 解脱	11	↔ 干瘪	

保持 ≈ 维持	16	悲观 ≈ 失望	21
↔ 放弃		↔ 乐观	
保存 ≈ 保留	17	悲痛 ≈ 悲哀	21
↔ 销毁		悲伤	
保护 ≈ 维护	17	伤心	
↔ 伤害		↔ 欢乐	
保卫 ≈ 捍卫	17	奔波 ≈ 奔忙	22
守卫		奔走	
保障 ≈ 保证	18	奔驰 ≈ 奔跑	22
报酬 ≈ 酬谢	18	奔腾	
报答 ≈ 报效	18	奔放 ≈ 豪放	22
抱负 ≈ 理想	18	奔赴 ≈ 奔向	23
志向		本领 ≈ 本事	23
抱怨 ≈ 埋怨	18	能耐	
暴发 ≈ 爆发	19	笨嘴拙舌 ↔ 伶牙俐齿	23
暴露 ≈ 揭露	19	笨重 ≈ 繁重	23
显露		↔ 轻巧	
↔ 掩盖		逼近 ≈ 靠近	24
暴躁 ≈ 急躁	19	比赛 ≈ 竞赛	24
↔ 温和		笔直 ≈ 笔挺	24
卑鄙 ≈ 卑劣	20	↔ 曲折	
↔ 高尚		弯曲	
卑躬屈膝 ≈ 奴颜婢膝	20	鄙视 ≈ 鄙薄	24
↔ 刚正不阿		↔ 敬重	
卑贱 ≈ 下贱	20	必定 ≈ 一定	25
↔ 高贵		必然 ≈ 必定	25
悲惨 ≈ 凄惨	21	必须 ≈ 必需	25
凄凉		↔ 无须	

毕竟 ≈ 究竟	26	别有用心 ≈ 心怀叵测	30
弊病 ≈ 弊端	26	↔ 襟怀坦白	
↔ 优点		别致 ↔ 普通	31
边疆 ≈ 边界 边境	26	彬彬有礼 ≈ 温文尔雅 ↔ 出言不逊	31
边沿 ≈ 边缘	27	病人 ≈ 患者	31
变化 ≈ 变动	27	病入膏肓 ≈ 不可救药	31
变化无常 ≈ 千变万化 ↔ 一成不变	27	波澜壮阔 ≈ 波涛汹涌 ↔ 水平如镜	32
辨别 ≈ 鉴别 识别	27	波折 ≈ 周折	32
		薄弱 ≈ 单薄	32
辩白 ≈ 辩解 分辩	28	↔ 雄厚	
		补充 ≈ 补偿 弥补	32
辩论 ≈ 争论	28		
标记 ≈ 标志 记号	28	↔ 消耗	
		捕风捉影 ≈ 道听途说 无中生有	33
标新立异 ≈ 独树一帜 ↔ 因循守旧	29		
		哺育 ≈ 养育	33
表里如一 ≈ 言行一致 ↔ 口是心非	29	不动声色 ≈ 不露声色 ↔ 惊惶失措	34
表示 ≈ 表达 表现	29	不共戴天 ≈ 势不两立 ↔ 相亲相爱	34
表演 ≈ 演出 演示	30	不寒而栗 ≈ 胆战心惊 无所畏惧	34
表扬 ≈ 表彰 称赞 赞扬 ↔ 批评	30	不慌不忙 ≈ 不紧不慢 ↔ 慌慌张张	34
		不计其数 ≈ 数不胜数 ↔ 寥寥无几	35

不伦不类 ≈ 不三不四	35
不求甚解 ≈ 囫囵吞枣	35
↔ 寻根究底	
不修边幅 ↔ 衣冠楚楚	36
不由自主 ≈ 情不自禁	36
不约而同 ≈ 不谋而合	36
步调 ≈ 步伐	36
部分 ≈ 局部	37
↔ 全部	
部署 ≈ 布置	37

C

猜测 ≈ 猜想	38
猜疑	
↔ 相信	
才能 ≈ 才干	38
才华	
才智	
才疏学浅 ↔ 博学多才	39
材料 ≈ 资料	39
财产 ≈ 财富	39
采取 ≈ 采纳	39
采用	
参加 ≈ 参与	40
加入	
↔ 退出	
残酷 ≈ 残暴	40
残忍	
↔ 仁慈	
残杀 ≈ 屠杀	41
蚕食 ↔ 鲸吞	41
惭愧 ≈ 内疚	41
羞愧	
惨白 ≈ 苍白	41
↔ 红润	
惨无人道 ≈ 惨绝人寰	42
灿烂 ≈ 光辉	42
绚烂	
↔ 黯淡	
仓促 ≈ 仓皇	42
匆忙	
↔ 从容	
沧海一粟 ≈ 九牛一毛	43
操心 ≈ 操劳	43
费心	
省心	
操之过急 ≈ 急于求成	43
↔ 从容不迫	
操纵 ≈ 把持	44
草率 ≈ 轻率	44
↔ 认真	
曾经 ≈ 已经	44
差别 ≈ 差异	45
查看 ≈ 察看	45
查问 ≈ 盘问	45
刹那间 ≈ 一刹那	45
拆台 ↔ 捧场	45

产生 ≈ 发生	46	寂静
↔ 消失		↔ 喧闹
颤动 ≈ 颤抖	46	沉默寡言 ↔ 口若悬河 50
长处 ≈ 优点	46	沉思 ≈ 深思 51
↔ 短处		沉重 ≈ 繁重 51
缺点		↔ 轻松
长久 ≈ 悠久	47	沉着 ≈ 镇静 51
↔ 短暂		↔ 慌张
长年累月 ↔ 一朝一夕	47	陈旧 ≈ 陈腐 51
长远 ≈ 长久	47	↔ 崭新
永远		称心如意 ≈ 心满意足 52
↔ 眼前		大失所望
常常 ≈ 经常	48	趁火打劫 ≈ 浑水摸鱼 52
往往		↔ 雪中送炭
↔ 偶尔		称赞 ≈ 称颂 52
超过 ≈ 超越	48	↔ 责备
嘲笑 ≈ 嘲讽	48	成功 ≈ 胜利 53
嘲弄		↔ 失败
潮湿 ≈ 湿润	49	成绩 ≈ 成果 53
↔ 干燥		成就
车水马龙 ≈ 门庭若市	49	呈现 ≈ 浮现 53
↔ 门可罗雀		涌现
门庭冷落		↔ 消失
撤销 ≈ 取消	49	诚恳 ≈ 诚挚 54
撤职 ≈ 罢免	50	↔ 虚伪
免职		诚实 ≈ 老实 54
↔ 委任		↔ 虚假
沉静 ≈ 沉寂	50	承认 ≈ 确认 54

↔ 否认	崇拜 ≈ 崇敬	59
惩罚 ≈ 惩办 55	↔ 蔑视	
↔ 奖励	宠爱 ≈ 溺爱	59
吃力 ≈ 吃劲 55	稠密 ≈ 茂密	59
↔ 省力	↔ 稀疏	
迟钝 ≈ 迟缓 55	愁眉不展 ≈ 愁眉苦脸	60
↔ 灵敏	↔ 眉开眼笑	
迟疑 ≈ 犹豫 56	筹备 ≈ 筹办	60
↔ 果断	筹划	
迟疑不决 ↔ 当机立断 56	筹集	
持续 ≈ 继续 56	丑恶 ≈ 丑陋	60
连续	↔ 美好	
↔ 间断	美丽	
停止	出发 ≈ 动身	61
中断	起程	
持之以恒 ≈ 坚持不渝 57	↔ 返回	
锲而不舍	出其不意 ≈ 出人意料	61
↔ 半途而废	↔ 意料之中	
耻辱 ≈ 羞耻 57	出色 ≈ 杰出	61
↔ 荣誉	↔ 一般	
赤手空拳 ≈ 手无寸铁 57	出神 ≈ 入神	62
↔ 荷枪实弹	出席 ≈ 缺席	62
充满 ≈ 布满 58	处分 ≈ 处罚	62
充足 ≈ 充分 58	处理 ≈ 处置	62
充沛	触类旁通 ≈ 举一反三	63
冲破 ≈ 突破 58	矗立 ≈ 耸立	63
重整旗鼓 ≈ 东山再起 58	屹立	
↔ 一蹶不振	传播 ≈ 传布	63

传说 ≈ 据说	63	↔ 温和	
创造 ≈ 发明	64	粗糙 ≈ 粗劣	68
垂头丧气 ≈ 灰心丧气	64	↔ 光滑	
↔ 得意洋洋		粗心 ≈ 马虎	68
纯粹 ≈ 纯正	65	↔ 细心	
↔ 混杂		粗心大意 ≈ 粗枝大叶	68
纯洁 ≈ 纯朴	65	↔ 小心谨慎	
纯真		粗制滥造 ↔ 精雕细刻	69
↔ 肮脏		篡改 ≈ 窜改	69
慈爱 ≈ 慈祥	65	脆弱 ≈ 懦弱	69
↔ 凶恶		软弱	
次序 ≈ 顺序	65	↔ 坚强	
秩序		寸步难行 ≈ 步履维艰	70
伺候 ≈ 侍奉	66	↔ 一帆风顺	
侍候		措手不及 ≈ 猝不及防	70
匆忙 ≈ 急忙	66	错误 ≈ 差错	70
连忙		缺点	
聪明 ≈ 聪颖	66	失误	
机灵		↔ 正确	
↔ 愚蠢		**D**	
从来 ≈ 历来	67	答应 ≈ 允许	72
向来		准许	
从前 ≈ 以前	67	↔ 拒绝	
↔ 现在		打扮 ≈ 装扮	72
从容不迫 ↔ 惊慌失措	67	打抱不平 ≈ 见义勇为	72
手忙脚乱		↔ 明哲保身	
粗暴 ≈ 粗鲁	68	打量 ≈ 端详	73
粗野		打算 ≈ 盘算	73

企图		↔ 勇敢	
打听 ≈ 了解	73	但是 ≈ 可是	78
大步流星 ≈ 健步如飞	73	然而	
↔ 老牛破车		诞辰 ≈ 生日	78
大概 ≈ 大约	74	↔ 忌辰	
↔ 详细		诞生 ≈ 出生	78
大公无私 ≈ 公而忘私	74	↔ 逝世	
↔ 自私自利		当机立断 ≈ 毅然决然	79
大惊小怪 ≈ 少见多怪	74	↔ 举棋不定	
↔ 司空见惯		优柔寡断	
大失所望 ≈ 如愿以偿	75	当仁不让 ≈ 义不容辞	79
大手大脚 ≈ 挥金如土	75	责无旁贷	
↔ 精打细算		当心 ≈ 小心	79
大智若愚 ≈ 锋芒毕露	75	荡然无存 ≈ 化为乌有	80
代替 ≈ 顶替	76	↔ 原封不动	
取代		倒霉 ≈ 倒运	80
带领 ≈ 率领	76	↔ 幸运	
↔ 跟随		走运	
担任 ≈ 担当	76	到达 ≈ 达到	80
担负		道貌岸然 ≈ 一本正经	80
担心 ≈ 担忧	76	↔ 嬉皮笑脸	
忧虑		道歉 ≈ 抱歉	81
↔ 放心		得到 ≈ 取得	81
耽搁 ≈ 耽误	77	↔ 失去	
胆大包天 ≈ 胆大妄为	77	等待 ≈ 等候	81
↔ 胆小如鼠		低沉 ≈ 低落	81
胆怯 ≈ 胆小	77	消沉	
害怕		↔ 高昂	

	振作	
低贱 ≈	低廉	82
	低微	
	↔ 高贵	
抵抗 ≈	抵御	82
	反抗	
	↔ 投降	
典范 ≈	典型	83
点缀 ≈	装饰	83
惦记 ≈	惦念	83
	↔ 忘记	
凋零 ≈	凋落	84
	凋谢	
	↔ 茂盛	
掉以轻心 ≈	等闲视之	84
	↔ 郑重其事	
叮咛 ≈	叮嘱	84
	嘱咐	
抖动 ≈	颤动	85
	颤抖	
陡峭 ≈	峻峭	85
	↔ 平缓	
斗争 ≈	争斗	85
	↔ 妥协	
督促 ≈	催促	86
	↔ 放任	
独创 ≈	首创	86
	↔ 模仿	
独一无二 ≈	举世无双	86
	↔ 屡见不鲜	
堵塞 ≈	阻塞	86
	↔ 畅通	
度过 ≈	渡过	87
短暂 ≈	短促	87
	↔ 长久	
断定 ≈	肯定	87
	确定	
对比 ≈	对照	88
对付 ≈	应付	88
多此一举 ≈	画蛇添足	88
多谋善断 ≈	足智多谋	88
夺目 ≈	醒目	88
躲避 ≈	躲藏	89
	逃避	
堕落 ≈	腐化	89
E		
扼要 ≈	简要	90
	↔ 烦琐	
恶劣 ≈	卑劣	90
	↔ 良好	
遏止 ≈	遏制	90
恩赐 ≈	赏赐	91
	↔ 乞求	
恩情 ≈	恩惠	91
	↔ 仇恨	
耳闻目睹 ≈	耳濡目染	91

潜移默化

F

词条		页码
发表 ≈ 发布		92
↔ 撤销		
发达 ≈ 兴旺		92
↔ 衰败		
发动 ≈ 动员		93
发奋 ≈ 发愤		93
发挥 ≈ 发扬		93
发觉 ≈ 发现		93
↔ 隐藏		
发掘 ≈ 挖掘		94
↔ 埋没		
发展 ≈ 进展		94
↔ 停滞		
翻来覆去 ≈ 辗转反侧		94
翻云覆雨 ≈ 反复无常		95
烦闷 ≈ 烦躁		95
↔ 舒畅 愉快		
繁华 ≈ 繁荣		95
↔ 荒凉		
繁忙 ≈ 繁重		96
↔ 悠闲		
繁荣富强 ≈ 繁荣昌盛		96
↔ 民困国贫		
反复 ≈ 重复		96
反映 ≈ 反应		96
范围 ≈ 范畴		97
方法 ≈ 方式		97
方便 ≈ 便利		97
↔ 麻烦		
方兴未艾 ≈ 如火如荼		97
↔ 日暮途穷		
防备 ≈ 提防 防范		98
防患未然 ≈ 防微杜渐		98
↔ 木已成舟		
妨碍 ≈ 妨害 阻碍		98
↔ 推动		
仿佛 ≈ 好像 似乎		99
仿造 ≈ 仿效 仿照		99
↔ 创造		
放弃 ≈ 废弃 抛弃		99
↔ 坚持		
放手 ≈ 放任		100
飞驰 ≈ 飞奔 飞驶		100
飞翔 ≈ 飞行		100
非常 ≈ 十分 异常		100
↔ 平常		

肥沃 ≈ 肥美	101
↔ 贫瘠	
废寝忘食 ≈ 夜以继日	101
分崩离析 ≈ 四分五裂	101
分辨 ≈ 辨别	101
辨认	
分别 ≈ 分辨	102
区别	
↔ 混淆	
分道扬镳 ≈ 各奔前程	102
↔ 志同道合	
分秒必争 ≈ 争分夺秒	102
↔ 蹉跎岁月	
分散 ≈ 散发	103
散开	
↔ 集中	
分析 ↔ 综合	103
愤怒 ≈ 愤慨	103
丰富 ≈ 丰厚	104
丰盛	
↔ 贫乏	
丰功伟绩 ≈ 汗马功劳	104
↔ 罪大恶极	
丰衣足食 ≈ 家给人足	105
↔ 饥寒交迫	
缺吃少穿	
风景 ≈ 景色	105
景物	
风气 ≈ 风尚	105
风俗	
风趣 ≈ 幽默	106
风声鹤唳 ≈ 草木皆兵	106
风雨同舟 ≈ 同舟共济	106
↔ 同床异梦	
疯狂 ≈ 猖狂	106
缝隙 ≈ 空隙	106
否定 ≈ 否认	107
↔ 承认	
肯定	
肤浅 ≈ 浮浅	107
↔ 深刻	
渊博	
敷衍了事 ≈ 敷衍塞责	107
↔ 一丝不苟	
扶养 ≈ 抚养	108
赡养	
扶摇直上 ≈ 青云直上	108
↔ 急转直下	
一落千丈	
拂晓 ≈ 黎明	108
凌晨	
↔ 黄昏	
浮光掠影 ≈ 走马观花	109
俯拾即是 ≈ 比比皆是	109
↔ 寥寥无几	
俯视 ≈ 俯瞰	109

俯首帖耳 ≈ 百依百顺	110	↔ 肮脏	
↔ 桀骜不驯		干扰 ≈ 扰乱	114
腐败 ≈ 腐烂	110	骚扰	
↔ 新鲜		干涉 ≈ 干预	114
附和 ≈ 赞成	110	甘拜下风 ≈ 甘居人后	115
↔ 反对		↔ 不甘后人	
复杂 ≈ 繁杂	110	感动 ≈ 激动	115
庞杂		感恩戴德 ↔ 忘恩负义	115
↔ 简单		感激 ≈ 感谢	115
富丽 ≈ 华丽	111	感觉 ≈ 感受	116
壮丽		刚愎自用 ≈ 独断专行	116
富裕 ≈ 富强	111	↔ 虚怀若谷	
富饶		刚才 ≈ 刚刚	116
↔ 贫穷		刚强 ≈ 坚强	116

G

改变 ≈ 转变	112	倔强	
保持		↔ 懦弱	
改动 ≈ 改换	112	刚正不阿 ↔ 阿谀奉承	117
↔ 照旧		高贵 ≈ 高尚	117
改过自新 ≈ 改邪归正	112	↔ 卑劣	
↔ 死不改悔		低贱	
改进 ≈ 改良	113	高明 ≈ 高超	118
改善		↔ 拙劣	
改正 ≈ 订正	113	平庸	
↔ 坚持		高朋满座 ↔ 门可罗雀	118
干涸 ≈ 干枯	113	高耸 ≈ 高大	118
↔ 滋润		↔ 低陷	
干净 ≈ 清洁	114	高谈阔论 ≈ 夸夸其谈	118
		↔ 沉默寡言	

高兴 ≈ 愉快	119
↔ 生气	
忧愁	
高瞻远瞩 ↔ 鼠目寸光	119
高枕无忧 ↔ 枕戈待旦	119
告别 ≈ 告辞	120
歌唱 ≈ 歌颂	120
↔ 咒骂	
歌功颂德 ≈ 交口称赞	120
↔ 怨声载道	
格格不入 ↔ 水乳交融	121
格外 ≈ 分外	121
隔岸观火 ≈ 袖手旁观	121
↔ 见义勇为	
隔断 ≈ 隔绝	121
↔ 联系	
隔阂 ≈ 隔膜	122
融洽	
各抒己见 ≈ 各执己见	122
根本 ≈ 基本	122
根据 ≈ 依据	123
工作 ≈ 劳作	123
公布 ≈ 发布	123
宣布	
公而忘私 ≈ 公正无私	123
↔ 假公济私	
公开 ≈ 公然	124
↔ 秘密	
公平 ≈ 公道	124
公正	
↔ 偏倚	
功败垂成 ≈ 功亏一篑	124
↔ 大功告成	
功成名就 ↔ 一事无成	125
功劳 ≈ 功绩	125
功勋	
↔ 过失	
功能 ≈ 功效	125
攻击 ≈ 攻打	126
袭击	
↔ 防守	
供应 ≈ 供给	126
巩固 ≈ 稳固	126
↔ 动摇	
贡献 ≈ 奉献	127
↔ 索取	
钩心斗角 ≈ 尔虞我诈	127
↔ 肝胆相照	
狗仗人势 ≈ 狐假虎威	127
估计 ≈ 估量	128
孤芳自赏 ↔ 自惭形秽	128
孤陋寡闻 ≈ 才疏学浅	128
↔ 见多识广	
鼓动 ≈ 鼓舞	128
煽动	
↔ 劝阻	

鼓舞 ≈ 鼓励	129	↔ 粗糙
激励		光辉 ≈ 光彩 134
↔ 打击		光华
压制		光芒
固若金汤 ≈ 铜墙铁壁	129	光临 ≈ 莅临 134
↔ 危如累卵		光明磊落 ≈ 光明正大 134
固执 ≈ 执着	130	↔ 心怀叵测
顽固		光荣 ≈ 荣誉 135
↔ 随和		↔ 可耻
固执己见 ≈ 一意孤行	130	广大 ≈ 宽大 135
虚怀若谷		广泛 ≈ 普遍 135
顾名思义 ≈ 望文生义	130	广阔 ≈ 宽阔 135
瓜分 ↔ 独吞	131	辽阔
瓜熟蒂落 ≈ 水到渠成	131	↔ 狭窄
↔ 拔苗助长		规矩 ≈ 规则 136
拐弯抹角 ↔ 开门见山	131	规定
关头 ≈ 关键	132	诡辩 ≈ 狡辩 136
关心 ≈ 关怀	132	国家 ≈ 国度 137
关切		祖国
关注		果断 ≈ 果决 137
↔ 冷漠		↔ 犹豫
观察 ≈ 观看	132	过程 ≈ 进程 137
观望		历程
观点 ≈ 观念	133	**H**
管理 ≈ 管制	133	海底捞月 ≈ 大海捞针 138
↔ 放任		↔ 轻而易举
光彩夺目 ↔ 黯然失色	133	瓮中捉鳖
光滑 ≈ 光润	133	害怕 ≈ 惧怕 138

恐惧
↔ 无畏
害羞 ≈ 害臊　　　　　138
　　　腼腆
含糊 ≈ 模糊　　　　　139
↔ 清楚
含糊其辞 ≈ 闪烁其词　139
↔ 直截了当
含沙射影 ≈ 指桑骂槐　140
含辛茹苦 ≈ 千辛万苦　140
↔ 养尊处优
涵养 ≈ 修养　　　　　140
寒冷 ≈ 冰冷　　　　　140
↔ 温暖
　　　暖和
航行 ≈ 飞行　　　　　141
　　　行驶
毫不犹豫 ≈ 当机立断　141
↔ 犹豫不决
豪放 ≈ 豪迈　　　　　141
↔ 委琐
豪华 ≈ 奢华　　　　　142
好事多磨 ↔ 一帆风顺　142
号召 ≈ 召唤　　　　　142
好为人师 ↔ 不耻下问　142
浩大 ≈ 浩荡　　　　　143
浩如烟海 ≈ 不可胜数　143
↔ 寥寥无几

合适 ≈ 适合　　　　　143
合作 ≈ 协作　　　　　143
↔ 单干
　　　分工
和蔼 ≈ 和气　　　　　144
　　　和善
↔ 粗暴
和蔼可亲 ≈ 平易近人　144
赫赫有名 ≈ 举世闻名　144
　　　　　大名鼎鼎
↔ 默默无闻
烘托 ≈ 衬托　　　　　145
宏大 ≈ 巨大　　　　　145
　　　庞大
↔ 微小
洪亮 ≈ 嘹亮　　　　　145
　　　响亮
　　　沙哑
哄骗 ≈ 欺骗　　　　　146
后代 ≈ 后辈　　　　　146
后盾 ≈ 后台　　　　　146
厚此薄彼 ↔ 一视同仁　147
呼唤 ≈ 呼喊　　　　　147
忽然 ≈ 突然　　　　　147
　　　骤然
↔ 逐渐
忽视 ≈ 忽略　　　　　148
　　　疏忽

↔ 重视	
注意	
糊涂 ≈ 迷糊	148
愚蠢	
↔ 清楚	
虎头蛇尾 ≈ 有始无终	148
↔ 有始有终	
花白 ≈ 斑白	149
华丽 ≈ 富丽	149
绚丽	
↔ 朴素	
华侨 ≈ 华人	149
华裔	
滑稽 ≈ 诙谐	150
幽默	
画饼充饥 ≈ 望梅止渴	150
怀念 ≈ 纪念	150
追念	
怀疑 ≈ 猜疑	150
↔ 相信	
欢乐 ≈ 欢畅	151
欢快	
↔ 痛苦	
欢天喜地 ≈ 兴高采烈	151
↔ 愁眉苦脸	
欢迎 ≈ 迎接	151
环绕 ≈ 环抱	151
幻想 ≈ 空想	152

梦想	
患得患失 ≈ 斤斤计较	152
荒凉 ≈ 荒芜	152
偏僻	
↔ 繁华	
荒谬 ≈ 荒唐	153
慌张 ≈ 慌忙	153
惊慌	
↔ 镇定	
恍然大悟 ≈ 茅塞顿开	153
↔ 百思不解	
晃动 ≈ 晃荡	153
回答 ≈ 答复	154
回忆 ≈ 回顾	154
↔ 展望	
汇合 ≈ 会合	154
↔ 分流	
昏暗 ≈ 幽暗	155
↔ 光亮	
混乱 ≈ 杂乱	155
↔ 整齐	
活动 ≈ 运动	155
伙伴 ≈ 同伴	155
祸不单行 ≈ 雪上加霜	156
↔ 双喜临门	
祸患 ≈ 祸害	156

J

讥讽 ≈ 讽刺	157

讥笑 ≈ 嘲笑	157	记录 ≈ 记载	161
嗤笑		记忆犹新 ≈ 历历在目	162
机会 ≈ 机遇	157	念念不忘	
机智 ≈ 机警	157	技能 ≈ 技巧	162
机灵		技术	
↔ 迟钝		继续 ≈ 陆续	162
鸡毛蒜皮 ≈ 微不足道	158	↔ 中断	
↔ 举足轻重		加强 ≈ 增强	163
积极 ↔ 消极	158	↔ 减弱	
积累 ≈ 积攒	158	加速 ≈ 加快	163
↔ 消耗		↔ 减慢	
积少成多 ≈ 聚沙成塔	159	家畜 ≈ 牲畜	163
激烈 ≈ 剧烈	159	家乡 ≈ 故乡	163
猛烈		假公济私 ↔ 廉洁奉公	164
↔ 平静		假装 ≈ 伪装	164
极力 ≈ 竭力	159	价格 ≈ 价钱	164
急忙 ≈ 连忙	160	驾驶 ≈ 驾驭	164
↔ 缓慢		歼灭 ≈ 消灭	165
急于求成 ≈ 操之过急	160	坚定 ≈ 坚决	165
↔ 从容不迫		↔ 动摇	
急躁 ≈ 烦躁	160	坚强 ≈ 顽强	165
焦躁		↔ 软弱	
↔ 耐心		坚韧 ≈ 坚忍	165
疾苦 ≈ 困苦	161	↔ 脆弱	
痛苦		艰苦 ≈ 艰难	166
↔ 快乐		↔ 舒适	
计划 ≈ 规划	161	监视 ≈ 监督	166
计算 ≈ 运算	161	俭朴 ≈ 简朴	166

词		页码
↔ 奢侈		
检查 ≈ 检讨		167
减少 ≈ 减轻		167
减弱		
↔ 增加		
简洁 ≈ 简短		167
简明		
↔ 冗长		
简练 ≈ 精练		168
见机行事 ≈ 随机应变		168
↔ 一成不变		
见异思迁 ≈ 朝秦暮楚		168
↔ 专心致志		
建立 ≈ 创立		168
↔ 破除		
建设 ≈ 建造		169
↔ 破坏		
建议 ≈ 倡议		169
创议		
健壮 ≈ 强壮		169
↔ 虚弱		
交换 ≈ 交流		170
交集 ≈ 交错		170
交织		
交往 ≈ 交际		170
骄傲 ≈ 傲慢		170
自豪		
↔ 谦虚		
娇艳 ≈ 鲜艳		171
焦急 ≈ 焦虑		171
焦灼		
↔ 耐心		
脚踏实地 ↔ 好高骛远		171
脚印 ≈ 足迹		171
教导 ≈ 教诲		172
教训		
教师 ≈ 老师		172
↔ 学生		
接二连三 ≈ 接连不断		172
↔ 断断续续		
接见 ≈ 会见		173
接受 ≈ 接收		173
↔ 拒绝		
节约 ≈ 节俭		173
节省		
↔ 浪费		
界线 ≈ 界限		173
今非昔比 ↔ 今不如昔		174
津津有味 ≈ 兴致勃勃		174
↔ 索然无味		
紧急 ≈ 紧迫		174
↔ 宽裕		
尽善尽美 ≈ 十全十美		174
↔ 一无是处		
禁止 ≈ 制止		175
↔ 允许		

噤若寒蝉 ≈ 守口如瓶	175
↔ 侃侃而谈	
经过 ≈ 通过	175
惊慌 ≈ 惊恐	176
↔ 镇静	
惊异 ≈ 诧异	176
惊诧	
精美 ≈ 精巧	176
精致	
↔ 粗糙	
精辟 ≈ 精当	176
↔ 粗浅	
精益求精 ↔ 敷衍了事	177
井井有条 ↔ 杂乱无章	177
警告 ≈ 正告	177
警觉 ≈ 警惕	177
敬佩 ≈ 钦佩	178
↔ 藐视	
迥然不同 ≈ 截然不同	178
↔ 一模一样	
九死一生 ↔ 安然无恙	178
拘谨 ≈ 拘束	178
居安思危 ↔ 高枕无忧	179
局面 ≈ 场面	179
局势 ≈ 形势	179
举不胜举 ≈ 不可胜数	179
↔ 屈指可数	
巨大 ≈ 庞大	180
↔ 微小	
拒绝 ≈ 回绝	180
谢绝	
↔ 接受	
决定 ≈ 确定	180

K

开办 ≈ 创办	181
开端 ≈ 开始	181
↔ 结局	
开发 ≈ 开采	181
开朗 ≈ 爽朗	181
↔ 忧郁	
开明 ≈ 开通	182
↔ 守旧	
开辟 ≈ 开拓	182
开展 ≈ 展开	182
刊登 ≈ 发表	183
坎坷 ≈ 曲折	183
↔ 平坦	
侃侃而谈 ≈ 口若悬河	183
↔ 闭口无言	
看法 ≈ 观点	184
见解	
慷慨 ≈ 大方	184
↔ 吝啬	
考察 ≈ 考查	184
考核	
考虑 ≈ 思考	184

靠近 ≈ 靠拢	185	↔ 忧伤	
↔ 离开		宽敞 ≈ 宽广	189
苛刻 ≈ 刻薄	185	宽阔	
宽厚		↔ 狭窄	
可靠 ≈ 牢靠	185	宽宏大量 ↔ 小肚鸡肠	190
渴望 ≈ 盼望	186	旷野 ≈ 田野	190
希望		况且 ≈ 何况	190
克制 ≈ 抑制	186	魁梧 ≈ 高大	190
↔ 放纵		↔ 矮小	
恳切 ≈ 殷切	186	困兽犹斗 ≈ 垂死挣扎	191
恳求 ≈ 请求	186	↔ 束手就擒	
哀求		扩大 ≈ 扩充	191
空洞 ≈ 空虚	187	扩张	
↔ 具体		↔ 缩小	
恐怖 ≈ 恐惧	187	阔气 ≈ 阔绰	192
↔ 无畏		↔ 俭朴	
恐怕 ≈ 大概	187	**L**	
控制 ≈ 操纵	188	拉拢 ≈ 笼络	193
掌握		↔ 排挤	
↔ 摆脱		来龙去脉 ≈ 前因后果	193
口吻 ≈ 口气	188	来源 ≈ 起源	193
苦难 ≈ 灾难	188	懒惰 ≈ 懒散	194
↔ 幸福		↔ 勤劳	
夸大 ≈ 夸张	188	滥用 ≈ 乱用	194
↔ 缩小		滥竽充数 ≈ 鱼目混珠	194
夸奖 ≈ 夸耀	189	↔ 货真价实	
↔ 责备		浪费 ≈ 糟蹋	194
快乐 ≈ 快活	189	↔ 节约	

劳动 ≈ 劳作	195	连绵不断 ≈ 连绵起伏	200
↔ 休息		↔ 断断续续	
劳苦 ≈ 劳累	195	联络 ≈ 联系	200
↔ 舒服		廉洁奉公 ↔ 贪得无厌	200
牢不可破 ↔ 不堪一击	195	恋恋不舍 ≈ 依依不舍	200
牢固 ≈ 坚固	195	良好 ↔ 恶劣	201
老实 ↔ 狡猾	196	凉快 ≈ 凉爽	201
老态龙钟 ↔ 血气方刚	196	↔ 闷热	
乐观 ↔ 悲观	196	粮食 ≈ 食粮	201
乐极生悲 ↔ 否极泰来	196	辽阔 ↔ 狭小	201
冷淡 ≈ 冷漠	196	嘹亮 ≈ 响亮	201
↔ 热情		↔ 嘶哑	
冷静 ≈ 沉着	197	了如指掌 ↔ 一无所知	202
↔ 激动		瞭望 ≈ 眺望	202
冷若冰霜 ↔ 满腔热忱	197	临近 ≈ 邻近	202
理解 ≈ 了解	197	临时 ≈ 暂时	202
理屈词穷 ↔ 理直气壮	197	↔ 长期	
理想 ≈ 幻想	198	吝啬 ≈ 小气	203
力不从心 ≈ 力不胜任	198	↔ 大方	
↔ 应付自如		伶俐 ↔ 死板	203
力气 ≈ 力量	198	灵活 ≈ 灵敏	203
厉害 ↔ 缓和	198	↔ 呆板	
利害 ≈ 利弊	199	另起炉灶 ≈ 重整旗鼓	204
利落 ≈ 利索	199	↔ 偃旗息鼓	
↔ 拖沓		浏览 ≈ 涉猎	204
利益 ≈ 收益	199	流畅 ≈ 流利	204
连接 ≈ 联结	199	↔ 枯涩	
↔ 割断		流芳百世 ↔ 臭名远扬	204

流露 ≈ 透露	205	
↔ 隐瞒		
流言蜚语 ≈ 无稽之谈	205	
龙腾虎跃 ≈ 生龙活虎	205	
↔ 一蹶不振		
隆重 ≈ 盛大	206	
笼罩 ≈ 覆盖	206	
旅行 ≈ 旅游	206	
屡次 ≈ 一再	206	
屡见不鲜 ≈ 司空见惯	206	
履行 ≈ 执行	206	
掠夺 ≈ 掠取	207	
略见端倪 ≈ 茫无头绪	207	
略微 ≈ 稍许	207	
轮番 ≈ 轮流	207	
落后 ≈ 落伍	208	
↔ 进步		
落花流水 ≈ 丢盔弃甲	208	
↔ 严阵以待		

M

麻痹 ≈ 麻木	209
↔ 警惕	
马到成功 ≈ 旗开得胜	209
↔ 出师不利	
买卖 ≈ 生意	209
满腹经纶 ≈ 胸无点墨	210
满怀 ≈ 满腔	210
满面春风 ≈ 眉飞色舞	210
↔ 愁眉苦脸	
满意 ≈ 得意	210
中意	
↔ 不满	
慢条斯理 ≈ 雷厉风行	211
漫长 ≈ 短暂	211
漫游 ≈ 周游	211
忙碌 ≈ 繁忙	211
清闲	
盲目 ↔ 自觉	212
莽撞 ≈ 粗鲁	212
稳重	
猫哭老鼠 ≈ 假仁假义	212
↔ 真心诚意	
毛病 ≈ 缺点	212
茂盛 ≈ 茂密	213
旺盛	
↔ 稀疏	
貌合神离 ≈ 同床异梦	213
↔ 情投意合	
没精打采 ≈ 有气无力	213
精神抖擞	
美观 ≈ 好看	213
↔ 丑陋	
美好 ≈ 美妙	214
↔ 丑恶	
美丽 ≈ 漂亮	214
↔ 难看	

美轮美奂 ≈ 富丽堂皇	214	↔ 重视
美满 ≈ 圆满	215	灭亡 ≈ 死亡	219
↔ 悲惨		敏感 ≈ 敏锐	219
美中不足 ≈ 白璧微瑕	215	↔ 迟钝
↔ 十全十美		敏捷 ≈ 迅捷	220
闷热 ↔ 凉快	215	↔ 迟缓
门可罗雀 ↔ 门庭若市	215	名副其实 ≈ 名不虚传	220
朦胧 ↔ 清晰	215	↔ 名不副实
猛烈 ≈ 激烈	216	名贵 ≈ 贵重	220
↔ 缓和		↔ 低廉
秘密 ≈ 隐秘	216	明白 ≈ 清楚	220
↔ 公开		明辨是非 ↔ 不分皂白	221
密密麻麻 ↔ 稀稀落落	216	明火执仗 ≈ 明目张胆	221
免除 ≈ 解除	216	↔ 小心翼翼
↔ 委任		明确 ≈ 明了	221
勉励 ≈ 鼓励	217	↔ 含糊
↔ 打击		明显 ≈ 显著	221
面对 ≈ 面临	217	↔ 隐晦
面面俱到 ≈ 统筹兼顾	217	冥思苦想 ≈ 绞尽脑汁	222
↔ 顾此失彼		↔ 无所用心
面目 ≈ 面貌	217	铭记 ≈ 牢记	222
面目全非 ≈ 天翻地覆	218	↔ 淡忘
↔ 原封不动		命名 ≈ 取名	222
苗条 ↔ 臃肿	218	摸索 ≈ 探索	222
描写 ≈ 描述	218	模仿 ≈ 模拟	223
渺小 ≈ 微小	219	摩拳擦掌 ≈ 跃跃欲试	223
↔ 伟大		↔ 无精打采
藐视 ≈ 轻视	219	没收 ↔ 退还	223

漠不关心 ≈ 漠然置之 ↔ 无微不至	224	年青 ≈ 年轻 ↔ 年迈	229
墨守成规 ≈ 因循守旧 ↔ 独辟蹊径	224	念念有词 ≈ 振振有词 ↔ 默默无言	229
谋害 ≈ 谋杀	224	捏造 ≈ 伪造	230
目的 ≈ 目标	224	宁静 ≈ 恬静 ↔ 喧闹	230
目前 ≈ 当前	225	凝固 ≈ 凝结 ↔ 溶化	230
目中无人 ≈ 旁若无人 ↔ 虚怀若谷	225	凝视 ≈ 注视 ↔ 扫视	230
N		浓厚 ≈ 深厚 ↔ 淡薄	231
纳凉 ↔ 取暖	226	浓重 ≈ 浓烈 ↔ 稀薄	231
纳闷 ≈ 茫然 ↔ 明白	226	弄虚作假 ↔ 实事求是	231
耐心 ≈ 耐烦 ↔ 急躁	226	奴颜婢膝 ≈ 低三下四 ↔ 坚贞不屈	232
南辕北辙 ≈ 背道而驰 ↔ 殊途同归	226	努力 ≈ 尽力	232
难过 ≈ 难受	227	怒发冲冠 ≈ 咬牙切齿 ↔ 欣喜若狂	232
难舍难分 ≈ 难解难分 ↔ 若即若离	227	怒吼 ≈ 咆哮	232
恼恨 ≈ 恼火	227	怒色 ≈ 怒容 ↔ 喜色	233
内行 ↔ 外行	228	暖和 ≈ 温暖 ↔ 寒冷	233
内幕 ≈ 内情	228	暖色 ≈ 冷色	233
内容 ↔ 形式	228	诺言 ≈ 誓言	233
内外交困 ≈ 内忧外患 ↔ 国泰民安	228		
年富力强 ↔ 年迈力衰	229		
年纪 ≈ 年龄	229		

词条	页码
懦弱 ≈ 软弱	234
↔ 刚强	

O

词条	页码
讴歌 ≈ 歌颂	235
呕心沥血 ≈ 煞费苦心	235
偶尔 ≈ 间或	235
↔ 经常	
偶然 ↔ 必然	235
藕断丝连 ≈ 难舍难分	236
↔ 一刀两断	

P

词条	页码
拍案叫绝 ≈ 赞不绝口	237
↔ 破口大骂	
排斥 ≈ 排挤	237
↔ 吸引	
排除 ≈ 消除	237
排演 ≈ 演习	238
徘徊 ≈ 彷徨	238
派别 ≈ 派系	238
派遣 ↔ 召回	239
攀登 ≈ 登高	239
攀谈 ≈ 交谈	239
盘踞 ≈ 占据	239
蹒跚 ≈ 踉跄	239
判定 ≈ 判断	240
叛变 ≈ 叛乱	240
↔ 归顺	
盼望 ≈ 渴望	240
↔ 失望	
庞大 ↔ 细小	240
旁敲侧击 ≈ 拐弯抹角	241
↔ 直截了当	
抛弃 ≈ 丢弃	241
↔ 拾取	
抛售 ≈ 抢购	241
培育 ≈ 培植	241
↔ 摧残	
赔本 ↔ 赚钱	242
佩服 ≈ 崇敬	242
↔ 厌恶	
抨击 ≈ 鞭挞	242
朋友 ≈ 友好	242
↔ 仇人	
蓬勃 ≈ 旺盛	243
↔ 枯萎	
批发 ≈ 零售	243
批判 ≈ 批评	243
↔ 赞扬	
蚍蜉撼树 ≈ 螳臂当车	243
疲惫 ≈ 疲倦	244
↔ 精神	
僻静 ≈ 幽静	244
↔ 热闹	
偏差 ≈ 差错	244
偏远 ≈ 偏僻	244
便宜 ≈ 低廉	245

↔ 昂贵		破败 ≈ 破落	250
片段 ≈ 片断	245	↔ 完整	
漂泊 ≈ 飘泊	245	破釜沉舟 ≈ 孤注一掷	250
瓢泼大雨 ≈ 滂沱大雨	245	↔ 三思而行	
↔ 牛毛细雨		破坏 ≈ 毁坏	250
漂亮 ≈ 标致	246	破旧 ↔ 崭新	251
↔ 丑陋		破裂 ≈ 破碎	251
贫乏 ≈ 匮乏	246	↔ 完好	
↔ 丰富		破绽百出 ≈ 滴水不漏	251
品质 ≈ 品德	246	扑灭 ≈ 消灭	251
聘用 ↔ 辞退	246	铺张 ↔ 节俭	251
平淡 ≈ 平庸	247	朴实 ≈ 朴素	252
平凡 ≈ 平常	247	↔ 浮夸	
平衡 ≈ 平均	247	普及 ↔ 提高	252
平静 ≈ 宁静	247	普通 ≈ 平常	252
↔ 动荡		↔ 特殊	

Q

平起平坐 ≈ 分庭抗礼	248	七嘴八舌 ↔ 众口一词	253
平坦 ≈ 平展	248	凄惨 ≈ 凄凉	253
↔ 崎岖		期望 ≈ 期待	253
平易近人 ↔ 盛气凌人	248	希望	
评价 ≈ 评估	249	↔ 失望	
迫不得已 ≈ 万不得已	249	欺负 ≈ 欺凌	254
↔ 自觉自愿		其貌不扬 ↔ 一表人才	254
迫害 ≈ 虐待	249	歧途 ↔ 正路	254
↔ 保护		奇特 ≈ 独特	254
迫切 ≈ 紧迫	249	↔ 平常	
↔ 充裕		骑虎难下 ≈ 欲罢不能	255
迫在眉睫 ≈ 燃眉之急	250		

企图 ≈ 妄图	255
启示 ≈ 启迪 启发	255
启用 ≈ 起用	255
杞人忧天 ≈ 庸人自扰 ↔ 高枕无忧	256
气候 ≈ 天气	256
千方百计 ≈ 想方设法 ↔ 无计可施	256
千钧一发 ≈ 危如累卵 ↔ 安如泰山	257
千里迢迢 ≈ 近在咫尺	257
千篇一律 ≈ 千人一面 ↔ 千差万别	257
迁移 ≈ 迁徙	258
谦让 ≈ 礼让 ↔ 争夺	258
谦虚 ≈ 谦逊 ↔ 骄傲	258
前进 ↔ 后退	258
前所未有 ≈ 史无前例 ↔ 司空见惯	259
浅显 ≈ 浅近 ↔ 深奥	259
强大 ≈ 强盛 ↔ 衰弱	259
强烈 ≈ 激烈 ↔ 柔和	259
强辩 ≈ 争辩	260
抢救 ≈ 挽救	260
切实 ≈ 确实 ↔ 虚浮	260
锲而不舍 ↔ 一暴十寒	260
亲切 ≈ 亲热 ↔ 淡漠	261
侵吞 ≈ 侵占	261
勤劳 ≈ 勤奋 勤快 ↔ 懒惰	261
轻而易举 ≈ 易如反掌	262
轻浮 ≈ 轻佻 ↔ 稳重	262
轻快 ≈ 轻松 ↔ 笨重 紧张	262
轻蔑 ≈ 蔑视 漠视 ↔ 重视	262
倾囊相助 ↔ 一毛不拔	263
倾吐 ≈ 倾诉	263
清除 ≈ 扫除 ↔ 保存	263
清洁 ≈ 干净 ↔ 肮脏	263
清静 ≈ 幽静 ↔ 嘈杂	264

清新 ≈ 清爽	264
↔ 混浊	
情景 ≈ 情形	264
情趣 ≈ 乐趣	264
情绪 ≈ 心情	265
请教 ≈ 求教	265
请求 ≈ 申请	265
要求	
庆祝 ≈ 庆贺	265
祝贺	
穷乡僻壤 ↔ 通都大邑	266
区别 ≈ 区分	266
驱赶 ≈ 驱逐	266
↔ 挽留	
屈服 ≈ 让步	266
↔ 对抗	
屈指可数 ≈ 寥寥无几	267
取缔 ≈ 取消	267
↔ 建立	
全部 ≈ 全体	267
全神贯注 ≈ 聚精会神	267
↔ 心不在焉	
缺点 ≈ 毛病	268
缺陷	
↔ 优点	
缺乏 ≈ 缺少	268
↔ 充裕	
确切 ≈ 确凿	268

| 群策群力 ≈ 集思广益 | 269 |
| ↔ 各行其是 | |

R

燃烧 ↔ 熄灭	270
让步 ≈ 退让	270
惹是生非 ≈ 无事生非	270
↔ 安分守己	
热爱 ≈ 酷爱	271
↔ 憎恨	
热忱 ≈ 热诚	271
热情	
↔ 冷淡	
热闹 ≈ 热烈	271
↔ 冷清	
人面兽心 ≈ 衣冠禽兽	271
人声鼎沸 ↔ 鸦雀无声	272
人云亦云 ≈ 鹦鹉学舌	272
忍耐 ≈ 忍受	272
忍气吞声 ↔ 扬眉吐气	272
认为 ≈ 以为	273
认真 ≈ 顶真	273
任命 ↔ 撤职	273
任务 ≈ 使命	273
仍然 ≈ 仍旧	273
日暮途穷 ≈ 山穷水尽	274
容许 ≈ 允许	274
溶化 ≈ 熔化	274
融化	

融会贯通 ↔ 生吞活剥	274
冗长 ≈ 冗杂	275
简短	
如法炮制 ↔ 别具匠心	275
辱骂 ≈ 谩骂	275
软弱 ≈ 懦弱	275
柔弱	
↔ 强硬	
锐减 ↔ 剧增	276
弱不禁风 ≈ 身强力壮	276

S

洒脱 ≈ 潇洒	277
三心二意 ≈ 见异思迁	277
散步 ≈ 漫步	277
丧尽天良 ≈ 丧心病狂	277
丧失 ≈ 损失	278
骚乱 ≈ 动乱	278
扫兴 ≈ 败兴	278
↔ 尽兴	
色厉内荏 ≈ 外强中干	278
沙哑 ≈ 嘶哑	279
↔ 洪亮	
山穷水尽 ≈ 日暮途穷	279
↔ 柳暗花明	
闪烁 ≈ 闪动	279
闪耀	
善良 ≈ 和善	279
↔ 凶恶	

善于 ≈ 擅长	280
商量 ≈ 商榷	280
商议	
赏心悦目 ≈ 心旷神怡	280
↔ 心烦意乱	
上当 ≈ 受骗	281
申明 ≈ 声明	281
伸展 ≈ 扩展	281
↔ 收缩	
身体力行 ≈ 以身作则	281
神情 ≈ 表情	282
神态	
神通广大 ↔ 黔驴技穷	282
无计可施	
审判 ≈ 审讯	282
慎重 ≈ 郑重	283
↔ 轻率	
升高 ↔ 降落	283
生搬硬套 ≈ 生吞活剥	283
生产 ≈ 出产	283
生动 ≈ 活泼	283
↔ 死板	
生龙活虎 ≈ 龙腾虎跃	284
↔ 奄奄一息	
生气 ≈ 朝气	284
生疏 ≈ 陌生	284
↔ 熟练	
熟悉	

声誉 ≈ 声望	285	手足无措 ≈ 不知所措	290
声援 ≈ 支援	285	↔ 神色自若	
省吃俭用 ↔ 铺张浪费	285	首脑 ≈ 首领	291
胜利 ≈ 成功	285	瘦弱 ≈ 消瘦	291
↔ 失败		↔ 健壮	
盛大 ≈ 浩大	285	殊途同归 ≈ 异曲同工	291
失散 ≈ 分散	286	舒服 ≈ 舒适	291
失望 ≈ 悲观	286	↔ 难受	
↔ 希望		熟识 ≈ 熟悉	292
十拿九稳 ≈ 万无一失	286	熟习	
石沉大海 ≈ 杳无音信	286	衰弱 ≈ 虚弱	292
时期 ≈ 时代	287	↔ 健壮	
时间		顺从 ≈ 听从	292
实现 ≈ 完成	287	↔ 违背	
↔ 落空		顺利 ≈ 顺当	292
实行 ≈ 执行	287	顺水推舟 ≈ 因势利导	293
食品 ≈ 食物	288	思考 ≈ 思索	293
使用 ≈ 利用	288	四面八方 ≈ 五湖四海	293
势不可当 ≈ 势如破竹	288	松弛 ≈ 松懈	293
视而不见 ≈ 熟视无睹	288	↔ 紧张	
↔ 明察秋毫		送别 ≈ 送行	294
事端 ≈ 事故	289	↔ 迎接	
事件 ≈ 事情	289	搜集 ≈ 搜罗	294
试验 ≈ 实验	289	苏醒 ≈ 晕厥	294
适当 ≈ 适度	289	肃静 ≈ 寂静	294
↔ 失当		素养 ≈ 修养	294
收成 ≈ 收获	290	损害 ≈ 危害	295
收买 ≈ 收购	290	索性 ≈ 干脆	295

T

词条	页码
踏实 ≈ 扎实	296
↔ 浮夸	
塌陷 ↔ 隆起	296
泰然自若 ≈ 悠然自得	296
贪婪 ≈ 贪心	296
谈虎色变 ≈ 闻风丧胆	297
↔ 临危不惧	
谈判 ≈ 协商	297
忐忑不安 ≈ 坐立不安	297
↔ 泰然处之	
坦白 ≈ 交代	298
↔ 抗拒	
坦率 ≈ 直率	298
↔ 婉转	
滔滔不绝 ≈ 口若悬河	298
↔ 笨口拙舌	
逃避 ≈ 回避	299
讨厌 ≈ 厌恶	299
特别 ≈ 特殊	299
特点 ≈ 特性	299
疼爱 ≈ 喜爱	299
↔ 厌恶	
提倡 ≈ 倡导	300
提纲 ≈ 提要	300
提前 ↔ 推迟	300
题目 ≈ 标题	300
体会 ≈ 体验	300
体谅 ≈ 谅解	301
天才 ≈ 天赋	301
天花乱坠 ≈ 头头是道	301
天然 ↔ 人工	301
天壤之别 ↔ 伯仲之间	302
天堂 ↔ 地狱	302
天真 ≈ 单纯	302
↔ 老练	
田野 ≈ 原野	302
恬淡 ≈ 淡泊	302
恬静 ≈ 安静	303
甜美 ≈ 甜蜜	303
↔ 苦涩	
挑选 ≈ 选择	303
调和 ≈ 调解	303
调剂 ≈ 调节 调整	304
调皮 ≈ 淘气 顽皮	304
↔ 文静	
挑逗 ≈ 逗弄	304
挑衅 ≈ 寻衅	304
听说 ≈ 耳闻	305
停职 ↔ 复职	305
停止 ≈ 中止	305
停滞不前 ↔ 突飞猛进	305
挺拔 ≈ 挺秀	306
挺身而出 ↔ 畏缩不前	306

通畅 ↔ 堵塞	306
通过 ↔ 否决	306
通宵达旦 ≈ 夜以继日	306
同甘共苦 ↔ 分道扬镳	307
同流合污 ↔ 洁身自好	307
同日而语 ≈ 相提并论	307
同意 ≈ 赞成	307
↔ 反对	
痛苦 ≈ 痛楚	308
↔ 舒适	
痛快 ≈ 畅快	308
↔ 扫兴	
偷梁换柱 ≈ 移花接木	308
偷窃 ≈ 盗窃	308
投诚 ≈ 投降	309
↔ 反抗	
透露 ≈ 吐露	309
泄露	
透明 ≈ 透亮	309
突破 ≈ 打破	309
团聚 ≈ 团圆	310
↔ 分离	
推波助澜 ≈ 兴风作浪	310
↔ 息事宁人	
推陈出新 ↔ 抱残守缺	310
推辞 ≈ 推却	311
↔ 接受	
推荐 ≈ 推举	311
退步 ≈ 后退	311
↔ 进步	
退出 ↔ 加入	311
吞没 ≈ 淹没	312
拖拉 ≈ 利索	312
拖泥带水 ↔ 干净利落	312
脱胎换骨 ≈ 洗心革面	312
↔ 依然故我	
妥当 ≈ 妥善	313
妥帖	

W

挖掘 ≈ 发掘	314
歪风邪气 ≈ 歪门邪道	314
弯路 ≈ 捷径	314
剜肉补疮 ≈ 饮鸩止渴	314
完善 ≈ 完备	315
完美	
玩火自焚 ≈ 作茧自缚	315
顽敌 ≈ 劲敌	315
顽强 ≈ 坚强	315
↔ 软弱	
挽回 ≈ 挽救	316
惋惜 ≈ 可惜	316
万古长青 ≈ 流芳百世	316
↔ 臭名远扬	
万籁俱寂 ≈ 鸦雀无声	316
↔ 人声鼎沸	
妄自菲薄 ≈ 自暴自弃	317

↔ 妄自尊大	
忘记 ≈ 忘怀	317
忘却	
↔ 记住	
旺盛 ≈ 茂盛	317
↔ 衰败	
望穿秋水 ≈ 望眼欲穿	318
望洋兴叹 ≈ 无可奈何	318
危急 ≈ 危险	318
↔ 安全	
危如累卵 ↔ 安如泰山	318
威风 ≈ 威武	318
威胁 ≈ 威逼	319
微薄 ↔ 丰厚	319
微不足道 ≈ 微乎其微	319
巍峨 ≈ 高大	319
↔ 矮小	
围绕 ≈ 环绕	320
违背 ≈ 违抗	320
↔ 遵守	
惟妙惟肖 ≈ 栩栩如生	320
伪装 ≈ 假装	320
伟大 ≈ 宏大	321
萎靡不振 ≈ 精神抖擞	321
为虎作伥 ≈ 助纣为虐	321
未雨绸缪 ↔ 临渴掘井	321
慰问 ≈ 慰劳	322
温和 ≈ 温暖	322
↔ 寒冷	
闻名 ≈ 著名	322
稳定 ≈ 稳固	322
↔ 动荡	
稳重 ≈ 持重	323
↔ 轻浮	
问心无愧 ≈ 心安理得	323
↔ 问心有愧	
窝藏 ≈ 隐藏	323
污浊 ≈ 混浊	323
诬蔑 ≈ 污蔑	324
诬陷	
无动于衷 ≈ 不动声色	324
无法无天 ≈ 胡作非为	324
↔ 安分守己	
无精打采 ≈ 有气无力	324
↔ 朝气蓬勃	
无私 ≈ 忘我	325
↔ 自私	
无微不至 ↔ 漠不关心	325
五光十色 ≈ 五花八门	325
五颜六色	

X

希望 ↔ 失望	326
牺牲 ≈ 献身	326
稀罕 ≈ 稀奇	326
稀疏 ≈ 稀少	326
↔ 密集	

习惯 ≈ 习气 　　　习性	327
习以为常 ↔ 少见多怪	327
喜出望外 ≈ 大喜过望 　　　　↔ 大失所望	327
喜气洋洋 ≈ 欢天喜地 　　　　↔ 怒气冲冲	328
喜悦 ≈ 兴奋 　　↔ 悲痛	328
系统 ≈ 体系	328
细腻 ≈ 细致 　　↔ 粗糙	329
细水长流 ≈ 源源不断	329
狭窄 ≈ 狭隘	329
先人后己 ≈ 舍己为人 　　　　↔ 损人利己	329
鲜艳 ≈ 鲜明	330
闲暇 ≈ 空闲	330
弦外之音 ≈ 言外之意 　　　　↔ 直言不讳	330
显示 ≈ 显现	330
限定 ≈ 限制	330
相信 ≈ 信任	331
详尽 ≈ 详细 　　↔ 简略	331
享受 ≈ 享乐 　　↔ 受苦	331
想念 ≈ 思念	332
想入非非 ≈ 异想天开	332
消沉 ≈ 低沉	332
消耗 ≈ 耗费 　　↔ 积聚	332
销声匿迹 ≈ 抛头露面	333
小巧玲珑 ≈ 大而无当	333
效力 ≈ 效能 　　　效用	333
协商 ≈ 商榷	333
协议 ≈ 协定	334
协助 ≈ 辅助	334
泄露 ≈ 泄漏 　　↔ 保密	334
心不在焉 ≈ 心猿意马 　　　　↔ 全神贯注	334
心慈面软 ≈ 心狠手辣	335
心悦诚服 ≈ 五体投地	335
心照不宣 ≈ 心领神会	335
辛苦 ≈ 辛劳 　　　辛勤 　　↔ 舒适	335
欣赏 ≈ 观赏	336
欣欣向荣 ≈ 蒸蒸日上 　　　　↔ 日薄西山	336
新鲜 ≈ 新奇 　　　新颖	336
新秀 ↔ 老将	337
信口开河 ≈ 信口雌黄	337

信赖 ≈ 相信 信任	337	需要 ≈ 需求	342
		蓄意 ≈ 故意	342
兴建 ≈ 兴修	337	宣告 ≈ 宣布	343
兴隆 ≈ 兴盛	338	喧闹 ≈ 喧嚷	343
↔ 衰败		↔ 安静	
兴师动众 ≈ 调兵遣将	338	绚丽 ≈ 瑰丽 艳丽	343
行动 ≈ 行为	338		
形容 ≈ 描绘	338	削弱 ≈ 减弱	343
形势 ≈ 情势	339	↔ 加强	
形形色色 ≈ 五花八门	339	雪上加霜 ↔ 雪中送炭	344
醒悟 ≈ 省悟	339	寻觅 ≈ 寻求 寻找	344
性格 ≈ 性情	339		
凶残 ≈ 凶暴 凶狠	340	循序渐进 ↔ 急于求成	344
		驯服 ≈ 制服	344
↔ 善良		迅速 ≈ 敏捷	345
凶相毕露 ≈ 穷凶极恶	340	↔ 缓慢	

Y

↔ 和颜悦色			
胸有成竹 ↔ 胸中无数	340	压抑 ≈ 压制 抑制	346
雄厚 ↔ 薄弱	340		
休养 ≈ 疗养	341	押送 ≈ 押运	346
修饰 ≈ 粉饰 装饰	341	哑口无言 ≈ 理屈词穷 张口结舌	346
羞涩 ≈ 羞怯	341	↔ 理直气壮	
袖手旁观 ≈ 冷眼旁观	341	雅致 ≈ 高雅	347
↔ 见义勇为		↔ 俗气	
虚伪 ≈ 虚假	342	淹没 ≈ 沉没	347
↔ 真诚		延长 ≈ 延伸	347
虚心 ↔ 骄傲	342	↔ 缩短	

严格 ≈ 严厉	348	一箭双雕 ≈ 一举两得	353
↔ 放松		一蹶不振 ↔ 东山再起	353
严寒 ≈ 寒冷	348	一曝十寒 ↔ 持之以恒	353
↔ 酷暑		一齐 ≈ 一起	353
炎热		一气呵成 ≈ 一鼓作气	354
严密 ≈ 周密	348	一丝不苟 ↔ 粗枝大叶	354
言传身教 ≈ 以身作则	349	一无所获 ↔ 满载而归	354
掩耳盗铃 ≈ 自欺欺人	349	一心一意 ↔ 三心二意	354
掩盖 ≈ 掩饰	349	一致 ↔ 分歧	355
↔ 揭露		依靠 ≈ 依赖	355
偃旗息鼓 ≈ 销声匿迹	349	依然如故 ↔ 面目全非	355
↔ 大张旗鼓		遗迹 ≈ 陈迹	355
演变 ≈ 进化	350	遗愿 ≈ 遗志	355
↔ 退化		疑惑 ≈ 困惑	356
仰望 ≈ 瞻仰	350	义正辞严 ↔ 理屈词穷	356
养育 ≈ 哺育	350	异常 ≈ 正常	356
要求 ≈ 恳求	350	异口同声 ≈ 众口一词	356
要挟 ≈ 逼迫	351	异想天开 ≈ 想入非非	357
摇动 ≈ 摇晃	351	易如反掌 ↔ 来之不易	357
摇摇欲坠 ≈ 风雨飘摇	351	毅力 ≈ 意志	357
↔ 稳如泰山		阴沉 ≈ 阴暗	357
咬文嚼字 ≈ 字斟句酌	351	引用 ≈ 引证	358
野生 ↔ 家养	352	引诱 ≈ 诱惑	358
夜郎自大 ≈ 妄自尊大	352	隐藏 ≈ 隐瞒	358
↔ 妄自菲薄		↔ 显露	
一笔勾销 ≈ 一笔抹杀	352	英勇 ≈ 勇敢	358
一帆风顺 ↔ 一波三折	352	↔ 胆怯	
一贯 ≈ 一向	353	盈利 ↔ 亏损	358

盈余 ≈ 多余	359	
营救 ≈ 援救	359	
营造 ≈ 营建	359	
应接不暇 ≈ 目不暇接	359	
应战 ↔ 挑战	359	
永恒 ≈ 永久	360	
↔ 临时		
用处 ≈ 用途	360	
优良 ≈ 优秀	360	
忧虑 ≈ 顾虑	360	
悠长 ≈ 悠久	361	
↔ 短暂		
犹豫不决 ≈ 优柔寡断	361	
↔ 当机立断		
游览 ≈ 游历	361	
游刃有余 ↔ 力不从心	361	
友好 ≈ 友善	362	
↔ 仇恨		
有趣 ↔ 乏味	362	
有条不紊 ≈ 井井有条	362	
↔ 杂乱无章		
幼稚 ≈ 天真	362	
↔ 老练		
愉快 ↔ 苦恼	363	
愚蠢 ≈ 愚昧	363	
↔ 聪明		
语无伦次 ↔ 头头是道	363	
郁闷 ↔ 畅快	363	
预报 ≈ 预告	364	
预定 ≈ 预约	364	
预防 ≈ 防备	364	
渊博 ↔ 肤浅	364	
原来 ≈ 本来	364	
原因 ≈ 缘故	365	
↔ 结果		
圆满 ≈ 完满	365	
↔ 欠缺		
怨声载道 ↔ 有口皆碑	365	
怨言 ≈ 牢骚	365	
蕴藏 ≈ 储藏	366	

Z

灾害 ≈ 灾难	367	
赞成 ≈ 拥护	367	
↔ 反对		
赞美 ≈ 赞扬	367	
↔ 批评		
赞赏 ≈ 赞叹	367	
↔ 鄙视		
遭受 ≈ 遭遇	368	
↔ 摆脱		
糟蹋 ≈ 浪费	368	
责备 ≈ 责怪	368	
指责		
↔ 谅解		
责无旁贷 ↔ 推三阻四	369	
增加 ≈ 增长	369	

↔ 降低	
沾沾自喜 ≈ 洋洋得意	369
↔ 垂头丧气	
瞻前顾后 ↔ 当机立断	369
斩草除根 ≈ 斩尽杀绝	370
展示 ≈ 展现	370
战斗 ≈ 战争	370
战略 ≈ 战术	370
张皇失措 ≈ 手足无措	371
↔ 泰然自若	
掌故 ≈ 故事	371
掌握 ≈ 控制	371
障碍 ≈ 阻碍	371
招待 ≈ 款待	372
朝气 ↔ 暮气	372
着急 ≈ 焦急	372
照顾 ≈ 照料	372
折磨 ≈ 折腾	373
珍贵 ≈ 宝贵	373
珍视 ≈ 重视	373
↔ 轻视	
真诚 ≈ 真挚	373
↔ 虚伪	
真实 ↔ 虚假	373
振作 ↔ 消沉	373
震动 ≈ 震撼	374
镇定 ≈ 镇静	374
争执 ≈ 争吵	374
征集 ≈ 收集	374
挣扎 ≈ 反抗	375
蒸蒸日上 ↔ 每况愈下	375
整齐 ↔ 凌乱	375
正常 ≈ 反常	375
正确 ≈ 准确	375
↔ 错误	
正义 ≈ 邪恶	376
证明 ≈ 证实	376
郑重其事 ↔ 满不在乎	376
支持 ≈ 支援	376
支离破碎 ↔ 完美无缺	376
直接 ↔ 间接	377
直截了当 ↔ 拐弯抹角	377
直抒己见 ≈ 直言不讳	377
↔ 闪烁其词	
指挥 ≈ 指导	377
指使 ≈ 指派	378
指示 ≈ 指点	378
制造 ≈ 制作	378
忠诚 ≈ 忠实	378
↔ 背叛	
重大 ≈ 重要	379
↔ 次要	
周密 ≈ 严密	379
逐渐 ≈ 逐步	379
主意 ≈ 主张	379
嘱咐 ≈ 叮嘱	380

吩咐	
注意 ↔ 忽略	380
祝福 ≈ 祝愿	380
著名 ≈ 驰名 闻名 ↔ 无名	380
专心致志 ↔ 心不在焉	380
转移 ≈ 移动	381
庄重 ↔ 轻浮	381
装腔作势 ≈ 装模作样	381
追究 ≈ 追查	381
准确 ≈ 精确	382
捉弄 ≈ 玩弄	382
滋味 ≈ 味道	382
仔细 ↔ 马虎	382
自暴自弃 ↔ 自强不息	382
自发 ≈ 自觉	383
自命不凡 ≈ 夜郎自大 ↔ 自惭形秽	383
自食其果 ≈ 自作自受	383
自食其力 ↔ 不劳而获	384
踪影 ≈ 踪迹	384
阻挡 ≈ 阻挠	384
坐井观天 ≈ 管中窥豹 ↔ 见多识广	384

Aa

【爱戴】ài dài 衷心热爱、拥护。用作敬辞。▷ 我终于明白了,为什么大爷会得到这么多人的爱戴。

同 敬爱 jìng ài ▷ 他是学生敬爱的导师。

反 鄙视 bǐ shì ▷ 他一向鄙视这种好高骛远的人。

〈辨析〉① "爱戴"和"敬爱"都为褒义词,对象常是领袖、师长或其他有威望的人。② "敬爱"语意较轻,有时可用于平辈。③ "爱戴"只能作动词;"敬爱"可作动词,还可作形容词。如:敬爱的邓小平,我们永远怀念您。

〈相关〉拥戴;拥护

【爱好】ài hào 喜爱;对事物有浓厚的兴趣。▷ 著名的科学家达尔文从小就爱好自然。

同 喜爱 xǐ ài ▷ 他喜爱足球运动。

反 厌恶 yàn wù ▷ 他厌恶别人在这个时候去打扰他,他现在需要的是孤独和安静。

〈辨析〉① "爱好"可用于具体事物,也可用于抽象事物;"喜爱"只能用于具体事物。② "爱好"可作名词,如:养花是爸爸的唯一爱好;"喜爱"只能作动词,不能作名词。"厌恶"与"爱好"意思相对。

〈相关〉喜好;喜欢/讨厌

【爱护】ài hù 爱惜并保护。▷ 关心爱护老人和儿童是全社会的责任。

同 爱惜 ài xī ▷ 这是我亲手织的毛衣,穿着格外舒适,因而也格外爱惜。

珍惜 zhēn xī ▷ 我们要珍惜这么好的学习条件。

反 **破坏** pò huài ▷ 乱砍滥伐森林会破坏生态平衡。

损害 sǔn hài ▷ 这样做会损害当地居民的利益。

〈辨析〉①"爱护"着重在"护",有保护、不使受伤害或破坏的意思;"爱惜""珍惜"着重在"惜",有舍不得的意思,"珍惜"比"爱惜"语意重。②"爱护"可用于人和物;"爱惜""珍惜"多用于物。③"爱护"的对象是能破坏、损害的东西;"爱惜""珍惜"的对象大多是能逐渐消耗的东西。"破坏"与"爱护"意思相对;"损害"与"爱惜"意思相对。

【**爱慕**】ài mù 喜爱,羡慕。▷ 她是个爱慕虚荣的女孩。

同 **羡慕** xiàn mù ▷ 我真羡慕她有这样真正关心爱护她的姐姐。

反 **憎恶** zēng wù ▷ 他憎恶自己的软弱和屈服。

〈辨析〉"爱慕"除了"爱慕虚荣"外,一般表示因喜欢而产生好感,愿意接近,含有敬重的意思,如:他早就爱慕上隔壁的阿珍了;"羡慕"主要表示因为喜欢,希望自己也有。"憎恶"与"爱慕"意思相对。

〈相关〉喜爱;仰慕/讨厌;嫌弃

【**安定**】ān dìng 平静,正常,安稳。▷ 他们多想找一块富饶美丽的土地,过上安定幸福的日子啊!

同 **稳定** wěn dìng ▷ 近几年来市场物价稳定。

反 **动荡** dòng dàng ▷ 动荡的局势使百姓不能安居乐业。

〈辨析〉①"安定"和"稳定"在指保持平安稳固而没有变化时,常可以互换。"安定"侧重于"安",指正常和稳定;"稳定"侧重于"稳",指稳固而不容易变化。②"安定"不可用作动词;"稳定"可用作动词,如:国家采取各种措施稳定物价。"动荡"与"安定"意思相对。

〈相关〉安宁;安稳/动乱

【安分守己】 ān fèn shǒu jǐ　规矩老实,安守本分,不做越轨或违法的事情。▷ 他一直做水产生意,安分守己,和其他经营户没有什么矛盾。

同 循规蹈矩 xún guī dǎo jǔ ▷ 他走出小巷,既不跑,也不跳,一副循规蹈矩的模样。

反 胡作非为 hú zuò fēi wéi ▷ 这次血的教训,使他再也不敢胡作非为了。

〈辨析〉"安分守己"偏重守本分,不做违法乱纪的事;"循规蹈矩"偏重守规矩,不敢有越轨的行为,遵守传统和习俗、纪律和制度。"胡作非为"与"安分守己"意思相对。

【安静】 ān jìng　没有喧哗吵闹的声音;安稳平静。▷ 除了鸟语,没有任何其他声音,像一个梦,一个安静的梦。/经过妈妈的劝说,她心里安静了许多。

同 宁静 níng jìng ▷ 海面上波涛澎湃的时候,海底依然很宁静。

平静 píng jìng ▷ 时过境迁,他的心情很平静。

反 嘈杂 cáo zá ▷ 他刚躺下,只听外面一片嘈杂,好像有人在吵架。

喧闹 xuān nào ▷ 他一时还无法适应喧闹的城市生活。

〈辨析〉"安静"强调守秩序、不吵闹,多形容气氛和环境;"宁静"强调干扰少、噪声小,多形容环境和生活;"平静"强调不激动、没有波折,多形容人的心境和生活。"嘈杂"与"安静"意思相对;"喧闹"与"宁静"意思相对。

〈相关〉寂静;清静/吵闹;喧哗

【安居乐业】 ān jū lè yè　安定地生活,愉快地工作。▷ 他暗暗下决心,要让村里的乡亲们都过上安居乐业的好日子。

反 流离失所 liú lí shī suǒ ▷ 战争使无数人家破人亡,流离失所。

〈辨析〉在形容人民生活安定与否时,"流离失所"与"安居乐业"意思相对。

〈相关〉国泰民安/背井离乡;颠沛流离

【安全】ān quán　没有危险;不受威胁。▷新车型采用了不少新技术,增添了不少新设备,再加上人性化的设计,坐进去感到既舒适又安全。

同 平安 píng ān ▷ 祝你旅途平安。

反 危险 wēi xiǎn ▷ 这种高空作业是很危险的。

〈辨析〉"安全"还有不受威胁的意思,如:有关当局应该保证检举人的安全。"危险"与"安全"意思相对。

〈相关〉安稳;平稳/危急

【安如磐石】ān rú pán shí　像大石头一样安稳不动。形容稳固,不可动摇。▷三峡大坝安如磐石。

反 危如累卵 wēi rú lěi luǎn ▷ 这家公司负债经营,危如累卵。

〈辨析〉在形容事物是否稳固时,"危如累卵"与"安如磐石"意思相对。

〈相关〉稳如泰山/摇摇欲坠

【安慰】ān wèi　使人心情安适。▷妈妈又说了许多话,安慰心情郁闷的表姐。

同 抚慰 fǔ wèi ▷ 大家纷纷捐赠钱款,抚慰病人的家属。

劝慰 quàn wèi ▷ 马莉劝慰伤心不已的白丽萍。

〈辨析〉①"安慰"的对象既可以是自己,也可以是别人;"抚慰"和"劝慰"的对象都是别人。②"劝慰"主要是用语言对人劝解安慰,除了使人心情安适外,还有劝导、宽解的意思;"安慰"和"抚慰"除了用语言外,还可以是某一种行动。③"安慰"还可用作名词,表示满意、满足的心理状态,如:我得到极大的安慰。

【安稳】ān wěn　安全而稳妥。▷你要想日子过得安稳,就不要天天瞎折腾。

同 平稳 píng wěn ▷ 飞机起飞了,平稳得就像坐在屋里一样,桌上杯子里的水一动也不动。

反 颠簸 diān bǒ ▷ 山路不平,车颠簸得很厉害。

〈辨析〉"安稳"侧重于"安",多用于对环境、生活的描述,也可形容人的性情或举止的沉静;"平稳"侧重于"平",多用于对人的动作或运动的物体的描述。"颠簸"与"安稳"意思相对。

【安闲】ān xián 安静,清闲。▷ 高考后的暑假是安闲而愉快的。

同 安逸 ān yì ▷ 我们仿佛嗅得这个已入睡乡的大地的安逸。

清闲 qīng xián ▷ 他实在不习惯做清闲的资料管理工作。

反 忙碌 máng lù ▷ 春耕季节到了,村民们开始忙碌起来。

〈辨析〉①"安闲"侧重于"闲",指不忙碌,多形容生活清闲、心情舒畅;"安逸"侧重于"逸",多形容生活安稳舒适;"清闲"强调清静、空闲。②"安逸"有时含贬义,如:他贪图安逸,不愿意到工厂工作。"忙碌"与"清闲"意思相对。

〈相关〉舒适/劳碌

【安详】ān xiáng 从容不迫;稳重大方。▷ 她戴着老花镜,安详地坐在沙发上织毛衣。

同 慈祥 cí xiáng ▷ 他慈祥而柔和的目光,坦率的神情,立刻使我忘记了局促。

〈辨析〉"安详"除形容人的神态外,还可形容人的举止从容、稳重;"慈祥"只形容老年人的态度、神色。

【安葬】ān zàng 埋葬。▷ 他们按照当地的风俗隆重地安葬了烈士。

同 埋葬 mái zàng ▷ 这座山上埋葬着许多客死异乡的无名尸骨。

〈辨析〉①"安葬"用于比较庄重的场合,常举行一定的仪式;"埋葬"不带庄重的色彩。②"埋葬"有时可用于比喻义,指抽象的事物,如:我们要警惕早已被埋葬的封建势力的残渣余孽死灰复燃。

〈相关〉掩埋

【安置】ān zhì 安排工作、生活等。▷ 这一带旧区改造动迁居民的安置工作已经结束。

同 安顿 ān dùn ▷ 他把家属安顿好就上工地了。

安排 ān pái ▷ 几千年来,劳动人民注意到草木荣枯、候鸟去来等自然现象同气候的关系,据以安排农事。

〈辨析〉①"安置"着重指让工作、生活等有适当的位置;"安排"着重在使人或事物各得其所;"安顿"着重指安排妥当。②"安置"和"安顿"的对象多是具体的人或物;"安排"的对象可以是具体的,也可以是抽象的。

【按期】àn qī 按照规定的期限。▷ 装潢公司按期完成百货大楼装修工程。

同 按时 àn shí ▷ 长期以来,他养成了按时作息的习惯。

〈辨析〉"按期"强调按照规定的期限做事;"按时"强调按照规定的时间做事。

〈相关〉如期;准时

【按照】àn zhào 遵从;依照。▷ 按照唯物辩证法的观点来说,自然界的变化,主要是由于自然界内部的矛盾引起的。

同 依照 yī zhào ▷ 依照法律服兵役是公民的光荣义务。

〈辨析〉"按照"使用范围较广,可用于口语或书面语;"依照"多用于书面语。

〈相关〉依据;遵照

【暗藏】àn cáng 隐藏起来,不让人发现。▷ 公安人员找到了歹徒暗藏的凶器。

同 潜藏 qián cáng ▷ 这些病毒潜藏在人体中,损害人的健康。

隐藏 yǐn cáng ▷ 安全检查就是要把隐藏着的不安全因素

找出来。

〈辨析〉"暗藏"指不让人发现;"潜藏"和"隐藏"指不容易发现。

〈相关〉藏匿;掩藏

【暗淡】àn dàn 指光线色彩不明亮、不鲜艳。▷ 这间屋子很小,灯光也暗淡。

同 黯淡 àn dàn ▷ 远处山峰黯淡的轮廓依稀可辨。

　　昏暗 hūn àn ▷ 光线昏暗,我看不清四周的摆设。

　　幽暗 yōu àn ▷ 往下看,是幽暗的山谷,深不可测。

反 明亮 míng liàng ▷ 明亮的橱窗里陈列着铮铮发亮的金银餐具。

〈辨析〉①"暗淡"和"黯淡",还形容不景气、没有希望,如:公司前景暗淡,形势不容乐观。②"昏暗"和"幽暗"一般不形容色彩。③"昏暗"和"幽暗"在指光线暗时比"暗淡"语意重。④"幽暗"还指环境安静,地方偏僻。"明亮"与"暗淡"意思相对。

〈相关〉黑暗/光亮

【肮脏】āng zāng 脏;不干净。▷ 一不小心,他们绊倒在肮脏的垃圾堆上。

同 污秽 wū huì ▷ 加工车间污秽的水泥地上堆放着变质发臭的猪肉。

反 洁净 jié jìng ▷ 我爱这蓝色的洁净的天空。

〈辨析〉①"肮脏"使用范围比"污秽"广,可用于人、物、处所等;"污秽"只用于物、处所、语言,不可用于人。②"污秽"的语意比"肮脏"重。③"肮脏"还可比喻思想或行为丑恶、卑鄙,如:他对准那副肮脏的嘴脸,狠狠抽了一记耳光。

〈相关〉龌龊;污浊/干净;清洁

【翱翔】áo xiáng 在空中回旋地飞。▷ 雄鹰在蓝天上翱翔。

同 飞翔 fēi xiáng ▷ 一群鸽子带着鸽哨在花园上空飞翔。

〈辨析〉①"翱翔"本指不扇动翅膀回旋地飞,今泛指自由自在地回旋地飞;"飞翔"除了指回旋地飞,也可指其他样式的飞,使用的范围较广,如:飞机不断向上飞翔,愈升愈高。②"翱翔"具有赞美的意味,语意较"飞翔"重。

【**傲慢**】ào màn　轻视别人,对人不敬重、没礼貌。▷ 他说话的态度太傲慢了。

同 高傲 gāo ào ▷ 丽丽在家里是位高傲的"公主"。

骄傲 jiāo ào ▷ 也只有这种草,才可以骄傲地嗤笑那些养育在花房里的盆花。

反 谦恭 qiān gōng ▷ 他谦恭地退在一旁,让别人先进去。

谦虚 qiān xū ▷ 他为人十分谦虚。

〈辨析〉①"傲慢"属贬义词;"高傲""骄傲"为中性词。②"傲慢"多形容神态。"谦虚"与"傲慢"意思相对;"谦恭"与"高傲"意思相对。

〈相关〉倨傲/谦卑;谦逊

【**奥秘**】ào mì　奥妙,神秘。▷ 那些被认为十分奥秘的东西,随着科学的发展,逐渐被人们认识了。

同 奥妙 ào miào ▷ 这部探险小说写得非常奥妙,引人入胜。

玄妙 xuán miào ▷ 这些变化看来很玄妙,其实都是花内色素随着温度和酸、碱的浓度变化所玩的把戏。

〈辨析〉①"奥秘"多形容尚未被认识的事物;"奥妙"多形容道理、内容的深奥不易理解或事物复杂的联系;"玄妙"则强调难以捉摸。②"奥妙"可作名词;"玄妙"不可作名词。

【**懊悔**】ào huǐ　有了过错,心里感到悔恨。▷ 他懊悔作出如此草率的决定。

同 后悔 hòu huǐ ▷ 我有些后悔了,刚才只顾着赶路,没有顾上观赏周围的景色。

〈辨析〉"懊悔"指因悔恨而感到烦恼,语意较重;"后悔"指事后追悔,烦恼的意味相对较轻,常用于口语。

〈相关〉悔恨;追悔

B

【拔刀相助】bá dāo xiāng zhù　比喻主持正义,见义勇为。▷ 他路见不平,拔刀相助,将女孩从人贩子手中解救出来。

同 雪中送炭 xuě zhōng sòng tàn ▷ 就在村民缺医少药、饱受时疫摧残时,解放军部队雪中送炭,派来了一支医疗队。

反 趁火打劫 chèn huǒ dǎ jié ▷ 有些不法之徒利用水灾趁火打劫,发了不义之财。

〈辨析〉"拔刀相助"侧重指主持正义,见义勇为;"雪中送炭"侧重指及时地解决他人的困难。

〈相关〉见义勇为/袖手旁观

【拔苗助长】bá miáo zhù zhǎng　比喻违反事物发展的客观规律,急于求成,反而做坏了事情。▷ 对孩子的教育应该是循循善诱,不能拔苗助长。

同 操之过急 cāo zhī guò jí ▷ 处理这类问题不能操之过急,否则会事与愿违。

反 循序渐进 xún xù jiàn jìn ▷ 知识的积累是一个循序渐进的过程。

〈辨析〉"拔苗助长"比喻做事情违反事物发展的客观规律;"操之过急"形容做事过于急躁。"循序渐进"与"拔苗助长"意思相对。

〈相关〉急功近利/因势利导

【把持】bǎ chí　独占权力、位置等,不让别人参与。▷ 廉政建设就要向把持企业经营大权的腐败分子开刀。

同 控制 kòng zhì ▷ 汽车失去控制,往山坡下滑去。

〈辨析〉"把持"为贬义词,强调公开独揽大权;"控制"为中性词,强调将对象的活动限制在一定的范围之内。

【把守】bǎ shǒu 守卫;看守重要的地方。▷ 一排战士把守在小山头,击退了敌人一次又一次的进攻。

同 看守 kān shǒu ▷ 你的任务就是看守好这堆行李。

〈辨析〉"把守"多用于对重要地方的防卫;"看守"多用于对人、门户、财物等的照管。

〈相关〉守卫

【把握】bǎ wò 掌握;抓住。▷ 你千万要把握好这次机会。

同 掌握 zhǎng wò ▷ 她已经掌握了三门外语。

〈辨析〉①"把握"强调拿住、抓住,对象常常是物体、时间等;"掌握"强调支配、运用并控制,对象常常是理论、政策、技术、方法等。②"把握"还可指对事情的成功有充分的信心,如:这次考试能否通过,她一点把握也没有。

〈相关〉控制

【白天】bái tiān 从天亮到天黑的一段时间。▷ 他白天上课,晚上做家教。

同 白昼 bái zhòu ▷ 过了冬至,白昼又渐渐地长了。

反 黑夜 hēi yè ▷ 没有月亮的黑夜,伸手不见五指。

晚上 wǎn shàng ▷ 今天晚上他没有空。

〈辨析〉"白天"多用于口语;"白昼"多用于书面语。"晚上"与"白天"意思相对;"黑夜"与"白昼"意思相对。

【百家争鸣】bǎi jiā zhēng míng 比喻各种学派发表意见,相互争论。形容民主空气浓厚,大家敢于发表不同的意见。▷ 学术论坛呈现出百家争鸣的局面。

反 万马齐喑 wàn mǎ qí yīn ▷ "四人帮"粉碎后,原先那种万马齐喑的沉闷局面一扫而光。

〈辨析〉在形容民主气氛是否浓厚时,"万马齐喑"与"百家争鸣"意思相对。

【百折不挠】bǎi zhé bù náo 比喻意志坚强,无论受到多少次挫折也不屈服。▷ 我被蚂蚁们百折不挠、不畏艰难、团结一致的精神深深感动了。

同 坚持不懈 jiān chí bù xiè ▷ 由于坚持不懈地努力,他终于获得了成功。

反 一蹶不振 yī jué bù zhèn ▷ 女足姑娘们表示,不会因为这次失利而一蹶不振。

〈辨析〉"百折不挠"强调遭受许多挫折也不屈服;"坚持不懈"强调坚持不松懈,不一定受到挫折。在对待挫折和失败的态度、行为方面,"一蹶不振"与"百折不挠"意思相对。

【摆设】bǎi shè 安放;布置。▷ 每个厅都很宽敞,装饰和摆设各不相同。

同 陈设 chén shè ▷ 这是一幢高大的官殿式的房子,室内陈设极其简单。

〈辨析〉①"摆设"多用于口语;"陈设"多用于书面语。②"摆设"还指徒有其表没有实用价值的东西,如:他只不过是个摆设,什么主也做不了。

〈相关〉陈列

【摆脱】bǎi tuō 脱离牵制、束缚、困境等。▷ 她终于摆脱了家务琐事的困扰。

同 解脱 jiě tuō ▷ 他苦闷极了,盼望着有一个机会能从这无聊的生活中解脱出来。

挣脱 zhèng tuō ▷ 她十分生气地挣脱了对方的手。

反 陷入 xiàn rù ▷ 他陷入对方精心设置的圈套。

〈辨析〉"摆脱"的对象多是困境、控制、贫困等无形的束缚;"解脱"是指自己把自己从某种境遇中解放出来;"挣脱"的对象多是锁链、包围、绳索等有形的束缚。"陷入"与"摆脱"意思相对。
〈相关〉脱离;脱身/操纵;控制

【败坏】bài huài 损害;破坏。▷ 他的冲动和暴躁造成了很坏的影响,败坏了集体的声誉。

同 **损坏** sǔn huài ▷ 他们正在检修损坏的设备。

〈辨析〉①"败坏"多用于名誉、风气等抽象事物;"损坏"多用于物品等具体事物。②"败坏"还形容人思想品德低劣,如:此人道德品质败坏。

〈相关〉毁坏;损害

【拜会】bài huì 拜访;会见。▷ 我今天能有机会拜会先生,实在荣幸。

同 **拜谒** bài yè ▷ 他换了套新衣服去拜谒冯玉祥将军。

会见 huì jiàn ▷ 今天晚上我要会见一位朋友。

〈辨析〉①"拜会"指主动前往对方住地拜访,多用于外交场合;"拜谒"指个人之间的拜访;"会见"指两人相见,可用于外交场合,也可用于一般场合。②"拜会"的双方身份地位是平等的;"拜谒"多用于拜见地位高或德高望重的人物。③"拜谒"还专用于瞻仰陵墓、碑碣等。

〈相关〉拜访;拜见;拜望

【班门弄斧】bān mén nòng fǔ 比喻在行家面前卖弄本领。▷ 我不喜欢那些班门弄斧的年轻人,我喜欢那些不怕虎的初生牛犊。

反 **自知之明** zì zhī zhī míng ▷ 我有自知之明,知道自己是没有能力胜任这份工作的。

〈辨析〉在形容对自己是否有正确的认识时,"自知之明"与"班门弄斧"意思相对。

【办法】bàn fǎ 解决问题或处理事情的方法。▷ 解决原料问题,老张比我们都有办法。

同 **措施** cuò shī ▷ 措施得力是完成任务的根本保证。

〈辨析〉"办法"可用于大事,也可用于小事,多用于口语;"措施"一般用于大事或比较重要的事情,多用于书面语。
〈相关〉点子;方法;主意

【半壁江山】bàn bì jiāng shān 保存下来的或丧失掉的部分国土。▷ 岳家军拼身舍命与金人厮杀,才保住宋朝的半壁江山。

反 金瓯无缺 jīn ōu wú quē ▷ 老皇帝临死前留下遗嘱,要继位者保证他的江山金瓯无缺。

〈辨析〉在形容国土是否完整时,"金瓯无缺"与"半壁江山"意思相对。

【半路出家】bàn lù chū jiā 比喻中途改行去做某事,不是本行出身。▷ 我是半路出家,以前打排球,后来改行踢足球的。

反 科班出身 kē bān chū shēn ▷ 他在大学里学的就是机械,当然属于科班出身。

〈辨析〉在形容某人原先是否从事某项工作时,"科班出身"与"半路出家"意思相对。

【半途而废】bàn tú ér fèi 比喻做事情有始无终,不能坚持到底。▷ 学习要有恒心,贵在坚持,半途而废将会前功尽弃。

同 有始无终 yǒu shǐ wú zhōng ▷ 我一定要改掉做事情有始无终、半途而废的坏毛病。

反 坚持不懈 jiān chí bù xiè ▷ 他坚持不懈地做完全部工作才离开公司。

〈辨析〉"半途而废"指事情做到一半而停止不做;"有始无终"指做事开了头却不能坚持到底。"坚持不懈"与"半途而废"意思相对。

〈相关〉有头无尾/善始善终;有始有终;持之以恒

【半信半疑】bàn xìn bàn yí 有点相信,又有点怀疑。形容相信的程度不深。▷ 尽管有点半信半疑,但她还是决定准时赴约。

同 将信将疑 jiāng xìn jiāng yí ▷ 他平时说话办事很不诚实,

所以大家对他的一番话有点将信将疑。

〖反〗**坚信不疑** jiān xìn bù yí ▷ 老人坚信不疑,自己一定能找回失踪的女儿。

〈辨析〉"半信半疑"侧重相信的程度不深;"将信将疑"强调不敢轻易相信。"坚信不疑"与"半信半疑"意思相对。

【帮助】bāng zhù 替别人出力,给以支援。▷ 大家奋战了三个月,帮助这个小山村解决了村民吃水难的问题。

〖同〗**帮忙** bāng máng ▷ 事情实在太多,一个人忙不过来,只好请人帮忙。

协助 xié zhù ▷ 在兄弟省市公安局的协助下,这起金融诈骗案终于破获了。

〈辨析〉①"帮助"除指人力支援外,还可指用物力支援,还指给人出主意,给予精神上的支援;"帮忙"只指人力支援。②"帮助"后可带宾语;"帮忙"后不能带宾语。③"协助"侧重于"协",指从旁边辅助,不代替别人;"帮助"和"帮忙"可指从旁边辅助,也可指取代别人。

〈相关〉援助;支持

【榜样】bǎng yàng 值得学习的人或事。▷ 雷锋是我们学习的好榜样。

〖同〗**模范** mó fàn ▷ 他是全国著名的劳动模范。

〈辨析〉"榜样"为中性词,可用在好的方面,也可用在坏的方面,不能作状语;"模范"是褒义词,不能用在坏的方面,能作状语,如:她模范地创造了安全行驶五年无事故的新纪录。

〈相关〉表率;楷模

【傍晚】bàng wǎn 一天中接近晚上的时候。▷ 一直等到傍晚,我才接到他的电话。

〖同〗**黄昏** huáng hūn ▷ 黄昏时刻,小山村里升起了袅袅炊烟。

〖反〗**清晨** qīng chén ▷ 每天清晨,他就去街心花园打太极拳。

〈辨析〉"傍晚"指天将黑未黑的一段时间,比"黄昏"更晚一些。"清晨"与"傍晚"意思相对。

〈相关〉日暮/拂晓;清早

【包含】bāo hán 含有。▷ 这段文字包含着三层意思。

 同 包括 bāo kuò ▷ 包括离退休人员,我们单位一共有120人。
  包罗 bāo luó ▷ 这是一本包罗万象的大百科全书。

〈辨析〉①"包含"着重指里面含有,从深度或内在联系来说明;"包括"强调总括在一起,从事物的数量、范围或广度上列举各部分或着重指出某一部分;"包罗"指大范围的包括,几乎无一遗漏。②"包含"涉及的对象多为抽象事物;"包括"涉及的对象既可以是抽象事物,也可以是具体事物;"包罗"涉及的对象多为具体事物。

〈相关〉包蕴;蕴含

【包围】bāo wéi 正面进攻的同时,向敌人的左右和后方进攻。▷ 东院已经被敌军包围了。

 同 包抄 bāo chāo ▷ 武警战士从侧翼包抄上去。

 反 突围 tū wéi ▷ 我们一定要想办法突围出去。

〈辨析〉"包围"不仅用于军事,也可用于日常生活,指四周围住,如:洪水包围了整个村庄;"包抄"一般只作军事术语使用,适用范围较小。"突围"与"包围"意思相对。

〈相关〉围困

【包蕴】bāo yùn 包含。▷ 这几句朴素的话包蕴着意味深长的哲理。

 同 含蕴 hán yùn ▷ 有经验的人看了开采出来的石块,就清楚它内在的含蕴。

〈辨析〉"包蕴"一般用作动词;"含蕴"一般用作名词。

【宝物】bǎo wù 珍贵的东西;珍宝。▷ 这尊佛像可是龙华寺的宝物啊!

宝贝 bǎo bèi ▷ 他蹲在那里，出神地盯着箱子里的那些宝贝。

反 废物 fèi wù ▷ 我们提倡废物利用，减少污染。

〈辨析〉"宝物"只指物品；"宝贝"除指珍贵的东西外，还可指心爱的人，如：她的宝贝（女儿）回来了。

〈相关〉珍宝

【饱经风霜】bǎo jīng fēng shuāng 形容经历了许多艰难困苦。▷ 他那饱经风霜的脸上终于露出欣慰的笑容。

反 养尊处优 yǎng zūn chǔ yōu ▷ 这孩子从小衣来伸手、饭来张口，过着养尊处优的生活。

〈辨析〉在形容人的经历时，"养尊处优"与"饱经风霜"意思相对。

〈相关〉历尽艰险

【饱满】bǎo mǎn 丰满；充足。▷ 这种小麦成熟以后颗粒饱满。

同 丰满 fēng mǎn ▷ 它们的羽毛已经丰满，绒毛已经褪掉了，只是尾巴还很短。

反 干瘪 gān biě ▷ 原先水灵灵的青菜已经干瘪了。

〈辨析〉①"饱满"可用于具体的事物，也可用于抽象的事物，如：运动员们个个精神饱满；"丰满"多用于具体事物。②"丰满"常形容人身体胖而匀称，多指女性；"饱满"不能用于形容人体。在形容人的身体胖瘦上，"干瘪"与"丰满"意思相对。

〈相关〉充实；充足

【保持】bǎo chí 维持原来的样子，使不消失或减弱。▷ 大学毕业后，他俩一直保持联系。

同 维持 wéi chí ▷ 粮食和水只够维持一个星期，大家都很焦急。

反 放弃 fàng qì ▷ 只要有一线希望，我们就不能放弃努力。

〈辨析〉①"保持"强调维护原样，使它不消失或不减弱，时间的延续较长;"维持"指在一定限度内维护,防止情况变坏,时间的延续相对要短些。②"保持"涉及的多为人的活动,也可指动植物或自然界的态势;"维持"只限于人的活动。"放弃"与"保持"意思相对。

〈相关〉维护/改变

【保存】bǎo cún 使之继续存在,不受损失或不发生变化。▷《唐诗别裁》保存了大量的唐诗。

同 保留 bǎo liú ▷ 我国政府保留进一步采取行动的权利。

反 销毁 xiāo huǐ ▷ 销毁盗版CD是维护知识产权的重要举措。

〈辨析〉"保存"强调存在,不使失去、遗失或损失,可用于人和物;"保留"强调存留、不离开、不变更,只用于事物。"销毁"与"保存"意思相对。

【保护】bǎo hù 尽力照顾,使之不受到损害或破坏。▷ 国家制定了一系列的法律,保护妇女儿童的权益。

同 维护 wéi hù ▷ 他用生命维护了祖国的尊严。

反 伤害 shāng hài ▷ 鲨鱼个头很大,性情残暴,伤害了不少人。

〈辨析〉"保护"使用范围较广,多用于具体的人或事;"维护"多用于抽象的事物,着重维持原状。"伤害"与"保护"意思相对。

〈相关〉爱护/损害;损坏

【保卫】bǎo wèi 保护,使之不受侵犯。▷ 保卫人民生命财产的安全是公安人员义不容辞的责任。

同 捍卫 hàn wèi ▷ 中国人民坚决捍卫国家主权不受侵犯。

守卫 shǒu wèi ▷ 岛上的军民日夜守卫着祖国的南大门。

〈辨析〉"保卫"语意较轻,适用范围较广,对象多为具体的人和物;"捍卫"除保护外,还有抵御的意思,语意重,适用范围较窄,对象多为抽象的事物;"守卫"的对象多为具体的地点、建筑物等。

【保障】bǎo zhàng 保护,使之不受侵犯或损害。▷《教育法》保障了公民受教育的权利。

圆 保证 bǎo zhèng ▷ 我们保证按时完成任务。

〈辨析〉"保障"强调不受侵犯或损害,多用于重大事物;"保证"强调担保做到,适用范围较宽。

【报酬】bào chóu 由于使用别人的劳动、物件等而付给别人的钱或实物。▷ 你们要给那些帮助搬运行李的人一定的报酬。

圆 酬谢 chóu xiè ▷ 我一定要重重地酬谢你。

〈辨析〉"报酬"是名词,指劳动所得;"酬谢"是动词,指用金钱或物表示谢意。

【报答】bào dá 用实际行动表示感谢。▷ 为了报答他的恩情,冬梅尽心尽力地干活。

圆 报效 bào xiào ▷ 我们要学好本领,报效祖国。

〈辨析〉"报答"指受到别人恩惠,用实际行动回报;"报效"指为报答对方的恩情而为对方尽力,多用于对祖国和人民。

【抱负】bào fù 远大的志向。▷ 不平凡的抱负促使他发奋读书。

圆 理想 lǐ xiǎng ▷ 青年人要树立远大的理想。

  志向 zhì xiàng ▷ 他整天在外游荡,没有什么志向。

〈辨析〉"抱负""志向"都是名词,指一个人关于将来如何投身社会、实现人生价值的决心和打算;"理想"除用作名词外,还可用作形容词,指符合希望的、令人满意的,如:这次考试,我成绩不够理想。

〈相关〉雄心;壮志

【抱怨】bào yuàn 心中不满意,数说别人的不对。▷ 我现在生活安定,孩子们也好,没有什么可抱怨的。

圆 埋怨 mán yuàn ▷ 他心中不断地埋怨自己怎么这么粗心。

〈辨析〉"抱怨"侧重于怨恨,多指把责任归罪于别人,语意较重;"埋怨"既可表示对别人不满,也可表示对自己不满,语意较轻。

【暴发】 bào fā 突然迅猛地发作。▷ 山洪暴发,这里是汪洋一片。

同 爆发 bào fā ▷ 抗日战争全面爆发后,复旦大学迁往重庆。
〈辨析〉① "暴发"着重指发生突然而猛烈;"爆发"的主体往往有较长时间的酝酿过程。② "暴发"使用范围较窄,常用于洪水;"爆发"使用范围比较广,除了用于自然现象外,还可用于社会现象,也可指欢呼声、掌声、音乐声等,如:会场上爆发出雷鸣般的掌声。③ "暴发"还指突然发财或得势,如:靠着这笔不光彩的大买卖,他一夜之间暴发起来了。④ "爆发"还表示个人力量、情绪等的突然发作,如:他压抑多年的不满情绪一下子爆发出来了。
〈相关〉突发

【暴露】 bào lù 隐蔽的事物、矛盾、问题等显露出来。▷ 惊慌的神色将他的卑лив和失败暴露无遗。

同 揭露 jiē lù ▷ 这篇文章揭露了伪科学的欺骗性。
  显露 xiǎn lù ▷ 洪水过后,那块奇石又显露出来。
反 掩盖 yǎn gài ▷ 大雪掩盖了大地,到处是白茫茫的一片。
〈辨析〉① "暴露""显露"指隐蔽的事物现出原样,可以是有意的行为,也可以是无意的行为;"揭露"指有意地、有目的地揭发被掩盖的事物,多用于抽象的事物。② "暴露"涉及的对象可以是别人,也可以是自己或事物;"揭露"的对象只指别人,不指自己。"掩盖"与"暴露"意思相对。
〈相关〉败露/隐蔽;隐匿

【暴躁】 bào zào 遇事容易急躁,不能控制感情。▷ 她的性情异常暴躁。

同 急躁 jí zào ▷ 她急躁不安,守在电话机旁边。

〈反〉**温和** wēn hé ▷ 他性情温和,人缘很好。

〈辨析〉"暴躁"形容性格粗暴,不能控制感情,动不动就发脾气;"急躁"形容情绪激动,没有耐心或指性急而考虑不周全。"温和"与"暴躁"意思相对。

〈相关〉暴烈;火暴/温柔

【**卑鄙**】bēi bǐ 指人的语言行为或道德品质卑下恶劣。▷ 为了达到目的,他竟然向那个卑鄙的小人求助。

〈同〉**卑劣** bēi liè ▷ 真没想到,她会使用如此卑劣的手段。

〈反〉**高尚** gāo shàng ▷ 他是一位品德高尚的老人。

〈辨析〉"卑鄙"语意较轻,多指人的品德、言行不道德;"卑劣"语意较重,多指行为、手段下流恶劣。"高尚"与"卑鄙"意思相对。

〈相关〉恶劣/崇高;高贵

【**卑躬屈膝**】bēi gōng qū xī 形容谄媚奉承,没有骨气。▷ 每个人都显示了自己在生活中的位置——舍身求法的,锲而不舍的,浑浑噩噩的,卑躬屈膝的。

〈同〉**奴颜婢膝** nú yán bì xī ▷ 中国人有自己的民族气节,不在洋人面前奴颜婢膝。

〈反〉**刚正不阿** gāng zhèng bù ē ▷ 老王任职期间,刚正不阿,严格执法,维护了法律的尊严。

〈辨析〉"卑躬屈膝"着重表现其形象;"奴颜婢膝"着重表现其内心。"刚正不阿"与"卑躬屈膝"意思相对。

〈相关〉低声下气;奴颜媚骨/正气凛然

【**卑贱**】bēi jiàn 卑鄙,下贱。▷ 为什么要把体力劳动看得那么卑贱呢?

〈同〉**下贱** xià jiàn ▷ 世界上没有下贱的工作,只有下贱的人。

〈反〉**高贵** gāo guì ▷ 他还带来了一位高贵的客人。

〈辨析〉"卑贱"形容出身或地位低劣不高贵,常与"高贵"对用,如:卑贱者最聪明,高贵者最愚蠢;"下贱"除形容社会地位低下外,还指卑劣下流,如:我对他这种下贱的举动感到十分恼火。"高贵"与"卑贱"意思相对。

〈相关〉低贱;低微/显达;尊贵

【悲惨】bēi cǎn 处境或遭遇极其痛苦,令人伤心。▷ 他的悲惨遭遇令人感叹不已。

同 凄惨 qī cǎn ▷ 人们怎么也没有想到她的晚年生活竟然如此凄惨。

凄凉 qī liáng ▷ 我真不明白,为什么美丽的春天在她眼中竟如同凄凉肃杀的秋天。

〈辨析〉"悲惨"侧重于"惨",多形容处境或遭遇不好;"凄惨"和"凄凉"侧重于"凄楚""孤独",除了形容环境萧条冷落外,还形容人的心情悲伤寂寞。

〈相关〉悲凉/高兴

【悲观】bēi guān 精神不振作,对事物、未来没有信心,态度消极。▷ 整个实验室被悲观的气氛笼罩着。

同 失望 shī wàng ▷ 她后来的表现实在令人失望。

反 乐观 lè guān ▷ 他乐观地看到,到中小城市工作还是很有前途的。

〈辨析〉"悲观"语意较重,指对未来丧失信心;"失望"语意较轻,指失去希望或不能如愿。"乐观"与"悲观"意思相对。

【悲痛】bēi tòng 伤心,痛苦。▷ 我为失去这样的朋友而悲痛。

同 悲哀 bēi āi ▷ 她那悲哀的神情深深地打动了我。

悲伤 bēi shāng ▷ 他沉浸在悲伤的回忆中。

伤心 shāng xīn ▷ 我有点失望,也有点伤心,为自己的不走运而伤心。

反 欢乐 huān lè ▷ 欢乐的歌声响彻云霄。

〈辨析〉① "悲痛"侧重于因悲伤而痛苦;"悲哀"侧重于内心的哀愁;"悲伤""伤心"侧重于内心不好受。② "伤心"的语意最轻,"悲痛"的语意最重。③"伤心"多用于口语;"悲痛""悲哀""悲伤"多用于书面语。"欢乐"与悲伤意思相对。
〈相关〉难过;忧伤/快乐;喜悦

【奔波】bēn bō 十分忙碌地来回奔走。▷ 连续几个月的奔波操劳,他累垮了。

同 奔忙 bēn máng ▷ 这些天,她为孩子的转学问题奔忙着。

奔走 bēn zǒu 听说航天英雄要来演讲的消息,同学们奔走相告,非常兴奋。

〈辨析〉①"奔波""奔走"都指为了一定的目的到处活动;"奔波"还指历尽波折,不辞劳累;"奔走"还指快速地跑或急速地行动。一般都用于人。②"奔忙"除用于人,指事情繁多、忙碌不停外,也可指车辆、船只等,如:各种车辆在高速公路上穿梭奔忙。

【奔驰】bēn chí 指车马等跑得快。▷ 骏马奔驰在鲜花盛开的大草原上。

同 奔跑 bēn pǎo ▷ 她追着客车奔跑了几十米。

奔腾 bēn téng ▷ 一群羚羊从汽车前奔腾而过。

〈辨析〉"奔驰"多用于车、马;"奔跑"适用范围广,既可用于车、马,也可用于人;"奔腾"除了快速奔跑外,还有起伏、跳跃的意思,常用于马,还可用来比喻河流、山洪、大海、铁水等液体的流动和人的思想感情的变化,如:我的思绪随着画面奔腾跳跃。

〈相关〉奔流;奔走

【奔放】bēn fàng 尽情流露,不受拘束。▷ 大家跳起了热烈奔放的踢踏舞。

同 豪放 háo fàng ▷ 他性情豪放,喜爱结交朋友。

〈辨析〉①"奔放""豪放"都形容诗文书画的气势、思想感情尽情发挥。②"奔放"着重指思想感情;"豪放"着重指人的胸怀、气魄和性情。

【奔赴】bēn fù 奔向一定的目的地。▷ 红军的主力渡过大渡河,浩浩荡荡地奔赴抗日的最前线。

同 奔向 bēn xiàng ▷ 全国人民团结一致,奔向四个现代化的宏伟目标。

〈辨析〉"奔赴"的后面一般都有表示处所的名词;"奔向"的目标一般比较抽象。

【本领】běn lǐng 才能;技能;能力。▷ 学得多了,真正有了一些本领了,人往往反而虚心起来。

同 本事 běn shì ▷ 他最大的本事就是随声附和。

能耐 néng nài ▷ 她的能耐不大,鬼心眼儿不少。

〈辨析〉①"本领"多指比较高的、比较难掌握的技巧、技能,需要经过专门的训练才能具备;"本事""能耐"指一般的、容易掌握的技巧和技能。②"本领"可用于人,也可用于动物,如:青蛙的本领是捉害虫;"本事""能耐"一般只用于人。③"本领"多用于书面语;"本事""能耐"多用于口语。

〈相关〉才干;才能;技能

【笨嘴拙舌】bèn zuǐ zhuō shé 没有口才,不善言谈。▷ 只要他在场,平时能说会道的阿巧就变得笨嘴拙舌起来。

反 伶牙俐齿 líng yá lì chǐ ▷ 你那位伶牙俐齿的妹妹早已把一切都告诉我了。

〈辨析〉在形容人是否善于言辞时,"伶牙俐齿"与"笨口拙舌"意思相对。

〈相关〉笨嘴笨舌/巧舌如簧

【笨重】bèn zhòng 繁重而费力。▷ 这种笨重的农活早就改用机器操作了。

同 繁重 fán zhòng ▷ 为了支持丈夫的工作,她毫无怨言地承担起繁重的家务。

反 轻巧 qīng qiǎo ▷ 用纸抄写的书,轻巧实用,保存方便,所以一直沿用到今天。

〈辨析〉①"笨重"侧重指重而且费力;"繁重"侧重指重而且多。②"繁重"只形容工作负担;"笨重"还可形容物体沉重不灵巧,如:最初的计算机是非常笨重的,一台机器要占一大间屋子。"轻巧"与"笨重"意思相对。

〈相关〉粗笨;粗重/轻便;轻快

【逼近】bī jìn 靠近;接近。▷ 后来,陆地渐渐沉下去,海水渐渐漫上来,逼近那古老的森林。

同 靠近 kào jìn ▷ 靠近学校的地方有一座街心花园。

〈辨析〉"逼近"还可用于时间即将临近,如:考试渐渐逼近;"靠近"还指人和人、物之间的距离近。

【比赛】bǐ sài 比较本领、技术的高低。▷ 这次活动共设置了24个比赛项目。

同 竞赛 jìng sài ▷ 工地上掀起了学先进的竞赛热潮。

〈辨析〉"比赛"多用于体育、文艺、生产等活动,强调比本领、技术的高低;"竞赛"多用于劳动、学习等方面,强调争优胜。

〈相关〉竞争

【笔直】bǐ zhí 很直。▷ 大漠上一缕孤烟是笔直的,长河背后一轮落日是圆圆的。

同 笔挺 bǐ tǐng ▷ 他身着一套笔挺的全毛西装。

反 曲折 qū zhé ▷ 鹅卵石铺就的小路曲折而幽静。

　　弯曲 wān qū ▷ 弯曲的河岸上长着一排垂柳。

〈辨析〉"笔直"适用范围较广;"笔挺"一般只形容直立的东西;"曲折"还形容事情不顺利。"曲折"弯曲"与"笔直"的意思相对。

【鄙视】bǐ shì 轻视;看不起。▷ 人们鄙视那些夜郎自大、不可一世的人。

同 鄙薄 bǐ bó ▷ 她嘴一撇,脸上露出鄙薄的神情。

反 **敬重** jìng zhòng ▷ 张衡是我国古代著名的科学家和文学家,是一位受后人敬重的人。

〈辨析〉"鄙视"侧重于"视",认为低劣;"鄙薄"侧重于"薄",认为微不足道。"敬重"与"鄙视"意思相对。

〈相关〉鄙夷/蔑视/看重;注重;尊敬

【**必定**】bì dìng 表示判断或推论的确凿或必然。▷ 哪一个人想依靠走歪门邪道而发财,其结果必定要吃大亏。

同 **一定** yī dìng ▷ 他一定还会回来取东西的。

〈辨析〉① "必定"强调判断或推理的确凿无疑;"一定"强调主观分析或看法的正确无误。② "一定"还可表示态度的坚决,如:我一定好好学习,决不辜负乡亲们的期望。③ "一定"作形容词时表示规定的、特定的或某种程度的意思,如:创业需要一定的物质基础;"必定"没有这种用法。④ "一定"可用来表示命令、要求、希望等语气,如:你一定要准时回来;"必定"没有这种用法。

〈相关〉必然;肯定/未必

【**必然**】bì rán 一定的;确定不移的。▷ 到时候拿不出详细的计划来,必然会误了大事。

同 **必定** bì dìng ▷ 真理必定战胜谬误。

〈辨析〉"必然"多指某一事物一定会出现某种结果;"必定"是根据事物发展规律作出的判断。

【**必须**】bì xū 表示事理上或情理上的必要;一定要。▷ 我们要向沙漠进军,必须有足够的水源。

同 **必需** bì xū ▷ 电力是发展经济所必需的能源。

反 **无须** wú xū ▷ 我已经明白了,你无须再作解释。

〈辨析〉① "必须"强调一定要这样,不这样不行;"必需"指一定要有,没有了不行。② "必须"是副词,只能作状语;"必需"是动词,能作谓语、定语。"无须"与"必须"意思相对。

〈相关〉务必;务须/不须

【毕竟】bì jìng 到底;终归。▷ 这辆车虽然旧了点,但毕竟是名牌。

同 究竟 jiū jìng ▷ 他究竟贪污了多少钱,现在还在查证中。

〈辨析〉① "毕竟"含有"终于"的意思,说明事情的最终结果,有判断、评价的作用;"究竟"有追根究底的意思,表示事情的原因或结果。② "毕竟"只用于非疑问句,表示强调或肯定的语气;"究竟"没有这种限制,如:究竟是先有鸡还是先有蛋呢? ③ "究竟"还可用作名词,表示事物的结果、底细,如:她拉住我非要问个究竟;"毕竟"没有这种用法。

〈相关〉到底;终归;终究

【弊病】bì bìng 不好的社会现象或工作上的毛病。▷ 长期以来中国的教育存在重知识轻能力的弊病。

同 弊端 bì duān ▷ 加强法治建设可以消除许多社会弊端。

反 优点 yōu diǎn ▷ 这种做法有许多优点。

〈辨析〉"弊病"所指的毛病、缺点性质严重,会带来不良后果,语意较重;"弊端"指由于工作上有疏漏而发生的问题,语意较轻。"优点"与"弊病"意思相对。

〈相关〉毛病;缺点/长处

【边疆】biān jiāng 靠近国界的疆土。▷ 喜马拉雅山是中国西南边疆的一条大山脉。

同 边界 biān jiè ▷ 中缅两国边界上的人民世代友好往来。
　边境 biān jìng ▷ 边境贸易的开展使两国都获得很好的经济利益。

〈辨析〉"边疆"指靠近国界的大片领土,是"块状"的;"边界"指相邻地域的交界线,可以指国与国之间,也可以指地区之间、单位之间;"边境"指紧靠国境的狭窄地段,是"线状"的,范围比"边疆"小。

〈相关〉边陲/内地

【**边沿**】biān yán　事物沿边的部分。▷ 河道的边沿用石块砌得齐齐整整。

同 **边缘** biān yuán ▷ 小道的边缘种着美丽的三色堇。

〈辨析〉① "边沿"只指事物沿边的部分;"边缘"既指事物沿边的部分,又指跨界限、靠界限的部分,如:经过几天跋涉,我们来到与大沙漠相连的边缘地带。② "边沿"一般只用于具体的事物;"边缘"既可用于具体事物,又可用于抽象事物,如:医生把他从死亡的边缘救了回来。

【**变化**】biàn huà　指事物的形态或性质跟原来不一样。▷ 他的家乡近几年来发生了很大的变化。

同 **变动** biàn dòng ▷ 期末考试的时间没有变动。

〈辨析〉"变化"侧重事物的形态或性质产生新的状况;"变动"指因变化而改变了原来的状况。

〈相关〉改变

【**变化无常**】biàn huà wú cháng　事物的状况变化不定,没有规律。▷ 山区的天气变化无常,刚才还晴空万里,现在又大雨倾盆了。

同 **千变万化** qiān biàn wàn huà ▷ 不同形式的钻饰设计呈现出钻石千变万化的魅力。

反 **一成不变** yī chéng bù biàn ▷ 那种墨守成规、思想保守的人,总是用一成不变的旧观念去观察改革开放后的新事物。

〈辨析〉"变化无常"指变化奇异,让人难以预测;"千变万化"指变化繁多、多种多样。在形容事物变化与否时,"一成不变"与"变化无常"意思相对。

〈相关〉变化不定;变化多端

【**辨别**】biàn bié　根据事物的不同特点,在认识上加以区别。▷ 辨别同义词和反义词,对于掌握词语、提高写作能力是很有帮助的。

辩标

同 鉴别 jiàn bié ▷ 他特别擅长鉴别古画的真伪。

识别 shí bié ▷ 购物时要注意识别假冒伪劣商品。

〈辨析〉"辨别"着重指对不同的人或事物在认识上加以区别;"鉴别"着重指对某个事物性质或特征的确定;"识别"着重指对某个人或某件事物加以判别,确定其类别。

〈相关〉分辨;区别;区分/混淆

【辩白】biàn bái 说明事实真相,消除别人的误解或指责。▷ 这种辩白一点没有说服力。

同 辩解 biàn jiě ▷ 事实确实如此,我不想再辩解了。

分辩 fēn biàn ▷ 为自己的错误去分辩是不明智的做法。

〈辨析〉"辩白"着重指在受冤枉的时候进行分辩、申诉,使事实得到澄清;"辩解""分辩"指为了消除误解或为掩盖错误而进行解释、分辩。

【辩论】biàn lùn 彼此因对事物或问题等有不同的看法而进行的争论。▷ 一切学问家,对于过去学者的学说常常抱怀疑的态度,常常和书中的学说辩论。

同 争论 zhēng lùn ▷ 大家争论不休,问题并没有得到解决。

〈辨析〉① "辩论"着重指为了求得正确的结论,双方摆事实、讲道理,力求说服对方;"争论"着重指双方各执己见,互不让步。② "辩论"一般用于大是大非、原则性问题;"争论"既可用于大事,也可用于小事。

〈相关〉辩驳;争辩

【标记】biāo jì 记号;标志。▷ 小旅馆在镇的东面,没有招牌,只有标记。

同 标志 biāo zhì ▷ 事物的特征是这一事物区别于其他事物独特的标志。

记号 jì hào ▷ 回到出发点,他悄悄地在墙壁上画了个记号。

〈辨析〉① "标记"指一般的记号,只用于具体的事物;"标志"指表明事物特征的记号,可用于具体事物,更多时候用于抽象的事物、重大的事物;"记号"指为了让人记住的符号,多用于具体的、较小的事物。②"标志"多用于书面语;"记号""标记"可用于口语和书面语。③"标志"还可用作动词,有象征、显示的意思,如:我喜欢标志着热情和喜庆的红色。

【**标新立异**】biāo xīn lì yì 提出新奇的见解、主张,表示与众不同。▷ 在那个整齐划一的年代,你想标新立异,就会受到批判。

同 独树一帜 dú shù yī zhì ▷ 这种独树一帜的风格,在她早期的绘画作品中已经显露出来。

反 因循守旧 yīn xún shǒu jiù ▷ 因循守旧的思想已经远远跟不上深化改革的步伐了。

〈辨析〉"标新立异"侧重于突出特点,与众不同;"独树一帜"着重指创立流派,自成一家。"因循守旧"与"标新立异"意思相对。

〈相关〉别出心裁;独具匠心/步人后尘;陈陈相因;人云亦云

【**表里如一**】biǎo lǐ rú yī 形容人的言行和思想一致。▷ 他为人光明磊落,表里如一。

同 言行一致 yán xíng yī zhì ▷ 他向来言行一致,说话是算数的。

反 口是心非 kǒu shì xīn fēi ▷ 我们必须彻底揭露这些贪污腐败分子口是心非、欺上瞒下的丑恶嘴脸。

〈辨析〉"表里如一"指言行和思想一样,含有比喻意义;"言行一致"指说的和做的一样。"口是心非"与"言行一致"意思相对。

〈相关〉表里一致;心口如一/言不由衷;言行不一

【**表示**】biǎo shì 用语言或行动表达某种思想、感情、态度等。▷ 对于同学们的建议,老师举手表示赞成。

同 表达 biǎo dá ▷ 这番话,将他的爱意表达得明明白白。

表现 biǎo xiàn ▷ 这是爱国主义的表现。

〈辨析〉"表示""表达"侧重指用言语和行动把思想、感情、态度等显露出来;"表现"侧重指将人的思想、精神或事物的意义显现出来。

【**表演**】biǎo yǎn 演出。▷ 相声演员的表演,博得全场观众热烈的掌声。

同 **演出** yǎn chū ▷ 新编越剧《红楼梦》今晚正式演出。

演示 yǎn shì ▷ 每个展台前都围着看业务员演示的人群。

〈辨析〉"表演"除与"演出"同义,指演出外,还指做示范动作,如:厨师表演了他的拿手技术;"演示"指做示范动作。

【**表扬**】biǎo yáng 肯定、赞扬好人好事。▷ 因为朗读课文受到老师的表扬,他的表演才华才被发现。

同 **表彰** biǎo zhāng ▷ 国务院召开表彰大会,表彰一批全国劳动模范。

称赞 chēng zàn ▷ 大家都称赞他的字写得好。

赞扬 zàn yáng ▷ 她总是在熟人面前赞扬自己的丈夫。

反 **批评** pī píng ▷ 许多人写信给报社,批评这种炒作行为。

〈辨析〉"表扬""称赞""赞扬"常用于书面语和口语,对象较广,方式较多,语意较轻;"表彰"常用于较庄重的场合,多用于书面语,对象一般是建立特殊功勋的人,语意较重。"批评"与"表扬"意思相对。

【**别有用心**】bié yǒu yòng xīn 指言论或行动中有不可告人的企图。▷ 原来,一心想出人头地的李丽果真别有用心。

同 **心怀叵测** xīn huái pǒ cè ▷ 我觉得他太热情了,热情得让人怀疑他心怀叵测。

反 **襟怀坦白** jīn huái tǎn bái ▷ 一个共产党员,应该是襟怀坦白、忠诚、积极,以革命利益为第一生命,以个人利益服从革命利益的。

〈辨析〉"别有用心"多形容心里藏着坏主意,语意较轻;"心怀叵测"多形容心中藏有不可猜测的阴谋诡计,语意较重。"襟怀坦白"与"心怀叵测"意思相对。

〈相关〉居心不良;居心叵测

【别致】bié zhì 新奇;与寻常不同。▷ 这枚水钻胸针很别致。

反 普通 pǔ tōng ▷ 这是一个极普通的四合院。

〈辨析〉在形容事物是否一般或特殊时,"普通"与"别致"意思相对。

〈相关〉特别/平常

【彬彬有礼】bīn bīn yǒu lǐ 文雅而有礼貌。▷ 踏上工作岗位后,他变得更加彬彬有礼了。

同 温文尔雅 wēn wén ěr yǎ ▷ 张叔叔是个很有修养的人,言谈举止总是那么温文尔雅。

反 出言不逊 chū yán bù xùn ▷ 我怎么也没想到,他对朋友竟然如此出言不逊。

〈辨析〉"彬彬有礼"侧重在言行上;"温文尔雅"侧重在内心上。"出言不逊"与"彬彬有礼"意思相对。

【病人】bìng rén 生病的人。▷ 有高血压的病人不宜做剧烈的运动。

同 患者 huàn zhě ▷ 风湿病患者要注意保暖。

〈辨析〉"病人"是生活用语,多用于口语;"患者"是医疗专业用语,多用于书面语。

【病入膏肓】bìng rù gāo huāng 指病重到无法医治的程度。▷ 他病入膏肓,躺在病床上等待死神的召唤。

同 不可救药 bù kě jiù yào ▷ 在天源看来,姜森林是不可救药了,就逐渐疏远了他。

〈辨析〉"病入膏肓"强调"病"重,还比喻情况很严重,到了不可挽救的地步,如:上级领导认为,这家公司不正之风横行、领导班子腐败,已经病入膏肓,应该停业整顿;"不可救药"强调"救"和"药",认为没法医治。

【**波澜壮阔**】bō lán zhuàng kuò 波涛雄壮而宽阔。▷ 我特别喜欢波澜壮阔的大海。

同 **波涛汹涌** bō tāo xiōng yǒng ▷ 她看到了在月光照耀下的波涛汹涌的澜沧江。

反 **水平如镜** shuǐ píng rú jìng ▷ 风和日丽,西湖水平如镜。

〈辨析〉"波澜壮阔"形容波涛雄壮而宽阔,声势浩大;"波涛汹涌"形容水大浪急,翻腾起伏。"水平如镜"与"波涛汹涌"意思相对。

【**波折**】bō zhé 指事态的曲折变化。▷ 几经波折,我终于找到失散多年的哥哥。

同 **周折** zhōu zhé ▷ 经过一番周折,这幢房子终于破土动工了。

〈辨析〉"波折"强调事情进行过程中遇到波动、曲折,语意较轻;"周折"表示有反复,事情很难办。

〈相关〉曲折

【**薄弱**】bó ruò 单薄脆弱;不坚强。▷ 校对工作成了这家出版社工作中的薄弱环节。

同 **单薄** dān bó ▷ 小企业力量单薄,首当其冲地成了这次金融危机中的牺牲品。

反 **雄厚** xióng hòu ▷ 雄厚的物质基础是经济腾飞的重要条件。

〈辨析〉"薄弱"多用来形容意志、力量、环节等;"单薄"可形容实力,也常形容人的身体,如:她从小就长得单薄。"雄厚"与"薄弱"意思相对。

〈相关〉软弱

【**补充**】bǔ chōng 填补不足;追加。▷ 大会快结束时,李副经理就新产品开发作了补充发言。

同 补偿 bǔ cháng ▷ 时间损失是无法补偿的。

弥补 mí bǔ ▷ 灵活和悟性,弥补了她身高的不足。

反 消耗 xiāo hào ▷ 由于走的方向不对,小分队又白白消耗了半天时间。

〈辨析〉"补充"指原来不足或有损失时再增加一部分,也可指再追加一些,使之更充实,对象可以是人,也可以是物;"补偿"除了补足外,还有赔偿的意思;"弥补"则强调把不足的部分补上,不一定缺什么补什么,对象只能是事物。"消耗"与"补充"意思相对。

〈相关〉增补

【捕风捉影】bǔ fēng zhuō yǐng 比喻说话做事毫无根据。▷ 村里的大嫂大婶们对这些事情很感兴趣,捕风捉影,又编造了不少故事。

同 道听途说 dào tīng tú shuō ▷ 尽管我是道听途说,但还是一五一十地同他讲了。

无中生有 wú zhōng shēng yǒu ▷ "四人帮"粉碎后,强加在爷爷头上的那些无中生有的罪名已被洗刷一清。

〈辨析〉"捕风捉影""无中生有"语意较重,强调凭空想象或捏造;"道听途说"语意较轻,说明以"听"为根据,不强调根据可靠与否。

〈相关〉系风捕影

【哺育】bǔ yù 喂养;培养。▷ 古井像一位温情的母亲,用甜美的乳汁,哺育着小村寨的儿女。

同 养育 yǎng yù ▷ 也只有这种草,才可以骄傲地嗤笑那些养育在花房里的盆花。

〈辨析〉"哺育"不仅有喂养的意思,还用于对人的培养教育,如:党和人民哺育我们茁壮成长;"养育"除了常用于父母对子女的抚养教育,还可用于对动植物的饲养和培育。

【**不动声色**】bù dòng shēng sè 形容在紧急情况下沉着镇静，不惊动人。▷ 他心里万分焦急，脸上却不动声色。

同 **不露声色** bù lù shēng sè ▷ 王群内心恨得咬牙切齿，表面却不露声色。

反 **惊惶失措** jīng huáng shī cuò ▷ 哥哥见我被打得鼻子出血了，吓得惊惶失措。

〈辨析〉"不动声色"与"不露声色"都形容非常镇静，"不动声色"侧重于"动"字；"不露声色"侧重于"露"字。"惊惶失措"与"不动声色"意思相对。

【**不共戴天**】bù gòng dài tiān 不跟仇敌在一个天底下生活。形容仇恨很深。▷ 他们之间矛盾很大，已经到了不共戴天的地步了。

同 **势不两立** shì bù liǎng lì ▷ 金钱有时能使势不两立的人亲密起来，有时又能使亲密无间的人成为仇敌。

反 **相亲相爱** xiāng qīn xiāng ài ▷ 从此，王子和公主相亲相爱，过着幸福的生活。

〈辨析〉"不共戴天"形容仇恨极深；"势不两立"指双方对立，不能共存。"相亲相爱"与"不共戴天"意思相对。

〈相关〉你死我活

【**不寒而栗**】bù hán ér lì 形容非常害怕。▷ 我一想到孤身一人摸黑横穿沙漠，总有点不寒而栗。

同 **胆战心惊** dǎn zhàn xīn jīng ▷ 这些日子以来，岛上的人们因为连续不断的地震而胆战心惊。

反 **无所畏惧** wú suǒ wèi jù ▷ 真正的共产党人是无所畏惧的。

〈辨析〉"不寒而栗"与"胆战心惊"都形容非常害怕，"胆战心惊"语意比"不寒而栗"重。"无所畏惧"与"胆战心惊"意思相对。

【**不慌不忙**】bù huāng bù máng 不慌忙。▷ 只见他不慌不忙地、一步一步地接近终点。

同 **不紧不慢** bù jǐn bù màn ▷ 她不紧不慢地推开门走了出去。

反 **慌慌张张** huāng huāng zhāng zhāng ▷ 我慌慌张张地摇了摇头。

〈辨析〉"不慌不忙"常用来形容言行沉着、冷静;"不紧不慢"常用来形容情态沉稳。"慌慌张张"与"不慌不忙"意思相对。

【**不计其数**】bù jì qí shù 形容数量很多。▷ 洪水泛滥,被冲毁的房屋、良田不计其数。

同 **数不胜数** shǔ bù shèng shǔ ▷ 正月十五元宵灯会上,各式各样的花灯数不胜数。

反 **寥寥无几** liáo liáo wú jǐ ▷ 今天天气特别热,路上行人寥寥无几。

〈辨析〉"不计其数"与"数不胜数"都形容数量很多,"不计其数"指无法计算数目,多用于口语;"数不胜数"指数也数不清,多用于书面语。"寥寥无几"与"不计其数"意思相对。

〈相关〉不可胜数/屈指可数

【**不伦不类**】bù lún bù lèi 形容不像样、不规范、不得体。▷ 这篇文章写得不伦不类,根本无法修改。

同 **不三不四** bù sān bù sì ▷ 由于父母不合,家庭缺少温暖,她整天与一些不三不四的人瞎混在一起。

〈辨析〉"不伦不类"强调写文章或穿着、装饰等不规范、不恰当、不得体;"不三不四"多形容不正派的人或不成样的东西。

【**不求甚解**】bù qiú shèn jiě 形容学习、工作等不认真,只求略知大概,不求深入理解。▷ 学习马马虎虎,不求甚解,是不会取得好成绩的。

同 **囫囵吞枣** hú lún tūn zǎo ▷ 张老师告诉我们,学习上的许多基本概念一定要认真掌握,囫囵吞枣是不行的。

反 **寻根究底** xún gēn jiū dǐ ▷ 这孩子遇事总爱寻根究底地问个明白。

〈辨析〉"不求甚解"多指学习、工作不认真,不肯下苦功钻研,常用于书面语;"囫囵吞枣"比喻对所学的东西不作分析,不加思考,笼统地接受,常用于口语。"寻根究底"与"不求甚解"意思相对。

〈相关〉生吞活剥/咬文嚼字

【不修边幅】bù xiū biān fú　形容不注意衣着、容貌的整洁。▷ 他经常不修边幅地出入于娱乐场所。

反 衣冠楚楚 yī guān chǔ chǔ ▷ 进出这里的都是衣冠楚楚的达官贵人。

〈辨析〉在形容人的服饰装束方面,"衣冠楚楚"与"不修边幅"意思相对。

【不由自主】bù yóu zì zhǔ　形容无法控制自己。▷ 当他们经过一家书店门口时,平素酷爱读书的李梅不由自主地往摆满新书的橱窗走去。

同 情不自禁 qíng bù zì jīn ▷ 踏上久别的故土,老人情不自禁地热泪盈眶。

〈辨析〉"不由自主"的主要原因是由于激动、惊慌、疲劳等;"情不自禁"的主要原因是感情激动。

【不约而同】bù yuē ér tóng　没有经过商量而彼此意见一致。▷ 老人、青年、小孩,都不约而同地站直了身体,摘下了帽子,目送灵车远去。

同 不谋而合 bù móu ér hé ▷ 我们几个人的意见都一致,真是不谋而合啊!

〈辨析〉"不约而同"多指具体行动,也可指人的心理活动;"不谋而合"多指主张、意见、做法、计划等未经商量而一致,不能用来形容人的动作相同。

【步调】bù diào　指步子的大小快慢。比喻进行某项活动的方式、速度、程序等。▷ 我们必须步调一致,统一行动。

[同] **步伐** bù fá ▷ 仪仗队的方阵步伐整齐、精神抖擞地通过检阅台。

〈辨析〉"步调"常用其比喻义,很少用其本义;"步伐"常用其本义,很少用其比喻义。

〈相关〉步骤;步子;脚步

【部分】bù fen 整体里的个体;整体里的局部。▷ 数以亿计的恒星系仍然只是茫茫宇宙的一个极小部分。

[同] **局部** jú bù ▷ 由于受台风影响,今天晚上局部地区下了暴雨。

[反] **全部** quán bù ▷ 他的全部财产加起来也不够还清这些债务。

〈辨析〉①"部分"多就数量而言,可用于事物和人;"局部"多就组织结构而言,只用于事物。②"部分"有时还特指团体单位,如:喂,你们是哪部分的?"全部"与"部分"意思相对。

【部署】bù shǔ 布置,安排。▷ 敌人在火车站周围部署了整整一个团的兵力。

[同] **布置** bù zhì ▷ 老师正在给我们布置回家作业。

〈辨析〉"部署"指大规模地、全面地、有战略性地布置和安排,对象常常是有关全局的大事;"布置"多指具体的安排,对象是某项具体的事或活动。

【猜测】cāi cè　推测;凭想象估计。▷ 在没有了解事实真相之前,这只是一种猜测。

同 猜想 cāi xiǎng ▷ 事实与我们猜想的完全一致。

猜疑 cāi yí ▷ 由于她的无端猜疑和无理取闹,好端端的一个家被弄得支离破碎。

反 相信 xiāng xìn ▷ 我相信你说的每一句话。

〈辨析〉"猜测""猜想"强调某种推测,指以自己的想象或不明显的线索为依据,希望对问题寻求答案;"猜疑"则是毫无理由地怀疑,强调无中生有。"相信"与"猜疑"意思相对。

〈相关〉怀疑;推测;估计/确信;断定;肯定

【才能】cái néng　指人的知识和能力。▷ 他是学生会干部,很有才能。

同 才干 cái gàn ▷ 周瑜看到诸葛亮挺有才干,心里很妒忌。

才华 cái huá ▷ 他的所作所为,表现出他既没有才华,也没有风度。

才智 cái zhì ▷ 蔡振华充分发挥了自己的聪明才智,使中国乒乓球队取得了举世瞩目的好成绩。

〈辨析〉"才能"强调运用知识进行创造性工作的能力和本领;"才干"强调在办事或实践活动中的能力,多指领导、组织或指挥等活动;"才华"多指在文学、艺术等方面表现出来的才能;"才智"强调智慧。

〈相关〉才艺;能力

【才疏学浅】 cái shū xué qiǎn 才识不广,学问浅薄。▷ 我才疏学浅,不能当此重任。

反 博学多才 bó xué duō cái ▷ 他博学多才,文武双全。

〈辨析〉在形容人的才识高低时,"博学多才"与"才疏学浅"意思相对。

〈相关〉略识之无/多才多艺;真才实学

【材料】 cái liào 可供写作或参考的事实及文字资料。▷ 彭主任花了一个下午的时间准备明天谈判用的材料。

同 资料 zī liào ▷ 老万搜集了许多关于20世纪20年代上海南京路的资料。

〈辨析〉①"材料"侧重指未经加工的素材;"资料"侧重指已经被确定的事实,可以作为依据或凭借。②"材料"还指可以制造成品的东西,如:你需要的装修材料可以在宜山路上买到;还可比喻适合做某种事情的人才,如:教练认为他是踢中锋的材料。

〈相关〉素材

【财产】 cái chǎn 有价值的东西。▷ 决不容许这些腐败分子侵吞国家财产。

同 财富 cái fù ▷ 书籍是人类重要的精神财富。

〈辨析〉①"财产""财富"都指具体的物质,与经济利益直接相关。②"财富"除了指具体的物质以外,还指精神上有价值的东西。

〈相关〉财宝;财物

【采取】 cǎi qǔ 有选择地施行。▷ 仅仅防御风沙袭击、固定沙丘阵地,还只是采取守势,这自然是不够的。

同 采纳 cǎi nà ▷ 董事会采纳了我们的提议。

　采用 cǎi yòng ▷ 这种书比起竹简来轻便多了,但它的成本太高,不容易普遍采用。

〈辨析〉"采取"强调针对情况选择使用方针、政策、态度、措施等,多用于抽象事物;"采纳"强调接受,也用于抽象事物,只是范围较"采取"窄一些;"采用"强调使用,涉及的范围广,可以是抽象事物,如技术、方法、经验等,也可以是某些具体事物,如教材、工具等。

〈相关〉使用;选用/放弃

【参加】cān jiā 加入某种组织或参与某种活动。▷ 放学后,同学们都参加课外活动。

同 参与 cān yù ▷ 昆虫参与自然选择的作用,造成各种不同的植物,也造成各种不同的花色。

加入 jiā rù ▷ 早在下乡插队劳动的时候,她就加入了中国共产党。

反 退出 tuì chū ▷ 中国代表团退出会场以示抗议。

〈辨析〉① "参加"使用范围比较广,可以是组织,也可以是活动;"参与"的范围比较窄,只能是活动;"加入"的对象只能是组织。② "参与"多用于书面语;"参加""加入"既可用于书面语,也可用于口语。"退出"与"加入"意思相对。

〈相关〉投入/避开

【残酷】cán kù 凶残,冷酷。▷ 旧社会,地主阶级的残酷剥削和压迫,迫使劳动人民揭竿而起。

同 残暴 cán bào ▷ 残暴的鬼子放火烧了小李庄,杀害了全村的男女老少。

残忍 cán rěn ▷ 残忍的歹徒杀害了这个花季少年。

反 仁慈 rén cí ▷ 母亲那种宽厚仁慈的态度,至今还在我心中留有深刻的印象。

〈辨析〉① "残酷"既可指内在的感情、本性,也可指行为、手段;"残暴"一般指内在的本性;"残忍"一般指外在的行为、手段。② "残酷"除用于人外,还可用于事物或环境,如:残酷的生存环境迫使他低下了高贵的头。"仁慈"与"残暴"意思相对。

〈相关〉凶暴;凶残/善良

【残杀】cán shā 残暴地杀害。▷ 为了利益,他们不顾同胞兄弟的情分而自相残杀。

同 屠杀 tú shā ▷ 反动政府出动军警屠杀手无寸铁的示威群众。

〈辨析〉"残杀"强调杀害过程中的行为和手段十分残忍;"屠杀"强调像屠宰牲畜那样大批地杀害人的生命。

〈相关〉杀戮

【蚕食】cán shí 像蚕吃桑叶一样。比喻逐步侵占。▷ 20世纪30年代初,日本侵略者不断蚕食我国国土,使东北、华北逐渐沦陷。

反 鲸吞 jīng tūn ▷ 这些贪污分子内外勾结,鲸吞了大量国有资产。

〈辨析〉"蚕食"比喻一点点地侵占;"鲸吞"比喻大量地吞并。

【惭愧】cán kuì 因为做错事或未尽到责任而心中感到不安。▷ 我为自己缺乏争辩的勇气而惭愧。

同 内疚 nèi jiù ▷ 大哥病了,我没能去照顾他,十分内疚。

羞愧 xiū kuì ▷ 听了素琴的一番话,我又羞愧又悔恨,我真不应该这样误解她。

〈辨析〉"惭愧""内疚"主要表示内心不安,觉得不应该这样做;"羞愧"带有羞耻的成分,除了不应该以外,还有不光彩、不体面的意思,比"惭愧"的语意重。

〈相关〉羞惭/无愧

【惨白】cǎn bái 形容脸色苍白,没有血色。▷ 惨白的面容告诉我,昨晚她又度过了一个不眠之夜。

同 苍白 cāng bái ▷ 这部小说主人公的形象苍白无力。

反 红润 hóng rùn ▷ 一杯热茶下肚,她的脸色比刚才红润了许多。

〈辨析〉① "惨白"形容脸色苍白,没有血色;"苍白"除了形容"白"外,还形容没有生气、有病态。② "惨白"还可以用来形容景色暗淡,如:月光惨白,四周一片寂静。"红润"与"苍白"意思相对。

〈相关〉惨淡

【惨无人道】cǎn wú rén dào 形容狠毒残酷,没有人性。▷ 土匪惨无人道地打死了大伯。

同 惨绝人寰 cǎn jué rén huán ▷ 中国人民永远不会忘记惨绝人寰的"南京大屠杀"。

〈辨析〉"惨无人道"语意比"惨绝人寰"轻;"惨绝人寰"含有毫无人性的意思,语意重。

【灿烂】càn làn 光彩鲜明耀眼。▷ 中华民族有五千年光辉的历史和灿烂的文化。

同 光辉 guāng huī ▷ 雷锋同志精神永放光辉。

绚烂 xuàn làn ▷ 一片花叶绚烂的果树林出现在我眼前。

反 黯淡 àn dàn ▷ 当时,两国边境问题谈判的前景十分黯淡。

〈辨析〉"灿烂"强调光彩耀眼,除形容文化、文明等抽象事物优秀、伟大外,也可形容太阳、彩云等美好的事物,如:傍晚,灿烂的晚霞铺满了西边的天空;"光辉"强调明亮耀眼,常形容成绩、成果、历史等伟大、非凡;"绚烂"多形容自然景物的色彩灿烂或生活的丰富多彩。"黯淡"与"灿烂"意思相对。

〈相关〉璀璨;辉煌/暗淡

【仓促】cāng cù 匆忙,急促。▷ 时间仓促,来不及细谈,我留下了电话号码。

同 仓皇 cāng huáng ▷ 贩毒分子丢下毒品,仓皇逃跑。

匆忙 cōng máng ▷ 他匆忙拎起手提包,没顾得上喝口水就走了。

反 **从容** cóng róng ▷ 时间很从容,不要着急交试卷,再仔细地看一遍。

〈辨析〉"仓促""匆忙"强调时间紧迫、行动匆忙,为中性词;"仓皇"除形容匆忙外,还有慌张的意思,为贬义词。"从容"与"仓皇"意思相对。

〈相关〉仓猝;匆促;急忙

【**沧海一粟**】cāng hǎi yī sù 比喻微不足道,非常渺小。▷ 个人的力量与集体的力量相比,只是沧海一粟。

同 **九牛一毛** jiǔ niú yī máo ▷ 公园的花卉品种繁多,但与自然界的花卉植物相比,只是九牛一毛。

〈辨析〉"沧海一粟"表示非常渺小,强调微乎其微,常用作自谦;"九牛一毛"表示是极大数量中的极小部分,强调微不足道。

【**操心**】cāo xīn 费心思考和照料。▷ 几年来,她为这个家操心劳神,头发也白了不少。

同 **操劳** cāo láo ▷ 人民的总理为国家大事日夜操劳着。
费心 fèi xīn ▷ 对老百姓来讲,打官司是一件费时费心又费钱的事。

反 **省心** shěng xīn ▷ 这一届学生会理事很能干,我可省心多了。

〈辨析〉①"操心"侧重于心力的耗费,用心考虑的程度较深,对象多为比较重要的事情;"操劳"着重指费心费力,对象为各种事务;"费心"侧重于耗费,强调在某件事上费神。②"操心"还有担心、牵挂的意思;"操劳""费心"没有这个意思。"省心"与"操心"意思相对。

【**操之过急**】cāo zhī guò jí 形容处理问题或办事过于性急。
▷ 处理这类事情不能操之过急,否则会事与愿违。

同 **急于求成** jí yú qiú chéng ▷ 近几年,社会上与学术界滋长了急于求成的情绪,过分追求论文数量,甚至强调到不适当的程度。

反 **从容不迫** cóng róng bù pò ▷ 我从容不迫地走了进去。

〈辨析〉"操之过急"偏重在行动上,指办事或处理问题过于急躁;"急于求成"偏重在情绪、要求和想法上,指想马上取得成功。"从容不迫"与"操之过急"意思相对。

〈相关〉急于事功;迫不及待/不慌不忙

【**操纵**】cāo zòng 用不正当的手段在背后支配、控制。▷ 他们利用手中的大量资金操纵着期货市场的行情。

同 **把持** bǎ chí ▷ 这几个人把持着公司的要害部门。

〈辨析〉"把持"强调公开地控制、垄断,多指霸占位置、权力,不让他人参与;"操纵"指用不正当的手段支配、控制某事或某人,这种行为大多不是公开的。

〈相关〉驾驭;控制;支配

【**草率**】cǎo shuài 敷衍了事;不认真。▷ 他从小做事草率。

同 **轻率** qīng shuài ▷ 对于科学上、艺术上的是非,应当保持慎重的态度,提倡自由讨论,不要轻率地下结论。

反 **认真** rèn zhēn ▷ 她做事一向很认真。

〈辨析〉"草率"使用范围较窄,侧重指办事不认真,粗枝大叶,敷衍了事;"轻率"使用范围较广,侧重指随便、不慎重,可用于行为,也可用于态度。"认真"与"草率"意思相对。

〈相关〉潦草;马虎/负责;仔细

【**曾经**】céng jīng 表示从前有过某种行为或情况。▷ 让我们在这块曾经洒过烈士的鲜血的土地上再停留片刻。

同 **已经** yǐ jīng ▷ 他没精打采地喝着茶,好像已经厌倦了这种生活。

〈辨析〉"曾经"指事情在过去或从前的一段时间发生过,不仅结束了,而且距离现在已有相当一段时间了;"已经"指行为、动作或事物在以前的时间发生了,但是现在并不一定结束了。

【差别】chā bié 指在形式或内容上有所不同。▷ 上海地区的城乡差别正在缩小。

[同] 差异 chā yì ▷ 只要仔细观察,就能发现它们之间的微小差异。

〈辨析〉"差别"多用于口语;"差异"侧重于"异",比"差别"更强调有所不同,多用于书面语。

〈相关〉区别/相同

【查看】chá kàn 观察,检查。▷ 值班员四处查看了一下,没有发现什么异常情况。

[同] 察看 chá kàn ▷ 侦察员用望远镜仔细察看目标。

〈辨析〉"查看"强调检查,目的是探究情况;"察看"强调观察,目的在于想知道并了解情况。

【查问】chá wèn 调查询问或审查追问。▷ 我来不及查问事情的原委,赶紧买了飞机票赶往北京。

[同] 盘问 pán wèn ▷ 警察在盘问那个卡车司机。

〈辨析〉①"查问"强调询问时带有调查、检查的性质;"盘问"强调询问时很仔细,有时甚至带有刁难的意味。②"查问"使用的范围广,对象可以是人,也可以是事;"盘问"使用的范围窄,对象主要是人。

【刹那间】chà nà jiān 极短的时间。▷ 刹那间,像一道电光闪过,他就倒在地上了。

[同] 一刹那 yī chà nà ▷ 只那么一刹那,人影就不见了。

〈辨析〉"一刹那"比"刹那间"强调的时间更短。

〈相关〉一瞬间

【拆台】chāi tái 使用破坏的手段从中作梗,使事情不能顺利地进行。▷ 他们为了争权夺利,常常互相拆台。

[反] 捧场 pěng chǎng ▷ 现在许多评论文章,捧场的多,中肯的批评很少。

〈辨析〉在形容与人的合作态度方面,"捧场"与"拆台"意思相对。

【产生】chǎn shēng 从已有的事物中生出新的事物。▷ 甲骨文产生于殷商时代,距今已3 000多年。

同 发生 fā shēng ▷ 今天凌晨,由于大雾影响,交通路上发生了两起严重的车祸,造成六人受伤。

反 消失 xiāo shī ▷ 母亲的背影消失在苍茫的暮色里。

〈辨析〉"产生"指从已有的事物中生出新的事物,适用对象比较广,既可指抽象事物,也可指具体事物;"发生"指原来没有的事出现了,一般指抽象事物。"消失"与"产生"意思相对。

〈相关〉出现/消亡

【颤动】chàn dòng 短促而频繁地振动。▷ 她的脸涨得通红,声音都有些颤动了。

同 颤抖 chàn dǒu ▷ 我的腿微微地颤抖,步伐也失去了沉稳的节奏。

〈辨析〉"颤动"侧重于"动",使用范围比较广,既可用于人,也可用于物;"颤抖"侧重于"抖",使用范围比较窄,主要用于人。

〈相关〉抖动;发抖

【长处】cháng chù 优点;特长。▷ 他的长处是善于与不同类型的人打交道。

同 优点 yōu diǎn ▷ 她最突出的优点是自强不息。

反 短处 duǎn chù ▷ 我们不能只看到自己的长处,不看到自己的短处。

缺点 quē diǎn ▷ 请你指出我的缺点。

〈辨析〉"长处"指某一方面的优点或特长,多用于人;"优点"表示是好的而不是坏的地方,可用于人、物或某些抽象事物,如:这台洗衣机最大的优点就是使用方便。"短处"与"长处"意思相对;"缺点"与"优点"意思相对。

〈相关〉特长

【长久】 cháng jiǔ　时间很长。▷ 明末清初,中国经过长久的战争,人口大大减少了。

同 悠久 yōu jiǔ ▷ 汉字是世界上历史悠久的文字之一。

反 短暂 duǎn zàn ▷ 经过短暂的休息,我们又上路了。

〈辨析〉①"长久"指的时间没有"悠久"那么长,既可以指过去,也可用于现在和未来;"悠久"指的时间长,多形容年代久远的事物,一般指过去,不能指现在或未来。②"长久"使用范围比较广,语意比较轻;"悠久"使用范围比较窄,常用于历史、传统等,语意比较重。

【长年累月】 cháng nián lěi yuè　形容经历的时间很长。▷ 地质队员的生活是漂泊不定的,日日夜夜地奔波,长年累月地跋山涉水。

反 一朝一夕 yī zhāo yī xī ▷ 练书法要持之以恒,并非一朝一夕就能达到炉火纯青的地步。

〈辨析〉在表示时间的长短上,"一朝一夕"与"长年累月"意思相对。

〈相关〉成年累月/一时半刻

【长远】 cháng yuǎn　指未来的长久时间。▷ 我们应该从长远的利益来考虑问题。

同 长久 cháng jiǔ ▷ 回避,不是长久之计,你应该面对现实。

　　永远 yǒng yuǎn ▷ 人们会永远怀念这位文学大师的。

反 眼前 yǎn qián ▷ 眼前的难题是缺少资金。

〈辨析〉"长远"只用于未来的岁月,表示时间很长,但是有尽头;"长久"既可指过去的时间,也可指将来的时间,强调时间长;"永远"表示时间无限延续,没有尽头。"眼前"与"长远"意思相对。

〈相关〉久远;悠久/短暂

【常常】cháng cháng 不止一次且时间相隔不久。▷ 我常常回想起那段幸福而温馨的日子。

[同] 经常 jīng cháng ▷ 我经常路过这家服装店。

往往 wǎng wǎng ▷ 模仿往往比创造来得容易。

[反] 偶尔 ǒu ěr ▷ 山村的冬夜,万籁俱寂,只听得雪花簌簌地不断往下落,偶尔咯咯一声响,那是枯枝被积雪压断发出的声音。

〈辨析〉"常常"强调次数多,而且间隔的时间很近,可用于过去、现在和将来发生的事情;"经常"可指过去或将来的事情;"往往"侧重对过去发生事情的总结,有一定的规律性,不受主观意识的影响。"偶尔"与"常常"意思相对。

〈相关〉时常

【超过】chāo guò 由某物的后面赶到它的前面。▷ 在我们流连山色的时候,挑山工又悄悄地超过了我们。

[同] 超越 chāo yuè ▷ 一颗种子可能发出来的"力"简直超越一切。

〈辨析〉① "超过"还有"高出……之上"的意思,如:中国航天员队伍平均年龄不超过 40 岁;"超越"没有这个意思。② "超越"多用于书面语;"超过"多用于口语。

【嘲笑】cháo xiào 用言辞讽刺取笑别人。▷ 对敌人是尖刻的嘲笑;对自己人则是善意的讽刺。

[同] 嘲讽 cháo fěng ▷ 她总是带着一种嘲讽的口气和我说话。

嘲弄 cháo nòng ▷ 她觉得这是一种嘲弄,只有卑鄙无耻的人才会有这种做法。

〈辨析〉① "嘲笑"侧重于取笑;"嘲讽"侧重于讽刺;"嘲弄"侧重于戏弄。② "嘲笑"是中性词,对象可以是正面的人物,也可以是反面的人物;"嘲弄"是贬义词,对象多是反面的人物。

〈相关〉耻笑;讥笑/赞颂

【潮湿】cháo shī 含有比正常状态下较多的水分。▷ 我提着灵巧的小橘灯,慢慢地在黑暗潮湿的山路上走着。

　同 湿润 shī rùn ▷ 山上的空气湿润而清新,好像被过滤器滤过似的。

　反 干燥 gān zào ▷ 小屋很简朴,又干燥又清洁。

〈辨析〉"潮湿"侧重于水分过多;"湿润"侧重于含水量适当。"干燥"与"潮湿"意思相对。

【车水马龙】chē shuǐ mǎ lóng 形容车马来往不断,一派繁华热闹的景象。▷ 从深深的车辙印痕里,可以想见当年这条街上车水马龙、热闹非凡的情景。

　同 门庭若市 mén tíng ruò shì ▷ 每逢佳节,他家总是宾客云集,门庭若市。

　反 门可罗雀 mén kě luó què ▷ 他身居高位时,家中宾客如云;如今罢官闲居,则门可罗雀。

　　门庭冷落 mén tíng lěng luò ▷ 昔日他家门庭若市,遭此变故后,现在是门庭冷落、冷冷清清的了。

〈辨析〉"车水马龙"形容来往车马很多,热闹非凡;"门庭若市"形容人来人往,非常热闹。在形容宾客多少方面,"门可罗雀"与"车水马龙"意思相对、"门庭冷落"与"门庭若市"意思相对。

〈相关〉熙熙攘攘;络绎不绝/冷冷清清

【撤销】chè xiāo 取消;除去。▷ 上级部门决定撤销他的人民代表大会代表资格。

　同 取消 qǔ xiāo ▷ 由于服用了兴奋剂,她的比赛资格被取消了。

〈辨析〉"撤销"指用行政命令撤除原有的机构、职务、合同、处分等,带有强制性,语义较重;"取消"指除去,不带有强制性,语意较轻。

〈相关〉撤除/设立;设置

【撤职】chè zhí　撤除职务。▷ 由于隐瞒事故不报,周经理被撤职查办。

同 罢免 bà miǎn ▷ 董事会作出决定,罢免邢亦勇的副总经理职务。

免职 miǎn zhí ▷ 王校长因为健康的原因被免职了。

反 委任 wěi rèn ▷ 她被委任为销售部经理。

〈辨析〉"撤职"是因犯错误而受到的一种处分,语意最重;"罢免"既指因犯错误而免去职务,又指在正常的情况下免去职务,但都需要权力机构经过一定的法律程序作出决定;"免职"不一定是因犯错误而免去职务,语意最轻。"委任"与"罢免"意思相对。

〈相关〉革职/任命;任用

【沉静】chén jìng　环境安静,没有一点声音。▷ 夜已经很深了,小山村一片沉静。

同 沉寂 chén jì ▷ 月球这块净土很快就会被打破沉寂。

寂静 jì jìng ▷ 会馆里被遗忘的偏僻的破屋是这样的寂静。

反 喧闹 xuān nào ▷ 日子就像小河流水一样,有时平静,有时喧闹。

〈辨析〉① 在表示环境安静、没有声音的意思时,"沉静""沉寂""寂静"意思相近。② "沉静"语意较轻;"沉寂""寂静"语意较重,强调没有声音,含有空寂的意思。③ "沉静"还表示人的性格、心情、感情等平静,如:也许,因为感情的溪流深了,所以表面上反而显得沉静了。"喧闹"与"寂静"意思相对。

〈相关〉安静;宁静/嘈杂

【沉默寡言】chén mò guǎ yán　指很少说话。▷ 她平时爱说爱笑的,近来怎么变得沉默寡言了呢?

反 口若悬河 kǒu ruò xuán hé ▷ 陈主任正在发言,他口若悬河,滔滔不绝。

〈辨析〉在形容人的话语多或少时,"口若悬河"与"沉默寡言"意思相对。

〈相关〉寡言少语/喋喋不休;夸夸其谈

【沉思】chén sī 静静地想;深深地思考。▷ 他沉思了好久,终于想出了解决问题的办法。

同 深思 shēn sī ▷ 这起少年犯罪案应该引起所有溺爱孩子的父母的深思。

〈辨析〉"沉思"强调专心地、长时间地思考,对象往往是给人触动很大的事物;"深思"强调深入地思考,对象往往是含有深刻道理的、需要作出决定的事情或问题。

【沉重】chén zhòng 分量大;负担重。▷ 太阳偏西的时候,我才挑着沉重的担子回家。

同 繁重 fán zhòng ▷ 繁重的工作严重地损害了他的健康。

反 轻松 qīng sōng ▷ 她觉得办公室的工作太轻松了。

〈辨析〉①"沉重"除了形容工作分量大、负担重外,还常形容精神、心情等负担重,如:更叫他感到心情沉重的,是好久没有得到她的消息了;"繁重"除了形容分量重外,还形容工作、任务等头绪多、数量大。②"沉重"还可形容声音低沉,如:山寨的沉重的锣声一步步远了。"轻松"与"繁重"意思相对。

【沉着】chén zhuó 从容镇静,不慌不忙。▷ 面对强大的对手,他显得十分沉着。

同 镇静 zhèn jìng ▷ 她一下子愣住了,不过马上镇静下来。

反 慌张 huāng zhāng ▷ 面对这么多考官,我不由得有些慌张。

〈辨析〉"沉着"指遇事不慌张,多形容人的性格和神情;"镇静"指遇事不惊慌,多形容人的情绪和神态。"慌张"与"沉着"意思相对。

〈相关〉从容;镇定/惊慌;慌乱

【陈旧】chén jiù 过时的;旧的。▷ 这里原来是机关招待所,设备已经很陈旧了。

[同] **陈腐** chén fǔ ▷ 这种陈腐的观念严重地阻碍着企业的发展。

[反] **崭新** zhǎn xīn ▷ 印刷厂搬进新厂房,连设备都是崭新的。

〈辨析〉"陈旧"强调过时的、旧的,既可形容具体事物,也可形容抽象事物,如:这种说法太陈旧了;"陈腐"强调没有生命力、腐朽,多形容抽象事物。"崭新"与"陈旧"意思相对。

【**称心如意**】chèn xīn rú yì 完全合乎心意。▷ 她终于找到了一个称心如意的职业。

[同] **心满意足** xīn mǎn yì zú ▷ 走了一天的路,小分队队员十分劳累,他们只想有点热水喝就心满意足了。

[反] **大失所望** dà shī suǒ wàng ▷ 上证指数没有冲破5000点,股民们大失所望。

〈辨析〉在形容满意与否上,"大失所望"与"称心如意"意思相对。

〈相关〉尽如人意;如愿以偿/事与愿违

【**趁火打劫**】chèn huǒ dǎ jié 比喻趁别人危难时捞取好处或损害别人。▷ 一些医院趁火打劫,在重症病人身上打主意,千方百计多收不应该收的药费。

[同] **浑水摸鱼** hún shuǐ mō yú ▷ 趁公司改换产品之际,他来个浑水摸鱼,发了一笔横财。

[反] **雪中送炭** xuě zhōng sòng tàn ▷ 直升机向灾区人民空投了药品、食物,真是雪中送炭啊。

〈辨析〉"趁火打劫"的语意比"浑水摸鱼"重。"雪中送炭"与"趁火打劫"意思相对。

〈相关〉乘人之危/济困扶危

【**称赞**】chēng zàn 夸奖;表扬。▷ 徐医生受到病人和病人家属的一致称赞。

[同] **称颂** chēng sòng ▷ 鲁迅称颂《史记》是史家之绝唱,无韵之

《离骚》。

反 **责备** zé bèi ▷ 她常常责备我乱放东西。

〈辨析〉"称赞"侧重于用语言表达对事物或人的优点的称道和赞扬,语意比"称颂"轻,可用于口语和书面语;"称颂"侧重颂扬,多用于书面语。"责备"与"称赞"意思相对。

〈相关〉夸奖;赞美;赞颂/批评;指责

【成功】chéng gōng 经过努力取得了预期的结果或达到既定的目标。▷ 将来大型激光武器研究成功了,任何最先进的飞机、导弹,甚至军用卫星都可能被它毁于一瞬。

同 **胜利** shèng lì ▷ 大会胜利闭幕。

反 **失败** shī bài ▷ 多次的失败反而更激起他对成功的渴望。

〈辨析〉"成功""胜利"都表示达到预期的目的和结果,但"胜利"还有在斗争或竞赛中打败对方的意思,如:这场球赛我们胜利了。"失败"与"成功"意思相对。

【成绩】chéng jì   学习或工作中的收获或成就。▷ 她初试成绩十分优异。

同 **成果** chéng guǒ ▷ 他们几乎每天通信,彼此交换对政治事件的意见和研究工作的成果。

成就 chéng jiù ▷ 在20世纪不到100年的时间里,人类在认识宇宙方面取得了巨大的成就。

〈辨析〉① "成绩"是中性词,指工作或学习的收获,表示的是一般性的结果;"成果"是褒义词,多指工作和事业上取得的好结果,使用范围较窄;"成就"是褒义词,强调事业上的收获,表示的是具有一定社会意义或影响的收获。② "成就"还可用作动词,表示完成的意思,与"成绩"没有同义关系,如:当初,他踌躇满志,准备在商业圈中成就一番事业。

【呈现】chéng xiàn   显出;露出。▷ 阳春三月,大地已呈现出一片青翠。

〔同〕**浮现** fú xiàn ▷ 不知不觉,他的影子又在我眼前浮现。

涌现 yǒng xiàn ▷ 20年以后,你们当中一定会涌现出一批科学家、文学家、教授……

〔反〕**消失** xiāo shī ▷ 她终于想通了,内心的不愉快几乎完全消失了。

〈辨析〉"呈现"指颜色、神情、景色等显露,多为具体事物;"浮现"强调过去经历过的事在脑海中显现,大多是想象的,有时也指直接看到的;"涌现"强调大量出现,用于人和事物。"消失"与"呈现"意思相对。

〈相关〉显现/隐没

【诚恳】chéng kěn 真诚,恳切。▷ 她一边说一边腼腆地笑着,声音很轻,却很诚恳。

〔同〕**诚挚** chéng zhì ▷ 信中流露着这位将军对老区人民诚挚的关切之情。

〔反〕**虚伪** xū wěi ▷ 他为人虚伪,常常言不由衷。

〈辨析〉"诚恳"侧重于恳切,多形容对人的态度;"诚挚"强调真挚,多形容人的感情。"虚伪"与"诚恳"意思相对。

〈相关〉恳切/真诚/虚假

【诚实】chéng shí 言行和内心思想一致,不虚假。▷ 他是一个诚实善良的人。

〔同〕**老实** lǎo shí ▷ 做老实人,说老实话。

〔反〕**虚假** xū jiǎ ▷ 她满脸堆着虚假的笑容。

〈辨析〉①"诚实"多用于书面语,"老实"多用于口语。②"老实"还有守规矩、不惹事的意思,如:他的父亲是一个老实胆小的庄稼人。"虚假"与"诚实"意思相对。

〈相关〉真诚/虚伪

【承认】chéng rèn 表示肯定、同意、认可。▷ 他承认是自己调换了陈列的样品。

[同] 确认 què rèn ▷ 参加会议的代表确认了这些原则。

[反] 否认 fǒu rèn ▷ 他矢口否认,说他事先并不知道。

〈辨析〉①"确认"强调明确地承认,语意比"承认"重。②"承认"还指肯定国际上新国家、新政权的法律地位。"否认"与"承认"意思相对。

【惩罚】chéng fá 严厉的处罚。▷ 从某种意义上说,自然灾害是大自然对人类的惩罚。

[同] 惩办 chéng bàn ▷ 人们强烈要求公安机关采取行动,惩办肇事者。

[反] 奖励 jiǎng lì ▷ 他决心把这一荣誉作为球迷对自己的最大奖励。

〈辨析〉"惩罚"语意比"惩办"轻,使用范围比"惩办"广;"惩办"侧重指按照国家法律或规章制度,对罪恶严重的罪犯进行处罚,语气较重。"奖励"与"惩罚"意思相对。

〈相关〉惩治;处罚;惩处;处分/嘉奖;奖赏

【吃力】chī lì 觉得很费劲。▷ 田甜的妈妈看见康老师来了,吃力地撑起身子。

[同] 吃劲 chī jìn ▷ 他力气很大,拎着这么重的箱子一点儿也不感到吃劲。

[反] 省力 shěng lì ▷ 采用了这种新方法后,我们干活很省力。

〈辨析〉"吃力"常形容力量或能力不够,做事感到费劲;"吃劲"是口语,常形容担子重,受不了。"省力"与"吃力"意思相对。

〈相关〉费劲;费力/省劲

【迟钝】chí dùn 反应慢;不灵活。▷ 青蛙的眼睛非常特殊,看动的东西很敏锐,看静的东西很迟钝。

[同] 迟缓 chí huǎn ▷ 他的腿里像灌满了铅,步子越发迟缓了。

[反] 灵敏 líng mǐn ▷ 骆驼的嗅觉很灵敏,它能帮助人们在沙漠里找到水源。

〈辨析〉"迟钝"多形容感官、思维能力;"迟缓"多形容动作、行动。

【迟疑】chí yí　犹豫不决,拿不定主意。▷ 一走进狭窄的街道,我们迟疑了,以为走错了地方。

同 **犹豫** yóu yù ▷ 望着他犹豫的神情,我只好在心中叹息。

反 **果断** guǒ duàn ▷ 他往日的果断和自信已经消失得无影无踪了。

〈辨析〉"迟疑"表示的拿不定主意表现为行动上的慢;"犹豫"表示的拿不定主意表现为思想上的思前想后、顾虑重重,不能作出决定。"果断"与"迟疑"意思相对。

〈相关〉犹疑/坚决;决断

【迟疑不决】chí yí bù jué　犹豫疑惑,不能作出决定。▷ 大家都很着急,不明白他为什么到现在还迟疑不决。

反 **当机立断** dāng jī lì duàn ▷ 他当机立断,决定不再与这家公司续签合作协议。

〈辨析〉在形容作出决定的态度时,"当机立断"与"迟疑不决"意思相对。

〈相关〉举棋不定;优柔寡断

【持续】chí xù　连续不断。▷ 很多船员在返航时因为航行时间持续过长,常常特别容易烦躁不安。

同 **继续** jì xù ▷ 21世纪将是人类继续向太空、海洋、地球深处不断拓展的世纪。

连续 lián xù ▷ 中国队在对方门前连续进攻,终于踢进了一球。

反 **间断** jiàn duàn ▷ 试验不能间断。

停止 tíng zhǐ ▷ 由于停电,电梯不得不停止使用。

中断 zhōng duàn ▷ 这场足球比赛因为下暴雨而中断。

〈辨析〉①"持续"侧重于"持",指动作、行为接连不断,中间不停顿；"继续"侧重于"继"，指一个动作刚完成，后一个动作马上接上来；"连续"侧重于"连"，指一个连一个地不间断。②"持续"只可用作动词；"继续"和"连续"还可用作名词，如：经验告诉他，明天只是今天的继续。"间断"与"持续"、"停止"与"继续"、"中断"与"连续"意思相对。

【持之以恒】chí zhī yǐ héng 有恒心，能长久地坚持下去。▷ 成才要靠持之以恒的勤奋，而不能凭着空想和侥幸。

同 坚持不渝 jiān chí bù yú ▷ 这位导演坚持不渝地追求着一种属于中国情怀的电影创作。

锲而不舍 qiè ér bù shě ▷ 他有闯劲，但是缺少锲而不舍的韧劲。

反 半途而废 bàn tú ér fèi ▷ 学习要有恒心，贵在坚持，半途而废会前功尽弃。

〈辨析〉"持之以恒"强调有毅力、有信心，坚持不改变；"坚持不渝"指坚持到底，决不改变；"锲而不舍"强调不间断、不放弃。"半途而废"与"持之以恒"意思相对。

〈相关〉坚持不懈；孜孜不倦／一曝十寒

【耻辱】chǐ rǔ 声誉上受到损害；可耻的事情。▷ 圆明园被火烧的耻辱烙在每个中国人的心中。

同 羞耻 xiū chǐ ▷ 他认为这是家族的羞耻。

反 荣誉 róng yù ▷ 奥运健儿为祖国博得新的荣誉。

〈辨析〉"耻辱"比"羞耻"的语意重。"荣誉"与"耻辱"意思相对。

【赤手空拳】chì shǒu kōng quán 形容两手空空，没有任何可以凭借的东西。▷ 他赤手空拳与歹徒搏斗。

同 手无寸铁 shǒu wú cùn tiě ▷ 反动政府用军棍和机枪对付手无寸铁的示威学生。

反 荷枪实弹 hè qiāng shí dàn ▷ 敌后武工队个个荷枪实弹，在山谷布下了天罗地网。

〈辨析〉"赤手空拳"指手中不拿任何东西,使用范围大;"手无寸铁"只指手中什么武器也没有,使用范围小。"荷枪实弹"与"手无寸铁"意思相对。

【充满】chōng mǎn 填满;布满;充分具有。▷ 当我站在领奖台上,望着五星红旗升起的时候,胸中充满着无限的自豪和骄傲。

同 布满 bù mǎn ▷ 他深陷在黑色眼眶里的两只眼睛,布满了血丝。

〈辨析〉"充满"使用范围比较广,可指具体事物,也可指抽象事物;"布满"使用范围比较窄,一般指乌云、皱纹等。

【充足】chōng zú 很多;能满足需要。▷ 小楼坐北朝南,阳光充足。

同 充分 chōng fèn ▷ 赵州桥充分显示了我国劳动人民的智慧和才能。

充沛 chōng pèi ▷ 他虽然年近花甲,但是身体健康、精力充沛。

〈辨析〉"充足"强调数量多,能满足需要,多形容具体事物;"充分"强调程度和限度已经达到很大的地步,常形容准备、理由、估计等抽象事物;"充沛"强调丰富、旺盛,多形容精力、感情、活力等。

〈相关〉充裕;丰富/不足;缺乏

【冲破】chōng pò 突破障碍、限制等。▷ 阳光终于冲破乌云,照耀大地。

同 突破 tū pò ▷ 工商银行个人存款已突破百亿元大关。

〈辨析〉"冲破"指突破障碍、限制等,多用于禁令、阻力、障碍、势力等;"突破"有时指向一点进攻并打开缺口,多用于军事或工作方面,也指打破某种界限,涉及的对象为指标、定额、纪录等。

【重整旗鼓】chóng zhěng qí gǔ 比喻失败后重新整顿力量再干。▷ 高考失利后,他重整旗鼓,投入再考的准备。

同 东山再起 dōng shān zài qǐ ▷ 他年迈体弱,这次失败后不可能东山再起了。

反 一蹶不振 yī jué bù zhèn ▷ 正是这种软弱的性格,使大哥受到一次巨大的打击之后,变得一蹶不振。

〈辨析〉"重整旗鼓"指失败后重新组织力量;"东山再起"指退隐后重新出来做官或失势后重新得势。"一蹶不振"与"重整旗鼓"意思相对。

〈相关〉卷土重来;另起炉灶/偃旗息鼓

【崇拜】chóng bài 敬仰,钦佩。▷ 这个民族崇拜月亮,他们将月亮视为自己的保护神。

同 崇敬 chóng jìng ▷ 岳飞一直受到中国人民的崇敬。

反 蔑视 miè shì ▷ 这是对光明世界的追求,是对腐朽势力的蔑视。

〈辨析〉①"崇拜"语意较重,表示非常钦佩,甚至超出常情,对象比较广泛;"崇敬"语意较轻,对象只能是人。②"崇敬"是褒义词;"崇拜"是中性词。"蔑视"与"崇敬"意思相对。

〈相关〉膜拜;尊崇;尊敬

【宠爱】chǒng ài 偏爱。▷ 他是一个受皇上宠爱的老臣。

同 溺爱 nì ài ▷ 家长不能一味地溺爱孩子。

〈辨析〉"宠爱"强调过分偏爱、放纵而不加约束,多用于上级对下级或长辈对晚辈,也可用于动物,如:她最宠爱那只叫"咪咪"的波斯猫;"溺爱"强调过分地宠爱,多用于长辈对自己的孩子。

〈相关〉宠幸;偏爱;钟爱

【稠密】chóu mì 多而密。▷ 以前这里人烟稠密,居住条件很差,是有名的"下只角"。

同 茂密 mào mì ▷ 张家界有茂密的森林。

反 稀疏 xī shū ▷ 树林稀疏的地方,隐隐露出一个小山村。

〈辨析〉"稠密"强调密度大,多形容村落、枝叶、人烟等;"茂密"

强调茂盛繁密,多形容植物。"稀疏"与"稠密"意思相对。

〈相关〉浓密/疏落;稀落

【愁眉不展】chóu méi bù zhǎn 形容心事重重。▷ 因为得不到他的消息,小雪近来一直愁眉不展,忧心忡忡。

同 愁眉苦脸 chóu méi kǔ liǎn ▷ 琳琳愁眉苦脸地坐在球场边,一声不吭。

反 眉开眼笑 méi kāi yǎn xiào ▷ 颁奖大会开始了,妈妈眉开眼笑地看着女儿走向领奖台。

〈辨析〉"愁眉不展"与"愁眉苦脸"都形容心情愁闷,"愁眉苦脸"比"愁眉不展"语意重。在形容心情时,"眉开眼笑"与"愁眉苦脸"意思相对。

〈相关〉愁眉锁眼/满面春风;眉飞色舞

【筹备】chóu bèi 事先计划和准备。▷ 明年的进口博览会的筹备工作早已开始。

同 筹办 chóu bàn ▷ 10月1日刚过,电视台就开始筹办春节文艺晚会。

　筹划 chóu huà ▷ 社区筹划在小区内建一家红十字服务站。

　筹集 chóu jí ▷ 村长为了翻修小学校舍而四处筹集资金。

〈辨析〉"筹备"侧重于"备",指为进行工作、举办事业或成立机构等事前作计划安排;"筹办"侧重于"办",指为活动、事情等作准备的具体行动;"筹划"侧重于"划",强调事前的思考、谋划,多指思想上的计划打算;"筹集"侧重于"集",指计划将物资、资金等聚集起来。

【丑恶】chǒu è 丑陋,恶劣。▷ 关汉卿的戏曲揭露了元朝社会的丑恶现象。

同 丑陋 chǒu lòu ▷ 他外貌丑陋,心地却很善良。

反 美好 měi hǎo ▷ 美好的回忆令人愉快。

　美丽 měi lì ▷ 在我的记忆里,她是一个温柔而美丽的人。

〈辨析〉"丑恶"主要指人的思想行为不好、恶劣,有时也用于一般事物;"丑陋"主要指人的外表或事物的样子难看,有时也用于具体事物。"美好"与"丑恶"意思相对;"美丽"与"丑陋"意思相对。

【出发】chū fā 离开原来的地方到别的地方去。▷ 大家约定,明天清晨六点准时出发。

同 动身 dòng shēn ▷ 半夜就得动身,否则赶不上这趟火车。
　　起程 qǐ chéng ▷ 她已经起程去纽约了。

反 返回 fǎn huí ▷ 他已经返回训练基地了。

〈辨析〉① "出发"使用范围较广,可用于人或车马等,多带郑重色彩;"动身"大多只用于人,常用于口语;"起程"多用于较远的路程,为书面语。② "出发""起程"可指团体;"动身"一般指个人或少数人。③ "出发"还有考虑或处理问题以某方面为起点的意思,如:从自己的业余爱好出发,她选择了学习古筝。"返回"与"出发"意思相对。

〈相关〉上路

【出其不意】chū qí bù yì 趁对方没有料到就采取行动。▷ 师部决定利用有利地形,出其不意,用伏击的手段,将敌人歼灭于峡谷之中。

同 出人意料 chū rén yì liào ▷ 这几个月,股市好出人意料,指数一路攀升。

反 意料之中 yì liào zhī zhōng ▷ 他此后的言行都在我们的意料之中。

〈辨析〉"出其不意"常指让对方意想不到,令对方或别人措手不及,是对方所不乐意的事;"出人意料"常指使自己没有想到,可以是好事,也可以是坏事。"意料之中"与"出人意料"意思相对。

【出色】chū sè 特别好;超出一般;出众。▷ 他在这场比赛中的表现很出色。

同 **杰出** jié chū ▷ 他是一位杰出的物理学家。

反 **一般** yī bān ▷ 这篇作文写得很一般。

〈辨析〉"杰出"的语意比"出色"重。"一般"与"出色"意思相对。

〈相关〉出众;非凡/普通;寻常

【**出神**】chū shén 因精神过度集中而发呆。▷ 爷爷听完对方的叙述后,出神地坐了很久。

同 **入神** rù shén ▷ 我正看得入神,西边又飞起一只美丽的大蝴蝶,橘红的身上布满墨绿的斑纹。

〈辨析〉①"出神"指由于眼前或以往的事情、情景使人陷入深思,达到发呆、入迷的神态;"入神"指由于对眼前的事情发生浓厚的兴趣而精神高度集中。②"入神"还用来形容文学作品或艺术作品的技巧达到了精妙传神的境地,如:这幅画画得很入神。

【**出席**】chū xí 指参加会议或人员到场。▷ 出席这次会议的有正式代表72人。

反 **缺席** quē xí ▷ 今天的会议没有人缺席。

〈辨析〉在表示人物是否到场时,"缺席"与"出席"意思相对。

【**处分**】chǔ fèn 对犯错误或犯罪的人作出处罚决定。▷ 他受到党内警告处分。

同 **处罚** chǔ fá ▷ 对不遵守社会公德的人应该严加处罚。

〈辨析〉"处分"指单位或团体内部对违法或违规的人进行制裁;"处罚"指依法对违法或犯罪的人进行法律制裁。

【**处理**】chǔ lǐ 处置和办理。▷ 校长每天要处理许多事情。

同 **处置** chǔ zhì ▷ 我认为这件事你处置得当。

〈辨析〉"处理"强调使问题得到解决,也表示处治、惩办等;"处置"强调安排,语意较重。

〈相关〉办理

【触类旁通】chù lèi páng tōng 掌握了关于某一事物的知识而推知同类中其他事物。▷ 有了这种科学精神,就能触类旁通,就能分析、辨别一些说法的真伪。

同 举一反三 jǔ yī fǎn sān ▷ 应该充分吸取排球队联赛的经验,举一反三,搞好其他运动队的训练。

〈辨析〉①"触类旁通"指遇事能类推,侧重于融会贯通;"举一反三"形容善于学习,能够由此及彼。②"触类旁通"多用于学习知识方面;"举一反三"使用范围比较大,除了学习方面,还可用于生产、工作等方面。

【矗立】chù lì 高耸地立着。▷ 人民英雄纪念碑矗立在天安门广场上。

同 耸立 sǒng lì ▷ 几百年风雨过去了,石塔依然耸立在崖岩上。

屹立 yì lì ▷ 王成大义凛然,屹立在群敌面前,拉响了爆破筒。

〈辨析〉"矗立"强调高而且直,不可用于人;"耸立"强调高而突出,也不可用于人;"屹立"强调高而且稳固,可用于物,也可用于人。

〈相关〉竖立;挺立;直立

【传播】chuán bō 推广;散布。▷ 这条新闻传播得很广,几乎是家喻户晓。

同 传布 chuán bù ▷ 利用电视、广播、报纸等媒体向全国人民传布最新信息。

〈辨析〉"传播"是直接的动作或行为,适用对象为理论、消息、声音、细菌、疾病等,多用于口语和书面语;"传布"是间接的,除了"传播"适用的对象外,还可以是命令、指示等,多用于书面语。

【传说】chuán shuō 辗转流传的说法。▷ 木工用的锯,传说是鲁班发明的。

同 据说 jù shuō ▷ 据说她出身在戏曲世家,父母都是戏曲演员。

〈辨析〉①"传说"多指民间口头流传的说法,不是自己亲耳听见的,不一定有事实根据;"据说"多指根据别人所说,带有转述的意思。②"传说"有时用作名词,如:有一个美丽的传说,精美的石头会唱歌;"据说"只能用作动词。

〈相关〉传言

【创造】chuàng zào 首先想出新方法,建立新理论,做出新成绩或事物。▷ 劳动创造了人。

同 发明 fā míng ▷ 劳伦斯发明了原子冲击器。

〈辨析〉①"创造"侧重指开创性地完成具有重要意义的新事物,可用于具体事物,也可用于抽象事物;"发明"侧重指研制出世界上没有的东西,多用于具体事物。②"创造"一般只作动词;"发明"还可作名词,指创造出的新事物或新方法,如:怀疑还是从积极方面建设新学说、启迪新发明的基本条件。

〈相关〉开创;缔造

【垂头丧气】chuí tóu sàng qì 形容因失败或不顺利而失望、情绪低落的样子。▷ 为了筹集修建学校的资金,老江又上镇政府去了一趟,结果又垂头丧气地空手回来。

同 灰心丧气 huī xīn sàng qì ▷ 这一打击,使他灰心丧气,一蹶不振。

反 得意洋洋 dé yì yáng yáng ▷ 想到一切都很顺利,他不禁得意洋洋起来。

〈辨析〉"垂头丧气"侧重于形态,可用于人,也可用于事物;"灰心丧气"侧重于内心,只用于人。"得意洋洋"与"垂头丧气"意思相对。

〈相关〉没精打采/趾高气扬

【**纯粹**】chún cuì 单一的;完全的。▷ 这部所谓的历史小说纯粹是虚构的。

[同] 纯正 chún zhèng ▷ 她能说一口纯正的苏州话。

[反] 混杂 hùn zá ▷ 素材中往往是真情与假象相混杂。

〈辨析〉① "纯粹"强调单一、不杂,用于人或具体事物,是中性词;"纯正"强调"正"、不邪,多指物品的质地或人的语言、动机、感情等,是褒义词。"混杂"与"纯粹"意思相对。

〈相关〉纯净

【**纯洁**】chún jié 洁净;没有污点。▷ 幼儿的心灵是十分纯洁的。

[同] 纯朴 chún pǔ ▷ 看样子他倒是很纯朴憨厚的。

纯真 chún zhēn ▷ 他们之间始终保持着一种令人羡慕的纯真友情。

[反] 肮脏 āng zāng ▷ 他的灵魂深处极其肮脏。

〈辨析〉① "纯洁"强调没有污点、没有私心;"纯朴"强调质朴、不虚浮;"纯真"除了洁净外,还强调真挚、不虚伪。② "纯洁"可用作动词,如:我们要为纯洁祖国的语言文字而努力;"纯朴""纯真"只能作形容词。在形容思想行为龌龊与否时,"肮脏"与"纯洁"意思相对。

【**慈爱**】cí ài 指长辈对小辈的仁慈喜爱。▷ 望着老人眼中露出的慈爱目光,他感到很温暖。

[同] 慈祥 cí xiáng ▷ 我祝这位慈祥善良的老妈妈健康长寿。

[反] 凶恶 xiōng è ▷ 凶恶的敌人践踏了他们和平的家园。

〈辨析〉"慈爱"多形容人的情感和神态;"慈祥"多形容人的神色、仪态、态度等。"凶恶"与"慈祥"意思相对。

〈相关〉慈善;仁爱/毒辣;恶毒;狠毒

【**次序**】cì xù 指事物在时间或空间上排列的先后。▷ 你不要把文件的次序弄乱了。

顺序 shùn xù ▷ 一般的汉语字典都按拼音字母的顺序排列字头。

秩序 zhì xù ▷ 几名大学生正在协助警察维持交通秩序。

〈辨析〉"次序"强调排列的先后位置,多用于人或物,也可用于社会情况和自然现象;"顺序"强调排列先后的条理或原则;"秩序"强调有条理、不混乱。

【**伺候**】cì hòu 在某人身边供其使唤,照料其饮食起居。▷ 眼下他正在家中养病,由他的妹妹伺候着。

侍奉 shì fèng ▷ 她精心侍奉,不离左右。

侍候 shì hòu ▷ 我盼望有一天能侍候陪伴他。

〈辨析〉"伺候"除了服侍外,还有供人使唤的意思;"侍奉"除了服侍外,还有奉养的意思;"侍候"只有服侍、照料的意思。

〈相关〉服侍;照料

【**匆忙**】cōng máng 急忙。▷ 因为要去机场接人,他走得很匆忙。

急忙 jí máng ▷ 听到招呼声,她急忙奔了出来。

连忙 lián máng ▷ 我连忙跟了出去。

〈辨析〉"匆忙"侧重于"匆",表示事情仓促,来不及准备,含有慌张的意思;"急忙"侧重于"急",表示心里急,行动也加快;"连忙"强调时间紧迫,需要马上行动。

【**聪明**】cōng míng 智力发达,记忆、理解力强。▷ 领导的责任应该是最大限度地调动全体员工的积极性、创造性,发挥他们的聪明才智。

聪颖 cōng yǐng ▷ 这孩子天资聪颖。

机灵 jī líng ▷ 小男孩又可爱又机灵。

愚蠢 yú chǔn ▷ 其实这是一种最愚蠢的做法。

〈辨析〉"聪明"侧重表示不愚笨,多用于口语;"聪颖"侧重表示智力很高,多用于书面语;"机灵"侧重表示头脑灵活、反应快。

"愚蠢"与"聪明"意思相对。

〈相关〉聪慧;伶俐/蠢笨;愚笨

【从来】cóng lái 从过去到现在。▷ 从来就没有什么救世主。

同 **历来** lì lái ▷ 母亲历来都很讲究礼节。

向来 xiàng lái ▷ 他对部下向来是十分大方慷慨的。

〈辨析〉"从来"后面多用否定词,语气较强;"历来"后面多用肯定词,语气较弱;"向来"后面肯定词、否定词都可用,语气也较强。

〈相关〉素来;一向

【从前】cóng qián 以前;过去的时候。▷ 从前这里没有铁路,交通很不方便。

同 **以前** yǐ qián ▷ 以前这儿是"三不管"地带,又脏又乱,社区治安很不好。

反 **现在** xiàn zài ▷ 对于最近出现的不明飞行物,直到现在仍然没有一个明确的说法。

〈辨析〉"从前"指现在之前很远的时间;"以前"指现在或某一特定时间之前,可指很远的时间,也可指很近的时间。"现在"与"从前"意思相对。

〈相关〉过去;往日;昔日/以后

【从容不迫】cóng róng bù pò 形容态度沉着镇静,不慌不忙。▷ 我从容不迫地走了进去。

反 **惊慌失措** jīng huāng shī cuò ▷ 两个孩子惊慌失措地站在路边啼哭。

手忙脚乱 shǒu máng jiǎo luàn ▷ 这雨来得突然,又很猛烈,使得游客手忙脚乱,急着找避雨的地方。

〈辨析〉在形容人态度镇静与否时,"惊慌失措""手忙脚乱"与"从容不迫"意思相对。

〈相关〉不慌不忙/迫不及待;手足无措

【粗暴】cū bào 粗野，暴躁。▷ 这位执勤人员粗暴的行为引起群众极大的反感。

同 粗鲁 cū lǔ ▷ 他从小缺少教养，行为粗鲁。

粗野 cū yě ▷ 粗野的玩笑不文明，也会伤害他人。

反 温和 wēn hé ▷ 这种小动物模样可爱，性格也很温和。

〈辨析〉①"粗暴"强调粗野、暴躁，多形容态度、言行、举动等；"粗鲁"强调粗野、不文明，多形容性格、行为；"粗野"形容言行不文明、没礼貌。②"粗暴""粗野"多用来形容别人；"粗鲁"除了形容别人，有时也可形容自己。"温和"与"粗暴"意思相对。

〈相关〉鲁莽／文静

【粗糙】cū cāo 不精巧；不光滑；不细致。▷ 草丛中露出半截粗糙的石碑。

同 粗劣 cū liè ▷ 粗劣的产品无法占领市场。

反 光滑 guāng huá ▷ 这块石头表面光滑，带有银色的晕圈，微微泛出淡青色。

〈辨析〉"粗糙"除形容质地不精细外，还形容工作草率不细致；"粗劣"形容质量低下。在表示物体表面是否细腻时，"光滑"与"粗糙"意思相对。

【粗心】cū xīn 马虎大意；不细心。▷ 他做作业很粗心，常常出错。

同 马虎 mǎ hu ▷ 这种马虎的工作作风不能再继续下去了。

反 细心 xì xīn ▷ 细心和谨慎是外科医生必须具备的条件之一。

〈辨析〉"粗心"形容做事不细心，为中性词；"马虎"形容做事草率敷衍，为贬义词。"细心"与"粗心"意思相对。

〈相关〉草率；大意；疏忽／当心；谨慎；仔细

【粗心大意】cū xīn dà yì 不仔细；马马虎虎。▷ 在日常生活中，她总是那样的粗心大意。

〖同〗**粗枝大叶** cū zhī dà yè ▷ 她是一个粗枝大叶、有口无心的人。

〖反〗**小心谨慎** xiǎo xīn jǐn shèn ▷ 这次你独自一人去边疆出差,遇事要小心谨慎。

〈辨析〉"粗枝大叶"除了含有"粗心大意"具备的不细心、马马虎虎的意思外,还含有简略、不周密的意思,如:这故事三天三夜也说不完,还是粗枝大叶地告诉你吧!"小心谨慎"与"粗心大意"意思相对。

〈相关〉浮皮潦草;马马虎虎/小心翼翼;一丝不苟

【粗制滥造】cū zhì làn zào 生产产品只求数量不顾质量。▷ 这种粗制滥造的产品怎么会有市场呢?

〖反〗**精雕细刻** jīng diāo xì kè ▷ 如果说苏州城像一幅精雕细刻的工笔画卷,那么东山就像一幅写意的山水小品。

〈辨析〉"粗制滥造"还形容工作草率、马马虎虎不负责任,如:由于一些作者和出版社的粗制滥造,图书市场出现了"无错不成书"的现象。在形容艺术作品等创作工艺上,"精雕细刻"与"粗制滥造"意思相对。

【篡改】cuàn gǎi 用作伪的手段改动正确的东西。▷ 这一小撮极右分子妄图篡改历史,真是痴心妄想。

〖同〗**窜改** cuàn gǎi ▷ 我们不能任意窜改文件。

〈辨析〉"篡改"指用假的、错误的东西取代或歪曲真的、正确的东西,多用于抽象事物,如理想、学说、政策、指示等;"窜改"指错误地改动原来的东西,多用于具体的书面材料。

【脆弱】cuì ruò 不坚强;禁不起挫折。▷ 她的感情很脆弱。

〖同〗**懦弱** nuò ruò ▷ 在复杂的人事关系面前,他显得懦弱而无能。

软弱 ruǎn ruò ▷ 做完手术,他的身体相当软弱。

〖反〗**坚强** jiān qiáng ▷ 不管遇到多大的挫折和困难,他总是那么坚强,那么信心十足。
〈辨析〉"脆弱"强调禁不起挫折,多形容情感;"懦弱"强调软弱无能,多形容性格;"软弱"强调无力、不强壮,多形容身体。"坚强"与"懦弱"意思相对。

【寸步难行】cùn bù nán xíng　形容走路困难。▷ 他的腰扭伤了,这几天痛得寸步难行。

同 **步履维艰** bù lǚ wéi jiān ▷ 入冬以来,祖母的关节炎病又犯了,双腿疼痛,步履维艰。

反 **一帆风顺** yī fān fēng shùn ▷ 这次决赛,小敏并非一帆风顺,前两轮一直落后在俄罗斯选手后面。

〈辨析〉"寸步难行"除形容走路困难外,还比喻处境艰难,如:如果假话大行其道,而真话寸步难行,那么这个社会岌岌可危哉;"步履维艰"一般指病人或老人行动艰难,没有处境艰难的意思。"一帆风顺"与"寸步难行"意思相对。

〈相关〉走投无路;左右为难/左右逢源

【措手不及】cuò shǒu bù jí　形容事出意外,缺乏准备,临时慌乱。▷ 炮楼里的伪军措手不及,全部被歼灭。

同 **猝不及防** cù bù jí fáng ▷ 雪亮的灯光突然照到我的脸上,猝不及防,轮子一歪,我倒在人行道上。

〈辨析〉"措手不及"强调无准备,适用面宽;"猝不及防"强调无防备,适用面较窄。

〈相关〉惊慌失措;手足无措

【错误】cuò wù　不正确的事物、行为等。▷ 错误和挫折教训了我们,使我们比较地聪明起来了。

同 **差错** chā cuò ▷ 工作中出现差错是难免的,问题是要吸取教训,避免重犯。

缺点 quē diǎn ▷ 没有缺点的完人、贤人是不存在的。

失误 shī wù ▷ 由于时间仓促,工作中难免有失误之处。

反 **正确** zhèng què ▷ 实践证明你的判断是正确的。

〈辨析〉①"错误"程度比较重,指的范围较大;"差错"程度比较轻,常用于工作、学习、生活中的具体事情;"缺点"程度也比较轻,侧重指欠缺或不完备;"失误"指由于疏忽或水平不高造成差错。②"错误"除用作名词外,还可用作形容词,表示不正确,如:错误的思维方式无法令她作出正确的判断;"差错""缺点"只能作名词;"失误"只能作动词。"正确"与"错误"意思相对。

〈相关〉谬误/准确

Dd

【答应】 dā yìng 同意;允许。▷ 他答应陪我一起去云南旅游。
 同 **允许** yǔn xǔ ▷ 未经允许,他们不能离开这里。
   准许 zhǔn xǔ ▷ 这件事情是校长准许的。
 反 **拒绝** jù jué ▷ 商店不应该拒绝顾客的合理要求。
〈辨析〉"答应"除表示同意外,还有应声回答的意思,多用于口语,如:听见敲门声,毅捷一面答应着,一面走过去开门;"允许"侧重于表示同意,多用于书面语;"准许"侧重于表示批准、许可。"拒绝"与"答应"意思相对。
〈相关〉同意

【打扮】 dǎ bàn 修饰外表。▷ 她今天打扮得真漂亮。
 同 **装扮** zhuāng bàn ▷ 她这一身装扮十分时尚。
〈辨析〉①"打扮"指通过修饰,使容貌或衣着更好看;"装扮"除修饰外表外,还有"乔装"的意思,如:化装舞会上,晓梦装扮成白雪公主。②"装扮"使用的范围比"打扮"广,既用于人也用于物,如:彩旗将大街装扮得更好看了。
〈相关〉化装;妆饰

【打抱不平】 dǎ bào bù píng 遇到不公正的事,主动出来帮助受欺负的一方。▷ 我大哥生性豪放,爱打抱不平,乐于帮助别人。
 同 **见义勇为** jiàn yì yǒng wéi ▷ 我们的新闻媒体,要大力表彰见义勇为者。
 反 **明哲保身** míng zhé bǎo shēn ▷ 明哲保身不是一个革命者应有的作风。

〈辨析〉"见义勇为"比"打抱不平"语意重。"明哲保身"与"见义勇为"意思相对。

〈相关〉仗义执言/袖手旁观

【打量】dǎ liang 观察,估量。▷ 她心怀疑惑地上下打量着对方。

同 端详 duān xiáng ▷ 我仔细端详手中的玉镯。

〈辨析〉"打量"时,目光不停留在一个地方并且时间较短,多用于口语;"端详"时,目光紧紧地盯住并且时间较长,比"打量"观察得更仔细,多用于书面语。

【打算】dǎ suàn 考虑;计划。▷ 他觉得,自己应该为退休以后的事好好打算打算了。

同 盘算 pán suàn ▷ 他盘算了一阵,认为买基金比买股票保险。

企图 qǐ tú ▷ 事到如今,她还企图隐瞒不说。

〈辨析〉①"打算"指一般地考虑;"盘算"指在心中反复考虑,多用于费心的事情上;"企图"指图谋打算,为贬义词。②"打算"还可用作名词,意思为想法、念头,如:最近,她又有了一个新的打算。

〈相关〉计划;考虑

【打听】dǎ tīng 探问。▷ 她到处打听哪里有修棕棚床的。

同 了解 liǎo jiě ▷ 你不了解他,他其实是一个很传统的人。

〈辨析〉①"打听"侧重探问,指从侧面探听询问,使用范围比较广;"了解"侧重调查,多从正面查问。②"了解"还有"明白"的意思,如:我完全了解他的良苦用心。

【大步流星】dà bù liú xīng 形容步子迈得大,走得快。▷ 阿鹏顶着斗笠,冒着大雨,大步流星地朝镇上走去。

同 健步如飞 jiàn bù rú fēi ▷ 在通往光明顶的山路上,老画家健步如飞,我们这些年轻人都被拉在后面。

〈反〉**老牛破车** lǎo niú pò chē ▷ 我们这些伤病员,干起活来老牛破车的,哪能和你们年轻力壮的相比。

〈辨析〉"大步流星"强调走得快而急;"健步如飞"强调步子矫健、轻捷。"老牛破车"与"大步流星"意思相对。

〈相关〉风驰电掣;急若流星/慢条斯理;蜗行牛步

【**大概**】dà gài 不很详细;不很准确;有较大的可能性。▷ 这件事的大概情况就是如此。

〈同〉**大约** dà yuē ▷ 海里的动物,已经知道的大约有三万种。

〈反〉**详细** xiáng xì ▷ 这道题老师分析得很详细。

〈辨析〉① "大概"多用于对情况的估计和推测,表示有很大的可能性;"大约"多用于对时间、数量的估计,表示不十分肯定。② "大概"还可用作名词,表示事物的基本情况或概况,如：读书,第一遍可以先读个大概,第二遍、第三遍逐步加深体会;"大约"没有这种用法。"详细"与"大概"意思相对。

〈相关〉大略;大体;大致

【**大公无私**】dà gōng wú sī 一心为公,没有私心。▷ 孔繁森大公无私,把一切都献给了西藏人民。

〈同〉**公而忘私** gōng ér wàng sī ▷ 为了革命的理想,他公而忘私地勤奋工作。

〈反〉**自私自利** zì sī zì lì ▷ 此人自私自利,平时也没有什么朋友来往。

〈辨析〉① "大公无私"强调为公,没有私心;"公而忘私"强调一心为公,不顾自己,语意更重些。② "大公无私"还指办事公正,没有偏袒。如：我认为裁判是大公无私的,判罚是公正的。"自私自利"与"大公无私"意思相对。

〈相关〉廉洁奉公;铁面无私;一心为公/假公济私;见利忘义

【**大惊小怪**】dà jīng xiǎo guài 对不足为奇的小事、平常事过分惊奇或惊慌。▷ 这有什么了不起,值得你这么大惊小怪的!

[同] 少见多怪 shǎo jiàn duō guài ▷ 他从偏僻的乡村来到大城市,看什么都感到新奇,真有点少见多怪。

[反] 司空见惯 sī kōng jiàn guàn ▷ 现在,网上购物已成为司空见惯的事情了。

〈辨析〉"大惊小怪"强调对见到的事情惊奇得不得了;"少见多怪"强调见识不多。"司空见惯"与"少见多怪"意思相对。

【大失所望】dà shī suǒ wàng 形容非常失望。▷ 狮子座流星雨并没有在预测的时间内出现,这令在寒风中等候了很久的天文爱好者大失所望。

[反] 如愿以偿 rú yuàn yǐ cháng ▷ 经过半年的努力,他的个人书法展览如愿以偿地在博物馆开幕了。

〈辨析〉在形容愿望是否实现时,"如愿以偿"与"大失所望"意思相对。

【大手大脚】dà shǒu dà jiǎo 形容花钱、使用东西随心所欲,没有节制。▷ 过日子要节俭,你这样大手大脚的怎么行呢?

[同] 挥金如土 huī jīn rú tǔ ▷ 他是个挥金如土、不务正业的败家子。

[反] 精打细算 jīng dǎ xì suàn ▷ 收入虽然增加了,但是过日子仍需精打细算,不要铺张浪费。

〈辨析〉"挥金如土"的语意比"大手大脚"重。"精打细算"与"大手大脚"意思相对。

〈相关〉挥霍无度;一掷千金/克勤克俭;省吃俭用

【大智若愚】dà zhì ruò yú 有智慧和才能的人表面上看起来好像很愚笨。▷ 他外表憨厚,其实聪明得很,属于那种大智若愚的人。

[反] 锋芒毕露 fēng máng bì lù ▷ 姚彦虽然属于"外卡"队员,但是在场上锋芒毕露,击败对手,取得参加世乒赛的入场券。

〈辨析〉在形容人的才智等是否显露时,"锋芒毕露"与"大智若愚"意思相对。

【代替】dài tì　以甲换乙,并起到乙的作用。▷ 校领导决定,由小张代替严岩,担任大队辅导员。

　〔同〕顶替 dǐng tì ▷ 孟庆捷不愿意顶替官新宇做出纳。

　　取代 qǔ dài ▷ 目前看来,没有人能取代他担任前锋。

　〈辨析〉① "代替"可以是长时间的,也可以是暂时的;"顶替""取代"是永久的。② "代替"的双方是平等、自愿、互相的;"顶替""取代"的双方是排斥的。

　〈相关〉替代;替换

【带领】dài lǐng　引导;指挥。▷ 市领导带领市民植树造林,绿化家园。

　〔同〕率领 shuài lǐng ▷ 董事长率领全体员工去外省市考察。

　〔反〕跟随 gēn suí ▷ 我曾跟随考察团去西部山区生活了一段时间。

　〈辨析〉"带领"除指领导或指挥一群人进行集体活动外,还有带路、引导的意思,如: 导游小姐带领我们参观了同里和周庄;"率领"使用范围较窄,指的是上级对下级的统率和领导。"跟随"与"带领"意思相对。

　〈相关〉带头

【担任】dān rèn　担负某种职务或工作。▷ 领导决定由她担任高一(3)班的班主任。

　〔同〕担当 dān dāng ▷ 他能不能担当起主教练的重任,许多人持怀疑态度。

　　担负 dān fù ▷ 她还担负着弟弟妹妹的上学费用。

　〈辨析〉"担任"指承当、负责具体的工作和职务,语意较轻;"担当"指接受、承担较艰巨的工作、责任、风险等,语意较重;"担负"指承担一般的工作、费用、责任等。

【担心】dān xīn　有顾虑,放心不下。▷ 此刻不少人都在担心,辞退人员的名单中有没有自己。

[同] **担忧** dān yōu ▷ 这几年,我一直在为父亲的健康担忧。

忧虑 yōu lǜ ▷ 他皱起眉,脸色变得严肃而忧虑。

[反] **放心** fàng xīn ▷ 妈妈不放心,国庆节假日又赶到北京看望我。

〈辨析〉① "担心"侧重指牵挂、不安,语意较轻;"担忧"强调忧虑、发愁,语意较重;"忧虑"语意最重。② "担心"后面常带宾语;"担忧"后面不带宾语。"放心"与"担心"意思相对。

〈相关〉忧心/安心;宽心

【耽搁】dān ge 停留;拖延;耽误。▷ 他们每天路过这里,总要耽搁一会儿,看看花开了没有。

[同] **耽误** dān wù ▷ 因为工作忙,他把自己的病给耽误了。

〈辨析〉"耽搁"表示由于时间拖延和行动上的停留而误事;"耽误"表示由于拖延或错过时机而误事。

【胆大包天】dǎn dà bāo tiān 形容胆量极大。▷ 他胆大包天,利令智昏,竟然公开向建筑商索取好处费。

[同] **胆大妄为** dǎn dà wàng wéi ▷ 这些人为了私欲,胆大妄为,视党纪国法为儿戏。

[反] **胆小如鼠** dǎn xiǎo rú shǔ ▷ 那姓李的小子,胆小如鼠,绝对不会冒这个险。

〈辨析〉"胆大包天"形容胆量极大;"胆大妄为"除形容胆量极大外,还强调有行动。"胆小如鼠"与"胆大包天"意思相对。

〈相关〉胆大如斗;浑身是胆/胆小怕事;畏首畏尾

【胆怯】dǎn qiè 胆小;没有勇气。▷ 他的问话惊吓到她边上那个胆怯的孩子了。

[同] **胆小** dǎn xiǎo ▷ 女儿一向胆小,从不敢一个人走夜路。

害怕 hài pà ▷ 她非常害怕,但又不敢哭出声来。

[反] **勇敢** yǒng gǎn ▷ 勇敢的牧羊少年终于赢得了公主的爱情。

〈辨析〉"胆怯"强调畏缩不前,没有勇气;"胆小"指胆量不大;"害怕"指心中不安或发慌。"勇敢"与"胆怯"意思相对。

〈相关〉怯懦/大胆;英勇

【但是】dàn shì 表示前后语意的转折。▷ 花园里花虽然多,但是没有奇花异草。

同 可是 kě shì ▷ 船主让船工赶快排水,可是不管用了,水已经漫进来了。

然而 rán ér ▷ 有时候天边有乌云,然而,太阳在乌云背后放射它的光芒。

〈辨析〉"但是"多用在后半句或下一句的开头,往往与上半句的"虽然"相呼应,转折语气较重;"可是"多用于口语,转折语气不很重;"然而"多用在后一个分句的开头表示转折,多用于书面语。

【诞辰】dàn chén 生日。▷ 今年是鲁迅先生诞辰一百周年,谨以这篇散文作为对先生的真诚纪念。

同 生日 shēng rì ▷ 今天是奶奶八十岁生日,叔叔、伯伯都来为她祝寿。

反 忌辰 jì chén ▷ 今天是鲁迅先生的忌辰。

〈辨析〉①"诞辰"带有庄重、崇敬的色彩,用于正式场合,一般不用于自己;"生日"用于普通场合,既可用于别人,也可用于自己。②"生日"还用作比喻,如:十月一日是中华人民共和国的生日。"忌辰"与"诞辰"意思相对。

〈相关〉寿辰/忌日

【诞生】dàn shēng 指人出生。▷ 他诞生于 1960 年 12 月 20 日。

同 出生 chū shēng ▷ 他出生在一个普通的农民家庭。

反 逝世 shì shì ▷ 他的逝世,是我国音乐界的一大损失。

〈辨析〉①"诞生"强调出世,带有庄重的色彩;"出生"只指胎儿从母体中分离出来。②"诞生"还用作比喻,如:1949年,中华人民共和国诞生了。"逝世"与"诞生"意思相对。

〈相关〉出世;降生/去世;死亡

【当机立断】dāng jī lì duàn 抓住时机,毫不迟疑地作出决断。▷ 连长当机立断,指挥士兵突出重围。

同 **毅然决然** yì rán jué rán ▷ 由于不甘心任人摆布,他毅然决然地离开了这家合资企业。

反 **举棋不定** jǔ qí bù dìng ▷ 面对错综复杂的局面,他举棋不定。

优柔寡断 yōu róu guǎ duàn ▷ 由于他的优柔寡断,以至于失去了多次调回南方工作的机会。

〈辨析〉"当机立断"形容在关键时刻毫不犹豫,作出决定;"毅然决然"形容下定决心作出决定。在作出决定上,"举棋不定"与"当机立断"意思相对、"优柔寡断"与"毅然决然"意思相对。

【当仁不让】dāng rén bù ràng 指遇到应该做的事,要积极主动去做,不要退让。▷ 海尔当仁不让地成为家用电器市场的领头羊。

同 **义不容辞** yì bù róng cí ▷ 情况危急,我身为队长,义不容辞。

责无旁贷 zé wú páng dài ▷ 降低手机通话费用,电信行业责无旁贷。

〈辨析〉"当仁不让"侧重于正义;"义不容辞"侧重于道义;"责无旁贷"侧重于责任。

【当心】dāng xīn 小心;留神。▷ 我们要当心有人破坏小区设施。

同 **小心** xiǎo xīn ▷ 天气冷了,小心着凉。

〈辨析〉①"当心"侧重于注意,要有警惕性;"小心"侧重于仔细、谨慎。②"小心"还表示恭敬顺从的意思,如:尽管他一个劲儿地赔小心,对方还是不依不饶。

【荡然无存】 dàng rán wú cún 形容原有的东西完全毁坏或失去。▷ 再见面时,他昨日的失态已荡然无存。

[同] **化为乌有** huà wéi wū yǒu ▷ 太阳出来了,肆虐了一夜的大雪也渐渐地化为乌有。

[反] **原封不动** yuán fēng bù dòng ▷ 他原封不动地把那封信退给了李莉。

〈辨析〉"荡然无存"强调全部毁坏或失去;"化为乌有"强调没有。"原封不动"与"荡然无存"意思相对。

〈相关〉付之东流/烟消云散/完好无损/依然故我

【倒霉】 dǎo méi 遇事不顺利,遭遇不好。▷ 真倒霉,脚扭伤了,又碰上暴雨,一直到天黑我才到达宿营地。

[同] **倒运** dǎo yùn ▷ 去年她最倒运了,做生意没有赚到钱,又生了一场病。

[反] **幸运** xìng yùn ▷ 他幸运地被评为一等奖。

走运 zǒu yùn ▷ 他真的很走运,丢失的钱夹找到了。

〈辨析〉"倒霉"指不顺利,遭遇不好;"倒运"指运气不好。"走运"与"倒霉"意思相对。

【到达】 dào dá 到了某一地点、某一阶段。▷ 汽车走了二百多公里,我们才到达目的地。

[同] **达到** dá dào ▷ 他们有信心达到公司规定的要求。

〈辨析〉"到达"多用于具体行动;"达到"多用于抽象活动,如目的、水平、满意、要求、等级等。

【道貌岸然】 dào mào àn rán 看起来面貌正经,神态庄重严肃。多含讽刺意味,指假装正经,暗藏歹毒。▷ 这个男人是个道貌岸然的伪君子。

[同] **一本正经** yī běn zhèng jīng ▷ 她一本正经地听我叙述。

[反] **嬉皮笑脸** xī pí xiào liǎn ▷ 别人批评他时,他还嬉皮笑脸地把话题岔开。

〈辨析〉"道貌岸然"是贬义词;"一本正经"是中性词,有时也含贬义。"嬉皮笑脸"与"一本正经"意思相对。

【道歉】dào qiàn 向别人表示歉意。▷ 由于医院工作有差错,院长亲自登门向病人道歉。

同 抱歉 bào qiàn ▷ 我对因疏忽而给你带来的麻烦感到十分抱歉。

〈辨析〉"道歉"指口头上向别人表示歉意、承认错误,是一种行为动作;"抱歉"指内心感到对不起别人,是一种心理状态。

〈相关〉致歉

【得到】dé dào 原来没有的东西归自己所有。▷ 我希望能得到大家的谅解和支持。

同 取得 qǔ dé ▷ 今年,我们出版社又取得了很大的成绩。

反 失去 shī qù ▷ 她又一次失去了晋升的机会。

〈辨析〉"得到"多用于他人给予的情形,可用于具体和抽象的事物;"取得"强调经过自己的努力获得,常用于抽象的事物。"失去"与"得到"意思相对。

【等待】děng dài 不采取行动,直到期望的人、事物或情况出现。▷ 海龟日夜守卫着它的蛋,耐心地等待龟宝宝从蛋壳里出来。

同 等候 děng hòu ▷ 妈妈伫立在站台上,等候远方归来的儿子。

〈辨析〉①"等待"侧重于"待",期待人、事物或情况出现;"等候"侧重于"候",静候具体对象的到来。②"等待"使用的范围比较广,除了具体事物,还可以是抽象的事物,如:他在等待机会,等待出人头地的机会;"等候"使用的范围比较窄,大多是具体的人和物。

【低沉】dī chén 情绪低落消沉。▷ 这一阵子,他情绪一直很低沉。

同 低落 dī luò ▷ 由于战绩不佳,整个球队的情绪低落而毫无生气。

消沉 xiāo chén ▷ 你不能再这样消沉下去了。

反 高昂 gāo áng ▷ 大家情绪高昂,谁也不叫一声苦。

振作 zhèn zuò ▷ 在大家的鼓励下,他终于振作起来。

〈辨析〉① 在形容情绪时,"消沉"语意最重,"低沉"和"低落"是中性词,"消沉"是贬义词。② "低沉"除了形容情绪外,还可以形容声音,如:她说着说着,声音又低沉下来;还可以形容天色,如:低沉的天幕遮盖着大地。"高昂"与"低沉"意思相对;"振作"与"消沉"意思相对。

【低贱】dī jiàn 指地位卑下。▷ 只有低贱的灵魂,没有低贱的工作。

同 低廉 dī lián ▷ 这儿房租低廉,因此聚集了不少外地来沪谋生的青年人。

低微 dī wēi ▷ 她并不认为打工妹的社会地位就要比别人低微。

反 高贵 gāo guì ▷ 这位出身高贵的二小姐根本不把对方放在眼里。

〈辨析〉① "低贱"除形容地位卑下外,还形容价格便宜;"低廉"形容价格;"低微"多形容地位和身份低下。② "低微"还可以形容声音,如:老大娘躺在炕上低微地呻吟着。"高贵"与"低贱"意思相对。

〈相关〉卑微;低下/显贵

【抵抗】dǐ kàng 用尽全力抵制和反抗。▷ 在我军的猛烈攻击下,匪军放弃抵抗,狼狈逃窜。

同 抵御 dǐ yù ▷ 植树造林可以抵御风沙的袭击。

反抗 fǎn kàng ▷ 他们认识到,不能再等下去了,应该团结起来奋力反抗。

反 **投降** tóu xiáng ▷ 这样做就是向不正之风投降,就是对人民不负责任。

〈辨析〉"抵抗"侧重反抗、抗拒,多用于军事或人和事,是主动、积极的行动;"抵御"强调挡住,多用于武力或自然界,是被动的行动;"反抗"侧重反对和斗争,多用于人和物,也是主动、积极的行动。"投降"与"抵抗"意思相对。

〈相关〉对抗;抗御/屈服;顺从

【**典范**】diǎn fàn 可作为学习榜样的人或事。▷ 雷锋精神是广大干部学习的典范。

同 **典型** diǎn xíng ▷ 这起案件很典型,可以用来教育大家。

〈辨析〉① "典范"强调示范性,为褒义词,比"典型"语意重;"典型"强调代表性,中性词,适用范围比较广,可以指好的,也可以指坏的。② "典型"运用在文艺理论中,指具有代表性、概括性的艺术形象,如:老葛朗台是巴尔扎克塑造的吝啬鬼的典型。

【**点缀**】diǎn zhuì 加以衬托或装饰,使原有的事物更加美好。▷ 蜜蜂和蝴蝶翩翩起舞,点缀着这座宁静的小院子。

同 **装饰** zhuāng shì ▷ 盒子被装饰得十分美观,里面放着价值连城的玉璧。

〈辨析〉"点缀"指在原有美好事物的基础上稍加装饰,使之更美好;"装饰"指在事物表面加些附属的东西,使之美观。

【**惦记**】diàn jì 思念;记挂。▷ 老师生病住院,却仍然惦记着自己的学生。

同 **惦念** diàn niàn ▷ 直到现在,他还一直惦念着那个小姑娘。

反 **忘记** wàng jì ▷ 你怎么能忘记我们的约定呢?

〈辨析〉"惦记"侧重于"记",对象是人或事,程度没有"惦念"深;"惦念"强调想念,对象大多是人,也可用于事,程度较深。"忘记"与"惦记"意思相对。

〈相关〉记挂;思念;想念/忘怀;忘却

【凋零】diāo líng 草木等凋谢败落。▷ 深秋季节,北方的草木都凋零了。
同 凋落 diāo luò ▷ 松柏四季常青,叶子从不凋落。
　凋谢 diāo xiè ▷ 这是一朵永不凋谢的玫瑰,它盛开在我的心头。
反 茂盛 mào shèng ▷ 花园里枝叶茂盛的树木焕发出无限生机。
〈辨析〉① "凋零"侧重于"零",强调花草零落、稀少;"凋落"侧重于"落",强调落下,多用于植物的叶子;"凋谢"侧重于"谢",强调枯萎,多用于植物的花朵。② "凋零"还可比喻各行各业的衰败、不景气,如:解放前夕,小镇百业凋零,人们纷纷外出谋生;"凋落"和"凋谢"还可比喻人的死亡,如:由于战乱和贫病,一代才女过早地凋谢了。"茂盛"与"凋零"意思相对。
〈相关〉凋败;凋残;凋萎;枯萎/蓬勃;兴旺

【掉以轻心】diào yǐ qīng xīn 形容对事情漫不经心;不认真。▷ 对于读者心底潜藏着的那份企盼,我们不能掉以轻心。
同 等闲视之 děng xián shì zhī ▷ 对于独生子女身上的弱点,教育部门切不可等闲视之。
反 郑重其事 zhèng zhòng qí shì ▷ 一个人要有真才实学,与时俱进,就必须郑重其事地进行再学习。
〈辨析〉"掉以轻心"强调做事漫不经心,不认真;"等闲视之"强调对事情不重视。"郑重其事"与"掉以轻心"意思相对。
〈相关〉满不在乎

【叮咛】dīng níng 反复地嘱咐。▷ 我反复叮咛,要他多注意保重身体。
同 叮嘱 dīng zhǔ ▷ 他再三叮嘱我不要轻易相信陌生人。
　嘱咐 zhǔ fù ▷ 临行时,妈妈又嘱咐了一遍。
〈辨析〉"叮咛"和"叮嘱"的语意比"嘱咐"重,指多次、反复地嘱咐,多用于长辈对晚辈;"嘱咐"既用于长辈对晚辈,也用于平辈之间。

〈相关〉关照;交代

【抖动】dǒu dòng 振动;颤动。▷ 晓林握着话筒的手竟不由自主地抖动起来。

同 颤动 chàn dòng ▷ 他激动得说不出话来,嘴唇在微微颤动。

颤抖 chàn dǒu ▷ 那位姑娘显然被吓坏了,浑身颤抖,不住地往后倒退。

〈辨析〉① "抖动"和"颤动"侧重于"动",除了指自身的振动外,还指物体在外力的作用下发生的振动;"颤抖"侧重于"抖",只指自身的抖动。② "抖动"还指用手振动物体,如:她使劲地抖动衣服,似乎想将刚才的不愉快随着灰尘一起抖掉。

【陡峭】dǒu qiào 指山势、河岸等坡度很大,直上直下的。▷ 翠鸟的家在那陡峭的石壁上。

同 峻峭 jùn qiào ▷ 像这样峻峭的山峰,连猴子也难以攀援。

反 平缓 píng huǎn ▷ 这一带地势平缓,汽车行驶的速度也快了许多。

〈辨析〉"陡峭"适用的范围较广,对象大多是山峰,也可以是堤岸、海岸、楼梯等;"峻峭"适用的对象只有山峰。"平缓"与"陡峭"意思相对。

〈相关〉陡直;高峻/平坦

【斗争】dòu zhēng 矛盾双方互相冲突。▷ 有史以来,人类就同沙漠不断地斗争。

同 争斗 zhēng dòu ▷ 你们不要为这一点儿小事争斗。

反 妥协 tuǒ xié ▷ 他最终还是向父母妥协了。

〈辨析〉① "斗争"使用范围比较广,可用于精神方面,也可用于物质方面;"争斗"使用范围比较窄,对象一般是人或动物。② "斗争"还指为实现某个目的而努力,如:我们要为实现远大的目标而斗争。"妥协"与"斗争"意思相对。

【**督促**】dū cù 监督,催促。▷ 教练员经常督促他练好基本功。
 同 催促 cuī cù ▷ 我多次催促他去医院看病。
 反 放任 fàng rèn ▷ 要加强对学生的思想教育,不能放任不管。
 〈辨析〉"督促"除指促使对方行动做好某件事外,还可用于自己,如:她经常督促自己,要坚持下去,千万不能轻易放弃;"催促"指促使对方迅速行动,不能用于自己。"放任"与"督促"意思相对。

【**独创**】dú chuàng 独特的创造。▷ 他希望"超女"能够独创一格。
 同 首创 shǒu chuàng ▷ 这种洗衣机在国内还是首创。
 反 模仿 mó fǎng ▷ 她是靠模仿王菲演唱出名的。
 〈辨析〉"独创"强调创造是独特的,是与众不同的;"首创"强调创造是最先的,是以前没有的。"模仿"与"独创"意思相对。

【**独一无二**】dú yī wú èr 形容非常突出,没有相同者或可以相比者。▷ 如今,这里已经发展成为香港中区独一无二的平价旅游品市场。
 同 举世无双 jǔ shì wú shuāng ▷ 中国的万里长城是举世无双的。
 反 屡见不鲜 lǚ jiàn bù xiān ▷ 在美国获得博士学位,但找不到合适职业的人可谓屡见不鲜。
 〈辨析〉"独一无二"形容非常突出;"举世无双"形容极为罕见、绝无仅有,语意比"独一无二"更重。"屡见不鲜"与"独一无二"意思相对。
 〈相关〉绝无仅有;无与伦比/不足为奇;多如牛毛;司空见惯

【**堵塞**】dǔ sè 阻塞,使不畅通。▷ 由于很久没有疏通,下水道都堵塞了。
 同 阻塞 zǔ sè ▷ 造成交通阻塞的另一个原因是非机动车乱行驶。

〈反〉**畅通** chàng tōng ▷ 经过大力整治,这几条道路目前已畅通无阻。

〈辨析〉① "堵塞"指因为有物体封堵而不畅通;"阻塞"指因为有障碍而不畅通。② "堵塞"使用范围比较广;"阻塞"使用范围比较窄,只用于通道。"畅通"与"堵塞"意思相对。

【度过】dù guò 通过;经过。▷ 我们度过了愉快的一天。

〈同〉**渡过** dù guò ▷ 渡过这条河,前面就是小陈庄。

〈辨析〉"度过"适用范围较小,多用于时间方面;"渡过"适用范围较大,可用于水流,如江、河等,也可以用于抽象事物,如难关、危险等,如:他平安地渡过了危险期。

【短暂】duǎn zàn 指时间短。▷ 在历史的长河中,人的生命是极其短暂的。

〈同〉**短促** duǎn cù ▷ 他没想到,留给自己的时间是如此短促。

〈反〉**长久** cháng jiǔ ▷ 中日两国人民的友谊是长久的。

〈辨析〉① "短暂"指时间短,可在时、分、秒之内,也可在年、月、日之内,范围较大;"短促"指极短的时间,往往在时、分、秒之间,范围较小。② "短促"还可指节奏的迅疾和声音的急促等,如:码头上响了几声短促的汽笛声。"长久"与"短暂"意思相对。

〈相关〉片刻/漫长

【断定】duàn dìng 下结论。▷ 他毫无根据地断定是小方走漏消息的。

〈同〉**肯定** kěn dìng ▷ 这件事肯定是他做的。

　　确定 què dìng ▷ 一年来风调雨顺,可以确定,今年又是一个丰收年。

〈辨析〉"断定"侧重指由推理、判断而下结论;"肯定"表示承认事物存在或事物本身的真实性;"确定"侧重指明确地下结论。

〈相关〉肯定;判定

【对比】duì bǐ 两种事物相比对较。▷ 对比起来,晚清政治要比明朝更腐败。

同 对照 duì zhào ▷ 请对照原文,回答下列问题。

〈辨析〉①"对比"指两种事物相对比较;"对照"指两种事物相对比参照。②"对比"还用作名词,表示"比例",如:今年和去年销售额的对比是二比一。

〈相关〉比较;参照

【对付】duì fù 对人对事采取方法措施。▷ 这样的"钉子户"很难对付。

同 应付 yìng fù ▷ 抢险队已经做好了充分的准备,以应付一切可能出现的险情。

〈辨析〉①"对付"侧重于有办法处理;"应付"侧重于采取措施处理。②"对付"是口语;"应付"多用于书面语。③"对付"还有"将就"的意思,如:这只手机可以对付着用一段时间;"应付"还有"敷衍了事"的意思,如:他随便写了几句话应付一下。

【多此一举】duō cǐ yī jǔ 指不必要的、多余的行为。▷ 事情已经发生了,你再说明也没有用,何必多此一举呢?

同 画蛇添足 huà shé tiān zú ▷ 这本来可以成为一篇好文章,可结尾时,却加上一段多余的话,真是画蛇添足。

〈辨析〉"画蛇添足"除形容多余的行为外,还有弄巧成拙的意思。

【多谋善断】duō móu shàn duàn 多方谋划,善于决断。▷ 他对总工程师的多谋善断早有耳闻。

同 足智多谋 zú zhì duō móu ▷ 这个教练足智多谋,深受球迷们的崇拜。

〈辨析〉"多谋善断"强调既能出主意,又能作出决断;"足智多谋"只强调智力过人,主意办法多。

【夺目】duó mù 光彩耀眼。▷ 霓虹灯发出耀眼夺目的光彩。

〔同〕**醒目** xǐng mù ▷ 我将礼物放在特别醒目的地方。
〈辨析〉"夺目"强调色彩鲜艳,光彩耀眼,引人注目;"醒目"强调形象鲜明或表达的内容特别明显,容易看得清。
〈相关〉耀眼

【躲避】duǒ bì 故意离开或隐藏起来,使别人看不见。▷ 这种导弹可以适用小动量空间火箭技术,在空中改变轨道,躲避对方的拦截。

〔同〕**躲藏** duǒ cáng ▷ 受伤的老虎躲藏在山洞里。
　　逃避 táo bì ▷ 所谓隐逸,在本质上,就是对于现实生活的逃避。
〈辨析〉"躲避"指故意离开或隐藏起来,不让别人看见,为中性词;"躲藏"强调因为害怕或不愿意碰到对自己不利的人或情况而藏起来;"逃避"指躲开不愿意或不敢接触的事物,多含贬义。
〈相关〉逃匿;隐藏;隐蔽

【堕落】duò luò 思想、行为等变坏。▷ 这种现象表明了人们精神的堕落。

〔同〕**腐化** fǔ huà ▷ 欲望的膨胀很容易导致贪污腐化。
〈辨析〉①"堕落"多指思想、品德变坏;"腐化"多指生活糜烂、思想行为变坏。②"腐化"还有机体腐烂的意思,如:鲜鱼在常温下极容易腐化。
〈相关〉蜕化

Ee

【扼要】è yào 抓住要点。▷她的发言简单扼要,一下子击中问题的要害。

同 简要 jiǎn yào ▷他把最近的市场动向简要地分析了一下。

反 烦琐 fán suǒ ▷她话语烦琐,又耽误了我不少时间。

〈辨析〉"扼要"强调说话或写文章能抓住中心,突出重点;"简要"除强调能抓住要点外,还有简明的意思。"烦琐"与"简要"意思相对。

〈相关〉简明/冗长

【恶劣】è liè 指非常坏。▷此人不但品质恶劣,而且性情十分凶狠。

同 卑劣 bēi liè ▷他采取卑劣的手段,侵占了国家财产。

反 良好 liáng hǎo ▷目前,他的健康状况良好。

〈辨析〉"恶劣"除了指人的品质、行为、作风外,还可指影响、环境、条件等,如:无论环境怎样恶劣,我们都要坚持下去;"卑劣"侧重指人的思想、品质、作风等,语意比"恶劣"重。"良好"与"恶劣"意思相对。

【遏止】è zhǐ 用力阻止。▷他想尽一切办法,终于遏止了事态的发展。

同 遏制 è zhì ▷学校制定了一系列的规章制度,遏制考试作弊的不正之风。

〈辨析〉"遏止"指用力阻止,对象为情绪、事态、力量等;"遏制"指强迫使言论、行为等停止,也指控制情绪,如:我尽力遏制内心的不满听他把话讲完。

【恩赐】ēn cì　泛指因怜悯而施舍。▷ 幸福的生活要靠劳动去创造,而不是靠别人恩赐。

[同] 赏赐 shǎng cì ▷ 慈禧太后赏赐给德龄公主一柄镶金玉如意和一串檀木佛珠。

[反] 乞求 qǐ qiú ▷ 你不能一味乞求别人的帮助,要自主自立。

〈辨析〉"赏赐"指地位高的人或长辈把财物赏给地位低的人或晚辈。"乞求"与"恩赐"意思相对。

【恩情】ēn qíng　好处;深厚的情义。▷ 他心中暗暗发誓一定要报答老人家的恩情。

[同] 恩惠 ēn huì ▷ 改革开放首先给广大农民带来恩惠。

[反] 仇恨 chóu hèn ▷ 他的心中充满着仇恨。

〈辨析〉"恩情"常和"报答""忘不了"等搭配;"恩惠"常和"给予""带来""得到"等搭配。"仇恨"与"恩情"意思相对。

【耳闻目睹】ěr wén mù dǔ　亲耳听到,亲眼看到。▷ 那年我正好在农村,耳闻目睹了这一切。

[同] 耳濡目染 ěr rú mù rǎn ▷ 姐姐是越剧演员,飞飞从小耳濡目染,竟也迷上了越剧。

　　潜移默化 qián yí mò huà ▷ 绝不能忽视家庭对青少年潜移默化的作用。

〈辨析〉"耳闻目睹"只表示听到和看到;"耳濡目染"强调在看到和听到之中,不知不觉地受到影响和熏陶;"潜移默化"强调受到感染而产生变化。

〈相关〉耳熟能详

Ff

【发表】fā biǎo 向公众或社会表达意见。▷ 大家可以自由地发表意见。

同 发布 fā bù ▷ 今天早晨,气象台发布了强冷空气即将南下的消息。

反 撤销 chè xiāo ▷ 台风警报已经撤销。

〈辨析〉① "发表"的对象常是意见、声明、宣言、演说、谈话等;"发布"的对象常是新闻、命令、指示、警报等,具有郑重色彩。② "发表"还有公开出版或在报刊上刊登文章、图片、歌曲等的意思,如:几年来,他在报上发表了多篇散文。"撤销"与"发表"意思相对。

〈相关〉公布;宣布

【发达】fā dá 指事物充分发展。▷ 迪士尼利用发达的科学技术,推出迎合现代人寻求冒险、刺激口味的游乐园。

同 兴旺 xīng wàng ▷ 多种经营使这个村子很快地兴旺起来。

反 衰败 shuāi bài ▷ 由于没有新产品占领市场,这家工厂日益衰败。

〈辨析〉① "发达"强调事物发展充分,已达到很高的水平;"兴旺"强调事物兴盛、蓬勃发展的态势。② "发达"还可以形容大脑、四肢、肌肉等,如:他这个人是四肢发达、头脑简单;"兴旺"还可以形容人口、牲畜等,如:改革开放以来,我国许多少数民族地区经济发展、人丁兴旺。"衰败"与"发达"意思相对。

〈相关〉兴盛/凋敝;落后

【发动】fā dòng 使行动起来。▷ 他发动研究所的青年为白血病患者捐款。

[同] 动员 dòng yuán ▷ 我们要动员广大村民,搞好植树造林活动。

〈辨析〉"发动"还有使开始、使机器运转的意思,如:日本军国主义悍然发动侵华战争,机器终于发动起来了;"动员"只表示发动人们参加某项活动。

【发奋】fā fèn 振作起来,努力奋斗。▷ 她发奋学习,争取考上重点大学。

[同] 发愤 fā fèn ▷ 我们要发愤图强,在 21 世纪再创辉煌。

〈辨析〉①"发奋"和"发愤"有时可以换用。②"发奋"侧重于精神状态,指振作精神;"发愤"侧重于内心,指下定决心,语气比"发奋"重些。

〈相关〉奋发

【发挥】fā huī 把事物内在的性质、能力或作用表现出来。▷ 上半场,中国足球队发挥得较好,以 1∶0 暂时领先。

[同] 发扬 fā yáng ▷ 球迷们希望中国女子足球队能发扬以往的拼搏精神,争取取得好成绩。

〈辨析〉①"发挥"强调把事物内在的性质、能力等展现出来,常与积极性、特长、创造性、潜力等词搭配;"发扬"强调把先进的事物推广、提高,常与作用、传统、精神、风格等词搭配。②"发挥"还把把意思和道理充分表达出来,如:他借题发挥,整整讲了一个小时。

【发觉】fā jué 知道以前不知道或没有注意到的事物。▷ 我发觉自己的手有时会不由自主地发抖。

[同] 发现 fā xiàn ▷ 施工人员在挖掘现场发现一只陶罐,里面装有银锭和银圆。

[反] 隐藏 yǐn cáng ▷ 她忧郁的双眼告诉我,她内心隐藏着难言

的隐痛。

〈辨析〉①"发觉"强调通过感官而察觉;"发现"除了知道外,还强调通过分析、研究和探索,知道了前人不知道的事物或规律。②"发现"可用作名词,如:这是20世纪最重大的考古发现之一。"隐藏"与"发觉"意思相对。

〈相关〉察觉;感觉

【发掘】fā jué 把埋藏的东西挖掘出来。▷ 在专家的指导下,工人们进行发掘,化石全部露出来了。

同 挖掘 wā jué ▷ 他们在挖掘土方的时候,发现了一座古墓。

反 埋没 mái mò ▷ 这里的古迹很多,不发掘出来,就要被埋没了。

〈辨析〉"挖掘"使用范围很广,凡是口语中用"挖"的地方,书面语中都可以用"挖掘";"发掘"使用范围窄,侧重在把埋藏或潜藏的东西挖掘出来。"埋没"与"发掘"意思相对。

【发展】fā zhǎn 事物由小到大、由简单到复杂、由低级到高级的变化。▷ 人类从"地心说"的认识水平发展到"日心说"的理论,用了一千多年的时间。

同 进展 jìn zhǎn ▷ 整个工程进展得很顺利。

反 停滞 tíng zhì ▷ 那几年人心涣散,经济停滞不前。

〈辨析〉"发展"强调变化的过程;"进展"指事情向前发展。"停滞"与"发展"意思相对。

〈相关〉前进/倒退;衰退

【翻来覆去】fān lái fù qù 形容睡不着觉。▷ 她在床上翻来覆去,怎么也睡不着。

同 辗转反侧 zhǎn zhuǎn fǎn cè ▷ 夜已经很深了,他惦记着母亲的病情,辗转反侧,难以成眠。

〈辨析〉"翻来覆去"还形容事情多次重复,如:他又翻来覆去地看了四五遍后才放心去休息;"辗转反侧"只形容睡不着觉,没有多次重复的意思。
〈相关〉颠来倒去;三番五次;辗转不寐

【**翻云覆雨**】fān yún fù yǔ 比喻反复无常。▷ 她这个人翻云覆雨,没有信誉可言。

同 **反复无常** fǎn fù wú cháng ▷ 他是个反复无常的人,说话从来不算数。

〈辨析〉"翻云覆雨"还比喻玩弄手段和权术,如:他欺上瞒下、翻云覆雨、剪除异己,逐渐掌握了公司的实权;"反复无常"只形容人的态度经常变化,没有玩弄手段和权术的意思。

〈相关〉出尔反尔;朝三暮四

【**烦闷**】fán mèn 心情不舒畅。▷ 近些时候工作不顺利,她心里很烦闷。

同 **烦躁** fán zào ▷ 这场球又输了,他烦躁极了。

反 **舒畅** shū chàng ▷ 屋子宽敞明亮,一进去就让人感到非常舒畅。

愉快 yú kuài ▷ 要用愉快的心情过好每一天。

〈辨析〉"烦闷"侧重于"闷",指心情很不畅快;"烦躁"侧重于"躁",除了不畅快外,还很急躁。"舒畅"与"烦闷"意思相对。

【**繁华**】fán huá 兴旺热闹。▷ 上海的南京路步行街繁华而美丽。

同 **繁荣** fán róng ▷ 秋天,象征着成熟和繁荣,也意味着愉快和欢乐。

反 **荒凉** huāng liáng ▷ 十年前,这儿还是个荒凉的小渔村。

〈辨析〉①"繁华"侧重指市面兴旺热闹,常形容城市、街道、市场等,指的是外在景象;"繁荣"常形容经济、文化、科学、艺术、事业等,强调的是内在实质,语意比"繁华"重。②"繁荣"还可以用作动词,如:我们要坚持"双百"方针,繁荣社会主义文化艺术事业。"荒凉"与"繁华"意思相对。

〈相关〉繁盛;热闹/冷落;萧条

【**繁忙**】fán máng 事情多,没有空闲。▷ 繁忙的工作严重地影响了他的健康。

同 **繁重** fán zhòng ▷ 在繁重的体力劳动中,我读懂了"生活"这两个字。

反 **悠闲** yōu xián ▷ 他每天养鱼种花下棋,过着十分悠闲的生活。

〈辨析〉"繁忙"强调工作头绪多,时间紧,没有闲空;"繁重"强调工作多,负担重。"悠闲"与"繁忙"意思相对。

〈相关〉忙碌/空闲;清闲

【**繁荣富强**】fán róng fù qiáng 形容国家或事业蓬勃发展、兴旺发达。▷ 社会主义新中国繁荣富强,蒸蒸日上。

同 **繁荣昌盛** fán róng chāng shèng ▷ 贫穷落后的中华古国已经变成繁荣昌盛的灿烂神州。

反 **民困国贫** mín kùn guó pín ▷ 旧中国民困国贫,受尽了外国列强的欺侮。

〈辨析〉"繁荣富强"多形容国家和民族;"繁荣昌盛"还形容其他事业和领域,如文学艺术等,如：这是一个诗歌创作繁荣昌盛的时期。"民困国贫"与"繁荣富强"意思相对。

〈相关〉欣欣向荣;兴旺发达/民穷财尽

【**反复**】fǎn fù 一遍又一遍;多次重复。▷ 为了保证数据准确无误,她反复地计算了好几遍。

同 **重复** chóng fù ▷ 那些情景一再在她脑海中重复出现。

〈辨析〉"反复"强调一遍又一遍,多次重复;"重复"强调又一次出现或又一次做相同的事情。

【**反映**】fǎn yìng 把客观情况或别人的意见等告诉上级或有关部门。▷ 他们及时向公司领导反映了情况。

同 **反应** fǎn yìng ▷ 他马上反应过来,及时抓住路边的一棵小树。

〈辨析〉①"反映"是主动的;"反应"是对外界刺激作出的应对,是被动的。②"反映"还指通过各种方式表现客观事物的实质,如:这部电视剧反映了农民工在城市生活和工作的状况;"反应"还比喻事物所引起的反响,如:市民反应相当强烈。

【范围】fàn wéi 周围的界限。▷ 他们谈话的范围很广,涉及政治、科学、文化等方面。

同 范畴 fàn chóu ▷ 这个问题属于哲学范畴。

〈辨析〉"范畴"的含义比"范围"大,而且比较抽象,除了表示周围的界限外,还表示人的思维对客观事物本质的概括和反映。

〈相关〉区域

【方法】fāng fǎ 为达到某种目的而采用的途径、步骤、手段等。▷ 他决定用快刀斩乱麻的方法解决眼前的矛盾。

同 方式 fāng shì ▷ 小县城的生活方式和大都市的生活方式完全不一样。

〈辨析〉"方法"侧重于指解决问题的途径、做法;"方式"侧重于采取的形式、程序和手段。

【方便】fāng biàn 不费事;便利;适宜。▷ 有了轨道交通,市民出行很方便。

同 便利 biàn lì ▷ 为了便利小区居民购买日常生活用品,商店每天都要营业到很晚。

反 麻烦 má fán ▷ 他从来不麻烦别人。

〈辨析〉"方便"多指没有困难,没有阻拦;"便利"指提供了条件,使人行动起来不感到困难。"麻烦"与"方便"意思相对。

【方兴未艾】fāng xīng wèi ài 形容刚刚兴起的事物蓬勃发展,没有停止的迹象。▷ 中国的保险事业方兴未艾。

同 如火如荼 rú huǒ rú tú ▷ 全民健身运动正在神州大地上如火如荼地展开。

反 日暮途穷 rì mù tú qióng ▷ 这家企业连年亏损,已到了日暮途穷、走投无路的境地。

〈辨析〉"方兴未艾"强调事物的蓬勃发展;"如火如荼"不仅可用于事物,也可形容气势蓬勃或气氛热烈。"日暮途穷"与"方兴未艾"意思相对。

〈相关〉如日方升/气息奄奄;日薄西山

【防备】 fáng bèi 事先做好准备以应付攻击或避免受到伤害。▷ 大家又想出了许多好办法防备地道塌方。

同 提防 dī fáng ▷ 这个人心术不正,你们要小心提防着他。
　　防范 fáng fàn ▷ 主管提示保安人员要防范小偷行窃。

〈辨析〉"防备"侧重有准备,加强预防;"提防"强调要小心,不能疏忽;"防范"含有戒备的意思,多指应付偷袭等。

【防患未然】 fáng huàn wèi rán 在祸害未发生前预先采取措施防备。▷ 对于火灾,我们要防患未然,及早采取消防措施。

同 防微杜渐 fáng wēi dù jiàn ▷ 要加强廉政建设,让每个干部防微杜渐,从小事上严格自律。

反 木已成舟 mù yǐ chéng zhōu ▷ 既然木已成舟,大家就不要再互相埋怨了。

〈辨析〉"防患未然"指事情还没有发生,强调防止事情发生;"防微杜渐"表明坏事刚有苗头就防止,强调防止事态发展蔓延。"木已成舟"与"防患未然"意思相对。

〈相关〉居安思危;未雨绸缪;有备无患

【妨碍】 fáng ài 阻碍,使事情不能顺利进行。▷ 地道的顶离地面三四尺,不妨碍在上面种庄稼。

同 妨害 fáng hài ▷ 吸烟妨害健康。
　　阻碍 zǔ ài ▷ 封建迷信阻碍了科学进步与发展。

反 推动 tuī dòng ▷ 这次经验交流会,大大推动了社区养老敬老工作的开展。

〈辨析〉"妨碍"强调带来不便,语意较轻;"妨害"强调受到损害,语意较重;"阻碍"强调不顺利。"推动"与"阻碍"意思相对。
〈相关〉影响

【仿佛】fǎng fú 好像;似乎。▷ 漓江的水真绿啊,绿得仿佛是一块无瑕的翡翠。

　同 好像 hǎo xiàng ▷ 眼前的风景好像一幅水彩画。
　　似乎 sì hū ▷ 画上所有的鱼似乎都在游动,像活的一样。
〈辨析〉①"仿佛"表示不十分肯定的语气,多用作比喻;"好像"多用在比喻句中;"似乎"也表示不十分肯定的语气,为书面语。
② "仿佛"还可用作动词,表示两者类似或差不多,如:这两个女孩年龄相仿佛。

【仿造】fǎng zào 模仿一定的式样制造。▷ 人们仿造了一条当年渡江的帆船,陈列在历史博物馆里。

　同 仿效 fǎng xiào ▷ 他的这件雕塑完全是仿效别人的。
　　仿照 fǎng zhào ▷ 他仿照总经理的笔迹签署了那份合同。
　反 创造 chuàng zào ▷ 劳动创造了人。
〈辨析〉"仿造"指模仿某种现成的式样制造,多指具体的实物或产品;"仿效"指效法别人的办法、式样等;"仿照"指完全按别人的样子去做,多指计划、方法、步骤等。"创造"与"仿造"意思相对。
〈相关〉模仿;效仿

【放弃】fàng qì 丢掉。▷ 为了照顾家庭他放弃出国深造的机会。

　同 废弃 fèi qì ▷ 这幢房子已废弃多年。
　　抛弃 pāo qì ▷ 空洞的不切实际的理论应该及时抛弃。
　反 坚持 jiān chí ▷ 她坚持天天练瑜伽。
〈辨析〉"放弃"侧重丢掉,丢掉的东西可能是已经拥有的,也可能是应该拥有但还没有拥有的;"废弃"指抛弃不用;"抛弃"指丢掉已经拥有的东西。"坚持"与"放弃"意思相对。

〈相关〉舍弃/保留

【**放手**】fàng shǒu 解除顾虑或限制。▷ 私营经济是社会主义市场经济的重要组成部分,要放手发展。

[同] **放任** fàng rèn ▷ 对盗版行为不能采取放任态度。

〈辨析〉① "放手"侧重指解除顾虑,大胆去做,为褒义词;"放任"侧重指听其自然,任其所为,为贬义词。② "放手"还指松开握住物体的手,如:我一放手,杯子掉到地上了。

【**飞驰**】fēi chí 车马很快地跑。▷ 骑手立刻拨转马头,欢呼着、飞驰着,在汽车面前与左右引路。

[同] **飞奔** fēi bēn ▷ 她高兴地飞奔回家报信。

飞驶 fēi shǐ ▷ 子弹头火车在京沪线上飞驶。

〈辨析〉"飞驰"指车、马飞快地跑;"飞奔"指人或动物飞快地奔跑,有时也可以指交通工具飞快地行驶;"飞驶"指车、船飞快地行驶。

【**飞翔**】fēi xiáng 盘旋地飞。▷ 勇敢的海燕在闪电中高傲地飞翔。

[同] **飞行** fēi xíng ▷ 飞机在城市上空飞行。

〈辨析〉"飞翔"强调在空中盘旋地飞,多用于文艺语体;"飞行"强调在空中航行,用于一般的书面语体。

〈相关〉翱翔

【**非常**】fēi cháng 异乎寻常的;特殊的。▷ 街上非常寂静,连行人的脚步声也没有。

[同] **十分** shí fēn ▷ 帽子上的红五星十分鲜艳。

异常 yì cháng ▷ 天边的云海涌起了美丽的红光,异常耀眼。

[反] **平常** píng cháng ▷ 这只是一条平常的小街,普通得不能再普通的小街。

〈辨析〉"非常"表示程度很高;"十分"强调程度高到充分的地步;"异常"强调程度高得不一般,非同寻常。三个词有时可以互换使用。"平常"与"非常"意思相对。

〈相关〉特殊／一般

【肥沃】féi wò 土地含有适合植物生长的丰富的水分和养分。▷ 这里土壤肥沃,光照充足,最适合种植油菜。

同 肥美 féi měi ▷ 山下是一片肥美的庄稼地。

反 贫瘠 pín jí ▷ 为了把这块贫瘠的土地改造成良田,他们起早摸黑,用了整整三年的时间。

〈辨析〉①"肥沃"侧重于一般性的描写,是客观叙述;"肥美"侧重于赞美,带有主观色彩。②"肥美"还可形容动植物肥壮,如:呼伦贝尔草原,到处是肥美的水草、肥美的牛羊。"贫瘠"与"肥沃"意思相对。

【废寝忘食】fèi qǐn wàng shí 形容学习、工作专心致志。▷ 为了改善职工的劳动环境,后勤主管废寝忘食地工作着。

同 夜以继日 yè yǐ jì rì ▷ 为了使山区的人们能早日收看到有线电视,施工人员夜以继日地工作着。

〈辨析〉"废寝忘食"强调做事情专心;"夜以继日"强调做某事时间很长。

【分崩离析】fēn bēng lí xī 形容集团、国家等分裂瓦解。▷ 没有法规,没有纪律,社会一定会分崩离析。

同 四分五裂 sì fēn wǔ liè ▷ 毒品害得这个家庭四分五裂。

〈辨析〉①"四分五裂"比"分崩离析"使用范围广,除了形容集团、国家、家庭分裂瓦解外,还可以形容具体事物,如:这些看似很结实的石块,掉在地上就四分五裂,稍用力一碾,就成了粉末。②"分崩离析"多用于书面语;"四分五裂"多用于口语。

【分辨】fēn biàn 辨别;识别。▷ 看看哪边的雪化得快,哪边的雪化得慢,就可以分辨南方和北方。

同 辨别 biàn bié ▷ 有了正反两方面的经验教训,就有了辨别是非的能力。

辨认 biàn rèn ▷ 经过辨认,马山找到了被窃的助动车。

〈辨析〉"分辨"的对象多指容易混淆、不容易区分的事物;"辨别"多指在认识上加以区别;"辨认"指根据事物特点作出判断,以便找出或认定某一对象。

【分别】fēn bié 辨别;区分。▷ 干工作要分别轻重缓急,不能胡子眉毛一块儿抓。

同 分辨 fēn biàn ▷ 他虽然已经成年,但是缺乏分辨是非的能力。

区别 qū bié ▷ 姚师傅凭眼力就能区别水晶的真伪。

反 混淆 hùn xiáo ▷ 这两种意见有本质的区别,不能把它们混淆起来。

〈辨析〉"分别"除了分辨、区别的意思外,还有离别、分手和各自、分头的含义,如:我们只是暂时的分别/公安人员分别开始行动;"分辨"强调辨认、识别;"区别"强调把两个以上的对象加以比较,认识其不同的地方,适用场合比较广。"混淆"与"分别"意思相对。

〈相关〉辨别;区分/混同

【分道扬镳】fēn dào yáng biāo 比喻因双方志向、目标不同而各走各的路。▷ 那件事情发生后,这对好朋友就分道扬镳了。

同 各奔前程 gè bèn qián chéng ▷ 现在情况不允许我们伙同一块干,还是各奔前程吧!

反 志同道合 zhì tóng dào hé ▷ 他俩有着共同的志趣爱好,真是一对志同道合的好朋友。

〈辨析〉"分道扬镳"强调双方志向、目标不同而各走各的路;"各奔前程"强调各走各的路。在比喻志向是否相同时,"志同道合"与"分道扬镳"意思相对。

〈相关〉背道而驰/并驾齐驱

【分秒必争】fēn miǎo bì zhēng 形容充分利用一切时间。▷ 他从来不肯浪费时间,在安排时间上总是分秒必争的。

〖同〗**争分夺秒** zhēng fēn duó miǎo ▷ 为了赶超世界先进水平,科技人员争分夺秒,刻苦钻研。

〖反〗**蹉跎岁月** cuō tuó suì yuè ▷ 当许多人蹉跎岁月、虚度时光时,他利用工余时间读完了大学课程。

〈辨析〉在形容时间抓得很紧上,"争分夺秒"比"分秒必争"语意重。在形容对时间珍惜与否时,"蹉跎岁月"与"分秒必争"意思相对。

〈相关〉只争朝夕/虚度光阴

【**分散**】fēn sàn 不集中;散开来。▷ 他有意分散了大家的注意力。

〖同〗**散发** sàn fā ▷ 他俩站在街头散发广告宣传单。

散开 sàn kāi ▷ 警察赶到时,围观的人群早就散开了。

〖反〗**集中** jí zhōng ▷ 我准备集中精力赶在春节前完成这部书稿。

〈辨析〉"分散"除了表示不集中外,还有散发、分发的意思,可用于人、事物、意见等;"散发"只有分发的意思;"散开"只表示不集中的意思。"集中"与"分散"意思相对。

【**分析**】fēn xī 把事物分为比较简单的组成部分,找出各部分的本质属性及相互联系。▷ 我们要认真分析和研究当前的形势和社会矛盾。

〖反〗**综合** zōng hé ▷ 当雨量和风力综合在一起,就会加大洪水的威力。

〈辨析〉在表示把事物现象的各个组成部分看成一个统一的整体并找出共同的本质属性和相互联系时,"综合"与"分析"意思相对。

【**愤怒**】fèn nù 气愤,恼怒。▷ 广场上挤满了愤怒的群众。

〖同〗**愤慨** fèn kǎi ▷ 日本右翼分子否认南京大屠杀的集会激起

中国人民的极大愤慨。

〈辨析〉"愤怒"侧重指因生气、不满而情绪激动,使用范围比较广;"愤慨"侧重指气愤不平,意气激昂,多用于重大事件。

〈相关〉愤懑;气愤;义愤

【丰富】fēng fù 种类多或数量大。▷ 社会实践使学生拥有了丰富的课外知识。

同 丰厚 fēng hòu ▷ 花费巨资发展太空科技,将为未来的社会和经济效益带来更丰厚的回报。

丰盛 fēng shèng ▷ 我们从来没有见过这么丰盛的宴席。

反 贫乏 pín fá ▷ 那时候文化生活贫乏,看场电影要走二十多里路。

〈辨析〉①"丰富"强调种类多或数量大,可用于物质财富和学识经验等方面;"丰厚"强调富裕,多用于待遇、报酬、礼品等方面;"丰盛"强调多,多用于物质方面。②"丰富"还可用作动词,如:电脑在教学中的运用极大地丰富了教学内容。"贫乏"与"丰富"意思相对。

【丰功伟绩】fēng gōng wěi jì 形容功勋和成就伟大。▷ 在这个花市里,你也不禁会想到各地的劳动人民共同创造历史文明的丰功伟绩。

同 汗马功劳 hàn mǎ gōng láo ▷ 在抗日战争中,这位将军立下了汗马功劳。

反 罪大恶极 zuì dà è jí ▷ 他只身闯入敌营,杀了那个罪大恶极的汉奸。

〈辨析〉"丰功伟绩"语意较重,适用于作出巨大贡献和成绩的整体或集体,形容个人时,则适用于领袖人物;"汗马功劳"语意较轻,一般只适用于个人。"罪大恶极"与"丰功伟绩"意思相对。

〈相关〉不世之功;功名盖世/恶贯满盈;弥天大罪

【**丰衣足食**】fēng yī zú shí　形容生活很富裕。▷ 我们用自己动手的方法,达到了丰衣足食的目的。

　同 **家给人足** jiā jǐ rén zú ▷ 太平盛世,老百姓安居乐业,家给人足。

　反 **饥寒交迫** jī hán jiāo pò ▷ 他俩曾经历过同样饥寒交迫的日子,有着同样不幸的童年。

　缺吃少穿 quē chī shǎo chuān ▷ 受灾群众缺吃少穿,生活十分困难。

〈辨析〉"丰衣足食"与"家给人足"都形容生活富足,"家给人足"比"丰衣足食"语意更重。"缺吃少穿"与"丰衣足食"意思相对。

〈相关〉暖衣饱食/啼饥号寒;衣食不周

【**风景**】fēng jǐng　供观赏的自然风光、景物。▷ 浦江两岸的风景真美。

　同 **景色** jǐng sè ▷ 秋天的香山景色绚丽,令游客流连忘返。

　景物 jǐng wù ▷ 这里的景物引人入胜。

〈辨析〉"风景"泛指自然风光,使用范围较大;"景色"强调色彩,使用范围比"风景"小;"景物"除了自然风景外,还强调周围的"物"。

〈相关〉风光

【**风气**】fēng qì　流行的风尚或习气。▷ 目前,学生中流行着高消费的不良风气。

　同 **风尚** fēng shàng ▷ 良好的社会风尚的形成需要我们每个人从"我"做起,从现在做起。

　风俗 fēng sú ▷ 我们要尊重当地的风俗习惯。

〈辨析〉"风气"指不太固定的、容易改变的习惯,为中性词;"风尚"指在一个时期形成的风气和习惯,为褒义词;"风俗"指长期沿袭下来的礼节、习尚等,为中性词。

〈相关〉习俗

【风趣】fēng qù　幽默或诙谐的趣味。▷ 这部电视剧内容风趣,收视率很高。

[同] 幽默 yōu mò ▷ 他是一位性格开朗又有些幽默的好领导。

〈辨析〉"风趣"强调语言或文字富有趣味;"幽默"的语意比"风趣"重,除了"趣"外,还有意味深长、富有智慧等含义。

【风声鹤唳】fēng shēng hè lì　听到风声和鹤叫的声音都以为是敌人来了。形容极度惊慌或自相惊扰。▷ 仓皇逃窜的敌军,一路上风声鹤唳,心惊胆战。

[同] 草木皆兵 cǎo mù jiē bīng ▷ 出逃在外的每一天,他都很紧张,草木皆兵,坐卧不宁。

〈辨析〉"风声鹤唳"还可形容景物;"草木皆兵"只形容人。

〈相关〉惊弓之鸟;惊惶失措;疑神疑鬼

【风雨同舟】fēng yǔ tóng zhōu　比喻同舟共济,共同经历患难。▷ 多年来,他俩风雨同舟、苦乐与共,结下了深厚的情谊。

[同] 同舟共济 tóng zhōu gòng jì ▷ 这些充分体现了公司领导和员工同舟共济的决心。

[反] 同床异梦 tóng chuáng yì mèng ▷ 这对夫妻同床异梦,各打各的算盘。

〈相关〉休戚相关;休戚与共/各行其是

【疯狂】fēng kuáng　比喻极其猖狂。▷ 他们击退了敌人一次又一次的疯狂进攻。

[同] 猖狂 chāng kuáng ▷ 解放初,这一带土匪仍然很猖狂。

〈辨析〉①"疯狂"侧重指精神反常,失去理智,行为极其猖狂;"猖狂"侧重指态度凶狠,行为肆无忌惮。②"疯狂"还有中性词的用法,形容人的感情极端奔放,如:青年人疯狂地唱呀跳呀,迎接新年第一缕曙光。

【缝隙】fèng xì　裂开或自然露出的狭长的空隙。▷ 那么多的绿叶,一簇堆在另一簇上面,不留一点缝隙。

【**否定**】fǒu dìng 不承认;不同意。▷ 不管你否定也好,肯定也好,事实就是如此。

同 **否认** fǒu rèn ▷ 不可否认,她在人事交往上还是挺有办法的。

反 **承认** chéng rèn ▷ 在事实面前,她不得不承认自己错了。

肯定 kěn dìng ▷ 董事会最终还是肯定了这个方案。

〈辨析〉"否定"强调不接受某种理论、观点、事实等;"否认"强调不认可某种事实或现象。"肯定"与"否定"意思相对;"承认"与"否认"意思相对。

〈相关〉否决/确认

【**肤浅**】fū qiǎn 学识浅,理解不深刻。▷ 人类对自身的了解还是很肤浅的。

同 **浮浅** fú qiǎn ▷ 我虽然和她同学多年,但是我对她的认识仍然很浮浅。

反 **深刻** shēn kè ▷ 有些小事留下的印象特别深刻,几十年后还不会忘记。

渊博 yuān bó ▷ 姜教授知识渊博,敬业精神很强。

〈辨析〉"肤浅"强调学识浅,理解不深刻;"浮浅"除了指学识浅、理解不深刻以外,还含有作风轻浮、不踏实的意思,如:小王很聪明,但是有点浮浅。"深刻"与"肤浅"意思相对。

〈相关〉短浅;浅薄/精深

【**敷衍了事**】fū yǎn liǎo shì 办事马虎,应付一下就算完成。▷ 她从小到大,做事一向敷衍了事。

同 **敷衍塞责** fū yǎn sè zé ▷ 这项工作非常重要,我们每个人都要认真仔细,绝不能敷衍塞责。

反 **一丝不苟** yī sī bù gǒu ▷ 他一丝不苟的治学态度得到了同行的好评。

〈辨析〉"敷衍了事"强调草草应付,适用面比较宽,可用于工作,也可用于个人的事情;"敷衍塞责"强调马马虎虎地搪塞,一般用在对待所承担的工作上。"一丝不苟"与"敷衍了事"意思相对。

〈相关〉马马虎虎/精益求精

【**扶养**】fú yǎng 扶助,养育。▷ 她从小失去父母,是大哥和大嫂将她扶养成人的。

同 **抚养** fǔ yǎng ▷ 善良的大娘收留并抚养了他。

赡养 shàn yǎng ▷ 赡养父母是儿女应尽的责任。

〈辨析〉① "扶养"主要用于同辈之间,也可用于长幼之间;"抚养"用于长辈对晚辈或年长的人对年幼的人;"赡养"多指子女对父母的供养。② "扶养"和"赡养"侧重在物质上的供给和生活上的帮助;"抚养"还包括保护和教育。

【**扶摇直上**】fú yáo zhí shàng 比喻地位、名声、价值等迅速往上升。▷ 他不学无术却官运亨通,扶摇直上。

同 **青云直上** qīng yún zhí shàng ▷ 他这两年青云直上,颇为走红。

反 **急转直下** jí zhuǎn zhí xià ▷ 下午,他的病情急转直下,医生发出了病危通知。

一落千丈 yī luò qiān zhàng ▷ 近几年,这家公司的业绩一落千丈,负债累累。

〈辨析〉"扶摇直上"既适用于人,也适用于物,如:最近商厦销售额扶摇直上;"青云直上"只适用于人。"急转直下"与"扶摇直上"意思相对。

〈相关〉平步青云;一步登天/江河日下

【**拂晓**】fú xiǎo 天快亮的时候。▷ 为了看日出,拂晓之前,我们就来到山顶。

同 **黎明** lí míng ▷ 一股柔和的阳光射穿黎明前的薄雾。

凌晨 líng chén ▷ 凌晨三点,突然下起了雷暴雨。

反 **黄昏** huáng hūn ▷ 一个夏日的黄昏,她正在湖边看晚霞。

〈辨析〉①"拂晓"指天快亮的时候,时间段很短;"黎明"指天刚刚亮,时间段稍长;"凌晨"多指午夜至天亮,时间段最长,常与表达具体时间的词搭配,如:凌晨四点。②"黎明"还有象征光明的意义,如:黑夜终将过去,黎明一定会到来。"黄昏"与"拂晓"意思相对。

【**浮光掠影**】fú guāng lüè yǐng 形容观察和了解事物不认真、不深入。▷ 这支考察队伍坐着高级轿车,浮光掠影地到处参观,能了解到实际情况吗?

同 **走马观花** zǒu mǎ guān huā ▷ 她只是走马观花地看了看。

〈辨析〉"浮光掠影"侧重浮浅、不深入;"走马观花"侧重匆忙、不细致。

〈相关〉蜻蜓点水

【**俯拾即是**】fǔ shí jí shì 形容很多,而且容易得到。▷ 这种药材在我们山区俯拾即是。

同 **比比皆是** bǐ bǐ jiē shì ▷ 这篇文章中的错别字比比皆是。

反 **寥寥无几** liáo liáo wú jǐ ▷ 夜深了,车站上的乘客寥寥无几。

〈辨析〉"俯拾即是"强调容易得到,只用于物;"比比皆是"多用于人,也可用于物。"寥寥无几"与"比比皆是"意思相对。

〈相关〉不胜枚举;触目皆是/屈指可数

【**俯视**】fǔ shì 从高处往下看。▷ 她站在窗口,俯视楼下花园里的景色。

同 **俯瞰** fǔ kàn ▷ 在飞机上,我凭窗俯瞰锦绣大地。

〈辨析〉"俯视"的高度没有"俯瞰"高,书面语色彩比"俯瞰"淡。

【俯首帖耳】fǔ shǒu tiē ěr 形容非常驯服恭顺。▷ 有些大国所谓的维护国际利益,实质上就是充当霸主,让别国俯首帖耳。

[同] 百依百顺 bǎi yī bǎi shùn ▷ 父母的百依百顺助长了她任性霸道的脾气。

[反] 桀骜不驯 jié ào bù xùn ▷ 他从小桀骜不驯,让父母头痛不已。

〈辨析〉"俯首帖耳"强调"驯服",常用于下对上、弱对强、卑对尊之间,含贬义;"百依百顺"强调"顺从",常用在关系密切的人之间,为中性词。

〈相关〉唯唯诺诺;言听计从/不卑不亢

【腐败】fǔ bài 腐烂,败坏。▷ 千万不能吃腐败变质的食物。

[同] 腐烂 fǔ làn ▷ 食品的腐烂,是由于细菌的侵入。

[反] 新鲜 xīn xiān ▷ 这些蔬菜很新鲜。

〈辨析〉"腐败"还比喻思想陈旧,行为堕落,制度、组织等黑暗混乱,如:晚清政府丧权辱国、腐败不堪;"腐烂"只指有机体由于微生物的滋生而变质。"新鲜"与"腐烂"意思相对。

【附和】fù hè 随着他人说话或行动。▷ 他一向没有什么主见,见大家都这么说,也就附和了。

[同] 赞成 zàn chéng ▷ 我举双手赞成这些减轻学生负担的措施。

[反] 反对 fǎn duì ▷ 他的建议遭到大家的一致反对。

〈辨析〉"附和"指没有主见,随声应和,多用作贬义;"赞成"指经过独立思考,有主见地同意或支持别人的意见。"反对"与"赞成"意思相对。

〈相关〉应和/反驳

【复杂】fù zá 多而杂,不单纯。▷ 这是一项高度复杂的高科技系统工程。

[同] 繁杂 fán zá ▷ 领导干部要从繁杂的事务工作中摆脱出来,

多下基层调查研究。

庞杂 páng zá ▷ 这本书的内容太庞杂。

反 简单 jiǎn dān ▷ 这么简单的工作你怎么都不会做?

〈辨析〉"复杂"强调种类、头绪多,可用于具体事物,也可用于抽象事物,如:他们之间的关系也很复杂;"繁杂"使用范围窄,多用于工作事务方面;"庞杂"指内容杂乱,强调整体漫无头绪,多用于具体事物;"简单"与"复杂"意思相对。

〈相关〉繁杂;杂乱/简洁

【富丽】fù lì 宏伟,美丽。 ▷ 彩虹బ大饭店装饰得富丽堂皇。

同 华丽 huá lì ▷ 她向往华丽的服饰、精美的菜肴、灯红酒绿的生活。

壮丽 zhuàng lì ▷ 壮丽的天安门屹立在中华儿女心中。

〈辨析〉"富丽"强调宏伟、美丽,多形容建筑、陈设等;"华丽"强调色彩的绚丽,可形容具体或抽象事物;"壮丽"含有气魄宏伟的意思。

〈相关〉绚丽/朴素

【富裕】fù yù 财物充足有余。 ▷ 他的父母已经退休,生活并不富裕。

同 富强 fù qiáng ▷ 我们的祖国会变得更加美丽,更加富强。

富饶 fù ráo ▷ 我的家乡位于富饶的长江三角洲。

反 贫穷 pín qióng ▷ 如今贫穷的小山村也富裕起来了。

〈辨析〉"富裕"多形容家庭、生活等;"富强"除了繁荣富有外,还表示强大;"富饶"多形容国家、乡村等。"贫穷"与"富裕"意思相对。

〈相关〉富有;富足/贫困;穷苦

【改变】gǎi biàn 事物发生显著的变化。▷ 这几年,她的处境有了很大的改变。

同 转变 zhuǎn biàn ▷ 我总觉得她的转变有点太突然。

反 保持 bǎo chí ▷ 许多年来,我们之间一直保持着亲密友好的关系。

〈辨析〉① "改变"强调事物前后不同的变化,可用于抽象事物和具体事物;"转变"强调由一种情况变到另一种情况,多用于抽象事物。② "改变"还有更动的意思,如:他临时改变了行程。"保持"与"改变"意思相对。

〈相关〉变动;更动;更改/保留

【改动】gǎi dòng 更改。▷ 这篇文章写得很好,编辑只改动了个别字句。

同 改换 gǎi huàn ▷ 这家商店的招牌早已改换了。

反 照旧 zhào jiù ▷ 妈妈吩咐房间里的摆设一切照旧。

〈辨析〉"改动"强调更改,常用于文字、项目、次序、内容等;"改换"强调换成另外的东西。"照旧"与"改动"意思相对。

【改过自新】gǎi guò zì xīn 改正错误,重新做人。▷ 犯了错误,要勇于改过自新。

同 改邪归正 gǎi xié guī zhèng ▷ 他决心改邪归正,从今往后做一个遵纪守法的公民。

反 死不改悔 sǐ bù gǎi huǐ ▷ "台独"分子死不改悔,仍然坚持反动立场。

〈辨析〉"改过自新"指改正错误,重新做人;"改邪归正"指离开邪路,回到正道,语意比"改过自新"重。"死不改悔"与"改邪归正"意思相对。

〈相关〉弃旧图新;洗心革面/执迷不悟

【改进】gǎi jìn 改变原来的状况,有进步。▷ 经老师一番点拨,他的学习方法有了改进。

同 改良 gǎi liáng ▷ 暖棚的土壤经过改良,适合种植草莓。
　　改善 gǎi shàn ▷ 他努力改善与同事的关系。

〈辨析〉"改进"侧重指在原有的基础上改得更进步些,多用于抽象事物,如工作、作风、方法等;"改良"侧重指去掉原来的缺点,改得更好一些,多用于具体事物,如品种、产品等;"改善"侧重指在原有的基础上进一步完善,多用于抽象事物,如条件、环境、状况等。

【改正】gǎi zhèng 把错误的变成正确的。▷ 只要我们为人民的利益坚持好的,为人民的利益改正错的,我们这个队伍就一定会兴旺起来。

同 订正 dìng zhèng ▷ 晓敏花了一个小时订正作业。

反 坚持 jiān chí ▷ 他坚持错误,不肯改正。

〈辨析〉"改正"使用范围广,除了文字中的错误外,还可以是缺点、错误的思想、行为等;"订正"使用范围窄,大多指文字中的错误。"坚持"与"改正"意思相对。

〈相关〉更正;纠正

【干涸】gān hé 河流、池塘等干枯无水。▷ 久旱不雨,池塘和水井都干涸了。

同 干枯 gān kū ▷ 道路两旁全是干枯的树叶。

反 滋润 zī rùn ▷ 庄稼在雨露的滋润下茁壮成长。

〈辨析〉"干涸"指河道、池塘等干枯无水,多用于书面语;"干枯"除了指草木因缺水枯萎外,还指人的皮肤、头发干燥没有弹性等,如:她头发干枯,身体瘦弱。"滋润"与"干涸"意思相对。

〈相关〉干旱;干燥/潮湿;湿润

【干净】gān jìng 没有尘土和杂质等。▷ 屋子虽然小,但是收拾得很干净。

[同] 清洁 qīng jié ▷ 花园里清洁、凉爽,老人们爱在那里休憩。

[反] 肮脏 āng zāng ▷ 这是一个"三不管"地带,既肮脏又不安全。

〈辨析〉① "干净"强调没有灰尘和杂质,多形容身体、环境、物品等;"清洁"强调没有脏东西,多形容环境。② "干净"可形容做事利落,说话简捷,如:他做事一向很干净利落,从不拖泥带水;"干净"还比喻一点也不剩下,如:这个月的奖金和工资都花干净了,我只好向父亲借点钱了。"肮脏"与"清洁"意思相对。

〈相关〉洁净;卫生/龌龊

【干扰】gān rǎo 搅扰,使别人不安定。▷ 他正在开会,请别干扰。

[同] 扰乱 rǎo luàn ▷ 这则坏消息确实扰乱了她内心的平静。

骚扰 sāo rǎo ▷ 这伙流窜犯时时骚扰小区的居民。

〈辨析〉"干扰"强调妨碍,为中性词;"扰乱"强调造成混乱,有时用作贬义词,如:请别扰乱公共秩序;"骚扰"强调使他人不安宁,贬义词。

〈相关〉打扰;妨碍;影响

【干涉】gān shè 过问或阻挠。▷ 你千万不要去干涉他们的私事。

[同] 干预 gān yù ▷ 这是我的私事,请你不要干预。

〈辨析〉"干涉"侧重于强行过问或阻挠,多指不该管的硬要管,语意较重;"干预"指过问并参与别人的事,语意较轻。

〈相关〉过问

【**甘拜下风**】gān bài xià fēng 表示自认不如对方,真心佩服。▷ 你的棋艺实在高妙,本人甘拜下风。

同 **甘居人后** gān jū rén hòu ▷ 她想,自己是企业的"领头羊",不能甘居人后。

反 **不甘后人** bù gān hòu rén ▷ 她是一个不甘后人的姑娘,门门功课都想拿第一。

〈辨析〉"甘拜下风"表示对对方真心佩服;"甘居人后"指甘愿落后于人,但并不一定认为自己不如别人而对对方表示佩服。"不甘后人"与"甘居人后"意思相对。

〈相关〉五体投地;心悦诚服;自愧不如/不甘雌伏

【**感动**】gǎn dòng 受外界事物的影响而激动。▷ 她常常被小说中的情节感动得流下眼泪。

同 **激动** jī dòng ▷ 激动的人群敲锣打鼓奔向人民广场。

〈辨析〉引起"感动"的外界事物大多是正面的、积极的;"激动"是指受刺激而引起感情冲动,这种刺激有时是好的,有时是不好的。

〈相关〉感染;激昂

【**感恩戴德**】gǎn ēn dài dé 感激别人给予的恩德和情义。▷ 是好心人的捐助让我读完大学,我对他们、对社会一直是感恩戴德,铭记不忘的。

反 **忘恩负义** wàng ēn fù yì ▷ 老母亲伤透了心,大骂儿子忘恩负义。

〈辨析〉在形容是否牢记别人对自己的恩情时,"忘恩负义"与"感恩戴德"意思相对。

〈相关〉感激涕零;知恩图报/恩将仇报

【**感激**】gǎn jī 因感动而激发强烈的感情。▷ 我感激他在我最困难的时候向我伸出援助之手。

同 **感谢** gǎn xiè ▷ 临上车前,小孩的父母一再感谢民警同志。

〈辨析〉"感激"强调表现在心情上,不一定表达出来;"感谢"强调酬谢、报答别人,表现在言语或行动上。

【感觉】gǎn jué 客观事物的个别特性通过人的感官在人脑中引起的反应。▷ 眼前昏暗了,可是我还能感觉左右和上方的山石似乎都在朝我挤压过来。

同 感受 gǎn shòu ▷ 小说的结尾使读者得到更深刻的印象和感受。

〈辨析〉"感觉"的对象既可以是具体的,也可以是抽象的,多为直觉,使用范围广,人和动物都可以产生感觉;"感受"的对象大多为抽象的,多为内心的体会,使用范围窄,只适用于人。

【刚愎自用】gāng bì zì yòng 形容强硬、固执,不接受别人的意见而独断专行。▷ 他刚愎自用,根本听不进别人的意见。

同 独断专行 dú duàn zhuān xíng ▷ 他的独断专行终于激怒了领导班子里的其他成员。

反 虚怀若谷 xū huái ruò gǔ ▷ 这位誉满画坛的艺术大师仍然是虚怀若谷、不耻下问的。

〈辨析〉"刚愎自用"与"独断专行"都形容只按自己意愿行事,不考虑他人的意见,"刚愎自用"语意重。在形容是否接受别人意见时,"虚怀若谷"与"刚愎自用"意思相对。

〈相关〉自以为是/谦虚谨慎

【刚才】gāng cái 指刚过去不久的时间。▷ 刚才在这儿打电话的姑娘叫小芳。

同 刚刚 gāng gāng ▷ 小芳刚刚在这里打电话,现在已经走了。

〈辨析〉① "刚才"是表明时间的名词;"刚刚"是副词,表示行动或情况发生在不久前。② "刚刚"还表示仅仅、正好的意思,如:这些钱刚刚够他交学费/这双鞋不大不小刚刚合适。

【刚强】gāng qiáng 形容意志、性格坚强不屈服。▷ 面对这么多的好心人,这个刚强的汉子感动得流下眼泪。

[同] 坚强 jiān qiáng ▷ 在疾病面前,他表现得非常坚强。
倔强 jué jiàng ▷ 倔强的个性促使母亲带着孩子离开了那个大家庭。

[反] 懦弱 nuò ruò ▷ 二哥性格懦弱,吃了亏受了气也不敢反抗。

〈辨析〉① "刚强"常形容人的性格、意志;"坚强"除了形容人的性格、意志外,还形容组织、集体、力量等,如:这是一个坚强的集体,能经受住困难的考验;"倔强"除了形容人的性格、性情外,有时还表示固执、不随和、不听劝说,含贬义。"懦弱"与"刚强"意思相对。

〈相关〉刚毅;顽强/柔弱;软弱

【刚正不阿】gāng zhèng bù ē 形容刚强正直,不徇私奉迎。▷ 这位老者一生刚正不阿,是非分明。

[反] 阿谀奉承 ē yú fèng chéng ▷ 阿谀奉承的人之所以受到重用,是因为一些领导喜欢听奉承拍马的话。

〈辨析〉在形容人正直与否时,"阿谀奉承"与"刚正不阿"意思相对。

〈相关〉守正不阿/曲意逢迎

【高贵】gāo guì 道德水平高。▷ 他在关键时刻表现出共产党员的高贵品质。

[同] 高尚 gāo shàng ▷ 雷锋高尚的精神影响了一代又一代的青年。

[反] 卑劣 bēi liè ▷ 品德卑劣的人是不会发什么善心的。
低贱 dī jiàn ▷ 家政服务并不是低贱的工作。

〈辨析〉① "高贵"多形容品质、思想等,强调可贵;"高尚"多形容精神、行为、情操、品德等,强调值得崇尚。② "高贵"还有社会地位高、生活优裕等含义,如:她自认为自己出身高贵,因为她有四分之一贵族血统;"高尚"还表示有意义的、不是低级趣味的,如:这本来是一种高尚的游戏,但这些人却用来赌博了。

"卑劣"与"高尚"意思相对;"低贱"与"高贵"意思相对。

〈相关〉崇高;尊贵/下贱;庸俗

【**高明**】gāo míng　见解、技术超过一般水平;出色。▷"神舟"号的回收技术非常高明。

同 **高超** gāo chāo ▷ 张医生凭着敬业的精神和高超的技术赢得病人的信赖和尊敬。

反 **拙劣** zhuō liè ▷ 其实,这些骗子的手段是很拙劣的,那些人之所以上当是因为爱贪小便宜。

平庸 píng yōng ▷ 他的见解是那么的平庸。

〈辨析〉"高明"指见解、技能等高人一筹;"高超"强调超出一般水平,语意比"高明"重。"拙劣"与"高明"意思相对。

〈相关〉高强

【**高朋满座**】gāo péng mǎn zuò　形容宾客众多。▷ 今天我能出席这样一次高朋满座的盛会,真是荣幸之至。

反 **门可罗雀** mén kě luó què ▷ 如今买布做衣服的人越来越少,一些布店门可罗雀。

〈辨析〉在形容来客多少时,"高朋满座"与"门可罗雀"意思相对。

【**高耸**】gāo sǒng　高高地耸立。▷ 因为海底有高耸的山崖,有低陷的峡谷,所以海水有深有浅,色彩也就不同了。

同 **高大** gāo dà ▷ 这一段长城用巨大的条石和城砖筑成,高大而坚固。

反 **低陷** dī xiàn ▷ 山的东面是低陷的峡谷。

〈辨析〉"高耸"强调高高地直立;"高大"不仅指从下向上距离大、离地面远,而且还指体积和面积超过一般的对象。"低陷"与"高耸"意思相对。

【**高谈阔论**】gāo tán kuò lùn　形容空洞地大发议论。▷ 一知半解的人,往往喜欢高谈阔论。

[同] 夸夸其谈 kuā kuā qí tán ▷ 夸夸其谈的人往往没有真才实学。

[反] 沉默寡言 chén mò guǎ yán ▷ 他是一个沉默寡言的人,很少与人交谈。

〈辨析〉"夸夸其谈"形容说话浮夸,语意比"高谈阔论"重。在形容话语多少时,"沉默寡言"与"高谈阔论"意思相对。

〈相关〉口若悬河;信口开河/不苟言笑

【高兴】gāo xìng 愉快而兴奋。▷ 看她的脸色,一定是碰到高兴的事啦。

[同] 愉快 yú kuài ▷ 我们一边走一边愉快地交谈着。

[反] 生气 shēng qì ▷ 听说他辞职了,母亲很生气。

　　忧愁 yōu chóu ▷ 他满脸忧愁地坐在一边。

〈辨析〉① "高兴"侧重于人的情绪,常显露在外面;"愉快"侧重于人的心情和神情,是一种内心的快乐。② "高兴"还可作动词,表示带着愉快的情绪做某件事,如:节假日,他高兴替别人值班。"生气"与"高兴"意思相对。

〈相关〉开心/扫兴

【高瞻远瞩】gāo zhān yuǎn zhǔ 形容目光远大。▷ 邓小平同志高瞻远瞩,为我们指明了一条改革开放、富民强国的道路。

[反] 鼠目寸光 shǔ mù cùn guāng ▷ 胸无大志、鼠目寸光的人是成不了大业的。

〈辨析〉在形容人的目光远大与否时,"鼠目寸光"与"高瞻远瞩"意思相对。

【高枕无忧】gāo zhěn wú yōu 形容思想麻痹,放松警惕。▷ 事情还没有办成功,怎么能高枕无忧?

[反] 枕戈待旦 zhěn gē dài dàn ▷ 边防战士枕戈待旦,准备随时打击入侵敌人。

〈辨析〉在形容人的思想麻痹与否时,"枕戈待旦"与"高枕无忧"意思相对。

【告别】gào bié 辞别;辞行。▷ 她怀着依依不舍的心情,告别了家乡的山水和父老乡亲。

同 告辞 gào cí ▷ 主人站了起来,我知道,这是在示意我应该告辞了。

〈辨析〉① "告别"泛指辞行,对象可以是人,也可以是地方,也可以是年代等,如:我们告别20世纪,迎来21世纪;"告辞"特指向人辞别,多用于客人与主人之间。② "告别"还有离别、分手的含义,如:兄弟两人拱手告别,从此天各一方。

〈相关〉拜别;辞别;辞行

【歌唱】gē chàng 用歌曲、诗歌等形式赞美。▷ 草原人民歌唱幸福的生活,歌唱中国共产党。

同 歌颂 gē sòng ▷《保姆》歌颂了一个普通打工妹的勤劳、善良的优秀品质。

反 咒骂 zhòu mà ▷ 他凶狠残忍,大家都在背后咒骂他。

〈辨析〉① "歌唱"只指用歌曲、诗歌等赞美;"歌颂"除了用歌曲、诗歌外,还可以用文章、言语等赞美。② "歌唱"还可以表示唱歌,如:晚会结束时,大家一起歌唱晚会主题歌。"咒骂"与"歌颂"意思相对。

〈相关〉颂扬;赞颂/诅咒

【歌功颂德】gē gōng sòng dé 颂扬功劳和恩德。▷ 这是一部为伪科学歌功颂德的小说,应该给予批判。

同 交口称赞 jiāo kǒu chēng zàn ▷ 全村老少交口称赞支援抗旱的解放军战士。

反 怨声载道 yuàn shēng zài dào ▷ 这一带卫生条件太差,周围居民怨声载道。

〈辨析〉"歌功颂德"指颂扬功劳和恩德,是中性词;"交口称赞"是褒义词,强调大家一齐称赞。"怨声载道"与"歌功颂德"意思相对。

〈相关〉树碑立传;有口皆碑

【格格不入】 gé gé bù rù　形容互相抵触,不相容。▷ 他俩相处了一年多,后来发觉彼此格格不入,因此毫不留恋地分手了。

反 水乳交融 shuǐ rǔ jiāo róng ▷ 驻地部队和当地百姓水乳交融,像一家人一样。

〈辨析〉在形容人的感情是否融洽时,"水乳交融"与"格格不入"意思相对。

〈相关〉水火不容/融为一体

【格外】 gé wài　不寻常;特别。▷ 月明星稀,山中显得格外凉爽。

同 分外 fèn wài ▷ 看红装素裹,分外妖娆。

〈辨析〉①"格外"侧重指比平常更进一层;"分外"侧重指比平常或一般显得特别不同。②"格外"除了不寻常、特别的意思外,还有额外的意思,如:年底,经理又给了我们技术科格外的奖励。

〈相关〉额外

【隔岸观火】 gé àn guān huǒ　比喻对别人的危难不加救助而采取看热闹的态度。▷ 他拿定主意,只要火不烧到自家门口,他就一直隔岸观火,到时候再出来收拾残局。

同 袖手旁观 xiù shǒu páng guān ▷ 看见几个小贩大打出手,不少人在一边袖手旁观,还有一些人幸灾乐祸。

反 见义勇为 jiàn yì yǒng wéi ▷ 我们的新闻媒体,要大力表彰见义勇为者。

〈辨析〉"袖手旁观"比喻置身事外,不过问或不协助别人,语意比"隔岸观火"轻。"见义勇为"与"隔岸观火"意思相对。

〈相关〉见死不救;冷眼旁观

【隔断】 gé duàn　阻隔,使不相通。▷ 泥石流隔断了两县的交通。

同 **隔绝** gé jué ▷ 如今音信隔绝,她失去了寻找的方向。

反 **联系** lián xì ▷ 她联系到一家出版社出版她的诗集。

〈辨析〉"隔断"语意较轻,指从中断开,把原来的一个整体割开来,多用于水流、道路、房屋等;"隔绝"语意较重,指不能沟通,两者之间没有任何联系或接触,多用于音信、关系、思想等。"联系"与"隔断"意思相对。

〈相关〉隔开;阻隔/连接

【隔阂】gé hé 彼此感情不融洽,思想有距离。▷ 短短的一封信消除了两个人之间的隔阂。

同 **隔膜** gé mó ▷ 他不善言谈,与同事的隔膜越来越深。

反 **融洽** róng qià ▷ 几年来我们相处得很融洽。

〈辨析〉① "隔阂"除指人与人之间有障碍、情意不通外,还指地方之间、语言之间有障碍,如:电视剧中用方言,大多数人会听不懂,容易产生隔阂;"隔膜"使用范围比较窄,多用于人与人之间。② "隔阂"的状态,可以由第三者造成;"隔膜"的状态一般都是由双方自身造成的。"融洽"与"隔阂"意思相对。

【各抒己见】gè shū jǐ jiàn 各人充分发表自己的意见,表达自己的见解。▷ 讨论会气氛热烈,大家就新产品的开发问题各抒己见。

同 **各执己见** gè zhí jǐ jiàn ▷ 他们各执己见,不停地争论着。

〈辨析〉"各抒己见"强调"抒",表示充分发表自己的意见;"各执己见"强调"执",表示坚持自己的意见。

〈相关〉畅所欲言;各执一词

【根本】gēn běn 事物的根源或最重要的部分。▷ 河水污染问题,必须从根本上解决。

同 **基本** jī běn ▷ 在太空获取氧气和保证飞船长途航行的动力是人类远征火星必须解决的两大问题,这两个问题已基本解决。

〈辨析〉"根本"语意较重,指的是本质、彻底、完全的意思;"基本"语意稍轻,指的是大部分、大体上的意思。

【根据】gēn jù 把某种事物作为论断的前提或言行的依据。▷ 根据调查的结果,他们认定这家放映厅有违法行为。

　同 依据 yī jù ▷ 依据实施的场地和条件的不同,实验法可分为实验室实验法和自然实验法。

〈辨析〉①"根据"强调论断有一定的根源;"依据"强调论断有一定的凭据。②"根据"还用作名词,指可作为根据的事物,如:你说话要有根据。

〈相关〉按照;依照

【工作】gōng zuò 从事体力或脑力劳动。▷ 他在一家会计事务所工作。

　同 劳作 láo zuò ▷ 农民在稻田里辛勤劳作。

〈辨析〉①"工作"除了指从事体力劳动外,还指脑力劳动;"劳作"多指体力劳动。②"工作"还泛指各种职业、业务、任务等,如:他是搞教育工作的。

【公布】gōng bù 公开发布,使大家知道。▷ 物业维修基金的收支账目应该定期向业主公布。

　同 发布 fā bù ▷ 气象台发布强台风消息。

　　宣布 xuān bù ▷ 九点整,执行主席宣布大会开幕。

〈辨析〉"公布"大多数是以书面形式公开宣布,对象为法律、命令、文告、名单、成绩、方案、团体通知等;"发布"有口头和书面两种形式,对象常为新闻、命令、指示、消息等;"宣布"大多数以口头的形式,对象是纪律、名单、开幕等。

〈相关〉颁布;发表;公开

【公而忘私】gōng ér wàng sī 一心为公而忘了自己的私利。▷ 作为国家的公务员,应该有公而忘私的精神。

【公正无私】 gōng zhèng wú sī ▷ 调解员公正无私,得到双方的一致称赞。

⚡ 假公济私 jiǎ gōng jì sī ▷ 廉政建设应该先向那些渎职、贪污、假公济私、忘了公仆身份的人开刀。

〈辨析〉"公而忘私"强调为了公事不顾自己的私利;"公正无私"强调公平,不偏倚,没有私心。"假公济私"与"公而忘私"意思相对。

〈相关〉大公无私;舍己为公

【公开】 gōng kāi 当着公众,不加隐蔽。▷ 她不愿意在这样的场合公开露面。

同 公然 gōng rán ▷ 陈水扁主张"台独",公然背叛民族利益,分裂国家统一。

⚡ 秘密 mì mì ▷ 前不久,他秘密地去了一趟云南。

〈辨析〉"公开"语意较轻,为中性词;"公然"语意较重,有毫无顾忌的意思,含贬义。"秘密"与"公开"意思相对。

【公平】 gōng píng 合情合理,不偏向任何一方。▷ 球迷们认为这场球赛的裁判不公平,有意袒护客队。

同 公道 gōng dào ▷ 做人要公道,不能昧着良心说话。

公正 gōng zhèng ▷ 我个人认为,法庭的裁决是公正的。

⚡ 偏倚 piān yǐ ▷ 做父母的哪能偏倚呢? 手背手心都是肉嘛!

〈辨析〉①"公平"常形容态度和处事的原则;"公道"常形容品德,指公正无私;"公正"既形容品德,也形容言行。②"公道"还指价钱合理,如:他常在这里卖菜,价钱公道,分量也不短缺。"偏倚"与"公平"意思相对。

【功败垂成】 gōng bài chuí chéng 事情在将要成功时却遭到失败。▷ 这原本是张完美的设计图,但因为墨水瓶打翻,以致功败垂成。

同 功亏一篑 gōng kuī yī kuì ▷ 按你的病情必须再坚持服药一

个疗程,否则会功亏一篑的。

反 大功告成 dà gōng gào chéng ▷ 这件事总算大功告成了。

〈辨析〉"功败垂成"着眼于时间,指临近成功却失败了;"功亏一篑"着眼于功力,指由于只差最后的一点努力而未成功。"大功告成"与"功败垂成"意思相对。

〈相关〉前功尽弃

【功成名就】gōng chéng míng jiù 功业建立了,名声也就有了。▷ 这些"明星"拍了几部电视片,认为已经功成名就,不再努力了。

反 一事无成 yī shì wú chéng ▷ 我已经年过半百,仍然一事无成。

〈辨析〉在形容是否有名声时,"一事无成"与"功成名就"意思相对。

〈相关〉硕果累累/无所作为

【功劳】gōng láo 对事业的贡献。▷ 功劳再大,也不能居功自傲。

同 功绩 gōng jì ▷ 参观的人络绎不绝,大家都颂扬革命烈士不可磨灭的功绩。

功勋 gōng xūn ▷ 陈毅同志为中国革命事业立下了不朽的功勋。

反 过失 guò shī ▷ 他晚年确实有过失,但这些过失掩盖不了伟人的光辉。

〈辨析〉"功劳"语意较轻,指对事业的贡献,常用于一般事情;"功绩"语意较重,指有较大的功劳和成绩,用于比较重要的事情;"功勋"语意最重,指有特殊的贡献,用于重大的国事。"过失"与"功劳"意思相对。

〈相关〉贡献/过错

【功能】gōng néng 效能。▷ 这种草药治疗乙肝功能显著。

[同] **功效** gōng xiào ▷ 经过改进的机器,功效比过去提高了两倍。

〈辨析〉"功能"着重指事物或方法所发挥的有利作用;"功效"着重指达到的效率。

〈相关〉性能;效用

【**攻击**】gōng jī 进攻。▷ 黎明时分,我军发动全线攻击。

[同] **攻打** gōng dǎ ▷ 指挥部命令第三小分队攻打被毒贩占据的山村。

袭击 xí jī ▷ 刑警队袭击了一个毒品窝点,抓获四名犯罪嫌疑人。

[反] **防守** fáng shǒu ▷ 我队防守力量薄弱,已经连输两局。

〈辨析〉①"攻击""攻打"指公开地进攻;"袭击"指突然地出其不意地进攻。②"攻击"还有恶意指责的意思,如:我万万没有想到,自己的好朋友居然会在背后攻击我。"防守"与"攻击"意思相对。

【**供应**】gōng yìng 以物资或人力满足需要。▷ 由于原料供应出现困难,三号高炉面临停产。

[同] **供给** gōng jǐ ▷ 他从小学到中学,生活费用都由所在街道供给。

〈辨析〉"供应"侧重指向他人提供生产、生活方面的需要,一般是物资、原料、商品等,不用于费用,一般是应对方的要求而提供的;"供给"侧重指向他人提供钱、物等,一般是主动提供的。

〈相关〉提供

【**巩固**】gǒng gù 牢固,不动摇。▷ 在新形势下,军民关系日益巩固。

[同] **稳固** wěn gù ▷ 就目前情况分析,他的总经理的位置还是相当稳固的。

[反] **动摇** dòng yáo ▷ 他自信,即便再调来两个人也休想动摇得

了他的"宝座"。

〈辨析〉"巩固"指在原有的基础上使之更加牢固,用于抽象事物;"稳固"强调安稳,不容易被动摇,不容易被破坏,可用于抽象事物和具体事物。"动摇"与"巩固"意思相对。

【贡献】gòng xiàn 把自己的东西献出来。▷ 我们要为祖国贡献出青春和力量。

同 奉献 fèng xiàn ▷ 雷锋同志把自己的一切奉献给党和人民。

反 索取 suǒ qǔ ▷ 只会索取而不想奉献的人,必定是一个极端的利己主义者。

〈辨析〉①"贡献"语意较轻,使用范围广;"奉献"强调诚心地、恭敬地献出,语意较重。②"贡献"还指对国家、对人民、对人类所做的有益的事情,如:一个人能力有大小,对社会的贡献也有大小。"索取"与"奉献"意思相对。

【钩心斗角】gōu xīn dòu jiǎo 比喻各用心计,互相争斗倾轧。▷ 这家企业的领导班子整天钩心斗角,以致各项工作都不能正常开展。

同 尔虞我诈 ěr yú wǒ zhà ▷ 做买卖要讲信誉、讲互惠互利,尔虞我诈是不行的。

反 肝胆相照 gān dǎn xiāng zhào ▷ 他俩是一对肝胆相照的好朋友。

〈辨析〉"钩心斗角"强调互相之间争斗倾轧;"尔虞我诈"强调互相欺骗。"肝胆相照"与"钩心斗角"意思相对。

【狗仗人势】gǒu zhàng rén shì 比喻当走狗的小人倚仗主子的势力欺压他人。▷ 他狗仗人势,仗着胡副省长是他的老领导,才敢这样为非作歹。

同 狐假虎威 hú jiǎ hǔ wēi ▷ 那恶棍在乡里,常常狐假虎威,鱼肉百姓。

〈辨析〉"狗仗人势"贬斥的意味比"狐假虎威"更强烈些,多用于口语;"狐假虎威"多用于书面语。

【估计】gū jì 对事物的性质、数量、变化或情况等作大致的判断推测。▷ 我估计他这次至少损失20万元。

同 **估量** gū liang ▷ 载人太空船虽然花费巨大,但带来的经济效益也是无法估量的。

〈辨析〉"估计"强调预计、算计,比"估量"稍微准确些,更多地用于具体数量;"估量"强调衡量,常常是大致的估计,一般不用于具体的数量计算。

〈相关〉估摸;估算

【孤芳自赏】gū fāng zì shǎng 比喻自视清高,自命不凡。▷ 她孤芳自赏,从不去乞求别人,即便是自己的亲哥哥。

反 **自惭形秽** zì cán xíng huì ▷ 置身珠光宝气之中,一向自信的黄小姐也有点自惭形秽了。

〈辨析〉在表示有否自信心方面,"自惭形秽"与"孤芳自赏"意思相对。

〈相关〉自命清高/妄自菲薄;自愧不如

【孤陋寡闻】gū lòu guǎ wén 形容学识短浅,见闻不广。▷ 我孤陋寡闻,还望各位专家多多指教。

同 **才疏学浅** cái shū xué qiǎn ▷ 他深知自己才疏学浅,担当不了此项重任。

反 **见多识广** jiàn duō shí guǎng ▷ 还是赵大姐行,见多识广,主意也不少。

〈辨析〉"孤陋寡闻"强调见闻不广;"才疏学浅"强调学识不渊博。"见多识广"与"孤陋寡闻"意思相对。

〈相关〉坐井观天/博学多才

【鼓动】gǔ dòng 激发人们的情绪,使他们行动起来。▷ 工人们的情绪被鼓动起来,他们决心用自己的双手和才智创造奇迹,走出困境。

[同] **鼓舞** gǔ wǔ ▷《义勇军进行曲》永远鼓舞中国人民奋勇前进。
煽动 shān dòng ▷ 个别人不干正经事,总是找机会煽动群众的不满情绪。

[反] **劝阻** quàn zǔ ▷ 经过我再三劝阻,他才放弃了毫无希望的找寻。

〈辨析〉"鼓动"用语言、文字、图片等形式激发、宣传,对象多指人,多用于褒义,少用于贬义;"鼓舞"指振作,为褒义词;"煽动"指挑动、怂恿,对象可以是人,也可以是事,为贬义词。"劝阻"与"鼓动"意思相对。

【**鼓舞**】gǔ wǔ 使人振奋,增强信心或勇气。▷ 他看了影片后很受鼓舞。

[同] **鼓励** gǔ lì ▷ 大哥教给我革命知识,鼓励我走上革命的道路。
激励 jī lì ▷ 他们为科学而献身的精神将永远激励后人在攀登科学的道路上前赴后继,勇敢攀登。

[反] **打击** dǎ jī ▷ 你不应该打击她的积极性。
压制 yā zhì ▷ 压制不同的意见,不利于开展工作。

〈辨析〉① "鼓舞"强调使振作起来,增强勇气和信心,表现为精神上的奖励,为褒义词;"鼓励"强调使精神和行动更积极、更努力,既可以是精神上的奖励,也可以是物质上的奖励,为中性词;"激励"强调激发情感,为褒义词,语意较重。② "鼓舞"只能用别人对自己;"鼓励"和"激励"既可用于别人对自己,也可用于自己对别人或自己对自己。"打击"与"鼓舞"意思相对。

【**固若金汤**】gù ruò jīn tāng 形容阵地或守卫的地方很坚固。
▷ 有了这两队人马作为后援,我们的防线一定会固若金汤。

[同] **铜墙铁壁** tóng qiáng tiě bì ▷ 真正的铜墙铁壁是什么?是群众,是千百万真心实意地拥护革命的群众。

[反] **危如累卵** wēi rú lěi luǎn ▷ 如今局势危如累卵,你快找条后

路吧。

〈辨析〉"铜墙铁壁"比喻十分坚固、难以摧毁的事物;"固若金汤"语意比"铜墙铁壁"重。在形容坚固与否时,"危如累卵"与"固若金汤"意思相对。

〈相关〉坚如磐石;牢不可破/不堪一击;岌岌可危

【固执】gù zhí　坚持自己的意见、看法,不肯改变。▷ 她很固执,不听别人的劝说。

[同] 执着 zhí zhuó ▷ 凭着对乒乓球事业的执着,他克服了先天条件的不足,跻身于世界种子选手的行列。

顽固 wán gù ▷ 这种人思想很顽固,不能指望他会改变看法。

[反] 随和 suí hé ▷ 他为人随和,大家都喜欢与他交往。

〈辨析〉"固执"指坚持自己原来的意见、看法,不肯改变,形容人的性格、态度等,含贬义;"执着"指对某件事坚持不放弃,为中性词;"顽固"强调思想保守,拒绝接受新鲜事物,形容人的立场、观点等,含贬义。"随和"与"固执"意思相对。

〈相关〉执拗/圆滑

【固执己见】gù zhí jǐ jiàn　非常顽固地坚持自己的意见。▷ 事已至此,你又何必再固执己见呢?

[同] 一意孤行 yī yì gū xíng ▷ 他一意孤行,全然不听别人的劝阻。

[反] 虚怀若谷 xū huái ruò gǔ ▷ 我们应该虚怀若谷地倾听大家的意见,尤其是不同的意见。

〈辨析〉"固执己见"强调坚持自己的意见,但不一定有行动;"一意孤行"除了坚持自己的看法外,还坚持行动。在形容处世为人的修养上,"虚怀若谷"与"固执己见"意思相对。

〈相关〉刚愎自用/从谏如流

【顾名思义】gù míng sī yì　看到名称就想到它的含义。▷ 所谓

"夫妻船",顾名思义,就是由一对夫妇驾驶的船。

同 望文生义 wàng wén shēng yì ▷ 读书,不能望文生义,不求甚解。

〈辨析〉"顾名思义"的结果大体上名实相符,是正确的;"望文生义"的结果是歪曲了本来的真正含义,是牵强附会地解文释义。

【瓜分】guā fēn 像切瓜一样地分割或分配。▷ 老人留下的几处房子都被子女瓜分了。

反 独吞 dú tūn ▷ 大儿子独吞了父亲的遗产。

〈辨析〉在表示是否独自占有时,"独吞"与"瓜分"的意思相对。

【瓜熟蒂落】guā shú dì luò 比喻只要条件、时机成熟了,事情自然会成功。▷ 多年来,大家为公司的创业做了许多工作,现在该是瓜熟蒂落的时候了。

同 水到渠成 shuǐ dào qú chéng ▷ 现在各种条件已经具备,召开研讨会也是水到渠成的事了。

反 拔苗助长 bá miáo zhù zhǎng ▷ 无论做什么事情,只能扎扎实实,不能急于求成,这就是我们反对拔苗助长的重要原因。

〈辨析〉① "瓜熟蒂落"侧重于最后得到结果;"水到渠成"侧重于发展的过程和最后的结果之间存在着联系。② "水到渠成"还表示事情的发展自然、顺畅。在比喻时机、条件成熟与否时,"拔苗助长"与"瓜熟蒂落"意思相对。

【拐弯抹角】guǎi wān mò jiǎo 比喻说话、写文章不直截了当。▷ 他是个爽快人,说话办事直来直去,从不拐弯抹角。

反 开门见山 kāi mén jiàn shān ▷ 为了节省时间,解决问题,我们开门见山地说明了来意。

〈辨析〉在形容说话、写文章是否直截了当时,"开门见山"与"拐弯抹角"意思相对。

〈相关〉迂回曲折/直截了当

【关头】 guān tóu 起决定作用的时机或转折点。▷ 在这万分紧急的关头,董存瑞站在桥底中央,左手托起炸药包顶住桥底,右手猛地一拉导火索。

同 关键 guān jiàn ▷ 抢在敌人的前面占领302高地,是我军战胜敌人的关键。

〈辨析〉"关头"指极其重要的时刻或刻不容缓的时机;"关键"指事情最紧要的部分或对情况起决定作用的因素。

【关心】 guān xīn 因重视、爱护而常放在心上。▷ 中超联赛开始了,上海球迷特别关心申花队的每一场比赛。

同 关怀 guān huái ▷ 很幸运,他得到社会的关怀。
　关切 guān qiè ▷ 他的关切,使我摆脱了拘谨和不安。
　关注 guān zhù ▷ 世界各国关注着中国的改革开放。

反 冷漠 lěng mò ▷ 现在,他对一切都很冷漠。

〈辨析〉① "关心"侧重于惦念,使用范围广,可对人,也可对事,用于人时,可用于上下老幼,也可用于自己;"关怀"除了关心外,还有挂念、爱护的意思,用于长辈对晚辈、上级对下级、组织对个人;"关切"的语意比"关心"重,还带有亲切的意思;"关注"的语意比"关切"重,表示特别注意和重视,带有郑重的色彩。
② "关心"用于口语和书面语;"关怀""关切""关注"多用于书面语。"冷漠"与"关心"意思相对。

【观察】 guān chá 对事物或现象作全面仔细的察看和了解。▷ 她决定住在实验室里,以便随时观察实验情况。

同 观看 guān kàn ▷ 我和妈妈去大剧场观看越剧《红楼梦》。
　观望 guān wàng ▷ 目前房价仍然居高不下,许多消费者持币观望。

〈辨析〉"观察"指仔细地看,可用于人、具体和抽象的事物;"观看"指专程去看,多用于具体的事物;"观望"指犹豫不决地看,等待事物的变化以便采取行动,多用于抽象的事物。

【观点】 guān diǎn　观察或看待事物的立足点或采取的态度。▷ 一个人如果没有正确的立场,也就不可能有正确的观点。

同 观念 guān niàn ▷ 观念的陈旧、技术的落后,使这家企业陷入了困境。

〈辨析〉"观点"强调观察事物的立足点和由此得出的正式的、稳定的认识;"观念"着重指思想意识,指客观事物在人们头脑里留下的概括形象,有时专指政治观点。

〈相关〉见解;看法

【管理】 guǎn lǐ　负责某项工作使顺利进行。▷ 这家商店因为经营管理不善,生意越来越不好了。

同 管制 guǎn zhì ▷ 为了保证"马拉松"长跑的顺利进行,有关道路都实行了交通管制。

反 放任 fàng rèn ▷ 尊重个性不等于放任自流。

〈辨析〉"管理"还有保管、照管的意思,如:他义务帮助社区阅览室管理图书和报纸;"管制"侧重于强制性的约束,语意较重。"放任"与"管制"意思相对。

【光彩夺目】 guāng cǎi duó mù　形容事物美好,引人注目。▷ 人工湖像一颗巨大的明珠镶嵌在黄金翠玉之中,十分光彩夺目。

反 黯然失色 àn rán shī sè ▷ 毕竟时间久了,柱子上的彩绘显得黯然失色。

〈辨析〉在形容色泽是否鲜亮时,"黯然失色"与"光彩夺目"意思相对。

〈相关〉光怪陆离;五光十色

【光滑】 guāng huá　物体表面平滑,不粗糙。▷ 书橱表面光滑,木纹清晰,做工精细。

同 光润 guāng rùn ▷ 她双手皮肤白皙光润,一看就是一个不干粗活的人。

反 粗糙 cū cāo ▷ 他用粗糙的手抚摸我的头。

〈辨析〉"光滑"使用范围较广,可形容各种物体的表面,对光滑的程度也没有严格的限制和要求;"光润"使用范围窄,多指皮肤光滑、滋润,有时也指物品表面细腻、光滑、精细。"粗糙"与"光滑"意思相对。

【光辉】guāng huī 耀眼的光。▷ 太阳的光辉洒满大地。

同 光彩 guāng cǎi ▷ 夕阳给四周青山增添了光彩。

　　光华 guāng huá ▷ 太阳升起来了,放射出灿烂的光华。

　　光芒 guāng máng ▷ 谎言遮不住真理的光芒。

〈辨析〉①"光辉"指闪烁耀眼的光,常形容思想、文献、形象、道路等抽象事物,如:党的光辉照我心;"光彩"指绚丽多彩的光;"光华"指明亮的光,使用范围比"光辉"小,常用于文学语体;"光芒"指向四面八方放射的光。②"光辉"引申为光明、灿烂的意思,如:雷锋同志的光辉形象永远印在我的脑海中;"光彩"引申为光荣、荣耀的意思,如:你取得冠军,令我们全班同学都很光彩。

【光临】guāng lín 敬辞,称宾客来到。▷ 本公司5月1日起正式营业,欢迎光临。

同 莅临 lì lín ▷ 欢迎部委领导莅临视察指导工作。

〈辨析〉"光临"可用于贵宾,也可用于一般宾客,可用于书面语或口语;"莅临"多用于贵宾或上级领导,具有庄重的色彩,只用于书面语。

〈相关〉到来;来临

【光明磊落】guāng míng lěi luò 形容心怀坦白,光明正大。▷ 他那实事求是、光明磊落的品德值得我们学习。

同 光明正大 guāng míng zhèng dà ▷ 他为人处世光明正大,这种卑鄙的勾当肯定与他无关。

反 **心怀叵测** xīn huái pǒ cè ▷ 他不是一个心怀叵测的人,你们一定能和睦相处。

〈辨析〉"光明磊落"只用于人;"光明正大"既用于人,也用于事。"心怀叵测"与"光明磊落"意思相对。

〈相关〉襟怀坦白;堂堂正正/居心不良;心怀鬼胎

【光荣】guāng róng 好的名声。▷ 光荣归于祖国和人民。

同 **荣誉** róng yù ▷ 他获得本年度"最佳营业员"的荣誉称号。

反 **可耻** kě chǐ ▷ 一个人没有比背叛更可耻的了。

〈辨析〉"光荣"还用作形容词,表示被大家公认为值得尊敬的,如:义务服兵役是很光荣的事;"荣誉"只用作名词。"可耻"与"光荣"意思相对。

【广大】guǎng dà 宽阔。▷ 江南广大区域都笼罩在绵绵细雨中。

同 **宽大** kuān dà ▷ 他们又从附近搬来一些宽大的石板,砌成一口小水池。

〈辨析〉① "广大"指面积、空间宽阔;"宽大"除了指面积、空间宽阔外,还可以指容积很大。② "广大"还可以指人数众多、范围和规模巨大,如:广大干部群众得到一次深刻的教育;"宽大"可以表示对犯错误或犯罪的人从宽处理,如:你若自首,就可以得到宽大处理。

【广泛】guǎng fàn 涉及的方面多、范围大。▷ 汽车销售部向客户发放信息卡,广泛征求意见。

同 **普遍** pǔ biàn ▷ 大家普遍认为,减负不仅仅是学校的事,需要社会各方面的关注和努力。

〈辨析〉"广泛"强调涉及面广,范围大;"普遍"强调涉及的方面全,具有共同性。

【广阔】guǎng kuò 广大,宽阔。▷ 广阔无垠的戈壁滩下蕴藏着丰富的石油资源。

[同] 宽阔 kuān kuò ▷ 前面就是宽阔的沪宁高速公路。

辽阔 liáo kuò ▷ 歌声回荡在辽阔的草原上。

[反] 狭窄 xiá zhǎi ▷ 狭窄的生活空间并不妨碍他在思想的原野上驰骋。

〈辨析〉"广阔"强调广大而宽阔,除了形容具体事物外,也可以形容抽象事物,如:她惊喜地发现,原来再就业的天地是如此广阔;"宽阔"常形容不很大的具体范围,强调面积或空间大;"辽阔"强调宽广而空旷,多形容具体事物。"狭窄"与"广阔"意思相对。

〈相关〉开阔/狭小

【规矩】guī ju 指标准、规则、惯例等。▷ 老会计坚持按规矩办事,一点也不能通融。

[同] 规则 guī zé ▷ 为了交通安全,请行人遵守交通规则。

规定 guī dìng ▷ 市中心不得燃放烟花爆竹是市政府的规定。

〈辨析〉①"规矩"侧重指长期延续下来的行为标准、习惯、礼节等,往往是约定俗成的,常用于口语;"规则"指具体规定的办法、规章等,常形成条文,有时也指法则,用于口语和书面语;"规定"是预先作出的决定,是行动的标准,用于口语和书面语。②"规矩"还形容人的行为合乎常理,不做越轨的事,如:在父亲面前,马小刚很规矩;"规则"还指形状、结构等合乎一定的方式,很整齐,如:十几幢小屋排列得很规则。

【诡辩】guǐ biàn 无理强辩。▷ 他真会诡辩,明明不在理,非要争出几分理来。

[同] 狡辩 jiǎo biàn ▷ 他仍然在狡辩,拒不承认犯罪事实。

〈辨析〉①"诡辩"指在无理时,用似是而非的手段和迷惑人的言辞达到为自己辩解的目的;"狡辩"指强词夺理,为自己的错误言行辩解。②"诡辩"还是一个逻辑学名词,指故意违反逻辑规律,作出似是而非的推论。

【国家】 guó jiā　指一个国家的整个区域。▷ 我们的国家地大物博、人口众多。

同 **国度** guó dù ▷ 这个具有五千年文明历史的国度必将更加繁荣,更加富强。

祖国 zǔ guó ▷ 我爱我的祖国,我爱我的家乡。

〈辨析〉① "国家"指国家政权领有的整个区域;"国度"是就地域和历史的角度而言的;"祖国"指自己的国家。② "国家""祖国"用于口语和书面语;"国度"用于书面语。③ "国家"还有公家的意思,如:不要浪费国家财产。

【果断】 guǒ duàn　当机立断;不犹豫。▷ 他办事很果断。

同 **果决** guǒ jué ▷ 他专注的神情中透出一种坚强与果决。

反 **犹豫** yóu yù ▷ 这是一个机会,你不能犹豫。

〈辨析〉"果断"侧重指经过分析研究后,作出符合客观实际的判断或决定,具有正确性和可靠性;"果决"侧重指毫不犹豫地作出判断或决定,态度勇敢而决断。"犹豫"与"果断"意思相对。

【过程】 guò chéng　事情进行或发展的经过;事情的开始和结束。▷ 从猿发展到人,有过一个漫长的过程。

同 **进程** jìn chéng ▷ 在新世纪,人类将要加速征服宇宙的进程。

历程 lì chéng ▷ 他走过了一段怎样的心路历程呢?

〈辨析〉① "过程"所指的范围大,可指过去,也可指现在和将来;"进程"所指的范围比较小,指过去和现在;"历程"所指的范围最小,常指过去。② "过程"可用于口语和书面语;"进程"和"历程"多用于书面语。

【海底捞月】hǎi dǐ lāo yuè 比喻白费力气,根本达不到目的。▷ 在这件事上你花再多的力气,只怕也是海底捞月。

同 大海捞针 dà hǎi lāo zhēn ▷ 想在茫茫人海中找寻一个外来人员,岂不是大海捞针?

反 轻而易举 qīng ér yì jǔ ▷ 我原以为办这种事是轻而易举的,想不到花了九牛二虎之力还未办成。

瓮中捉鳖 wèng zhōng zhuō biē ▷ 天罗地网已经布好,就等着瓮中捉鳖了。

〈辨析〉"海底捞月"强调根本不可能达到目的;"大海捞针"强调事情很难办成。"轻而易举"与"大海捞针"意思相对。

〈相关〉枉费心机;竹篮打水/探囊取物

【害怕】hài pà 遇到危险、困难等时,心中不安或发慌。▷ 她独自一人在深夜里赶路,一点也不觉得害怕。

同 惧怕 jù pà ▷ 对于那些流言,他一点也不惧怕。

恐惧 kǒng jù ▷ 绑匪狰狞的笑容使她更加恐惧了。

反 无畏 wú wèi ▷ 彻底的唯物主义者是无私无畏的。

〈辨析〉①"害怕"的程度较轻,多用于口语;"恐惧"的程度最重,"惧怕"和"恐惧"多用于书面语。②"害怕"还有顾虑、担心的意思,如:我们害怕洪水会冲垮那座石桥。"无畏"与"恐惧"意思相对。

〈相关〉胆怯;畏惧/大胆

【害羞】hài xiū 感到不好意思;难为情。▷ 她第一次当着这么多的人讲话,有点害羞。

同 **害臊** hài sào ▷ 他如此强词夺理,指黑说白,我都有点儿替他害臊。

腼腆 miǎn tiǎn ▷ 她看上去腼腆、文静,像个离不开妈妈的乖宝宝。

〈辨析〉①"害羞""害臊"指因胆怯、怕生或做错了事怕人笑话而心中不安,多用于书面语;"害臊"多用于口语。②"腼腆"指在生人面前不自然,有点拘束,没有因做错事而难为情的意思,多用于书面语。

【含糊】hán hu 不清楚;不明确。▷ 他这样回答虽然有些含糊,但大家总算是明白了一点——关键还是某一个人没有表态。

同 **模糊** mó hu ▷ 她觉得头晕眼花,接着神志便有些模糊了。

反 **清楚** qīng chǔ ▷ 情况不清楚,没法采取措施。

〈辨析〉①"含糊"强调不明确,模棱两可,多用于语言表达或态度方面;"模糊"强调不清晰、不分明,多用于事物。②"含糊"还有马虎的意思,如:干这种活可含糊不得;"模糊"还表示不准确,如:对此,群众中还存在着一些模糊的认识。"清楚"与"含糊""模糊"意思相对。

【含糊其辞】hán hú qí cí 形容不愿照直说或故意把话说得不清楚。▷ 对于这件事,他一向含糊其辞,不愿说出真情。

同 **闪烁其词** shǎn shuò qí cí ▷ 面对大家的质问,他闪烁其词。

反 **直截了当** zhí jié liǎo dàng ▷ 如果在资金上有什么困难的话,请你们直截了当地提出来,我们会尽力帮助解决。

〈辨析〉"含糊其辞"强调说话模棱两可,不明确;"闪烁其词"强调说话吞吞吐吐,遮遮掩掩。"直截了当"与"含糊其辞"意思相对。

〈相关〉不置可否;模棱两可/直言不讳

【含沙射影】 hán shā shè yǐng　比喻暗中攻击或陷害别人。▷ 大家心里很清楚,饶总的发言是在含沙射影。

〖同〗**指桑骂槐** zhǐ sāng mà huái ▷ 有意见可以当面提,何必指桑骂槐,弄得大家不明不白的。

〈辨析〉"指桑骂槐"比喻明里是骂这个人,实际却是在骂那个人,语意比"含沙射影"轻。

〈相关〉恶语中伤;含血喷人

【含辛茹苦】 hán xīn rú kǔ　形容忍受种种辛苦。▷ 她含辛茹苦,用瘦弱的肩膀挑起养活全家的重担。

〖同〗**千辛万苦** qiān xīn wàn kǔ ▷ 他父母千辛万苦了一辈子,才攒足了买房子钱。

〖反〗**养尊处优** yǎng zūn chǔ yōu ▷ 他从小衣来伸手、饭来张口,过着养尊处优的生活。

〈辨析〉"含辛茹苦"语意重,常用于书面语;"千辛万苦"形容经历了种种劳苦,常用于口语。"养尊处优"与"含辛茹苦"意思相对。

〈相关〉饱经风霜

【涵养】 hán yǎng　指能控制情绪的能力。▷ 他缺少涵养,因而人际关系一直不好。

〖同〗**修养** xiū yǎng ▷ 这篇论文表明了作者有较高的理论修养。

〈辨析〉"涵养"侧重指情绪和心理等的自我控制能力;"修养"除了指能控制情绪的功夫外,更多地强调有过长期的思想锻炼,在理论、知识、艺术等方面有一定的水平。

〈相关〉教养

【寒冷】 hán lěng　温度很低。▷ 宽大的房檐伸展,遮盖着细雨的凄切和寒冷。

〖同〗**冰冷** bīng lěng ▷ 他抢先跳入冰冷的海水中。

〖反〗**温暖** wēn nuǎn ▷ 这儿气候温暖,鲜花四季开放。

暖和 nuǎn huo ▷ 她梦见暖和的火炉、喷香的烤鹅和美丽的圣诞树。

〈辨析〉"寒冷"侧重指天气很冷;"冰冷"侧重指温度低。"温暖"与"寒冷"意思相对。

〈相关〉严寒/酷暑;炎热

【航行】háng xíng 船在水里或飞机在空中行驶。▷ 轮船航行在宽阔的江面上。

同 飞行 fēi xíng ▷ 这是飞行于上海至北京航线的班机。

行驶 xíng shǐ ▷ 火车飞速向南方行驶。

〈辨析〉"航行"不能指在陆地上行驶;"飞行"只指飞机等在空中行驶;"行驶"除了指在空中、水里运行外,还指在陆地上运行。

【毫不犹豫】háo bù yóu yù 一点也不犹豫。▷ 看到人民的生命财产受到威胁,民警小姚毫不犹豫地冲了上去。

同 当机立断 dāng jī lì duàn ▷ 教练当机立断地把不在状态上的5号队员换了下来。

反 犹豫不决 yóu yù bù jué ▷ 班长处事一向果断,今天怎么变得犹豫不决了。

〈辨析〉"当机立断"形容在紧要关头,抓住时机,立刻决断,语意比"毫不犹豫"重。"犹豫不决"与"毫不犹豫"意思相对。

【豪放】háo fàng 气魄大;不受拘束。▷ 新来的局长有着北方人特有的豪放和爽直。

同 豪迈 háo mài ▷《沁园春·雪》这首词充分表现了诗人的豪迈气概和革命乐观主义精神。

反 委琐 wěi suǒ ▷ 他不屑与这种委琐的人为伍。

〈辨析〉"豪放"强调情绪奔放,不受拘束,多形容人的气质或文艺作品的风格;"豪迈"强调气魄大而勇往直前,多形容气概、事业或行动。"委琐"与"豪放"意思相对。

〈相关〉奔放/拘谨

【**豪华**】háo huá　生活过分铺张;奢侈。▷ 这些人用贪污得来的钱,过着豪华的生活。

同 **奢华** shē huá ▷ 这位亿万富翁的女儿的奢华是举世闻名的。

〈辨析〉① "豪华"指追求华贵,铺张阔绰,为中性词;"奢华"指极度豪华,挥霍无度,语意比"豪华"重,含贬义。② "豪华"多用来形容建筑、设备富丽堂皇,如:米米决定在自己豪华的别墅里招待朋友。

【**好事多磨**】hǎo shì duō mó　一件好事要办成功,往往要经历很多波折。▷ 好事多磨,经过一番曲折,他终于如愿以偿,被这家跨国公司聘用。

反 **一帆风顺** yī fān fēng shùn ▷ 火箭队赢得这次比赛,并不是一帆风顺的。

〈辨析〉在形容有无波折时,"一帆风顺"与"好事多磨"意思相对。

【**号召**】hào zhào　召唤群众共同去做某一件事。▷ 市政府号召居民节约用水。

同 **召唤** zhào huàn ▷ 他听见有人召唤,赶紧开门出来。

〈辨析〉"号召"使用范围比较窄,只指叫许多人共同做某件事;"召唤"使用范围比较广,指叫人来,对象可以是个人,也可以是集体,还可以是抽象事物,如:他知道,自己的书生意气永远也召唤不回来了。

〈相关〉号令;呼唤;招呼

【**好为人师**】hào wéi rén shī　喜欢做别人的老师,形容不谦虚。▷ 过去的我,总是好为人师,书读多了,才知道原先的自己是半桶水。

反 **不耻下问** bù chǐ xià wèn ▷ 要提倡不耻下问的精神,向群众学习,向所有的人学习。

〈辨析〉"不耻下问"与"好为人师"意思相对。

【浩大】hào dà 巨大;宏大。▷ 世博园住宅区规模浩大,设计新颖,结构合理,房型实用。

同 浩荡 hào dàng ▷ 陆海空三军仪仗队浩荡威武。

〈辨析〉"浩大"侧重指气势、规模宏大,多用于抽象事物;"浩荡"本指水势大,现多指广阔或壮大,多用于具体事物。

〈相关〉盛大

【浩如烟海】hào rú yān hǎi 形容书籍或资料等数量极多。▷ 中华民族的文化源远流长,文学作品更是浩如烟海。

同 不可胜数 bù kě shèng shǔ ▷ 每年到我国旅游的外国朋友不可胜数。

反 寥寥无几 liáo liáo wú jǐ ▷ 今天天气特别热,路上行人寥寥无几。

〈辨析〉"浩如烟海"比"不可胜数"语意轻。"寥寥无几"与"不可胜数"意思相对。

【合适】hé shì 符合实际情况或客观要求。▷ 在人才交流市场,你一定会找到一份合适的工作。

同 适合 shì hé ▷ 这儿是盐碱地,适合种枸杞等药材。

〈辨析〉"合适"是形容词,能作定语,不能带宾语,常用在口语中;"适合"是动词,能带宾语,不能作定语,用在口语和书面语中。

〈相关〉恰当;相宜

【合作】hé zuò 一起工作或共同完成某项任务。▷ 这项工程耗资巨大,需要国际社会通力合作。

同 协作 xié zuò ▷ 这次手术由东方医院的专家协作完成。

反 单干 dān gàn ▷ 他习惯于单干。

分工 fēn gōng ▷ 每组四个人各有分工,有的管报名,有的管监考,有的管统计。

〈辨析〉"合作"指共同完成某项任务,没有主次之分;"协作"指互相配合,参与者有主次之分。"单干"与"合作"意思相对。

【和蔼】 hé ǎi 态度温和亲切。▷ 我突然发现,原来他还有和蔼可亲的一面。

同 **和气** hé qì ▷ 这次,她显得格外和气,还问了一些与工作无关的小事。

和善 hé shàn ▷ 这是一位和善的长者。

反 **粗暴** cū bào ▷ 她竟然粗暴地打骂孩子。

〈辨析〉①"和蔼"强调和善可亲,多形容态度和性格,用于上级对下级、长辈对晚辈;"和气"强调态度好,言语平和亲切,形容待人接物;"和善"强调品质善良,态度和蔼。②"和气"还可用作名词,指和睦的感情,如:千万别伤了兄弟间的和气。③"和蔼""和善"常用于书面语;"和气"多用于口语。"粗暴"与"和善"意思相对。

〈相关〉温和/冷漠;凶恶

【和蔼可亲】 hé ǎi kě qīn 态度温和,容易接近。▷ 工作人员和蔼可亲地接待了我。

同 **平易近人** píng yì jìn rén ▷ 张教授平易近人,一点都没有专家的架子。

〈辨析〉①"和蔼可亲"侧重于态度温和,具有亲和力;"平易近人"侧重于态度谦和、没有架子。②"和蔼可亲"既可用于上级对下级、长辈对晚辈,也可用于平辈之间;"平易近人"不用于平辈之间。③"平易近人"还可比喻说话、写文章通俗易懂,如:这位院士写的科学小品平易近人、通俗易懂,深受中小学生的欢迎。

【赫赫有名】 hè hè yǒu míng 形容名声非常显著。▷ 中国的丝绸在世界上赫赫有名。

同 **举世闻名** jǔ shì wén míng ▷ 中国的杂技艺术举世闻名。

大名鼎鼎 dà míng dǐng dǐng ▷ 那座石拱桥就是大名鼎鼎的放生桥。

[反] **默默无闻** mò mò wú wén ▷ 边防战士默默无闻地守卫着祖国的边疆。

〈辨析〉"举世闻名"指全世界都知道,形容名声极大,语意比"赫赫有名""大名鼎鼎"重。在形容名声大小时,"默默无闻"与"赫赫有名"意思相对。

〈相关〉鼎鼎大名;闻名遐迩

【**烘托**】hōng tuō 用某一种事物作陪衬,使主要事物更加明显突出。▷ 在朝霞的烘托下,初升的太阳更红更艳更亮。

[同] **衬托** chèn tuō ▷ 这就是人物心理描写的衬托作用。

〈辨析〉"烘托"本指中国画的一种画法,用水墨或淡的色彩点染轮廓外部,使物象鲜明,后来指用某一种事物作陪衬,使主要事物更加明显突出;"衬托"侧重指用另一些事物陪衬、对照,使事物的特色突出。

〈相关〉陪衬

【**宏大**】hóng dà 非常大。▷ 这支宏大的人才队伍,由来自四面八方的大学生、研究生组成。

[同] **巨大** jù dà ▷ 我的家乡发生了巨大的变化。

  庞大 páng dà ▷ 各级庞大的政府机构应该精简,人员应该定编分流。

[反] **微小** wēi xiǎo ▷ 这些微小的变化都没逃过他的眼睛。

〈辨析〉"宏大"指宏伟、有气魄,常形容规模、建筑、理想、队伍等,为褒义词;"巨大"泛指大,超过一般,使用范围广,为中性词;"庞大"着眼于形体或总体,常有大而无当的意思,为中性词,有时含贬义。"微小"与"巨大""庞大"意思相对。

【**洪亮**】hóng liàng 声音响亮。▷ 我们班上他个子最小,但嗓音却最洪亮,因此被安排学花脸戏。

【嘹亮】liáo liàng ▷ 嘹亮的军号声迎来了军营中又一个早晨。

响亮 xiǎng liàng ▷ 这位百岁老人说话的声音依然清晰而响亮。

沙哑 shā yǎ ▷ 她的喉咙都沙哑了。

〈辨析〉"洪亮"指声音宏大而响亮,常形容嗓音、钟声等;"嘹亮"指声音清晰而明亮,常形容歌声、号角等;"响亮"指声音大,可以形容各种声音。"沙哑"与"洪亮"意思相对。

【哄骗】hǒng piàn 用假话或手段骗人。▷ 他一个劲儿地用假话哄骗,皋兰慢慢地不生气了。

欺骗 qī piàn ▷ 他是这样地信任我,我无论如何也不能欺骗他。

〈辨析〉"哄骗"侧重指骗人,使用范围比较窄,对象是具体的某个人或某些人;"欺骗"侧重指掩盖事实真相,使用范围比较广,除了具体的人外,还可以是组织、集体,也可以是自己,如:你这样做不但是欺骗了别人,也欺骗了你自己。

〈相关〉蒙骗;诈骗

【后代】hòu dài 后代的人;个人的子孙。▷ 为了子孙后代,我们一定要做好环保工作。

后辈 hòu bèi ▷ 再这样下去,我们怎么向后辈交代啊!

〈辨析〉① "后代"指代代中下一代以至若干代的人,也指个人的子孙,除了用于人,还用于动植物,如:这习性有利于保证同一种植物间的异花传粉,繁殖后代;"后辈"泛指子孙后代、后来的人,只用于人。② "后代"还指未来的时代,如:这些远古神话大多是后代人的想象;"后辈"还指同道中年龄较轻或资历较浅的人,如:梅先生极力主张后辈要有创造,而不应一味模仿。

【后盾】hòu dùn 指在背后支持和援助的力量。▷ 中国人民解放军是社会主义经济建设的坚强后盾。

后台 hòu tái ▷ 明眼人都看得出来,常副市长是这家公司的后台。

〈辨析〉①"后盾"多为集团、群体,一般不是个人,多用于正式场合,为褒义词;"后台"为集团或个人,用于一般场合,为贬义词。②"后台"常用比喻义,比喻在背后操纵或支持的个人或集团,其本义是指剧场中舞台后面的部分,如:记者来到后台,采访正在卸装的演员们。

〈相关〉靠山

【**厚此薄彼**】hòu cǐ bó bǐ 重视这个,轻视那个。形容对不同的人或事态度截然不同,不能同样对待。▷ 你对全体员工要一视同仁,不能厚此薄彼。

反 **一视同仁** yī shì tóng rén ▷ 校长和蔼可亲,对新老教师一视同仁。

〈辨析〉在形容对待人或事的态度时,"一视同仁"与"厚此薄彼"意思相对。

〈相关〉另眼相看/不偏不倚

【**呼唤**】hū huàn 大声地叫喊;召唤。▷ 她走到床边,低声呼唤熟睡的韩成功。

同 **呼喊** hū hǎn ▷ 周围的人都忍不住惊讶地呼喊起来。

〈辨析〉"呼唤"多用于具体的呼喊招呼,有明确的目的,有具体的对象;"呼喊"多用来表现由于心情的激动而喊叫,表示受惊或赞叹。

【**忽然**】hū rán 表示来得快而又出人意料。▷ 中午,天忽然阴沉下来,一阵大风过后,便下起了暴雨。

同 **突然** tū rán ▷ 突然电灯灭了,接着是一声爆炸声,大厅里顿时混乱一片。

骤然 zhòu rán ▷ 昨天一清早,天气骤然变冷,天空中布满了铅灰色的阴云。

反 **逐渐** zhú jiàn ▷ 随着销路越来越好,他们又逐渐开发出一系列新的产品。

〈辨析〉"忽然"强调事情发生得非常迅速,出人意料,语意较轻;"突然"强调突如其来,使人不知所措,语意较重;"骤然"兼有"忽然"和"突然"的意思。"逐渐"与"忽然"意思相对。

〈相关〉陡然;猛然

【忽视】hū shì 粗心;不注意。▷每一道工序都不能忽视。

同 忽略 hū lüè ▷不要忽略这些小事。

疏忽 shū hu ▷他平时疏忽了对孩子的品德教育。

反 重视 zhòng shì ▷学校家庭都应该重视做好学生的思想教育工作。

注意 zhù yì ▷他提请与会代表注意,这不是一件小事,千万不能掉以轻心。

〈辨析〉"忽视"偏重指粗心大意、不注意,多指无意的,语意较轻;"忽略"指没有注意到,多指有所疏漏;"疏忽"侧重指因粗心大意、不细致而没有注意到。"重视"与"忽视"意思相对,"注意"与"忽略"意思相对。

【糊涂】hú tu 不明事理;对事物认识模糊。▷你太糊涂了,怎么连这个道理也不懂呢!

同 迷糊 mí hu ▷在关键时刻,她一点也不迷糊。

愚蠢 yú chǔn ▷事实证明,那些爱耍小聪明的人最愚蠢。

反 清楚 qīng chǔ ▷他心里很清楚,退路已经没有了,只有振作精神准备应战。

〈辨析〉①"糊涂""迷糊"都指认识模糊或混乱,但"糊涂"语意比"迷糊"重;"愚蠢"指智力低、不聪明,为贬义词。②"糊涂"还形容内容混乱,如:这篇文章写得一塌糊涂。"清楚"与"糊涂"意思相对。

【虎头蛇尾】hǔ tóu shé wěi 比喻做事起初声势很大,后来劲头很小。▷老百姓最担心的就是主管部门做事情虎头蛇尾,活动走过场,没有实效。

[同] **有始无终** yǒu shǐ wú zhōng ▷ 由于领导调换了,这本书的出版便有始无终了。

[反] **有始有终** yǒu shǐ yǒu zhōng ▷ 她从小做事认真负责,有始有终。

〈辨析〉"虎头蛇尾"是比喻性的,为贬义词;"有始无终"是陈述性的,为中性词。"有始有终"与"虎头蛇尾"意思相对。

〈相关〉半途而废/自始至终

【花白】huā bái　毛发黑白混杂。▷ 来者是一个头发花白的老先生。

[同] **斑白** bān bái ▷ 她突然发现自己的鬓发不知道从什么时候起已经有点斑白了。

〈辨析〉①"花白"指毛发黑白相间;"斑白"多指鬓发黑白相间。②"花白"还可用于动物,如:小狗毛色花白,体形瘦小。

【华丽】huá lì　美丽而有光彩。▷ 华丽的词藻掩盖不了内容的陈旧和贫乏。

[同] **富丽** fù lì ▷ 这套别墅装饰得富丽极了。

　　绚丽 xuàn lì ▷ 绚丽的晚霞在西天燃烧。

[反] **朴素** pǔ sù ▷ 房间十分朴素,几乎没有什么陈设。

〈辨析〉"华丽"侧重于"华",指美丽而有光彩,适用范围较广;"富丽"侧重于"富",强调富有、宏伟,常形容建筑、陈设,使用范围较窄;"绚丽"侧重于"绚",强调色彩斑斓。"朴素"与"华丽"意思相对。

〈相关〉华美/朴实

【华侨】huá qiáo　侨居国外的中国人。▷ 这位华侨老人最大的心愿就是能回到故乡看一看。

[同] **华人** huá rén ▷ 世界各地的华人都与当地人和睦相处。

　　华裔 huá yì ▷ 这位华裔画家最近要在上海举办个人画展。

〈辨析〉①"华侨""华人""华裔"都指有中国血统的人。②"华侨"指旅居国外的中国人;"华人"泛指中国人,也特指长期在国外生活并已取得所在国国籍的中国血统的人;"华裔"指华侨在侨居国所生并取得该国国籍的子女。

【滑稽】huá jī 言谈、举止有趣而引人发笑。▷ 此人大大的脑袋上居然长着一对小眼睛,小眼睛一眨,十分滑稽。

同 诙谐 huī xié ▷ 剧中人物对白诙谐,常常引起观众的共鸣。

幽默 yōu mò ▷ 我发现他说话非常幽默风趣。

〈辨析〉"滑稽"指逗人发笑,除了有趣外,还指可笑,多用于口语,为中性词;"诙谐"指使人感到有趣,一般只形容言语,多用于书面语,为褒义词;"幽默"除了有趣外,还指意味深长,除了形容人外,还可形容文章的风格,常用于书面语。

【画饼充饥】huà bǐng chōng jī 徒有虚名而无实惠或用空想来安慰自己。▷ 画饼充饥是解决不了实际问题的。

同 望梅止渴 wàng méi zhǐ kě ▷ 她一心想嫁个有钱的人过上富足的生活,看来只能是望梅止渴了。

〈辨析〉"画饼充饥"指空想而不现实的事;"望梅止渴"指用想象来宽慰自己。

【怀念】huái niàn 思念。▷ 他常常怀念少年时代的朋友。

同 纪念 jì niàn ▷ 我做了一只风铃送给你,留作纪念吧!

追念 zhuī niàn ▷ 黄道婆死后,当地百姓追念她的功绩,在镇上为她建造了一所祠堂,名为"先棉祠"。

〈辨析〉"怀念"指对人、物或往事不能忘怀;"纪念"指通过事物或行为来表示怀念;"追念"指对过去的回顾和回忆。

【怀疑】huái yí 疑惑;不相信。▷ 大家都怀疑巫婆的预言。

同 猜疑 cāi yí ▷ 你不相信他说的话,因为你的眼里充满了猜疑。

反 相信 xiāng xìn ▷ 他根本不相信湖里有食人鱼。

〈辨析〉①"怀疑"指人对事将信将疑,不完全相信;"猜疑"指对人对事不相信,有疑心。②"怀疑"还有猜测的意思,如:我怀疑他已经知道了这个消息。"相信"与"怀疑"意思相对。

【欢乐】huān lè 快乐。▷ 她知道这里面有多少欢乐、多少忧愁,又有多少无奈。

〖同〗欢畅 huān chàng ▷ 今天,他心情分外欢畅。

欢快 huān kuài ▷ 欢快的乐曲响起,他俩手拉着手滑向舞池。

〖反〗痛苦 tòng kǔ ▷ 她不愿意让别人看出自己内心的痛苦。

〈辨析〉"欢乐"侧重指快乐;"欢畅"侧重指心情舒畅;"欢快"侧重指轻松。"痛苦"与"欢快"意思相对。

〈相关〉高兴;欢欣/悲伤;愁闷

【欢天喜地】huān tiān xǐ dì 形容非常高兴。▷ 校庆那天,分散在全国各地的昔日同窗,又欢天喜地地聚在一起了。

〖同〗兴高采烈 xìng gāo cǎi liè ▷ 回家路上,大家兴高采烈地谈论着刚才的那场足球赛。

〖反〗愁眉苦脸 chóu méi kǔ liǎn ▷ 他愁眉苦脸地坐在球场边,一声不吭。

〈辨析〉"愁眉苦脸"与"欢天喜地"意思相对。

〈相关〉欢欣鼓舞;喜气洋洋

【欢迎】huān yíng 很高兴地接待。▷ 我代表中国人民真诚地欢迎你们到中国来参观。

〖同〗迎接 yíng jiē ▷ 大家都等候在机场,迎接胜利归来的英雄。

〈辨析〉①"欢迎"侧重在接待对方时的心情、态度,感情色彩较重;"迎接"侧重在迎接对方这一具体行为,语意比"欢迎"轻。②"欢迎"还有乐意接受的意思,如:小区居民欢迎社区的一条龙服务。

【环绕】huán rào 围绕。▷ 1961年4月12日,苏联宇航员加加林首次乘飞船环绕地球飞行获得成功。

【环抱】huán bào ▷ 四周群山环抱,小山村安谧而秀丽。

〈辨析〉"环绕"侧重于"绕",即围着绕一圈;"环抱"侧重于"抱",多用于自然景物。

【幻想】huàn xiǎng 不切合实际的想象。▷ 人们幻想有一天能像鸟儿一样在天空飞翔。

同 空想 kōng xiǎng ▷ 那些只会空想而不愿脚踏实地工作的人,永远也不可能有收获。

梦想 mèng xiǎng ▷ 你别梦想了,这是办不到的。

〈辨析〉"幻想"为中性词,还指以理想和愿望为依据对尚未实现的事物的想象,如:人类早就幻想去月球上生活;"空想"指脱离实际、凭空的想法或想象,为贬义词;"梦想"既指痴心妄想,也指急切的追求和渴望,为中性词,如:他梦想能考上北京大学。

〈相关〉遐想;想象

【患得患失】huàn dé huàn shī 形容一味地计较个人的利害得失。▷ 患得患失的人,是注定干不成大事的。

同 斤斤计较 jīn jīn jì jiào ▷ 他没有私心,从不为个人私利与他人斤斤计较。

〈辨析〉"患得患失"强调忧虑、担心;"斤斤计较"强调气量狭窄,怕吃亏。

【荒凉】huāng liáng 人烟稀少;不热闹;不繁华。▷ 这些农民工换一个工地,就搬一次家,带走的是荒凉,留下的是繁华。

同 荒芜 huāng wú ▷ 战后,人们在荒芜的土地上重建家园。

偏僻 piān pì ▷ 他住在偏僻的西北角。

反 繁华 fán huá ▷ 这是一座繁华的商业城市。

〈辨析〉"荒凉"指人烟稀少,冷清;"荒芜"指田园荒废,野草丛生;"偏僻"指远离市区或中心区,交通不方便。"繁华"与"荒凉"意思相对。

【荒谬】huāng miù 极端错误;非常不合情理。▷ 唯物主义粉碎了上帝创造人类及万物的荒谬宇宙观。

同 荒唐 huāng táng ▷ 他认为对方的问题问得太荒唐了。

〈辨析〉① "荒谬"指思想言论极端错误;"荒唐"指想法离奇,言行不近情理。② "荒唐"还指行为放荡,没有节制,如:他整天和一群狐朋狗友吃喝玩乐,你不能再放任他这样荒唐下去了。

【慌张】huāng zhāng 不沉着;动作忙乱。▷ 她哪里经历过这种场面,心里顿时慌张起来。

同 慌忙 huāng máng ▷ 她慌忙站起来,接过那包东西。

惊慌 jīng huāng ▷ 想到会计也许已经招供了,钱经理不由得惊慌起来。

反 镇定 zhèn dìng ▷ 真佩服她这时候还能如此镇定,不慌不忙。

〈辨析〉"慌张"强调不沉着、忙乱,形容人的状态神色;"慌忙"强调急忙、不从容,形容人的动作行为;"惊慌"强调受惊,语意比"慌张"重。"镇定"与"慌张"意思相对。

〈相关〉急忙;惊恐;恐慌

【恍然大悟】huǎng rán dà wù 形容猛然觉悟、明白。▷ 直到他道出真相,大家才恍然大悟。

同 茅塞顿开 máo sè dùn kāi ▷ 他透彻的分析、形象的比喻,使大家茅塞顿开。

反 百思不解 bǎi sī bù jiě ▷ 他很想把那个令人百思不解的疑团弄个水落石出。

〈辨析〉"恍然大悟"指经过自己学习和思考突然明白醒悟过来;"茅塞顿开"指经过别人提醒点拨而猛然明白过来。"百思不解"与"恍然大悟"意思相对。

〈相关〉豁然开朗;如梦初醒/大惑不解

【晃动】huàng dòng 摇晃。▷ 黑暗中,一束白光在前面不远处晃动。

同 **晃荡** huàng dàng ▷ 他坐在桌子上,两腿不停地晃荡。

〈辨析〉① "晃动"指摇晃、闪动;"晃荡"指向两边摆动。② "晃荡"还指无所事事,四处闲逛,如:他整天在市场上晃荡。

〈相关〉晃悠

【**回答**】huí dá 对问题给予解释;对要求表示意见。▷ 他沉默了好一会儿才回答我。

同 **答复** dá fù ▷ 等我们开会研究后再答复你们。

〈辨析〉"回答"强调解释、说明的过程,多用在日常生活、学习、工作中,为口语;"答复"强调要有一个确定的答复,多用在比较严肃或比较庄重的场合,多为书面语。

【**回忆**】huí yì 回想过去的事。▷ 他完全沉浸在甜蜜的回忆里。

同 **回顾** huí gù ▷ 回顾往事,大家都感慨不已。

反 **展望** zhǎn wàng ▷ 展望前程,一片光辉灿烂,我们充满信心和希望。

〈辨析〉① "回忆"的对象只能是自己亲身经历的,用于口语和书面语;"回顾"有总结的意味,用于历史、过程或个人经历,常用于书面语。② "回顾"的本义是回头看,如:她一面跑,一面回顾,生怕那些人追上来。"展望"与"回忆"意思相对。

【**汇合**】huì hé 聚集到一起。▷ 涓涓细流汇合成江海。

同 **会合** huì hé ▷ 两条小河在这儿会合。

反 **分流** fēn liú ▷ 采用车辆分流的方法,减轻这条道的拥挤。

〈辨析〉① "汇合"多用于水流的聚合,少用于人的聚合;"会合"多用于人的聚合,少用于水的聚合。② "汇合"用于人的聚合时,必须是众多的人群,不用于少数人,如:世界人民要求和平反对战争的呼声,汇合成一股不可抗拒的历史潮流;"会合"用于人的聚合时,可指人群,也可指个人或少数人,如:大家分头搜索,一小时后到这儿会合。

【昏暗】hūn àn 光线不足;不亮。▷ 在昏暗的灯下,她随那个穿长衫的男子同行。

同 幽暗 yōu àn ▷ 那只小猫蜷缩在幽暗的角落里。

反 光亮 guāng liàng ▷ 宽敞、光亮的客厅令我越加局促不安。

〈辨析〉"昏暗"仅指光线不足,比较暗,但又不是完全的黑暗;"幽暗"除了表示暗以外,还有僻静的意思,强调某种气氛。"光亮"与"昏暗"意思相对。

〈相关〉晦暗/阴暗/明亮

【混乱】hùn luàn 没有条理;没有秩序。▷ 这些外设分公司、子公司的财务账目混乱不堪。

同 杂乱 zá luàn ▷ 小屋子到处堆着东西,杂乱不堪。

反 整齐 zhěng qí ▷ 教室里的桌椅排放得很整齐。

〈辨析〉"混乱"指不同的东西混杂在一起,没有条理,没有秩序,多用于抽象事物;"杂乱"强调多而密,多用于具体事物,也用于抽象事物,如:此刻,他的思绪十分杂乱。"整齐"与"杂乱"意思相对。

【活动】huó dòng 为达到某种目的而采取的行动。▷ 暑假期间,社区组织中小学生参加一些有意义的活动。

同 运动 yùn dòng ▷ 马克思和恩格斯共同研究学问,共同领导国际工人运动。

〈辨析〉①"活动"使用范围广,既可指小规模行动,也可指大规模行动;"运动"指政治、文化、生产等方面有组织、有目的、声势较大的群众性的活动。②"活动"指一般性的体育锻炼或行动;"运动"指带有技巧性的体育项目。③"运动"还指物体的位置不断变化的现象;"活动"还有灵活、不固定的意思。

【伙伴】huǒ bàn 指共同参加某种组织或从事某种活动的人。▷ 他经常和伙伴一起爬山郊游。

[同] 同伴 tóng bàn ▷ 转乘汽车时我才遇到一个同伴,坐了三四个小时的汽车,终于到了茅山镇。

〈辨析〉① "伙伴"往往比较熟悉,关系比较密切,有共同的目标和利害关系;"同伴"泛指在一起相处或一起从事某项活动的人,原来可能熟悉,也可能不熟悉。② "伙伴"还可指国家、地区间的朋友关系,如:我国致力发展全面的中俄战略伙伴关系。

【祸不单行】huò bù dān xíng 不幸的事情接二连三地到来。▷ 那年冬天,他祖母去世,父亲又得了重病,真是祸不单行啊!

[同] 雪上加霜 xuě shàng jiā shuāng ▷ 他父亲的去世无疑是雪上加霜,贫困的家庭一下子没了经济来源。

[反] 双喜临门 shuāng xǐ lín mén ▷ 儿子考上了大学,他自己又找到了新的工作,真是双喜临门啊。

〈辨析〉在形容喜事或不幸的事接连而来时,"双喜临门"与"祸不单行"意思相对。

【祸患】huò huàn 祸事;灾难。▷ 恐怖分子不铲除,会成为全世界范围内的祸患。

[同] 祸害 huò hài ▷ 风沙是农业的一大祸害。

〈辨析〉① "祸患"指引发灾祸的潜在根源,多用于书面语;"祸害"指带来灾祸的人或事物,多用于口语。② "祸害"还可用作动词,如:这个不肖之子祸害了全家。

【讥讽】jī fěng 讽刺;嘲笑。▷ 他自命不凡,常常讥讽他人。

 同 讽刺 fěng cì ▷ 这幅漫画讽刺了那些墨守成规的保守派。

〈辨析〉"讥讽"指用旁敲侧击或尖刻的话嘲笑别人的错误、缺点或某种表现,不是善意的,为贬义词;"讽刺"指用比喻或夸张的手法批评别人或揭露缺点,有善意的,也有非善意的,为中性词。

〈相关〉嘲讽;嘲弄;嘲笑;挖苦

【讥笑】jī xiào 因看不起而取笑别人。▷ 他讥笑青年人这么做是对牛弹琴。

 同 嘲笑 cháo xiào ▷ 人们嘲笑他是草木皆兵,太疑神疑鬼了。

 嗤笑 chī xiào ▷ 他嗤笑马三太自不量力了。

〈辨析〉①"讥笑"是讽刺、挖苦,语意比"嘲笑"尖刻;"嘲笑"侧重对对方言行的否定,有戏弄的意思;"嗤笑"侧重表示轻蔑对方。②"讥笑"只能对别人;"嘲笑"可以对别人,也可以对自己。

【机会】jī huì 时机;有利的、恰好的时候。▷ 你找个机会同她好好谈一谈。

 同 机遇 jī yù ▷ 机遇对每个人都是平等的。

〈辨析〉"机会"一般具有特定性,侧重某一个具体的时间,用于口语和书面语;"机遇"多泛指,不一定有明确的时间要求,多用于书面语。

【机智】jī zhì 脑筋灵活,应变能力强。▷ 在乡亲们的帮助下,阿庆嫂凭着机智和勇敢,掩护了新四军伤病员。

[同] **机警** jī jǐng ▷ 机警的猎犬找到了藏毒品的行李。

机灵 jī líng ▷ 小女孩长得并不漂亮,但一双机灵的黑眼睛特别惹人喜欢。

[反] **迟钝** chí dùn ▷ 他的反应很迟钝。

〈辨析〉①"机智"强调脑筋灵活,能随机应变;"机警"强调反应灵敏、警觉敏锐;"机灵"强调聪明灵活。②"机智"一般只形容人;"机警""机灵"既可以形容人,也可以形容动物。"迟钝"与"机灵""机警"意思相对。

【鸡毛蒜皮】jī máo suàn pí 比喻无关紧要的小事。▷ 大家都是多年的朋友了,那些鸡毛蒜皮的小事就忘了吧!

[同] **微不足道** wēi bù zú dào ▷ 那些微不足道的小事他已经不想再提起了。

[反] **举足轻重** jǔ zú qīng zhòng ▷ 我国石油资源极为丰富,在石油出口国是举足轻重的。

〈辨析〉"鸡毛蒜皮"强调事情小,不重要;"微不足道"强调事情无价值,不必在乎。"举足轻重"与"鸡毛蒜皮"意思相对。

〈相关〉鸡零狗碎;无足轻重

【积极】jī jí 主动的,向上的,起促进作用的。▷ 她积极参加各种慈善活动。

[反] **消极** xiāo jí ▷ 上海队消极的防守造成被动局面,导致客场败北。

〈辨析〉在形容做事情情绪高低时,"消极"与"积极"意思相对。

【积累】jī lěi 逐渐聚集,积少成多。▷ 在工作实践中,他已经积累了丰富的经验。

[同] **积攒** jī zǎn ▷ 储蓄罐里积攒了不少硬币。

[反] **消耗** xiāo hào ▷ 他多年的积蓄都消耗在寻医问药上。

〈辨析〉①"积累"的对象可以是具体的事物,也可以是抽象的事物;"积攒"的对象多为具体的事物。②"积累"可用作动词,也可用作名词,如:赵总经理看重的就是张毅这几年在基层工作的生活积累;"聚集"只用作动词。"消耗"与"积累"意思相对。

〈相关〉积存;积聚/耗费

【积少成多】jī shǎo chéng duō 指一点一点地积累,就可由少变多。▷ 养成天天阅读的习惯,积少成多,几年下来就可以读完许多书了。

同 聚沙成塔 jù shā chéng tǎ ▷ 一元、两元虽少,但聚沙成塔,积蓄起来就能办大事。

〈辨析〉在形容由少变多时,"聚沙成塔"的语意比"积少成多"更重。

〈相关〉日积月累

【激烈】jī liè 指言行等方面急剧猛烈。▷ 激烈的竞争使人们的思想观念发生了变化。

同 剧烈 jù liè ▷ 这时,遇到强气流,飞机剧烈地震动着。
　　猛烈 měng liè ▷ 这几天刮台风,风势很猛烈。

反 平静 píng jìng ▷ 风浪终于平静下来,渔船又扬帆出海了。

〈辨析〉①"激烈"强调紧张而不平和,常形容言论、斗争、动作、场面等;"剧烈"强调急剧,常形容运动的幅度、肉体或精神上的痛苦、社会的变革等;"猛烈"强调势力大而猛,常形容来势凶猛的事物。②"激烈"可形容人的性情、情怀;"剧烈"和"猛烈"没有这种用法。③"剧烈"可形容疼痛的程度,如:他感到腹部一阵剧烈的疼痛,忍不住弯下腰去;"激烈"和"猛烈"没有这种用法。"平静"与"激烈"意思相对。

〈相关〉强烈

【极力】jí lì 用尽一切力量和办法。▷ 她抑制住自己的情绪,极力不让眼泪流下来。

同 竭力 jié lì ▷ 他竭力装作若无其事的样子向人群走去。

〈辨析〉"极力"强调用最大的力量和办法;"竭力"强调用尽全力。
〈相关〉尽力

【急忙】 jí máng 心里着急,行动加快。▷ 我急忙跑过去,把她扶起来。

同 **连忙** lián máng ▷ 我连忙站起来开门。

反 **缓慢** huǎn màn ▷ 他用缓慢而低沉的声调宣读了这封信。

〈辨析〉"急忙"强调因为心里着急,所以加快行动;"连忙"只表示赶快,心里并不一定着急。"缓慢"与"急忙"意思相对。

【急于求成】 jí yú qiú chéng 想很快地取得成功。▷ 学书法非下苦功不可,急于求成是万万不行的。

同 **操之过急** cāo zhī guò jí ▷ 处理这类事情不能操之过急,否则会事与愿违。

反 **从容不迫** cóng róng bù pò ▷ 她从容不迫地回答考官的提问。

〈辨析〉"急于求成"表现在情绪或愿望上;"操之过急"表现在行动上。"从容不迫"与"急于求成"意思相对。

〈相关〉急功近利;迫不及待

【急躁】 jí zào 情绪容易激动;不冷静。▷ 她表面上很文静,实际脾气很急躁。

同 **烦躁** fán zào 又闷又热的天气使人们心情更加烦躁。
 焦躁 jiāo zào ▷ 她焦躁地在房间里来回走着,想不出对付的办法。

反 **耐心** nài xīn ▷ 医生耐心地询问他的病情。

〈辨析〉①"急躁"侧重指性子急,形容人的情绪、脾气、性格,多用于贬义;"烦躁"侧重指情绪不稳定,心情不安定;"焦躁"侧重指焦虑,心情不平静。②"急躁"还指为了达到目的而仓促行动,如:做事不能这样急躁。"耐心"与"急躁"意思相对。

【疾苦】jí kǔ 指生活上的困苦。▷ 他最痛恨的是那些贪官污吏,最关心的是普通百姓的疾苦。

〔同〕困苦 kùn kǔ ▷ 妈妈的坚韧性格是在长期的困苦生活中磨炼出来的。

痛苦 tòng kǔ ▷ 她依然微笑着,强忍着内心的痛苦。

〔反〕快乐 kuài lè ▷ 旅游结束了,大家都感到很快乐。

〈辨析〉"疾苦"为书面语,指广大人民群众生活上的困苦,一般指物质生活;"困苦"多用于个人;"痛苦"既可用于群体,也可用于个人,既可指物质生活,也可指精神生活。"快乐"与"痛苦"意思相对。

【计划】jì huà 工作或行动以前预先拟定的具体内容和步骤。▷ 他制定了两年学完大学课程的计划。

〔同〕规划 guī huà ▷ 企业的生存和发展都离不开周密的规划。

〈辨析〉① "计划"可以是长期的,也可以是短期的;"规划"是长远的发展计划。② "计划"的内容详细、步骤具体;"规划"的内容概括,具有前瞻性。

〈相关〉策划;筹划;谋划

【计算】jì suàn 用数学方法求未知数。▷ 随着电子技术的发展,电子计算机体积越来越小,计算速度越来越快。

〔同〕运算 yùn suàn ▷ 他们正在用算盘进行运算。

〈辨析〉"计算"还有考虑、筹划的意思,还有暗中谋划损害别人的意思,如:他一直在计算着父母的存款;"运算"只指依照数学法则求出算题或算式的结果。

【记录】jì lù 把说的话或发生的事情用文字记下来。▷ 他一边听,一边认真地记录。

〔同〕记载 jì zǎi ▷ 有关沙尘暴天气的情况,史书上多有记载。

〈辨析〉① "记录"强调当场记下,可用文字,也可用其他的手段,如录音、录像等;"记载"可以当场记下来,也可以事后再记,只指用文字记。②"记录"的事可大可小;"记载"的事一般都比较大。③"记录"还可用作名词,指做记录的人,如:大家推选他做会议记录;还指在一个时期或范围内记录下来的最好成绩,如:他创造了新的世界记录。

【记忆犹新】jì yì yóu xīn 过去的事至今还非常清楚地记得,好像刚刚发生过一样。▷ 事情已经过去许多年了,但是至今我仍然记忆犹新。

同 历历在目 lì lì zài mù ▷ 分手时的情景,她多年以后想起来仍旧历历在目。

念念不忘 niàn niàn bù wàng ▷ 他念念不忘离开家乡时乡亲们的嘱托。

〈辨析〉"记忆犹新"强调记忆保持不变,只能用于事,不能用于人;"历历在目"强调情景清晰再现,可用于人,也可用于事;"念念不忘"强调思念不断,可用于人,也可用于事。

【技能】jì néng 掌握和运用技术的才能。▷ 高等职业技术学校更注重学生的技能培养。

同 技巧 jì qiǎo ▷ 杂技演员高超的空中技巧征服了全场观众。

技术 jì shù ▷ 这种新技术已经得到普遍推广。

〈辨析〉"技能"指掌握和运用技术的能力,适用于生产劳动方面;"技巧"指巧妙的技能,多用于艺术、工艺、体育、文学等方面;"技术"指生产劳动的知识和经验、技能和技巧,使用范围广。

〈相关〉技艺

【继续】jì xù 接着;连下去;不间断。▷ 迄今为止,没有发现外层空间存在生命的信息,不过人类的探索仍在继续。

同 陆续 lù xù ▷ 参加会议的人陆续来到会议厅。

反 中断 zhōng duàn ▷ 从此,他们中断了联系。

〈辨析〉"继续"表示前后相连,但中间可以有间歇;"陆续"指前前后后、断断续续。"中断"与"继续"意思相对。

〈相关〉持续;连续/停止

【加强】jiā qiáng 使更加坚强或更加有效。▷ 要加强体育锻炼。

同 增强 zēng qiáng ▷ 大力开展群众性的体育活动,增强人民体质。

反 减弱 jiǎn ruò ▷ 由于长期生病,他身体的抵抗力有所减弱。

〈辨析〉"加强"侧重于加大力度,可用于具体事物,也可用于抽象事物,可用于口语或书面语;"增强"侧重于增进、促进,一般只用于抽象事物,多用于书面语。"减弱"与"加强"意思相对。

【加速】jiā sù 提升速度。▷ 人类一定会揭示更多的宇宙奥秘,加速了解宇宙的进程。

同 加快 jiā kuài ▷ 他加快步子,紧紧跟上那个人。

反 减慢 jiǎn màn ▷ 他有意减慢速度,让后面的车超了过去。

〈辨析〉"加速"侧重于速度的提升;"加快"还可指频率的增加。"减慢"与"加速"意思相对。

【家畜】jiā chù 经过长期驯养的某些兽类。▷ 狗是最早的家畜之一。

同 牲畜 shēng chù ▷ 暴风雪造成大批牲畜死亡。

〈辨析〉"家畜"所指的范围广,多指家庭饲养的大大小小的动物;"牲畜"所指的范围窄,多指家庭饲养的体形较大、在力量和速度上有一定优势的家畜。

〈相关〉牲口

【家乡】jiā xiāng 自己的家庭世代居住的地方。▷ 我的家乡是大运河旁边一座美丽的古镇。

同 故乡 gù xiāng ▷ 月,是故乡的明;人,是故乡的亲。

〈辨析〉"家乡"指家庭祖祖辈辈居住的地方,多用于口语;"故乡"指自己出生或长期居住的地区,但目前已不在那儿居住,多用于书面语。

【**假公济私**】jiǎ gōng jì sī　借公家名义来牟取私利。▷ 他们是假公济私,用厂里的钱为自己的产品打开销路。

反 **廉洁奉公** lián jié fèng gōng ▷ 他是一位廉洁奉公的好干部。

〈辨析〉在对待公与私的态度上,"廉洁奉公"与"假公济私"意思相对。

〈相关〉损公肥私;徇私舞弊/大公无私

【**假装**】jiǎ zhuāng　故意表现出一种样子或情况来掩饰真相。▷ 我假装睡着了,不想搭理他。

同 **伪装** wěi zhuāng ▷ 他伪装忠厚老实,迷惑了不少人。

〈辨析〉①"假装"常指某个具体的动作行为,一般指人,多用于日常生活;"伪装"指有目的地隐蔽自己,可指人,也可指物,一般用于较大的行动或事物。②"伪装"还可用作名词,如:凶手的伪装被剥去。

〈相关〉乔装;伴装

【**价格**】jià gé　商品价值的货币表现。▷ 一些名牌手提包的价格高得离谱。

同 **价钱** jià qián ▷ 他卖的菜,价钱便宜,分量又足。

〈辨析〉①"价格"强调价值的高低;"价钱"强调付出的钱数。②"价格"还是经济学术语,如:价格受市场的影响;"价钱"还可指报酬或条件,如:对于领导分派的任务,他从来不讲价钱。

【**驾驶**】jià shǐ　控制、操纵船只、车辆或飞机等行驶或飞行。▷ 他爸爸会驾驶飞机。

同 **驾驭** jià yù ▷ 与古代相比,人们在一定程度上已经有了驾驭自然的能力。

〈辨析〉"驾驶"使用范围较窄,多用于对车、船等运输工具或生产工具的操纵和掌握;"驾驭"使用范围较宽,不仅用于具体事物,还用于对人、动物和抽象事物的操纵掌握,如:老舍驾驭语言的能力很强,特别是对北京的方言。

【歼灭】jiān miè　消灭敌人。▷ 乌龙山的土匪全部被歼灭了。

同 消灭 xiāo miè ▷ 守城的敌人被消灭了大半,其余的都狼狈地逃跑了。

〈辨析〉"歼灭"使用范围窄,只适用于消灭全部或大部分敌人;"消灭"使用范围较广,除了敌人外,一切有害的人或事物都可以是消灭的对象,如:消灭一切害人虫,全无敌。

【坚定】jiān dìng　坚强,不动摇。▷ 这就是他一生坚定不移的信念。

同 坚决 jiān jué ▷ 坚决打击非法盗版行为。

反 动摇 dòng yáo ▷ 无论遇到多大的困难,她都没有动摇过。

〈辨析〉① "坚定"强调稳定坚强,侧重指人的立场、信念或主观意志;"坚决"强调坚定不移,侧重指人的态度、主张或外在表现。② "坚定"还用作动词,如:母亲的话使他坚定起来。"动摇"与"坚定"意思相对。

〈相关〉坚强;坚毅/犹豫

【坚强】jiān qiáng　坚固有力,不可动摇。▷ 保尔是一位坚强的共产主义战士。

同 顽强 wán qiáng ▷ 他顽强地与疾病作斗争,终于战胜病魔,重新走上工作岗位。

反 软弱 ruǎn ruò ▷ 在不正之风面前,他显得软弱无力。

〈辨析〉"坚强"强调力量强大坚固,不可动摇或摧毁,多形容人的意志、性格、力量等;"顽强"强调固定不变,多形容人的精神、信念、态度、行为等。"软弱"与"坚强"意思相对。

〈相关〉刚强/脆弱

【坚韧】jiān rèn　坚固而有韧性。▷ 贫困的生活练就了他坚韧的性格。

同 坚忍 jiān rěn ▷ 他的坚忍和坚决的态度最终争取到大家的

支持。

反 脆弱 cuì ruò ▷ 她的感情十分脆弱。

〈辨析〉"坚韧"侧重于"韧",强调坚强而有韧性;"坚忍"侧重于"忍",强调坚持不动摇,有忍耐性。"脆弱"与"坚韧"意思相对。

【艰苦】jiān kǔ 艰难,困苦。▷ 他是在艰苦的环境中长大的,所以意志很坚强。

同 艰难 jiān nán ▷ 在大沙漠上,每前进一步都非常艰难。

反 舒适 shū shì ▷ 外面又黑又冷,这间渔家小屋却温暖而舒适。

〈辨析〉"艰苦"使用范围广,既可形容客观上的艰难困苦,也可形容主观上的坚忍刻苦,常形容生活、条件、劳动、环境、人的具体动作等;"艰难"使用范围窄,侧重形容客观事物,常形容生活、岁月、道路等。"舒适"与"艰苦"意思相对。

〈相关〉艰辛;困苦

【监视】jiān shì 监察,注视。▷ 人们研究了青蛙的眼睛,制成了"电子蛙眼",主要用它来监视飞机。

同 监督 jiān dū ▷ 灰尘必须受到人类的监督,不能让它们乱飞乱窜。

〈辨析〉"监视"指在一旁注视别人的行动而又不被发觉;"监督"强调察看督促,一般是公开的。

【俭朴】jiǎn pǔ 俭省,朴素。▷ 母亲一生勤劳俭朴。

同 简朴 jiǎn pǔ ▷ 这是一间简朴的书房。

反 奢侈 shē chǐ ▷ 他们侵吞人民财产,过着奢侈腐化的生活。

〈辨析〉"俭朴"强调使用财物时不浪费、有节制、很节省,只形容生活习惯和作风;"简朴"强调简单,使用范围广,除形容生活和作风外,还可形容语言、文笔等,如:这篇散文语言很简朴,没有华丽的辞藻。"奢侈"与"简朴""俭朴"意思相对。

〈相关〉节俭;朴素/豪华

【检查】jiǎn chá　查找缺点、错误并加以反省。▷他检查得很不深刻,还需要继续反省。

[同] 检讨 jiǎn tǎo ▷ 他主动检讨了自己没有做好消防工作的错误。

〈辨析〉①"检查"侧重承认错误,语意较轻,可用于别人,也可用于自己;"检讨"侧重反省,语意较重,一般只用于自己。
②"检查"还表示仔细查找,如:最近初三学生正在进行体格检查。

【减少】jiǎn shǎo　减去一部分。▷我们应当尽量减少那些不必要的牺牲。

[同] 减轻 jiǎn qīng ▷ 近视激光手术,创伤小,安全性更高,可以减轻病人的痛苦。

减弱 jiǎn ruò ▷ 动物进入冬眠,体温下降,以适应周围的气温,其他的生理机能也一同减弱。

[反] 增加 zēng jiā ▷ 她的体重没有增加。

〈辨析〉"减少"侧重于"少",指在原有数量中去掉一部分;"减轻"侧重于"轻",指使程度或重量减轻;"减弱"侧重于"弱",指使原有的变弱。"增加"与"减少"意思相对。

【简洁】jiǎn jié　简明扼要,没有多余的话。▷她的发言简洁而生动。

[同] 简短 jiǎn duǎn ▷ 这篇评论文章写得简短而风趣。

简明 jiǎn míng ▷ 这则报道写得简明扼要,切中问题的要害。

[反] 冗长 rǒng cháng ▷ 这份总结冗长而不得要领。

〈辨析〉"简洁"强调扼要简单,没有废话;"简短"强调篇幅少,容量不大;"简明"强调简单明了,清清楚楚。"冗长"与"简洁"意思相对。

〈相关〉简练;简略;简要

【简练】jiǎn liàn 语言简洁、精练。▷ 他写信从来就十分简练。

[同] 精练 jīng liàn ▷ 这篇文章文字精练,具有极强的说服力。

〈辨析〉"简练"强调语言简洁,不啰唆,语意较轻;"精练"强调语言精纯简洁,还带有扼要、深刻的意思,语意较重。

〈相关〉简明;凝练;洗练

【见机行事】jiàn jī xíng shì 看时机或形势办事。▷ 到时候你看我的眼色见机行事。

[同] 随机应变 suí jī yìng biàn ▷ 股市行情瞬息万变,不随机应变怎么行?

[反] 一成不变 yī chéng bù biàn ▷ 事物总是不断发展变化的,不可能一成不变的。

〈辨析〉"见机行事"强调掌握时机;"随机应变"强调随情况而应变。"一成不变"与"随机应变"意思相对。

〈相关〉见风使舵;相机行事

【见异思迁】jiàn yì sī qiān 看到别的事情就改变主意。形容爱好不专一,意志不坚定。▷ 他见异思迁,又爱上了别的女孩。

[同] 朝秦暮楚 zhāo qín mù chǔ ▷ 他知道,自己手下的人朝秦暮楚,随时会发生变化,一个也不能相信。

[反] 专心致志 zhuān xīn zhì zhì ▷ 我们要创造条件,让教师们能够专心致志地做好教学与科研工作。

〈辨析〉"见异思迁"形容不专心,意志不坚定;"朝秦暮楚"比喻没有原则,反复无常。"专心致志"与"见异思迁"意思相对。

〈相关〉三心二意;喜新厌旧

【建立】jiàn lì 开始成立或产生。▷ 这个街道准备建立一个老年活动中心。

[同] 创立 chuàng lì ▷ 马克思和恩格斯共同创立了无产阶级革命学说的思想体系。

[反] 破除 pò chú ▷ 陈规陋习被一一破除了。

〈辨析〉"建立"泛指造成新的事物,可用于具体事物,也可用于抽象事物;"创立"强调首创,建成前所未有的事物,大多用于抽象的、重大的事物。"破除"与"建立"意思相对。
〈相关〉成立;设立/破坏

【建设】jiàn shè 创立新事业或增加新设施。▷ 我们不但善于破坏一个旧世界,我们还将善于建设一个新世界。

同 建造 jiàn zào ▷ 赵州桥是隋朝的石匠李春设计和参加建造的。

反 破坏 pò huài ▷ 沿街的公共设施经常遭到人为的破坏。

〈辨析〉①"建设"使用范围广,既可指具体的工程、设施,又可指新的事业;"建造"使用范围窄,多用于具体的工程。②"建设"还指完善某一方面工作,如:我们要加强理论建设;"建造"还有制造的意思,如:这个城市准备花几年时间建造外环林带。

【建议】jiàn yì 提出意见,表达主张。▷ 我建议你多看些科普文章。

同 倡议 chàng yì ▷ 旅游班向全校提出倡议,每人为学校做一件好事。

创议 chuàng yì ▷ 学生会创议将文理科学生打乱后再分配宿舍。

〈辨析〉"建议"是一般性地提出意见和主张;"倡议""创议"强调意见和主张是首先提出来的。

【健壮】jiàn zhuàng 身体强健、结实。▷ 他原本是个健壮的小伙子,由于染上毒瘾,现在已经瘦得不像人样了。

同 强壮 qiáng zhuàng ▷ 我紧紧握住他强壮而有力的双手。

反 虚弱 xū ruò ▷ 虚弱的身体使他再也没有力气干重活了。

〈辨析〉"健壮"侧重于"健",强调健康而壮实;"强壮"侧重于"强",强调身体结实而有力气。"虚弱"与"强壮"意思相对。

〈相关〉健康/衰弱

【**交换**】jiāo huàn 双方各拿出自己的东西给对方。▷ 分手时,他俩交换了名片。

同 **交流** jiāo liú ▷ 中美两国的文化交流增进了两国人民的相互了解。

〈辨析〉"交换"强调互换,指双方各拿出自己的东西交给对方,多用于具体事物;"交流"强调彼此提供,指一方或双方将东西交给对方,既用于具体事物,也用于抽象事物。

【**交集**】jiāo jí 不同的感情、事物等同时出现。▷ 难以想象的艰苦、劳累和胜利喜悦交织在一起,令我们百感交集。

同 **交错** jiāo cuò ▷ 种种色彩交错着,五光十色,瑰丽无比。

交织 jiāo zhī ▷ 琴声、歌声、笑声……交织在一起,犹如海上午夜的潮声。

〈辨析〉"交集"侧重于"集",指不同的感情、不同的事物聚集在一起;"交错"侧重于"错",指两种以上的事物夹杂在一起;"交织"侧重于"织",指许多事物纵横交叉,合在一起。

【**交往**】jiāo wǎng 互相往来。▷ 她平时不怎么喜欢同别人交往。

同 **交际** jiāo jì ▷ 语言是人们交际的工具。

〈辨析〉"交往"侧重往来,语意较轻,指一般性的往来,用作口语,也用作书面语;"交际"强调结交,语意较重,比较郑重,多用作书面语。

【**骄傲**】jiāo ào 自豪;自以为了不起。▷"神舟"飞船成功发射和回收,令神州内外亿万中国人仰天骄傲。/工作有了成绩也不能骄傲。

同 **傲慢** ào màn ▷ 她有点清高,有点傲慢,朋友并不多。

自豪 zì háo ▷ 上海人民为改革开放以来取得的巨大成就而自豪。

反 谦虚 qiān xū ▷ 谦虚使人进步,骄傲使人落后。

〈辨析〉①"骄傲"在自以为了不起这个意义上与"傲慢"同义,为贬义词;在为取得荣誉或成绩而感到光荣这个意义上,与"自豪"同义,为褒义词。②"骄傲"还可用作名词,指值得自豪的人或事物,如:你是中国人民的骄傲。"谦虚"与"骄傲"意思相对。

【娇艳】jiāo yàn 娇嫩,艳丽。▷ 鲜花正在盛开,有粉红的桃花、雪白的梨花、娇艳的海棠花……

同 鲜艳 xiān yàn ▷ 鲜艳的红领巾飘荡在我的胸前。

〈辨析〉"娇艳"带有柔嫩、可爱的意思,一般形容花和小孩;"鲜艳"含有明亮、夺目的意思,可形容许多事物的颜色,使用范围较广。

【焦急】jiāo jí 烦躁,着急。▷ 等不到他的电话,看不到他的人,婷婷焦急万分。

同 焦虑 jiāo lǜ ▷ 妈妈为哥哥的病情焦虑不安。
　焦灼 jiāo zhuó ▷ 他为事情发展到这种地步而焦灼不安。

反 耐心 nài xīn ▷ 我耐心地听他把话讲完。

〈辨析〉"焦急"表示着急、担心,语意较轻;"焦虑"不仅表示担心、着急,还有发愁、忧虑的意思,语意较重;"焦灼"语意最重,指极度不安,多用于书面语。"耐心"与"焦急"意思相对。

〈相关〉着急

【脚踏实地】jiǎo tà shí dì 比喻踏实认真,实事求是。▷ 他不是脱离实际的幻想家,而是脚踏实地的实干家。

反 好高骛远 hào gāo wù yuǎn ▷ 好高骛远的人,常常会一事无成。

〈辨析〉在形容办事是否认真、踏实及切合实际时,"好高骛远"与"脚踏实地"意思相对。

【脚印】jiǎo yìn 脚踏过后留下的痕迹。▷ 房后空地上有一串脚印。

同 足迹 zú jì ▷ 诗人的足迹遍及湘江两岸。

〈辨析〉①"脚印"具体形象,多用于口语;"足迹"庄重,多用于书面语。②"足迹"可以借代前辈的精神和事业,如:让我们踏着先辈的足迹奋勇前进。

【教导】jiào dǎo 教育,指导。▷ 毛主席教导我们要好好学习,天天向上。

同 教诲 jiào huì ▷ 老师的谆谆教诲,我将铭记在心。

教训 jiào xùn ▷ 家长用打骂的方式教训孩子是不对的。

〈辨析〉①"教导"强调指导、启发,常用于位尊者对位低者;"教诲"强调教育训导,常用于长者对小辈;"教训"强调训诫、训斥,除了适用于长者对小辈外,也适用于平辈之间。②"教训"还表示从错误或失败中取得的认识,如:他接受了教训,从此变得稳重了。

【教师】jiào shī 担任教学工作的人。▷ 女儿希望将来当一名人民教师。

同 老师 lǎo shī ▷ 节日里,我们相约一起去看望中学时的老师。

反 学生 xué shēng ▷ 他是张老师的学生。

〈辨析〉"教师"表示一种身份;"老师"表示一种称呼,也表示值得学习的人,如:他不仅在学识上,而且在品德上都是青年人的老师。"学生"与"教师"意思相对。

【接二连三】jiē èr lián sān 一个接着一个;连续不断。▷ 他刚踏上社会时的雄心被接二连三的挫折消磨殆尽了。

同 接连不断 jiē lián bù duàn ▷ 她们被接连不断的考试考核弄得疲惫不堪。

反 断断续续 duàn duàn xù xù ▷ 隔壁传来断断续续的抽泣声。

〈辨析〉"接二连三"表示一个接一个,强调数量多;"接连不断"

表示一个接一个,强调延续时间长。"断断续续"与"接连不断"意思相对。

【接见】jiē jiàn 跟来的人相见。▷ 总书记亲切接见了与会代表。

同 会见 huì jiàn ▷ 总理会见了来访的美国客人。

〈辨析〉"接见"大多用于上级对下级、地位高的对地位低的;"会见"可用于上级对下级,更多的指彼此见面。

【接受】jiē shòu 对事物容纳而不拒绝。▷ 贫困学生接受了学校发放的棉衣和助学金。

同 接收 jiē shōu ▷ 公司总部决定接收这一批实习生。

反 拒绝 jù jué ▷ 他拒绝了客户提出的无理要求。

〈辨析〉"接受"侧重于容纳,可用于具体事物,也可用于抽象事物;"接收"侧重于收受、收取,一般用于具体事物。"拒绝"与"接受"意思相对。

【节约】jié yuē 使可能耗费的东西少耗费或不耗费。▷ 我国的水资源并不丰富,所以我们每个人都要注意节约用水。

同 节俭 jié jiǎn ▷ 黄大爷生活十分节俭,却常常向灾区人民捐款。

节省 jié shěng ▷ 这种设计,既减轻了桥身的重量,又节省了石料。

反 浪费 làng fèi ▷ 半年的时间白白地浪费了。

〈辨析〉"节约"强调少耗费或不耗费;"节俭"强调俭朴,花钱有节制;"节省"强调减少耗费。"浪费"与"节约"意思相对。

【界线】jiè xiàn 不同事物的分界。▷ 一条河流成为两国的自然界线。

同 界限 jiè xiàn ▷ 你心中应该有是非曲直界限。

〈辨析〉①"界线"的对象一般是具体的;"界限"的对象一般是抽象的。②"界线"还指某些事物的边缘;"界限"还有限度的意思。

【今非昔比】 jīn fēi xī bǐ　形容变化巨大。▷ 他今非昔比,现在是副省长了。

反 **今不如昔** jīn bù rú xī ▷ 我们这个行业是今不如昔,一年比一年不景气了。

〈辨析〉在比较过去与现在两者的变化时,"今不如昔"与"今非昔比"意思相对。

〈相关〉今是昨非;昔不如今

【津津有味】 jīn jīn yǒu wèi　形容对某事很有兴趣。▷ 全家人围在电视机前,津津有味地看世乒赛。

同 **兴致勃勃** xìng zhì bó bó ▷ 我们兴致勃勃地参观了国际汽车博览会。

反 **索然无味** suǒ rán wú wèi ▷ 这样的场合令她索然无味,不一会儿便借故离开了。

〈辨析〉"津津有味"还形容吃东西很有滋味,如:就是粗茶淡饭,他照样吃得津津有味。"索然无味"与"津津有味"意思相对。

【紧急】 jǐn jí　紧张,急迫。▷ 情况紧急,必须马上行动。

同 **紧迫** jǐn pò ▷ 离开车时间只有两分钟了,时间十分紧迫。

反 **宽裕** kuān yù ▷ 别着急,时间宽裕得很。

〈辨析〉"紧急"强调急迫,必须立即采取措施,不能拖延,可用于情况、任务、时间等,也可用于某种动作行为;"紧迫"强调事情已到危急关头,不容片刻迟延,只能用于情况、任务、时间等。"宽裕"与"紧迫"意思相对。

【尽善尽美】 jìn shàn jìn měi　形容非常完美,没有缺点。▷ 我们不能要求每部电视剧都做到尽善尽美,但是反对将那些粗糙的、无聊的东西推销给观众。

同 **十全十美** shí quán shí měi ▷ 一个人总会有缺点,不可能十全十美。

[反] 一无是处 yī wú shì chù ▷ 即使再调皮的学生,也不会一无是处。

〈辨析〉"十全十美"形容各方面非常完美,毫无欠缺;"尽善尽美"语意比"十全十美"更重。"一无是处"与"十全十美"意思相对。

〈相关〉完美无缺

【禁止】jìn zhǐ 不准;不许可。▷ 公共场所禁止吸烟。

[同] 制止 zhì zhǐ ▷ 有关部门将采取一系列措施制止小商贩随地乱设摊现象。

[反] 允许 yǔn xǔ ▷ 父亲终于允许我参加足球队了。

〈辨析〉"禁止"侧重不允许,多用于政策法令、规章制度或习俗等方面;"制止"侧重强迫停止,指采取行动措施干涉、阻止。"允许"与"禁止"意思相对。

〈相关〉阻止/同意;许可

【噤若寒蝉】jìn ruò hán chán 比喻不敢说话。▷ 在他凌厉的目光下,丽娟噤若寒蝉,身子直往后缩。

[同] 守口如瓶 shǒu kǒu rú píng ▷ 他始终守口如瓶,企图蒙混过关。

[反] 侃侃而谈 kǎn kǎn ér tán ▷ 讨论会上,她侃侃而谈。

〈辨析〉"噤若寒蝉"指由于害怕而不敢开口说话;"守口如瓶"指由于谨慎而不肯多说。"侃侃而谈"与"守口如瓶"意思相对。

〈相关〉三缄其口/口若悬河

【经过】jīng guò 通过处所、时间等。▷ 经过一段时间,他慢慢地适应了城市的生活节奏。

[同] 通过 tōng guò ▷ 一群野鹿正通过溪流。

〈辨析〉①"经过"既可用于空间距离,也可用于时间距离;"通过"只可用于空间距离。②"经过"还可用作名词,表示经历或过程,如:事情的经过就是这样的;"通过"还表示同意或核准,如:他的毕业论文已经通过了。

【惊慌】jīng huāng 惊吓,慌张。▷ 就在反贪局准备找他谈话时,他惊慌地带着巨款潜逃了。

同 惊恐 jīng kǒng ▷ 紧跟在后面的象群,惊恐地望着在淤泥里挣扎的老象。

反 镇静 zhèn jìng ▷ 不管发生什么事情,她总是十分镇静地采取相应的措施。

〈辨析〉"惊慌"指因惊吓而慌张,语意较轻;"惊恐"指因惊吓而恐惧,语意较重。"镇静"与"惊慌"意思相对。

〈相关〉惊惶/沉着;镇定

【惊异】jīng yì 惊奇,诧异。▷ 他的眼神中充满着怀疑和惊异。

同 诧异 chà yì ▷ 听说黄道婆的墓就在这里,我十分诧异。

惊诧 jīng chà ▷ 天空中耀眼的光圈,令所有的目击者惊诧万分。

〈辨析〉"惊异"表示对事物的异乎寻常感到吃惊,语意最重;"诧异"强调意外,感到不理解,语意较轻;"惊诧"强调事情来得突然,含有怀疑的意思,为书面语。

【精美】jīng měi 精致,美好。▷ 这只奖杯制作得十分精美。

同 精巧 jīng qiǎo ▷ 这种微型计算机构造精巧,功能齐全。

精致 jīng zhì ▷ 陈列架上摆放着精致的工艺品。

反 粗糙 cū cāo ▷ 想不到有些城市人喜欢用这种粗糙的石头装饰客厅。

〈辨析〉"精美"侧重于"美",强调精致美好,使用范围较大;"精巧"侧重于"巧",强调精细巧妙,做工考究;"精致"侧重于"致",强调别致、新奇,使用范围小一些。"粗糙"与"精美"意思相对。

〈相关〉精细/粗劣

【精辟】jīng pì 指理论或见解等极为深刻透彻。▷ 小说中的譬喻精辟、奇特、新颖。

同 精当 jīng dàng ▷ 这篇杂文观点鲜明,措辞激烈,文字精当。

〈反〉**粗浅** cū qiǎn ▷ 这篇文章比较粗浅,请大家多提宝贵意见。

〈辨析〉"精辟"强调深刻透彻,语意重,多形容言论、理论、观点、见解等;"精当"指准确恰当,语意较轻,适用范围大,除形容观点、见解外,还可形容计算、颜色、文字的运用等。"粗浅"与"精辟"意思相对。

【精益求精】jīng yì qiú jīng　好了还要更好。形容不自满自足。▷ 白求恩同志以医疗事业为职业,对技术精益求精。

〈反〉**敷衍了事** fū yǎn liǎo shì ▷ 夜班医生敷衍了事,只开了一点止痛药给他,结果耽误了他的病情。

〈辨析〉在对待工作的态度上,"敷衍了事"与"精益求精"意思相对。

【井井有条】jǐng jǐng yǒu tiáo　形容整齐有条理。▷ 书房虽然不大,但是收拾得井井有条。

〈反〉**杂乱无章** zá luàn wú zhāng ▷ 仓库里堆放着各种物品,显得杂乱无章。

〈辨析〉在形容有无条理上,"杂乱无章"与"井井有条"意思相对。

〈相关〉有条不紊;井然有序/乱七八糟

【警告】jǐng gào　对有错误或不正当行为的个人、团体、国家进行提醒或告诫。▷ 刑警队长鸣枪警告,命令歹徒放下武器,缴械投降。

〈同〉**正告** zhèng gào ▷ 我们正告"台独"分子,分裂国家的人注定要失败。

〈辨析〉①"警告"带有斥责的语气,可用于事前或事后;"正告"带有庄重的语气,一般用在事前。②"警告"还可用作名词,表示一种处分,如: 集团给了他警告处分。

【警觉】jǐng jué　敏锐地感觉到。▷ 相距百米之外,野牛就有所警觉,朝我们满怀敌意地瞪着眼睛。

〈同〉**警惕** jǐng tì ▷ 他警惕地注视着对方。

〈辨析〉"警觉"用于敏锐的觉察反应,表示的时间短;"警惕"指保持敏锐的感觉,高度戒备,小心防备,表示的时间较长。

【**敬佩**】jìng pèi 敬重,佩服。▷ 我看见"远望二号"驾驶员依然正襟危坐,敬佩之情油然而生。

同 **钦佩** qīn pèi ▷ 大家非常钦佩这位科学家。

反 **藐视** miǎo shì ▷ 他藐视这个不起眼的外地人。

〈辨析〉"敬佩"强调由尊敬而佩服,语意较轻,用于口语和书面语;"钦佩"强调佩服到了极点,语意较重。"藐视"与"敬佩"意思相对。

〈相关〉敬仰;敬重

【**迥然不同**】jiǒng rán bù tóng 形容差别很大。▷陕西的剪纸,粗犷朴实,简练夸张,同江南一带细致工整的风格迥然不同。

同 **截然不同** jié rán bù tóng ▷ 是人驾驭时间,还是时间驾驭人,这是两种截然不同的观点。

反 **一模一样** yī mú yī yàng ▷ 她俩长得一模一样。

〈辨析〉"迥然不同"形容差别很大;"截然不同"形容两种事物毫无共同之处。"一模一样"与"迥然不同"意思相对。

〈相关〉大相径庭/不相上下;毫无二致

【**九死一生**】jiǔ sǐ yī shēng 形容多次经历极大的危险而侥幸存活。▷ 在这场车祸中,他九死一生,奇迹般地活了下来。

反 **安然无恙** ān rán wú yàng ▷ 抗洪大军苦战八十多天,长江大堤安然无恙。

〈辨析〉在形容经历险境平安与否时,"安然无恙"与"九死一生"意思相对。

〈相关〉死里逃生/平安无事

【**拘谨**】jū jǐn 言语、行动过分谨慎。▷ 在新环境中,她显得很拘谨。

同 **拘束** jū shù ▷ 领导在场,大家多多少少有点拘束。

〈辨析〉①"拘谨"强调因为过分谨慎而小心翼翼,主要指内心活动,多用于书面语;"拘束"强调因为自我约束还放不开,主要指外在表现,用于口语和书面语。②"拘谨"还可形容性格,如:她生性拘谨,不苟言笑。

〈相关〉拘泥

【居安思危】 jū ān sī wēi　比喻时时提高警惕,预防祸患。▷我们要居安思危,提高警惕,严防敌人破坏。

反 **高枕无忧** gāo zhěn wú yōu ▷事情还没有达到预期的效果,岂能高枕无忧。

〈辨析〉在形容思想上警惕与否时,"高枕无忧"与"居安思危"意思相对。

〈相关〉常备不懈;防患未然

【局面】 jú miàn　一个时期内事情发展的状态。▷新领导来了后,他们单位紧张而僵持的局面有所改变。

同 **场面** chǎng miàn ▷场面壮观,令所有的人惊叹不已。

〈辨析〉①"局面"强调形势,着眼全局;"场面"强调情景,着眼局部。②"场面"还指表面的排场,如:他是个场面上的人,这点道理还是懂的。

【局势】 jú shì　一个时期内事情的发展情况。▷局势越来越严重,父亲的工作也越来越紧张。

同 **形势** xíng shì ▷斗争的形势不允许我离开这里。

〈辨析〉"局势"使用范围窄,一般指政治、军事在某一时期的发展情况;"形势"使用范围广,除了用于政治、军事的发展趋势外,还可用于其他客观事物的变化状况。

【举不胜举】 jǔ bù shèng jǔ　形容非常多。▷在他的作品中,这样的例子举不胜举。

同 **不可胜数** bù kě shèng shǔ ▷唐朝诗人给我们留下不可胜数的优美诗篇。

反 **屈指可数** qū zhǐ kě shǔ ▷ 这样全面的人才在我们县里屈指可数。

〈辨析〉"举不胜举"侧重于"举",指多得无法一一列举;"不可胜数"侧重于"数",指多得数不过来。"屈指可数"与"不可胜数"意思相对。

〈相关〉比比皆是;不计其数;多如牛毛;数不胜数

【**巨大**】jù dà 规模或数量等非常大。▷ 中国航天科技的进步对民族的凝聚力也产生了巨大的影响。

同 **庞大** páng dà ▷ 这家企业人员众多,庞大的机构带来人浮于事和管理的难度。

反 **微小** wēi xiǎo ▷ 与巨额利润相比,广告的支出是微小的。

〈辨析〉"巨大"使用范围大,可用于具体事物,也可用于抽象事物;"庞大"还含有大而无当的意思。"微小"与"巨大"意思相对。

【**拒绝**】jù jué 不接受。▷ 他拒绝了好友的劝告。

同 **回绝** huí jué ▷ 他一口回绝了对方的邀请。
   谢绝 xiè jué ▷ 她谢绝了客户的礼品。

反 **接受** jiē shòu ▷ 大家的意见很中肯,你应当虚心接受。

〈辨析〉"拒绝"指坚决不接受,使用范围广;"回绝"指答复对方,表示不接受;"谢绝"指婉言拒绝,多用于书面语。"接受"与"拒绝"意思相对。

【**决定**】jué dìng 对如何行动作出主张。▷ 我决定和大家一起去杭州。

同 **确定** què dìng ▷ 蚂蚁在它们爬过的地方留下一种气味,回来时就根据这种气味确定路线。

〈辨析〉①"决定"侧重指作出决断、拿定主意;"确定"侧重指加以肯定和确认。②"决定"还可用作名词,如:这个问题还没有作出决定;还指起主导作用,如:存在决定意识。

【开办】kāi bàn 建立。▷ 市政府准备在这一带开办一个农贸市场。

同 创办 chuàng bàn ▷ 茅盾与鲁迅发起创办了《译文》杂志。

〈辨析〉"开办"多用于新开业的工厂、学校、商店等;"创办"强调开创性地建立,多用于从前没有的单位、机构、报纸等。

〈相关〉兴办/创建

【开端】kāi duān 开头;开始。▷ 良好的开端等于成功了一半。

同 开始 kāi shǐ ▷ 本周开始我们进入复习迎考阶段。

反 结局 jié jú ▷ 影片的结局意味深长。

〈辨析〉"开端"泛指事物的起头、开头,强调起头的那一点,时间短,不能作动词;"开始"侧重指事情着手进行,强调起头的那一段,时间长些,能作动词,如:比赛正式开始,由申花队开球。"结局"与"开端""开始"意思相对。

〈相关〉开头/结束;结尾;完结

【开发】kāi fā 开发资源加以利用。▷ 技术人员根据用户要求开发了这款手机游戏软件。

同 开采 kāi cǎi ▷ 岫玉是从后面的山上开采出来的。

〈辨析〉① "开发"除指发掘原始的自然资源外,还指发掘人才、技术等;"开采"侧重指发掘矿产资源。② "开发"还有开拓、发展的意思,如:他们不断开发新的产品,为广大消费者服务。

【开朗】kāi lǎng 性格爽快、乐观。▷ 她开朗、活泼,大家都喜欢与她交往。

[同] **爽朗** shuǎng lǎng ▷ 屋子里传出一阵爽朗的笑声。

[反] **忧郁** yōu yù ▷ 她的眼神里有一丝藏不住的忧郁。

〈辨析〉① "开朗"侧重指思想、性格等乐观豁达;"爽朗"侧重指性情、神态乐观直率。② "开朗"还指空间开阔、敞亮,如:转了几个弯,前面突然开朗起来;"爽朗"还形容天空、天气,如:北京的秋天异常爽朗。"忧郁"与"开朗"意思相对。

【**开明**】 kāi míng 指人思想开通,不顽固保守。 ▷ 文艺事业的繁荣需要政治上的开明与社会的宽容。

[同] **开通** kāi tōng ▷ 只要我们把工作做到家了,群众还是很开通、很讲理的。

[反] **守旧** shǒu jiù ▷ 这几年,他的守旧思想也慢慢地改变了。

〈辨析〉"开明"侧重思想不保守,可形容人,也可形容政治、制度等;"开通"侧重思想能适应形势变化,一般只形容人。"守旧"与"开明"意思相对。

【**开辟**】 kāi pì 打开通道;开拓发展。 ▷ 火星探测对人类具有重大的意义,很可能为人类开辟新的生存空间。

[同] **开拓** kāi tuò ▷ 计算机网络为人们的工作和生活开拓了新的天地。

〈辨析〉"开辟"强调创立,从无到有,可用于抽象事物,也可用于具体事物,如:开辟了一个通道;"开拓"强调创新、扩展,从小到大地发展,多用于抽象事物,也用于较大的具体事物。

〈相关〉开创

【**开展**】 kāi zhǎn 使工作、活动等从小向大发展、扩展。 ▷ 大力开展群众性的体育运动,提高全民身体素质。

[同] **展开** zhǎn kāi ▷ 最近,报纸杂志就这个问题展开了讨论。

〈辨析〉① "开展"强调开始并由小到大地发展,多用于抽象事物;"展开"强调全面铺开,指事情大力或大规模地进行,可用于抽象事物,也用于具体事物。② "开展"还指展览会开始展出,如:艺博会将于10月下旬开展;"展开"还有张开、铺开的意思,如:秃鹫展开翅膀在山谷间盘旋。

【刊登】kān dēng 在报纸刊物上登载。▷《人民日报》在头版头条刊登了这篇报道。

同 发表 fā biǎo ▷ 他发表了《论房地产之前景》的论文。

〈辨析〉① "刊登"是以出版的形式印刷出来,让人们看到;"发表"既可以出版的形式印刷出来,又可以口头形式公之于众,使人们知晓,如:总理在接见日本大使时发表了关于当前中日关系的看法。② "刊登"还可用于广告、照片等,如:报纸上刊登了有关校园枪杀案的照片。

【坎坷】kǎn kě 道路或地面坑坑洼洼,不平坦。比喻一个人不得志,不顺利。▷ 乡村小路坎坷不平,无法骑自行车。

同 曲折 qū zhé ▷ 沿着曲折的小河,我们来到一座石拱桥前。

反 平坦 píng tǎn ▷ 汽车在平坦的沪宁高速公路上飞驰。

〈辨析〉① "坎坷"强调坑坑洼洼,不平坦;"曲折"强调弯弯曲曲,不平直。② "坎坷"还比喻人生不得志,不顺利,如:坎坷而艰辛的生活使这个弱不禁风的女子变得坚强起来;"曲折"还比喻事情复杂多变,不顺当,如:小说情节曲折,充满悬念。"平坦"与"坎坷""曲折"意思相对。

〈相关〉崎岖/顺当/顺利

【侃侃而谈】kǎn kǎn ér tán 形容说话从容不迫。▷ 面对多家媒体的采访,他围绕自己的创业经历侃侃而谈。

同 口若悬河 kǒu ruò xuán hé ▷ 他口才很好,每次发言都是口若悬河、滔滔不绝的。

反 闭口无言 bì kǒu wú yán ▷ 遭到女儿的拒绝,她闭口无言,只能另想办法。

〈辨析〉"侃侃而谈"强调说话时的态度从容不迫和有条理地叙述,有时也形容说话滔滔不绝,含褒义;"口若悬河"强调话多,滔滔不绝,为中性词。"闭口无言"与"口若悬河"意思相对。
〈相关〉夸夸其谈;滔滔不绝/默不作声;张口结舌

【**看法**】kàn fǎ 指对事物的某种认识。▷ 在事实面前,她改变了原有的看法。

同 **观点** guān diǎn ▷ 这篇文章表现出来的观点并不新颖,时髦的名词包裹着陈旧的内容。

见解 jiàn jiě ▷ 他有自己的一套见解,从不见风使舵、人云亦云。

〈辨析〉"看法"泛指人们对事物的某种认识;"观点"侧重指从一定的立足点得出的一种正式的、稳定的认识;"见解"指经过思考、分析或研究得出的比较系统的认识和理解。

【**慷慨**】kāng kǎi 不吝惜。▷ 这些企业慷慨相助,宣布为遭受地震灾害的灾民提供无偿援助。

同 **大方** dà fāng ▷ 在用钱方面,他一向很大方。

反 **吝啬** lìn sè ▷ 某些富人在慈善事业上的吝啬表现令人惊讶。

〈辨析〉"慷慨"是书面语,为褒义词,语意比"大方"重;"大方"是口语,为中性词。"吝啬"与"慷慨"意思相对。

【**考察**】kǎo chá 调查,观察,研究。▷ 水利专家对三江源进行了实地考察。

同 **考查** kǎo chá ▷ 一年一度的干部实绩考查开始了。

考核 kǎo hé ▷ 今年的技术考核又有新规定。

〈辨析〉"考察"指实地调查研究、深入了解,以求获取材料、弄清事实、探求本质;"考查"指用一定的标准去检查衡量,目的是评定;"考核"指调查核实和检查审核,目的是得到合乎事实的结论。

【**考虑**】kǎo lǜ 仔细地想问题,以便作出决定。▷ 对于顾客提出的要求,我们一定要认真考虑,给予答复。

〖同〗**思考** sī kǎo ▷ 教师应该注重培养学生独立思考问题的能力。

〈辨析〉"考虑"侧重指仔细地想,以便作出决定,适用范围宽;"思考"侧重指进行比较深刻、周到的思维活动,适用于抽象事物。

〈相关〉思索;研究

【**靠近**】kào jìn 向一定目标运动,使彼此间的距离缩小。▷ 小船慢慢地靠近大榕树。

〖同〗**靠拢** kào lǒng ▷ 他一点一点向目标靠拢。

〖反〗**离开** lí kāi ▷ 小船慢慢地离开了码头。

〈辨析〉① "靠拢"强调"拢",程度比"靠近"深。② "靠近"强调"近",还可用作形容词,表示空间距离短,如:靠近超市的地方有一家小吃店。"离开"与"靠近"意思相对。

〈相关〉挨近;逼近;接近

【**苛刻**】kē kè 过于严厉、刻薄。▷ 他拒绝接受对方提出的苛刻的条件。

〖同〗**刻薄** kè bó ▷ 这家女主人对小保姆太刻薄了。

〖反〗**宽厚** kuān hòu ▷ 大妈为人诚恳,心地宽厚,与左邻右舍相处得很好。

〈辨析〉"苛刻"常形容条件、要求等过于严厉;"刻薄"常形容待人、说话过于冷酷,不近人情。"宽厚"与"刻薄"意思相对。

〈相关〉尖刻/宽容

【**可靠**】kě kào 可以信赖依靠。▷ 董事会决定找一个可靠的人分管财务部门。

〖同〗**牢靠** láo kào ▷ 让徐常山调查这起案子比较牢靠。

〈辨析〉① "可靠"强调可以信赖依靠,使用范围广,既可用于个人、组织,也可用于做某事情;"牢靠"强调稳妥,多用于做某事情。② "可靠"还指真实可信,如:这个消息可靠吗;"牢靠"还指坚固、稳固,如:这张书桌很牢靠。

【**渴望**】kě wàng　迫切地希望。▷ 他渴望拥有一台电脑。

　同 **盼望** pàn wàng ▷ 海峡两岸的人民都盼望祖国早日和平统一。

　　希望 xī wàng ▷ 他希望工作的氛围比现在好一些。

〈辨析〉①"渴望"语意最重,指如饥似渴地希望;"盼望"语意较重,指殷切地希望;"希望"语意最轻,泛指心里的愿望能实现。②"希望"还可以作名词,意思为"愿望",如:我心中又燃起新的希望。

【**克制**】kè zhì　用力量约束、控制。▷ 他努力克制着自己,不让眼泪流下来。

　同 **抑制** yì zhì ▷ 同学们抑制不住好奇心,伸手去摸那个会说话的机器人。

　反 **放纵** fàng zòng ▷ 我放纵着感情的潮水,让它无拘无束地奔流着。

〈辨析〉"克制"强调约束、控制住自己的感情、欲望等;"抑制"强调压住行为、思绪或客观事物,可用于自己,也可用于别人或事物。"放纵"与"克制"意思相对。

〈相关〉控制;压制

【**恳切**】kěn qiè　诚恳而殷切。▷ 他恳切地希望图书馆能接受自己的捐赠。

　同 **殷切** yīn qiè ▷ 父母对子女寄予了殷切的期望,希望他们能"成龙""成凤"。

〈辨析〉①"恳切"侧重指态度诚恳,常形容话语、请求等;"殷切"侧重指情意深切,常形容期望、希望、关怀等。②"恳切"使用范围比较广,可用在上下、长幼及同事之间;"殷切"只用于上级对下级、长辈对小辈。

【**恳求**】kěn qiú　恳切地请求。▷ 她几乎要跪下来恳求了。

同 **请求** qǐng qiú ▷ 我一再请求他放下我,怎么说他也不肯,仍旧一步一滑地背着我向前走。

哀求 āi qiú ▷ 她再三哀求母亲把小猫咪留下来。

〈辨析〉"恳求"侧重指恳切地请求,语意较重;"请求"泛指一般性地要求,语意较轻;"哀求"指苦苦地请求,含有不得已的语气,语意最重。

【空洞】kōng dòng 没有充实的内容。▷ 华丽的辞藻掩盖不了空洞的内容。

同 **空虚** kōng xū ▷ 退休以后,他热衷于公益活动,生活一点儿也不空虚。

反 **具体** jù tǐ ▷ 写文章要做到内容具体,叙述清楚,切忌空话连篇。

〈辨析〉"空洞"指说话、写文章等没有充实的内容或内容不切实、不具体;"空虚"常形容精神无所寄托或生活不充实。"具体"与"空洞"意思相对。

〈相关〉空泛/充实

【恐怖】kǒng bù 由于受到威胁而引起的恐惧。▷ 这起恐怖的校园枪杀案给该国的社会治安敲响了警钟。

同 **恐惧** kǒng jù ▷ 姑娘恐惧极了,转身就跑。

反 **无畏** wú wèi ▷ 无私才能无畏,无畏才能有所作为。

〈辨析〉① "恐怖"指紧张害怕到了极点,形容人的神色、心理、手段等;"恐惧"使用范围较窄,常用于人的心态和神情。② "恐怖"还可用作名词,表示使人恐怖的事情和气氛,如:这些日子,他是在恐怖和不安中度过的。"无畏"与"恐惧"意思相对。

〈相关〉害怕;恐慌

【恐怕】kǒng pà 表示估计、担心或疑虑。▷ 他一个人去恐怕不能解决问题。

[同] **大概** dà gài ▷ 从我家到他家,步行大概需要十分钟。

〈辨析〉"恐怕"表示估计、担心或疑虑,含有商量语气;"大概"表示对情况的估计不很精确或对情况猜测有很大的可能性。

【**控制**】kòng zhì 掌握,操纵。▷ 她控制不住自己的感情。

[同] **操纵** cāo zòng ▷ 他为人处世很有主见,不会轻易受人操纵。

掌握 zhǎng wò ▷ 我们要掌握现代化的知识,学好建设祖国的本领。

[反] **摆脱** bǎi tuō ▷ 他想方设法终于摆脱了对方的无理纠缠。

〈辨析〉① "控制"强调通过强大的力量掌握人或事物,使其活动不超出范围,具有主动权;"操纵"指别有用心地用手段控制局面、支配他人活动,含贬义;"掌握"强调能按照自己的意志充分支配、运用。② "操纵"还指操作机械,如:所有的机器都由计算机操纵。"摆脱"与"控制"意思相对。

【**口吻**】kǒu wěn 说话时流露出来的感情色彩。▷ 他说话的口吻是严肃认真的,不像在开玩笑。

[同] **口气** kǒu qì ▷ 他埋怨的口气让我感到很委屈。

〈辨析〉① "口吻"多用于书面语;"口气"多用于口语和书面语。② "口气"还有说话的气势、言外之意的意思,如:听他的口气,似乎他还不知道这件事。

【**苦难**】kǔ nàn 痛苦,灾难。▷ 战争的苦难给两国人民心灵上带来的阴影是无法抹去的。

[同] **灾难** zāi nàn ▷ 灾难深重的中国人民终于站起来了。

[反] **幸福** xìng fú ▷ 这些时候,她一直沉浸在幸福和欢乐之中。

〈辨析〉"苦难"泛指灾祸和痛苦;"灾难"指天灾人祸引起的痛苦和损害。"幸福"和"苦难"意思相对。

【**夸大**】kuā dà 把事情说得超过了实际的程度。▷ 显然,这份报告夸大了成绩,回避了不足与问题。

【夸张】kuā zhāng ▷ 有时候,适当的夸张会使人感到饶有风趣。

反 缩小 suō xiǎo ▷ 改革开放使城乡间的差异逐步缩小。

〈辨析〉① "夸大"指言过其实时,语气比较重;"夸张"指言过其实时,语气比较委婉缓和。② "夸大"指不从实际出发,有时是故意歪曲事实,为贬义词;"夸张"以事实为基础,为中性词。③ "夸张"还指一种修辞手法,如:演员在塑造人物形象时,还恰到好处地应用了不少夸张手法。"缩小"与"夸大"意思相对。

【夸奖】kuā jiǎng 称赞。▷ 同事们都夸奖她心灵手巧。

同 夸耀 kuā yào ▷ 他从不在别人面前夸耀自己。

反 责备 zé bèi ▷ 大家都责备他,他觉得无地自容。

〈辨析〉"夸奖"一般用来赞别人,含褒义;"夸耀"则指向人显示自己的本领、功劳、地位、势力等,含贬义。"责备"与"夸奖"意思相对。

〈相关〉赞美;赞扬/批评;训斥

【快乐】kuài lè 感到幸福或满意。▷ 她整天快乐得像只小鸟。

同 快活 kuài huó ▷ 换了一个部门工作,他变得快活起来。

反 忧伤 yōu shāng ▷ 忧伤时常袭击着他,他怎么也高兴不起来。

〈辨析〉"快乐"强调幸福满意,用于口语和书面语;"快活"强调愉快舒畅,多用于口语。"忧伤"与"快活"意思相对。

〈相关〉高兴;开心;愉快/苦恼;痛苦

【宽敞】kuān chǎng 宽阔;宽大。▷ 新居宽敞而明亮。

同 宽广 kuān guǎng ▷ 世纪大道宽广而平坦,两旁是大面积的绿化带。

宽阔 kuān kuò ▷ 河坝宽阔而平坦,两人可以并排散步。

反 狭窄 xiá zhǎi ▷ 门洞狭窄,我只能侧身走过去。

〈辨析〉① "宽敞"强调面积大,空间大;"宽广"强调面积大,范围大;"宽阔"强调面积大,不狭窄。②"宽敞"多用来形容建筑物的内部宽大敞亮;"宽广""宽阔"多用来形容自然环境或道路、河面、场地等。③"宽阔"还可用来形容人的胸襟开阔。"狭窄"与"宽广"意思相对。

〈相关〉开阔;宽大/狭小

【宽宏大量】kuān hóng dà liàng 气量大。▷ 一个革命者要宽宏大量,为了革命利益,去团结那些反对过自己甚至反对错了的同志。

反 小肚鸡肠 xiǎo dù jī cháng ▷ 他表面看上去气量很大,实际上小肚鸡肠,处处斤斤计较。

〈辨析〉在形容人的气量和待人接物方面,"小肚鸡肠"与"宽宏大量"意思相对。

〈相关〉豁达大度/鼠肚鸡肠

【旷野】kuàng yě 空旷的原野。▷ 汽车在旷野里行驶。

同 田野 tián yě ▷ 山下是田野,黄灿灿的油菜花和绿油油的麦苗织成黄绿相间的美丽地毯。

〈辨析〉"旷野"侧重于"旷",指人烟稀少,几乎没有树木、没有建筑物的原野;"田野"侧重于"田",指种植农作物的平坦宽阔的土地。

【况且】kuàng qiě 表示更进一步。▷ 上海地方这么大,况且你新来乍到的,还是让我陪你去吧!

同 何况 hé kuàng ▷ 平时南京路步行街人就多,更何况是节假日呢?

〈辨析〉"况且"表示进一步叙述或追加理由,常和"还""也"等词搭配;"何况"表示前后对比,常和"尚且""更"等词搭配,用反问语气。

【魁梧】kuí wú 高大,强壮。▷ 一位身材魁梧的军官走了进来。

[同] 高大 gāo dà ▷ 他长得高大而英俊。

[反] 矮小 ǎi xiǎo ▷ 她长得矮小,人也不漂亮。

〈辨析〉"魁梧"一般形容人的身体健壮、高大;"高大"除形容人以外,还可形容物等。"矮小"与"高大"意思相对。

〈相关〉魁伟/瘦小

【困兽犹斗】kùn shòu yóu dòu 被困的野兽还要挣扎。比喻处于绝境的坏人不甘心失败。▷ 歹徒困兽犹斗,拔出匕首,扑向保安人员。

[同] 垂死挣扎 chuí sǐ zhēng zhá ▷ 他们在作垂死挣扎,会变得更加残暴凶狠。

[反] 束手就擒 shù shǒu jiù qín ▷ 我们宁可冒着生命危险突围,也不能等在这里束手就擒。

〈辨析〉"困兽犹斗"有时可作中性词,指不放弃最后的斗争,还要顽强抵抗;"垂死挣扎"为贬义词。"束手就擒"与"垂死挣扎"意思相对。

〈相关〉负隅顽抗;狗急跳墙;铤而走险

【扩大】kuò dà 放大;加大范围。▷ 今年,郊区扩大甜瓜的种植面积。

[同] 扩充 kuò chōng ▷ 全世界爱好和平的人们反对超级大国扩充军备。

扩张 kuò zhāng ▷ 美国的扩张政策不得人心。

[反] 缩小 suō xiǎo ▷ 由于植树造林,沙漠的面积正在一年年缩小。

〈辨析〉"扩大"强调规模或范围比原来大,对象可以是具体事物,也可以是抽象事物;"扩充"强调内部数量的增多或内容的充实,对象是人或事物;"扩张"强调从内向外扩展,用于政治、经济、军事等方面时,多含贬义。"缩小"与"扩大"意思相对。

〈相关〉扩展/缩减;压缩

【阔气】 kuò qì 豪华;奢侈。▷ 他的居室布置得很阔气。

同 阔绰 kuò chuò ▷ 来这儿购物的女士,大多数出手阔绰,很少有讨价还价的。

反 俭朴 jiǎn pǔ ▷ 他虽然是百万富翁,但生活很俭朴。

〈辨析〉"阔气"侧重于生活富裕、奢侈,多用作口语;"阔绰"侧重于生活奢侈、讲究排场,多用作书面语。"俭朴"与"阔绰"意思相对。

【拉拢】lā lǒng 用各种手段使别人靠拢到自己方面来。▷ 他拒绝了利益集团的拉拢。

同 笼络 lǒng luò ▷ 他经常用封官许愿来笼络人心。

反 排挤 pái jǐ ▷ 他受到排挤,感到很委屈。

〈辨析〉"拉拢"指为了某种目的,靠手段、组织关系等使人靠拢;"笼络"指感情或物质的好处使人靠拢。"排挤"与"拉拢"意思相对。

〈相关〉收买/排斥

【来龙去脉】lái lóng qù mài 比喻人、物的来历或事情的前因后果。▷ 他长期在这个单位工作,因此对单位里很多事情的来龙去脉、前因后果了解得非常清楚。

同 前因后果 qián yīn hòu guǒ ▷ 大家对焚书坑儒的前因后果有了深刻的认识。

〈辨析〉"来龙去脉"指事情的由来和经过;"前因后果"指事情发展的因果关系。

【来源】lái yuán 事物发生的根源。▷ 国家的富强来源于人民的奋斗。

同 起源 qǐ yuán ▷ 世界上一切知识无不起源于劳动。

〈辨析〉① "来源"表示事物发生的根源;"起源"指事物的开始。② "来源"还表示经济收入,如:自从父母生病后,家庭就没有生活来源了。

〈相关〉发源;根源;起因

【**懒惰**】lǎn duò 偷懒;不勤快。▷ 这人懒惰成性,任何事情都不愿意干。

同 **懒散** lǎn sǎn ▷ 这些人懒散惯了,训练时经常不遵守纪律。

反 **勤劳** qín láo ▷ 勤劳勇敢的中国人民,任何困难都能克服。

〈辨析〉"懒惰"指不爱劳动或不爱动脑筋;"懒散"指行为散漫、精神松懈。"勤劳"与"懒惰"意思相对。

〈相关〉懒怠;偷懒/勤奋;勤勉;勤恳;勤快

【**滥用**】làn yòng 胡乱地、过度地使用。▷ 为了防止滥用权力和腐败现象的发生,必须进一步加强和完善各种监督机制。

同 **乱用** luàn yòng ▷ 这是纳税人的钱,一分钱也不能乱用。

〈辨析〉"滥用"强调没有节制地使用,语意较重,多用于书面语;"乱用"强调使用得不恰当,语意较轻,多用于口语。

【**滥竽充数**】làn yú chōng shù 比喻没有真才实学的人冒充有本事或拿不好的东西混在好的东西里凑数。▷ 拿冠军,争第一,要靠真本事、硬工夫,滥竽充数不行,弄虚作假也不行。

同 **鱼目混珠** yú mù hùn zhū ▷ 不法商人把过期食品掺杂在新鲜食品中,企图鱼目混珠,坑害消费者。

反 **货真价实** huò zhēn jià shí ▷ 别看他道貌岸然,其实是一个货真价实的伪君子。

〈辨析〉"滥竽充数"指冒充、凑数,语意较轻;"鱼目混珠"指以次充好,语意较重。"货真价实"与"鱼目混珠"意思相对。

〈相关〉以假乱真;鱼龙混杂

【**浪费**】làng fèi 使用不当或不加节制。▷ 浪费粮食是极大的犯罪。

同 **糟蹋** zāo tà ▷ 这样大手大脚的,你们糟蹋了多少国家财产啊!

反 **节约** jié yuē ▷ 提倡节约,反对浪费。

〈辨析〉"浪费"指不适当或没有节制地使用人力、物力、时间等,语意较轻;"糟蹋"指白白浪费或损坏,语意较重。"节约"与"浪费"意思相对。

【劳动】 láo dòng 人类创造物质或精神财富的活动。▷ 幸福的生活靠劳动创造。

同 劳作 láo zuò ▷ 旧社会,农民终年劳作也难求温饱。

反 休息 xiū xi ▷ 今天我休息。

〈辨析〉"劳动"使用范围较广,指创造物质财富,也可指创造精神财富的活动,有时还专指体力劳动;"劳作"则专指体力劳动。在表示是否停止活动或工作时,"休息"与"劳动"意思相对。

【劳苦】 láo kǔ 劳累,辛苦。▷ 为了负担两个弟弟的学费,她终年劳苦,一天也不敢休息。

同 劳累 láo lèi ▷ 最劳累的是后勤人员,大家都休息了,他们还在忙。

反 舒服 shū fu ▷ 这一觉睡得十分舒服。

〈辨析〉"劳苦"指因疲劳而感到痛苦,语意较重;"劳累"指因劳动过度而感到疲劳,语意较轻。"舒服"与"劳苦"意思相对。

【牢不可破】 láo bù kě pò 坚固牢靠得不可摧毁。▷ 两国人民的友谊是牢不可破的。

反 不堪一击 bù kān yī jī ▷ 这种建立在伪科学基础上的论点是不堪一击的。

〈辨析〉在形容是否坚固或是否经得住打击时,"不堪一击"与"牢不可破"意思相对。

〈相关〉根深蒂固;坚不可摧/分崩离析;一触即溃

【牢固】 láo gù 结实,坚固。▷ 铁栅栏很牢固。

同 坚固 jiān gù ▷ 这种塑钢门窗十分坚固,质量可以和金属制品媲美。

〈辨析〉"牢固"形容稳固、牢靠、不动摇,既可用于建筑等具体事物,也可用于信念、思想、友谊等抽象事物;"坚固"形容坚实、不易破坏,主要用于具体事物。

〈相关〉坚实;稳固

【老实】lǎo shí　诚实;不虚伪。▷ 做人要襟怀坦白,忠诚老实。

反 狡猾 jiǎo huá ▷ 这个人很狡猾,在与他交往时,千万要小心。

〈辨析〉在形容人是否忠诚可靠时,"狡猾"与"老实"意思相对。

〈相关〉诚实;信实/刁滑;虚假;虚伪

【老态龙钟】lǎo tài lóng zhōng　形容老年人身体衰弱、行动不便。▷ 王爷爷已经八十多岁了,可还是健步如飞,没有一点老态龙钟的样子。

反 血气方刚 xuě qì fāng gāng ▷ 这个血气方刚的小伙子很能干。

〈辨析〉在表示精力是否旺盛时,"血气方刚"与"老态龙钟"意思相对。

【乐观】lè guān　精神愉快,对事物发展充满信心和希望。▷ 老年人乐观开朗,有益于身心健康。

反 悲观 bēi guān ▷ 夺标还是有希望的,大家用不着太悲观。

〈辨析〉在表示对事物发展是否有信心和精神是否振作时,"悲观"与"乐观"意思相对。

【乐极生悲】lè jí shēng bēi　快乐过度,就生悲哀。也指顺境达到顶点时会向不利的方面转化。▷ 老人与前来为他祝寿的众多亲友相聚一堂,欢饮畅谈,岂料,乐极生悲,劳累成疾。

反 否极泰来 pǐ jí tài lái ▷ 否极泰来,我就不相信他会一直倒霉,没有翻身的时候。

〈辨析〉在表示事物发展到极点都会相互转化时,"否极泰来"与"乐极生悲"意思相对。

【冷淡】lěng dàn　不热情;不亲热;不温和。▷ 平时我去她家时,她总是很热情的;今天不知为什么,她对我很冷淡。

[同] 冷漠 lěng mò ▷ 有些独生子女自私、冷漠,没有爱心,不知道感恩。

[反] 热情 rè qíng ▷ 他待人诚恳、热情。

〈辨析〉① "冷淡"主要指不亲热,没有感情,常用于口语和书面语;"冷漠"侧重指缺乏同情心,语意比"冷淡"重,用于书面语。② "冷淡"还可用作动词,表示怠慢的意思,如:即使对境况不好的朋友,他也不曾冷淡过。"热情"与"冷淡"意思相对。

【冷静】lěng jìng 沉着而不感情用事。▷ 事后,他冷静地分析了失败的原因。

[同] 沉着 chén zhuó ▷ 他沉着冷静的态度,使大家增添了信心。

[反] 激动 jī dòng ▷ 你不要太激动,有话慢慢说。

〈辨析〉① "冷静"侧重于不感情用事,不急躁;"沉着"强调不慌乱,能保持镇静。② "冷静"还指人少,没有声音,如:夜晚,这儿既冷静又昏暗。"激动"与"冷静"意思相对。

〈相关〉镇静

【冷若冰霜】lěng ruò bīng shuāng 比喻待人很冷淡,毫不热情。
▷ 这家宾馆,设施豪华,但服务员的态度却冷若冰霜。

[反] 满腔热忱 mǎn qiāng rè chén ▷ 他对同志满腔热忱,对敌人毫不留情。

〈辨析〉在表示待人接物态度热情与否时,"满腔热忱"与"冷若冰霜"意思相对。

【理解】lǐ jiě 明白;了解。▷ 你的意见我是完全理解的。

[同] 了解 liǎo jiě ▷ 你先去了解一下事情的经过。

〈辨析〉① "理解"有通过思考、领会而取得认识的意思,程度较重;"了解"侧重于直接的认识,程度较轻。② "理解"还有谅解的意思,如:请你理解我的苦衷。

〈相关〉领会;明白

【理屈词穷】lǐ qū cí qióng 形容理由站不住,被驳得无话可说。

▷ 他终于理屈词穷,无言答对。

反 **理直气壮** lǐ zhí qì zhuàng ▷ 因为他做得对,所以说起话来理直气壮。

〈辨析〉在形容道理充足与否时,"理直气壮"与"理屈词穷"意思相对。

〈相关〉哑口无言/义正辞严;振振有词

【**理想**】lǐ xiǎng 对未来目标的想象或希望。▷ 他的理想是做一名教师。

同 **幻想** huàn xiǎng ▷ 这种美好的幻想是不可能实现的。

〈辨析〉"理想"还可作形容词,表示令人满意的,如:他想留在城市,找一份理想的工作;"幻想"指脱离实际的空想,有时可作动词,如:她们幻想成为国际明星。

【**力不从心**】lì bù cóng xīn 心里想做某事而力量达不到;心有余而力不足。▷ 周师傅想干一番事业,可是年老体衰,力不从心。

同 **力不胜任** lì bù shèng rèn ▷ 这些同志虽然没有受过高等教育,但是却有丰富的实践经验,搞科研未必是力不胜任的。

反 **应付自如** yìng fù zì rú ▷ 小玲聪明好学,两个月下来,对本职工作已经是应付自如了。

〈辨析〉"力不从心"指想做而无法做到;"力不胜任"指能力不够而无法做到。"应付自如"与"力不从心"意思相对。

【**力气**】lì qì 气力;力量。▷ 他使出全身力气死死拉住缆绳。

同 **力量** lì liàng ▷ 小草的力量是巨大的,谁也比不上它。

〈辨析〉"力气"只表示人或动物的肌肉产生的效能;"力量"除了指人或动物的肌肉产生的效能外,还表示其他事物所产生的效能,如:这种杀虫剂的力量很大。

【**厉害**】lì hài 势头猛烈;程度激烈。▷ 为了这个问题,他俩争论得很厉害。

反 缓和 huǎn hé ▷ 球场上紧张的气氛慢慢缓和下来。
〈辨析〉在指力量、状态等是否激烈或平稳时,"缓和"与"厉害"意思相对。
〈相关〉激烈;剧烈;猛烈/平和;柔和;温和

【利害】lì hài 利益和损害。▷ 我们之间并不存在利害关系,为什么不能成为朋友呢?
同 利弊 lì bì ▷ 这几种做法各有利弊,就看你在乎什么了。
〈辨析〉"利害"侧重指利益损失,使用范围较广,可用于个人或具体的事情,也可用于抽象的事物,语意比较重;"利弊"侧重指好处坏处,使用范围比较窄,一般用于比较具体的事情。
〈相关〉得失

【利落】lì luò 灵活,敏捷。▷ 别看他已是五十多岁的人了,打起篮球来,动作还很利落。
同 利索 lì suǒ ▷ 他说话干事十分干净利索。
反 拖沓 tuō tà ▷ 他们几个人做事情挺拖沓。
〈辨析〉① "利落"形容人说话或动作灵活敏捷;"利索"指行动干脆不拖沓。② "利落"还形容整齐、有条理,如:她打扮得干净、利落。"拖沓"与"利落"意思相对。
〈相关〉麻利/笨拙

【利益】lì yì 好处。▷ 个人利益服从集体利益,集体利益服从国家利益。
同 收益 shōu yì ▷ 高新技术给公司带来巨大的收益。
〈辨析〉"利益"指具体的好处,适用范围较广;"收益"指生产等方面的收入,适用范围较小。
〈相关〉裨益;好处;益处/祸害;损耗;消耗

【连接】lián jiē 把不相连的事物衔接起来。▷ 南浦、杨浦、卢浦三座大桥横跨黄浦江,把浦东和浦西连接起来。
同 联结 lián jié ▷ 这件事成了联结两队友谊的纽带。

反 **割断** gē duàn ▷ 他割断绳索,把奄奄一息的小狗救了出来。

〈辨析〉"连接"指把共同性的事物连贯起来;"联结"指互相结合在一起。"割断"与"连接"意思相对。

【连绵不断】lián mián bù duàn 接连不断。▷ 我好像走进了连绵不断的画卷。

同 **连绵起伏** lián mián qǐ fú ▷ 大青山峰恋叠嶂,连绵起伏,在夜色中显得更加雄伟。

反 **断断续续** duàn duàn xù xù ▷ 她听到断断续续的胡琴声从一所平房里传出。

〈辨析〉"连绵不断"使用范围广,可形容山脉、河流、雨雪等;"连绵起伏"使用范围窄,只形容群山蜿蜒曲折。"断断续续"与"连绵不断"意思相对。

【联络】lián luò 连接;接上关系。▷ 在城市,打电话是人与人之间主要的联络方式。

同 **联系** lián xì ▷ 打了好几次电话,还是没跟他联系上。

〈辨析〉"联络"是相互连接后接上关系,多用于人与人或事物与事物之间;"联系"是彼此接触后再接上关系,使用范围广,可用于人与人、人与事物或事物与事物之间。

【廉洁奉公】lián jié fèng gōng 廉正清白,履行公职。▷ 他是一位廉洁奉公的好干部。

反 **贪得无厌** tān dé wú yàn ▷ 面对一叠花花绿绿的钞票,他的脸上露出了一副贪得无厌的神情。

〈辨析〉在表示是否廉正清白或贪心时,"贪得无厌"与"廉洁奉公"意思相对。

〈相关〉廉正自守/贪赃枉法;惟利是图

【恋恋不舍】liàn liàn bù shě 形容十分留恋,舍不得离开,不肯丢弃。▷ 他恋恋不舍地离开了故乡。

同 **依依不舍** yī yī bù shě ▷ 毕业离校的那一天,同学们都依依不舍地拉着老师的手。

〈辨析〉"恋恋不舍"主要指对人或地方的留恋;"依依不舍"主要指与人或事物舍不得分离。

【良好】liáng hǎo 较好;令人较满意。▷ 良好的生活习惯要从小培养。

反 恶劣 è liè ▷ 恶劣的自然环境丝毫没有动摇青年人服务大西北的决心。

〈辨析〉在表示好与坏时,"恶劣"与"良好"意思相对。

【凉快】liáng kuài 清凉,爽快。▷ 晚上比白天凉快多了。

同 凉爽 liáng shuǎng ▷ 夏天穿浅色的衣服会觉得凉爽些。

反 闷热 mēn rè ▷ 天这样闷热,恐怕要下雨了。

〈辨析〉①"凉快"指清凉,身体感到舒服、痛快,多用于口语;"凉爽"指清凉、适宜,心情感到舒畅,多用于书面语。②"凉快"可用作动词,如:到树阴下凉快一下再干活。"闷热"与"凉快"意思相对。

〈相关〉风凉;清凉/火热;炎热;燥热

【粮食】liáng shi 供食用的谷物、豆类和薯类的统称。▷ 河南省的粮食产量居全国首位。

同 食粮 shí liáng ▷ 由于遭受自然灾害,食粮供应很紧张。

〈辨析〉①"粮食"用于口语和书面语;"食粮"主要用于书面语。②"粮食"还用于农业生产,如:今年粮食大丰收;"食粮"可用于比喻,如:钢铁是工业的食粮。

【辽阔】liáo kuò 宽广,开阔。▷ 辽阔的江南平原上,薄薄的雾气正慢慢地散去。

反 狭小 xiá xiǎo ▷ 狭小的街道只能容一辆车子通过。

〈辨析〉在表示宽广和狭窄时,"狭小"与"辽阔"意思相对。

〈相关〉广阔;开阔;宽阔/狭隘;狭窄;窄小

【嘹亮】liáo liàng 声音响亮、清晰。▷ 嘹亮的军号声响彻军营。

同 **响亮** xiǎng liàng ▷ 这位主持人的声音清楚又响亮。

反 **嘶哑** sī yǎ ▷ 你的嗓子嘶哑了,怎么能上台演唱呢?

〈辨析〉"嘹亮"指有节奏的声音响亮而清晰,适用范围较小,多形容歌声、号声等;"响亮"指声音宏大,适用范围较广,可指人声、歌声、乐器声,也可指雷声、掌声、机器轰鸣声。"嘶哑"与"嘹亮"意思相对。

【**了如指掌**】liǎo rú zhǐ zhǎng 形容对事情了解得极其清楚。▷ 老大爷对乡里情况了如指掌。

反 **一无所知** yī wú suǒ zhī ▷ 长期以来他对学校以外的世界一无所知。

〈辨析〉在表示对情况了解得清楚与否时,"一无所知"与"了如指掌"意思相对。

【**瞭望**】liào wàng 登高远望。▷ 边防战士正在哨台上瞭望。

同 **眺望** tiào wàng ▷ 登上山顶,既能俯瞰长江,又能很好地眺望水天一色的天际。

〈辨析〉"瞭望"特指从高处或远处观察,带有一定的目的性,使用范围较小;"眺望"指比较随意地向远处观看景致。

【**临近**】lín jìn 靠近;接近。▷ 他住在临近太平湖的一所宾馆里。

同 **邻近** lín jìn ▷ 我老家邻近南京。

〈辨析〉"临近"除表示空间接近外,还表示接近某时间、某件事,如:等火车到达北京站时,已经临近午夜了;"邻近"只表示位置距离比较近。

【**临时**】lín shí 短时间的;非正式的。▷ 大多数昆虫在临时的隐蔽所藏身。

同 **暂时** zàn shí ▷ 失败是暂时的,只要继续努力,总会取得成功的。

〖反〗**长期** cháng qī ▷ 由于长期营养不良,小弟长得又矮又瘦。

〈辨析〉① "临时"指短时间的、非正式的;"暂时"指短时间。② "临时"还指临到事情发生的时候,如:平时不努力,临时抱佛脚。"长期"与"临时"意思相对。

【**吝啬**】lìn sè 过分爱惜自己的财物,舍不得用。▷ 他很节约,近乎吝啬。

〖同〗**小气** xiǎo·qi ▷ 无论是精神吝啬还是口袋小气,都会让人敬而远之。

〖反〗**大方** dà fāng ▷ 他给起小费来很大方。

〈辨析〉① "吝啬"指极度守财,用于口语和书面语;"小气"侧重指斤斤计较,对一丁点钱物都看得很重,多用于口语。② "吝啬"还用作动词,如:他特别吝啬钱。"大方"与"小气"意思相对。

【**伶俐**】líng lì 聪明,机灵。▷ 这孩子聪明伶俐,人们都很喜欢她。

〖反〗**死板** sǐ bǎn ▷ 你们办事不能这么死板。

〈辨析〉在表示聪明、灵活与否时,"死板"与"伶俐"意思相对。

〈相关〉机灵;灵巧/迟钝;刻板

【**灵活**】líng huó 敏捷;不呆板。▷ 机器人的手和人手一样灵活。

〖同〗**灵敏** líng mǐn ▷ 电子安全报警器很灵敏,一有漏电,电路就自动切断。

〖反〗**呆板** dāi bǎn ▷ 别看他样子呆板,一上球场就非常灵活。

〈辨析〉① "灵活"指敏捷,反应快,多用于口语;"灵敏"指反应敏感,多用于书面语。② "灵活"还有善于随机应变的意思,如:出色的指挥员能够灵活地运用战术。"呆板"与"灵活"意思相对。

〈相关〉灵便;灵巧

【另起炉灶】lìng qǐ lú zào 比喻丢弃原来的重新做起,另搞一套。▷ 这份教材内容陈旧,要另起炉灶,重新修订。

[同] **重整旗鼓** chóng zhěng qí gǔ ▷ 高考失利后,他重整旗鼓,准备复读再考。

[反] **偃旗息鼓** yǎn qí xī gǔ ▷ 由于裁判判罚不公正,引起球迷骚乱,比赛只能偃旗息鼓、草草收场了。

〈辨析〉"另起炉灶"指丢弃原来的东西或做法,重新做起;"重整旗鼓"指整顿力量再干。"偃旗息鼓"与"另起炉灶"意思相对。

【浏览】liú lǎn 粗略地、迅速地看。▷ 他浏览了一下孩子的作业本。

[同] **涉猎** shè liè ▷ 学生时代他广泛涉猎了中外文学名著。

〈辨析〉"浏览"指粗略地、迅速地看,对象除书以外,还可以是景物等;"涉猎"指粗略地读,稍有理解即可,对象只能是某种知识领域。

〈相关〉**翻阅;略读**

【流畅】liú chàng 言语文字明快通畅,不晦涩。▷ 这篇文章立意深刻,文笔流畅,一气呵成。

[同] **流利** liú lì ▷ 她能说一口流利的英语。

[反] **枯涩** kū sè ▷ 这篇作文文字枯涩,请重写一篇。

〈辨析〉"流畅"除形容语言文字连贯、通畅外,还可形容音乐、书画等生动活泼;"流利"除了形容文章通顺外,还形容说话快而清楚。"枯涩"与"流畅"意思相对。

〈相关〉**顺畅;通畅/晦涩;艰涩**

【流芳百世】liú fāng bǎi shì 指美好的名声永远流传。▷ 陈胜、吴广是流芳百世的人民英雄。

[反] **臭名远扬** chòu míng yuǎn yáng ▷ 这位歌星因吸毒而臭名远扬。

〈辨析〉在表示是美名远扬还是坏名声尽人皆知时,"臭名远扬"与"流芳百世"意思相对。

〈相关〉名垂青史;万古流芳/臭名昭彰;遗臭万年

【流露】 liú lù　指思想、情绪等不由自主地显露出来。▷ 这篇文章很感人,字里行间流露出对故乡的留恋和热爱。

同 **透露** tòu lù ▷ 据记者透露,这次台风灾害造成的损失约几百万元。

反 **隐瞒** yǐn mán ▷ 有关部门都知道了,你们不要再隐瞒这次事故了。

〈辨析〉"流露"是思想、感情等不由自主地显露出来;"透露"是有意识地显露出来。"隐瞒"与"流露"意思相对。

〈相关〉表露;显露;泄露/隐藏;隐秘

【流言蜚语】 liú yán fēi yǔ　多指背后传播的攻击、诽谤、诬蔑或挑拨离间的坏话。▷ 别有用心的人散布流言蜚语,企图把水搅浑。

同 **无稽之谈** wú jī zhī tán ▷ 对于那些无稽之谈,她置之不理,付之一笑。

〈辨析〉"流言蜚语"指诽谤诬蔑、挑拨离间的坏话;"无稽之谈"指荒唐怪异、没有根据的话语。

【龙腾虎跃】 lóng téng hǔ yuè　形容生气勃勃,非常活跃。▷ 练兵场上,战士们龙腾虎跃,杀声震天。

同 **生龙活虎** shēng lóng huó hǔ ▷ 身体痊愈后,他又生龙活虎地出现在田径场上。

反 **一蹶不振** yī jué bù zhèn ▷ 正是这种软弱的性格,使大哥在受到一次巨大的打击之后,很长时间内一蹶不振。

〈辨析〉"龙腾虎跃"形容场面热烈活跃;"生龙活虎"形容精神抖擞、生气勃勃。"一蹶不振"与"生龙活虎"意思相对。

〈相关〉生气勃勃/死气沉沉;奄奄一息

【**隆重**】lóng zhòng　盛大,庄重。▷ 一年一度的国际车展隆重开幕。

　　同 **盛大** shèng dà ▷ 欢迎奥运健儿凯旋的场面盛大而热烈。

　　〈辨析〉"隆重"形容场面盛大、气氛庄重;"盛大"形容场面壮观、气氛热烈。

【**笼罩**】lǒng zhào　像笼子一样罩在上面。▷ 大雾笼罩着机场上空,白茫茫一片,什么也看不见。

　　同 **覆盖** fù gài ▷ 冰雪覆盖着路面,又光又滑,车辆只能缓慢地行驶。

　　〈辨析〉"笼罩"是从上而下地罩住,笼罩物一般比被笼罩物大;"覆盖"是从上而下地盖上,覆盖物不一定比被覆盖物大。

【**旅行**】lǚ xíng　为了办事或游览等从一地到另一地。▷ 暑假,他们一起去欧洲旅行。

　　同 **旅游** lǚ yóu ▷ 中外游客都喜欢去湖南张家界旅游。

　　〈辨析〉"旅行"的目的多种多样,可以是去办事、谋生,也可以是去考察、游览;"旅游"的目的就是游玩。

【**屡次**】lǚ cì　多次。▷ 她屡次获得市级"三八"红旗手称号。

　　同 **一再** yī zài ▷ 他们一再声明要退出中超比赛。

　　〈辨析〉"屡次"表示次数较多;"一再"表示重复多次,语气较重。

　　〈相关〉不断;多次;再三

【**屡见不鲜**】lǚ jiàn bù xiān　经常见到,不觉得新奇。▷ 在美国获得博士学位但找不到合适职业的人可谓屡见不鲜。

　　同 **司空见惯** sī kōng jiàn guàn ▷ 现在,网上购物已成为司空见惯的事情了。

　　〈辨析〉"屡见不鲜"指见得多了就不新鲜;"司空见惯"指见惯了就不足为奇。

【**履行**】lǚ xíng　执行;实行。▷ 服兵役是每个公民应该履行的义务。

[同] 执行 zhí xíng ▷ 我们坚决执行上级部门下达的指示。
〈辨析〉"履行"的对象多为合同、职责、义务、诺言、声明等;"执行"的对象多为指示、命令、任务、判决等。
〈相关〉实行

【掠夺】lüè duó 夺取;抢劫。▷ 西方殖民统治者贪婪地掠夺非洲资源。
[同] 掠取 lüè qǔ ▷ 他们利用放高利贷的手段掠取大量的钱财。
〈辨析〉"掠夺"侧重指凭借武力、权势抢夺,含有凶恶野蛮的意味,语意重;"掠取"侧重指用不正当的手段夺取或谋取,语意比"掠夺"轻。
〈相关〉抢夺;抢掠

【略见端倪】lüè jiàn duān ní 略微发现了事情的头绪。▷ 这场球比赛下来,比赛的名次可略见端倪了。
[反] 茫无头绪 máng wú tóu xù ▷ 大家讨论了半天,仍是茫无头绪。
〈辨析〉在表示是否理出头绪时,"茫无头绪"与"略见端倪"意思相对。

【略微】lüè wēi 稍微。▷ 天气还是那么热,只是风比刚才略微大了一些。
[同] 稍许 shāo xǔ ▷ 他在牛奶里稍许放了点糖。
〈辨析〉"略微"侧重指数量少,多用于口语;"稍许"指程度不深,兼用于书面语和口语。
〈相关〉稍微;些微;些许

【轮番】lún fān 一次又一次轮流。▷ 我队采取轮番进攻的战术,把对手打得溃不成军。
[同] 轮流 lún liú ▷ 清洁卫生工作是由办公室的人轮流做的。
〈辨析〉"轮番"表示一次又一次地去做,常用于军事、比赛、演出等,多作书面语;"轮流"表示一个接一个、周而复始地进行,

多用于日常性的工作,作口语和书面语。

【**落后**】luò hòu 落在别人或别的事物后面。▷ 这场比赛客队落后了20分。

⟨同⟩ **落伍** luò wǔ ▷ 小杨没能与时俱进,观点明显落伍了。

⟨反⟩ **进步** jìn bù ▷ 虚心使人进步,骄傲使人落后。

⟨辨析⟩ ① "落后"指行进中落在后面,可用于人或事物,多用于口语;"落伍"指落在后面、掉队,可指人,也可指事物,多用于书面语。② "落后"还指落在原定计划后面,如:这项工程比原计划落后了整整三个月。"进步"与"落后"意思相对。

⟨相关⟩ 倒退;掉队;后退;退步/长进;发展;奋进;提高

【**落花流水**】luò huā liú shuǐ 比喻被打得大败。▷ 村民们齐心协力,把这些匪徒打得落花流水。

⟨同⟩ **丢盔弃甲** diū kuī qì jiǎ ▷ 日本鬼子被打得魂飞魄散,丢盔弃甲。

⟨反⟩ **严阵以待** yán zhèn yǐ dài ▷ 边防军民严阵以待,随时准备歼灭一切来犯之敌。

⟨辨析⟩ "落花流水"形容大势已去;"丢盔弃甲"形容战败时逃窜的景象。"严阵以待"与"落花流水"意思相对。

⟨相关⟩ 溃不成军;屁滚尿流;一败涂地

Mm

【**麻痹**】má bì　疏忽大意,失去警惕性。▷ 由于思想上麻痹大意,才造成这起重大事故。

同 **麻木** má mù ▷ 饮假酒中毒的事件早有发生,可有关领导却表现得很麻木。

反 **警惕** jǐng tì ▷ 提高警惕,保卫祖国。

〈辨析〉①"麻痹"指失去警惕;"麻木"指反应迟钝。②"麻木"还指人体某部位失去感觉,如:他感到双脚有些麻木。"警惕"与"麻痹"意思相对。

【**马到成功**】mǎ dào chéng gōng　形容迅速地取得成功。▷ 中国队作了充分的准备,这一次一定会马到成功。

同 **旗开得胜** qí kāi dé shèng ▷ 球迷们聚集在机场前为足球队员送行,预祝他们旗开得胜。

反 **出师不利** chū shī bù lì ▷ 我队出师不利,没有进入亚运会复赛。

〈辨析〉"马到成功"形容人一到就取得胜利,侧重成功之迅速;"旗开得胜"比喻一开始就取得好成绩,侧重成功之顺利。"出师不利"与"马到成功"意思相对。

【**买卖**】mǎi mài　生意;交易。▷ 人们常说买卖不成交情在。

同 **生意** shēng yì ▷ 超市开在居民区里,生意越来越红火。

〈辨析〉"买卖"使用范围较窄,多指商贩的批量小的零售,多用作口语;"生意"使用范围较广,可以是大宗货物的交易,也可以是小批商品的零售,可用作口语与书面语。

〈相关〉交易;贸易

【满腹经纶】mǎn fù jīng lún　形容人有一肚子的学识和才能。▷ 诸葛亮是一位满腹经纶的政治家。

反 胸无点墨 xiōng wú diǎn mò ▷《水浒传》里的李逵,虽然胸无点墨,但是对于忠奸是非却分辨得一清二楚。

〈辨析〉在形容人是否具有才干、本领与智慧时,"胸无点墨"与"满腹经纶"意思相对。

〈相关〉博学多才/学富五车/才疏学浅/目不识丁

【满怀】mǎn huái　充满胸中;心中充满。▷ 他满怀着感激之情背起书包,又走进课堂。

同 满腔 mǎn qiāng ▷ 她满腔热忱地报名参加了奥运会志愿者队伍。

〈辨析〉"满怀"侧重于"怀",即心中存有;"满腔"侧重于"满",即心中充满。

【满面春风】mǎn miàn chūn fēng　满脸都是喜悦、舒畅或得意的神色。▷ 张校长满面春风地招呼参加校庆的宾客。

同 眉飞色舞 méi fēi sè wǔ ▷ 拿到大学录取通知书,他不禁眉飞色舞。

反 愁眉苦脸 chóu méi kǔ liǎn ▷ 琳琳愁眉苦脸地坐在球场边,一声也不吭。

〈辨析〉"满面春风"形容心情愉快、满脸微笑;"眉飞色舞"形容高兴、得意的神情。"愁眉苦脸"与"满面春风"意思相对。

【满意】mǎn yì　满足自己的愿望;符合自己的心意。▷ 这里的工作环境令人十分满意。

同 得意 dé yì ▷ 这幅油画是他的得意之作。

　　中意 zhòng yì ▷ 挑来挑去,她也没有挑到一件中意的外套。

反 不满 bù mǎn ▷ 人们对这位营业员的服务态度非常不满。

〈辨析〉"满意"指满足愿望、合乎心意,侧重于态度,可用于人、工作成果等;"得意"除满足的意思外,还有自满夸耀的意思;"中意"指人或事物符合自己的标准,侧重于评价。"不满"与"满意"意思相对。

〈相关〉满足

【慢条斯理】màn tiáo sī lǐ　说话、做事有条有理、不慌不忙。▷ 主教练等我们都说完了才慢条斯理地发表他的见解。

反 雷厉风行 léi lì fēng xíng ▷ 开发部经理办事雷厉风行,效率很高。

〈辨析〉在形容动作快慢与否时,"雷厉风行"与"慢条斯理"意思相对。

【漫长】màn cháng　很长;望不到尽头。▷ 这篇小说记录了他漫长而艰苦的历程。

反 短暂 duǎn zàn ▷ 经过短暂的休整,比赛又开始了。

〈辨析〉在形容时间、道路等长短时,"短暂"与"漫长"意思相对。

【漫游】màn yóu　随意而从容地游览;无拘无束地到处游览。▷ 我们骑着马在内蒙古草原上漫游。

同 周游 zhōu yóu ▷ 我立志要做一个周游世界的旅行家。

〈辨析〉①"漫游"指没有明确目的和计划地随意游玩、漫步或观光,可用于人,也可用于物;"周游"多指有目的和有计划地四处游览或全部走到,只用于人。②"漫游"还指移动电话用户携机在不同的业务区中使用,如:他的手机带有全球漫游功能。

〈相关〉游览;游历

【忙碌】máng lù　忙着做各种事情,没有空闲。▷ 负责布置会场的人十分忙碌。

同 繁忙 fán máng ▷ 下午是我一天中最繁忙的时候。

反 清闲 qīng xián ▷ 退休后可以过上清闲的日子了。

〈辨析〉"忙碌"指忙于各种事务;"繁忙"表示事情多而没有空

闲。"清闲"与"忙碌"意思相对。

【**盲目**】máng mù 比喻缺乏明确的目标,对事物认识不清或没有主见。▷ 我反对你种盲目的做法。

反 **自觉** zì jué ▷ 我们要自觉遵守市民守则。

〈辨析〉在形容做事情有无目的、对事物认识是否清楚上,"自觉"与"盲目"意思相对。

【**莽撞**】mǎng zhuàng 鲁莽,冒失。▷ 你也太莽撞了,不分青红皂白就责备人家。

同 **粗鲁** cū lǔ ▷ 他有时说话太粗鲁。

反 **稳重** wěn zhòng ▷ 他为人热情,办事稳重。

〈辨析〉"莽撞"形容行动鲁莽、冒失;"粗鲁"形容言行不文明。"稳重"与"莽撞"意思相对。

〈相关〉冒失/稳当

【**猫哭老鼠**】māo kū lǎo shǔ 比喻假慈悲,装好人。▷ 他是猫哭老鼠——不怀好意,你要当心些。

同 **假仁假义** jiǎ rén jiǎ yì ▷ 他靠放高利贷发了横财,如今却假仁假义地向穷苦人家作些施舍,这难道就能赎回他的罪过吗?

反 **真心诚意** zhēn xīn chéng yì ▷ 对方是真心诚意地想帮助我们。

〈辨析〉"猫哭老鼠"形容装出样子,而非真情实意;"假仁假义"形容内心的虚假。"真心诚意"与"假仁假义"意思相对。

【**毛病**】máo bìng 错误;缺点;不好的习惯。▷ 训练时交头接耳、思想不集中的毛病要改一改。

同 **缺点** quē diǎn ▷ 他身上的缺点还真不少。

〈辨析〉①"毛病"着重指较小的习惯性缺陷,语气较轻,多用于口语;"缺点"着重于具体欠缺的地方,语气较重,口语、书面语均可用。②"毛病"还指疾病,如:他有心血管方面的毛病。

〈相关〉错误

【茂盛】 mào shèng　形容植物生长得繁盛苗壮。▷ 这一带树木长得十分茂盛。

同 茂密 mào mì ▷ 茂密的大森林里经常有野兽出没。

　　旺盛 wàng shèng ▷ 年青人精力旺盛,干了一天活也不觉得累。

反 稀疏 xī shū ▷ 几个月没下雨了,稀疏的禾苗都枯黄了。

〈辨析〉"茂盛"和"茂密"多适用于植物;"旺盛"则可用于动植物及人。"稀疏"与"茂盛"意思相对。

〈相关〉繁茂;繁荣;丰茂/荒芜

【貌合神离】 mào hé shén lí　形容夫妻或合作双方表面上看起来关系融洽,而实际上却各怀各的心思。▷ 这对夫妻貌合神离地共同生活了十几年。

同 同床异梦 tóng chuáng yì mèng ▷ 与其同床异梦勉强生活在一起,还不如早日分手为好。

反 情投意合 qíng tóu yì hé ▷ 他俩谈得很投机,就像是一对情投意合的知心朋友。

〈辨析〉"貌合神离"表示表面亲近,内心疏远;"同床异梦"指各有各的打算。"情投意合"与"貌合神离"意思相对。

【没精打采】 méi jīng dǎ cǎi　形容提不起精神、垂头丧气的样子。▷ 看到儿子整天没精打采的样子,父亲心里很着急。

同 有气无力 yǒu qì wú lì ▷ 那个战士有气无力地伸手揭开盖在身上的油布,小腿肚上露出一处被水浸坏的伤口。

反 精神抖擞 jīng shén dǒu sǒu ▷ 他去西山休养回来,精神抖擞,神采飞扬。

〈辨析〉"没精打采"形容情绪低落;"有气无力"形容精神萎靡不振。"精神抖擞"与"没精打采"意思相对。

【美观】 měi guān　漂亮;好看。▷ 我们设计的原则是:实用,经济,美观。

同 好看 hǎo kàn ▷ 这些小挂件编织得非常好看。

反 丑陋 chǒu lòu ▷ 随地吐痰的行为太丑陋了。

〈辨析〉"美观"只能形容事物的形式或外表,不能形容人的相貌;"好看"可形容事物和人。"丑陋"与"美观"意思相对。

〈相关〉漂亮/难看

【美好】měi hǎo 很好。▷ 他决心把家乡建设得更美好。

同 美妙 měi miào ▷ 屋里传来美妙的小提琴声。

反 丑恶 chǒu è ▷ 敌人露出了丑恶的嘴脸。

〈辨析〉"美好"侧重于"好",多形容行为、精神状态、生活、风景等;"美妙"侧重于"妙",多形容计划、办法、境界、幻想等。"丑恶"与"美好"意思相对。

〈相关〉奇妙

【美丽】měi lì 漂亮;好看。▷ 小女孩长得真美丽。

同 漂亮 piào liang ▷ 这件衣服穿在她身上真漂亮。

反 难看 nán kàn ▷ 这种手机的式样太难看了。

〈辨析〉"美丽"侧重于漂亮、好看,可形容人,也可形容风景等抽象事物,如:雨后的山村,显得分外美丽;"漂亮"除了"好看"外,还形容行为、动作的出色、精彩等,如:郭晶晶的最后一跳实在是太漂亮了。"难看"与"美丽"意思相对。

【美轮美奂】měi lún měi huàn 形容房屋华丽而有气势,也形容装饰、布置等美好漂亮。▷ 北京奥运村附近将增添许多美轮美奂的新建筑。

同 富丽堂皇 fù lì táng huáng ▷ 苏州城的不少园林,不仅富丽堂皇,而且处处洋溢着诗情画意。

〈辨析〉① 在形容建筑、陈设时,"美轮美奂"侧重高大、华美、众多;"富丽堂皇"侧重盛大、豪华、壮观。② "富丽堂皇"还可形容文辞华丽,如:见那三篇文章,作得富丽堂皇,真个是玉磬声声响,金铃个个圆。

【**美满**】měi mǎn　美好,圆满。▷ 他们的日子过得挺美满。

同 圆满 yuán mǎn ▷ 联欢会在热烈的欢呼声中圆满结束。

反 悲惨 bēi cǎn ▷ 解放前他们一家过着非常悲惨的生活。

〈辨析〉"美满"侧重于"美",多形容生活、家庭和婚姻等;"圆满"侧重于"圆",多形容结局、答案等完满、周全。"悲惨"与"美满"意思相对。

【**美中不足**】měi zhōng bù zú　总的来说很好,只是还有缺陷。▷ 小赵工作踏实,但美中不足的是不善于接近群众。

同 白璧微瑕 bái bì wēi xiá ▷ 这些不足之处对整篇文章来说是白璧微瑕而已。

反 十全十美 shí quán shí měi ▷ 十全十美的事也许只存在于理想之中,现实生活中未必会有。

〈辨析〉"美中不足"指还有不完美的地方;"白璧微瑕"指事物虽好,但还有缺陷。"十全十美"与"美中不足"意思相对。

【**闷热**】mēn rè　因气压低、气温高、湿度大、空气不通畅等,使人的呼吸不舒畅。▷ 黄梅季节,天气闷热。

反 凉快 liáng kuài ▷ 下了一阵雨后,天气凉快多了。

〈辨析〉在表示空气畅通、凉爽与否时,"凉快"与"闷热"意思相对。

【**门可罗雀**】mén kě luó què　形容门庭冷落,宾客稀少。▷ 换了老板以后,这家饮食店由门可罗雀一变而为门庭若市。

反 门庭若市 mén tíng ruò shì ▷ 这些天来应聘的学生很多,人事部门门庭若市。

〈辨析〉在形容宾客多少、场面热闹与否时,"门庭若市"与"门可罗雀"意思相对。

〈相关〉门庭冷落/车水马龙/高朋满座

【**朦胧**】méng lóng　月色昏暗不明朗的样子。▷ 大雾中,四周的大楼显得十分朦胧。

反 清晰 qīng xī ▷ 站在张家界,远山的轮廓都清晰可见。

〈辨析〉在形容物体是否清楚、明晰、易于辨识时,"清晰"与"朦胧"意思相对。

〈相关〉模糊/明晰;真切

【猛烈】měng liè 力量强大;气势凶猛。▷ 新型杀虫剂药性猛烈,杀虫效果很好。

同 激烈 jī liè ▷ 这场冠军争夺战进行得非常激烈。

反 缓和 huǎn hé ▷ 紧张的气氛渐渐地缓和下来。

〈辨析〉"猛烈"侧重指气势、力量的强大;"激烈"侧重指动作快速紧张、言辞尖锐。"缓和"与"猛烈"意思相对。

〈相关〉剧烈;厉害;强烈/和缓;平和;平缓

【秘密】mì mì 隐蔽,不公开。▷ 调查是在秘密的情况下进行的。

同 隐秘 yǐn mì ▷ 地道的出口设在隐秘的地方。

反 公开 gōng kāi ▷ 今天是国家队的公开训练日,记者和球迷可以前去观看。

〈辨析〉"秘密"侧重指不让人知道或不便公开,用于口语和书面语;"隐秘"侧重指隐蔽不外露,多用于书面语。"公开"与"秘密"意思相对。

【密密麻麻】mì mì má má 形容又多又密。▷ 笔记本上写满了密密麻麻的符号,令人费解。

反 稀稀落落 xī xī luò luò ▷ 树上只有稀稀落落的几个果子。

〈辨析〉在形容事物是否稠密时,"稀稀落落"与"密密麻麻"意思相对。

〈相关〉密密层层;密密匝匝/疏疏落落;稀稀拉拉

【免除】miǎn chú 免去,除掉。▷ 这样做可以免除不必要的麻烦。

[同] 解除 jiě chú ▷ 台风警报已经解除。

[反] 委任 wěi rèn ▷ 教育局委任李老师为本校校长。

〈辨析〉"免除"表示免去、除掉;"解除"表示消除。"委任"与"免除"意思相对。

【勉励】miǎn lì　鼓励人努力进取。▷ 他勉励受捐助的学生好好学习,将来报效社会。

[同] 鼓励 gǔ lì ▷ 大家互相鼓励着,继续向山顶攀登。

[反] 打击 dǎ jī ▷ 这次比赛的失利给他的打击太大了。

〈辨析〉"勉励"侧重于劝勉,使对方振作精神;"鼓励"侧重表示激发鼓动,使对方振作起来继续干。"打击"与"勉励"意思相对。

【面对】miàn duì　面前正对着。▷ 刘胡兰面对敌人的铡刀,视死如归,大义凛然。

[同] 面临 miàn lín ▷ 他正面临着高考的关口。

〈辨析〉"面对"侧重于对象的方位,指面前正对着的人或事物,可用于书面语或口语;"面临"侧重于对象的趋势,指即将到来的情况、局面,对象只能是事情或事物。

【面面俱到】miàn miàn jù dào　形容考虑或安排得很细致周到。▷ 写日记也要突出重点,切忌面面俱到,记流水账。

[同] 统筹兼顾 tǒng chóu jiān gù ▷ 市政建设必须统筹兼顾,着眼全局。

[反] 顾此失彼 gù cǐ shī bǐ ▷ 上海排球队重扣轻吊,打得对手顾此失彼,连连失分。

〈辨析〉"面面俱到"形容表述全面、没有遗漏;"统筹兼顾"指统一筹划,全面照顾。"顾此失彼"与"面面俱到"意思相对。

〈相关〉挂一漏万/包罗万象

【面目】miàn mù　面容;相貌。▷ 距离太远没有看清那人的面目。

【面貌】miàn mào ▷ 房间里的光线很暗,看不清那人的面貌。
〈辨析〉①"面目"可用于贬义;"面貌"为中性词。②"面目"还指个人的面子、脸面,如:我有什么面目回去见父母双亲。

【面目全非】miàn mù quán fēi 形容变化很大。▷ 由于某些人乱砍滥伐,山上原本郁郁葱葱的树林变得面目全非了。

同 天翻地覆 tiān fān dì fù ▷ 改革开放以后,我们国家发生了天翻地覆的变化。

反 原封不动 yuán fēng bù dòng ▷ 张经理把对方送来的礼物原封不动地退了回去。

〈辨析〉"面目全非"指事物改变极大,多指向坏的方向发展;"天翻地覆"指事物发生根本性的转变,语意较重。"原封不动"与"面目全非"意思相对。

〈相关〉地覆天翻/一成不变;依然如故

【苗条】miáo tiao 身材细长柔美。▷ 妹妹比姐姐还要苗条些。

反 臃肿 yōng zhǒng ▷ 原本肥胖的身体,再穿上一件羽绒服,更显得臃肿。

〈辨析〉在形容身材修长或肥胖与否时,"臃肿"与"苗条"意思相对。

〈相关〉修长/肥胖

【描写】miáo xiě 用文字、图画等把人物、事件、环境形象具体地表述出来。▷ 秦文君最善于描写儿童的心理。

同 描述 miáo shù ▷ 他滔滔不绝地描述那天冠亚军决赛的场面。

〈辨析〉"描写"主要用文字、图画等来进行,对象可以是人,也可以是环境、事件等,使用范围广;"描述"既可以用文字等,又可以用口头语言,对象主要是事件、活动等,使用范围较窄。

〈相关〉描画;描绘

【渺小】miǎo xiǎo 微小。▷ 我个人犹如大海中的一滴水,渺小得很。

[同] 微小 wēi xiǎo ▷ 枸杞被制成微小颗粒状的药丸。

[反] 伟大 wěi dà ▷ 伟大的祖国前程似锦。

〈辨析〉"渺小"一般引申用于形容抽象事物,如精神等;"微小"一般用于形容具体的形体或数量。"伟大"与"渺小"意思相对。

〈相关〉细小/巨大

【藐视】miǎo shì 轻视;小看。▷ 在战略上要藐视敌人,在战术上要重视敌人。

[同] 轻视 qīng shì ▷ 由于轻视对手,上半场,上海队以 1∶2 落后。

[反] 重视 zhòng shì ▷ 要重视学生的小发明、小创造。

〈辨析〉"藐视"强调看不起,有居高临下的意思;"轻视"强调不认真对待、不重视。"重视"与"藐视"意思相对。

〈相关〉鄙视;蔑视/看重

【灭亡】miè wáng 衰败和消失。▷ 眼看国家就要灭亡,我们怎么能只想到个人的前途呢!

[同] 死亡 sǐ wáng ▷ 我能清楚地感觉到,当时我已经接近死亡了。

〈辨析〉"灭亡"侧重指国家、种族等被消灭,不再存在,既可用于人,又可用于事物;"死亡"指有生命的动植物丧失生命。

〈相关〉消灭

【敏感】mǐn gǎn 对外界事物的变化反应很快。▷ 边界问题是两国谈判的敏感问题。

[同] 敏锐 mǐn ruì ▷ 他对股指的反复震荡特别敏锐。

[反] 迟钝 chí dùn ▷ 他年纪不大,反应却相当迟钝。

〈辨析〉"敏感"指生理上或心理上对外界事物的变化反应很快;"敏锐"指感觉灵敏、目光尖锐。"迟钝"与"敏感"意思相对。

〈相关〉灵敏/迟缓

【敏捷】 mǐn jié　迅速,灵敏。▷ 小猴子敏捷地爬到树梢上。

同 **迅捷** xùn jié ▷ 队员们迅捷地做好了比赛的准备工作。

反 **迟缓** chí huǎn ▷ 他年老体弱,行动非常迟缓。

〈辨析〉"敏捷"指思维或动作灵敏、迅速;"迅捷"指动作迅速,反应很快。"迟缓"与"敏捷"意思相对。

〈相关〉迅速/缓慢

【名副其实】 míng fù qí shí　名称或名声与实际相符合。▷ 唐师傅是个名副其实的先进工作者,大家非常敬重他。

同 **名不虚传** míng bù xū chuán ▷ 俗话说"上有天堂,下有苏杭",苏杭一游,深感其名不虚传。

反 **名不副实** míng bù fù shí ▷ 冠军队的称号与这支队伍的素质名不副实。

〈辨析〉"名副其实"偏重于名称、名声与事实符合,可用于好名声,也可用于坏名声;"名不虚传"指不是徒有虚名,一般用于好名声。"名不副实"与"名副其实"意思相对。

【名贵】 míng guì　著名而珍贵。▷ 这种药材十分名贵,产于青藏高原。

同 **贵重** guì zhòng ▷ 这件首饰很贵重,你要保管好。

反 **低廉** dī lián ▷ 这批商品价格低廉,质量还可以。

〈辨析〉"名贵"偏重于著名而珍贵;"贵重"指本身价值的宝贵。"低廉"与"名贵"意思相对。

〈相关〉贵重

【明白】 míng bái　清楚;明确;容易使人了解。▷ 把事情弄明白了,你再下结论。

同 **清楚** qīng chǔ ▷ 他朗读起来口齿清楚。

〈辨析〉"明白"还有聪明、懂事的意思,如:不用多说了,他是个明白人;"清楚"还有头脑清醒的意思,如:他头脑很清楚,不会干那种傻事。

【明辨是非】míng biàn shì fēi　指很清楚地分辨出正确与错误。▷ 社会调查不仅使我们学到许多知识,也培养了我们明辨是非的能力。

反 **不分皂白** bù fēn zào bái ▷ 他不分皂白地批评了所有的人。

〈辨析〉在表示能否明确地区分是非时,"不分皂白"与"明辨是非"意思相对。

〈相关〉是非分明/混淆是非

【明火执仗】míng huǒ zhí zhàng　形容公开地毫无顾忌地干坏事。▷ 这帮人目无法纪,明火执仗地在宾馆聚众赌博。

同 **明目张胆** míng mù zhāng dǎn ▷ 他竟然在光天化日之下,明目张胆闯入民宅盗窃。

反 **小心翼翼** xiǎo xīn yì yì ▷ 他小心翼翼地走进房间。

〈辨析〉"明火执仗"指公开地、毫无隐蔽地做;"明目张胆"指胆大妄为、毫无顾忌地做。"小心翼翼"与"明火执仗"意思相对。

【明确】míng què　明白而确定。▷ 他已经明确表态,大学毕业后去西部地区工作。

同 **明了** míng liǎo ▷ 我明了你的要求,我会照这样去做的。

反 **含糊** hán hu ▷ 他说话办事一点也不含糊。

〈辨析〉"明确"一般指态度、目标等,使用范围较广;"明了"表示清楚地知道或懂得。"含糊"与"明确"意思相对。

〈相关〉分明;明朗;鲜明/模糊

【明显】míng xiǎn　明白;显著;清晰。▷ 经过治疗,他的病情有了明显的好转。

同 **显著** xiǎn zhù ▷ 这学期,他的学习成绩有了显著的提高。

反 **隐晦** yǐn huì ▷ 这首诗写得太隐晦,叫人不易读懂。

〈辨析〉"明显"强调清楚;"显著"强调突出。"隐晦"与"明显"意思相对。

【冥思苦想】 míng sī kǔ xiǎng　形容绞尽脑汁,竭力思索。▷ 他一个人关在房间里冥思苦想,寻找妥善解决问题的方法。

同 绞尽脑汁 jiǎo jìn nǎo zhī ▷ 他绞尽脑汁,终于想出了一个解决问题的办法来。

反 无所用心 wú suǒ yòng xīn ▷ 一个饱食终日、无所用心的人,想要取得事业的成功怎么可能呢?

〈辨析〉"冥思苦想"语意较轻;"绞尽脑汁"语意较重。"无所用心"与"绞尽脑汁"意思相对。

【铭记】 míng jì　深深地记在心里。▷ 他把辅导员的教诲铭记在心里。

同 牢记 láo jì ▷ 他将牢记亲人的嘱咐。

反 淡忘 dàn wàng ▷ 好多年过去了,这件事已经被人们淡忘了。

〈辨析〉"铭记"强调深深地记住,多用于庄重的场合,作书面语;"牢记"强调牢牢地记住,较口语化。"淡忘"与"牢记"意思相对。

【命名】 mìng míng　给予称号或名称。▷ 军委命名本连队为"南京路上好八连"。

同 取名 qǔ míng ▷ 为了感谢上海人的救命之恩,她给孩子取名为"沪生"。

〈辨析〉"命名"一般为上级部门授予的荣誉称号,语气较为庄重;"取名"为单位、个人起名,语意较轻。

〈相关〉定名;起名

【摸索】 mō suǒ　探求;寻找。▷ 他试图摸索出一种解决问题的办法。

同 探索 tàn suǒ ▷ 小分队沿着泉水的方向,探索山泉的源头。

〈辨析〉"摸索"指在不明情况下做某事,对象多为方向、方法、经验等;"探索"指试着寻找隐藏着的东西,对象多为本质、根源、规律等。

〈相关〉探寻;寻求

【模仿】mó fǎng 按照某种方法、样式或动作去做。▷ 你不能一味地模仿老演员的唱腔,要有所创新。

同 **模拟** mó nǐ ▷ 今天的写作课是模拟作文。

〈辨析〉"模仿"指照着具体的已有的样子做,追求某种程度的相似,可用作口语与书面语;"模拟"指按照某个方向去仿拟,以求得惟妙惟肖,多用于书面语。

【摩拳擦掌】mó quán cā zhǎng 形容投入劳动、竞赛或战斗之前精神振奋、急不可待的样子。▷ 战斗任务下达以后,战士们个个摩拳擦掌,斗志昂扬。

同 **跃跃欲试** yuè yuè yù shì ▷ 看到这种新型游艺机,在场的顾客都跃跃欲试。

反 **无精打采** wú jīng dǎ cǎi ▷ 小芳独自在小屋里闷坐着,显出一副无精打采的样子。

〈辨析〉"摩拳擦掌"重在形容神态和动作,表示有足够的心信去试着做某事;"跃跃欲试"重在形容做某事心情和意愿,但不一定有把握。"无精打采"与"摩拳擦掌"意思相对。

〈相关〉蠢蠢欲动;秣马厉兵/垂头丧气;心灰意懒

【没收】mò shōu 把违反法令和禁令的人的钱财或物件无条件归公或扣下。▷ 非法生产的烟花爆竹一经查获,即被全部没收。

反 **退还** tuì huán ▷ 公安部门把收缴的自行车全部退还给失主。

〈辨析〉在表示把非法、违规的钱财和物品扣留还是退回时,"退还"和"没收"意思相对。

〈相关〉偿还;归还

【**漠不关心**】mò bù guān xīn　形容对人或事物十分冷淡,不加关心。▷ 此事涉及学校名誉,无论哪个同学都不应该采取漠不关心的态度。

同 **漠然置之** mò rán zhì zhī ▷ 作为厂长,你怎么能对职工的意见漠然置之呢?

反 **无微不至** wú wēi bù zhì ▷ 他们无微不至地关心每位参加比赛的残疾运动员。

〈辨析〉"漠不关心"指对事物态度冷淡;"漠然置之"指冷淡地把事物放在一边。"无微不至"与"漠不关心"意思相对。

【**墨守成规**】mò shǒu chéng guī　比喻思想守旧,固执地按老规矩办事,不求改进。▷ 老丁墨守成规,缺少开拓创新精神。

同 **因循守旧** yīn xún shǒu jiù ▷ 因循守旧的思想已经远远跟不上深化改革的步伐了。

反 **独辟蹊径** dú pì xī jìng ▷ 张军跟朋友商量,认为在福州路开个书吧,不失为独辟蹊径的好主意。

〈辨析〉"墨守成规"指死守老规矩,保守固执;"因循守旧"指思想保守,不求创新。"独辟蹊径"与"墨守成规"意思相对。

〈相关〉抱残守缺;故步自封/标新立异;独树一帜

【**谋害**】móu hài　谋划杀害或陷害。▷ 他谋害了合伙人,侵吞了全部资产。

同 **谋杀** móu shā ▷ 这个"赌王"就这样被赌徒们谋杀了。

〈辨析〉"谋害"除谋杀外还有陷害的意思,如:这些子虚乌有的证据,纯属有意谋害;"谋杀"仅指谋划杀害。

【**目的**】mù dì　要去的地点或要到达的境界。▷ 我们这次旅行的目的是开阔视野、陶冶情操。

同 **目标** mù biāo ▷ 参加这次全运会我们的目标是三块金牌、五块银牌和越多越好的铜牌。

〈辨析〉"目的"侧重于行为的意图,追求最终的结果;"目标"除侧重于行为的方向外,也可指攻击、射击或追求的对象,如:公安人员在边境发现了追捕的目标。

【**目前**】mù qián　眼前;现在。▷ 到目前为止,造成这起事故的原因还未查清。

　同 **当前** dāng qián ▷ 当前的中东形势还是很复杂的。

〈辨析〉"目前"指说话的时候,没有任何间隔的时间;"当前"指现阶段,有一定的时间间隔。

〈相关〉现在;眼前/将来

【**目中无人**】mù zhōng wú rén　形容狂妄自大,看不起人。▷ 像他那副目中无人的样子,有谁愿意与他交朋友啊!

　同 **旁若无人** páng ruò wú rén ▷ 她也不朝他看一下,旁若无人地坐下来。

　反 **虚怀若谷** xū huái ruò gǔ ▷ 这位誉满画坛的艺术大师仍然是那样虚怀若谷,平易近人。

〈辨析〉①"目中无人"的语意比"旁若无人"重。②"旁若无人"还有"从容自然"的含义,如:她旁若无人,继续喝着咖啡。"虚怀若谷"与"目中无人"意思相对。

Nn

【纳凉】nà liáng 乘凉。▷ 晚上,几乎全村人都坐在大榕树下纳凉。

反 **取暖** qǔ nuǎn ▷ 随着科学技术的发展,人们的取暖方式越来越多样化了。

〈辨析〉在表示冷热空气流动使身体舒适方面,"取暖"和"纳凉"意思相对。

〈相关〉乘凉

【纳闷】nà mèn 疑惑不解。▷ 听到这没头没脑的抱怨,他很纳闷。

同 **茫然** máng rán ▷ 我茫然,我不知道他究竟发生了什么事情。

反 **明白** míng bai ▷ 经他这么一说,我明白了其中的奥妙。

〈辨析〉"纳闷"指因疑惑而发闷,较口语化;"茫然"指疑惑不明白。"明白"与"纳闷"意思相对。

【耐心】nài xīn 不急躁;不厌烦。▷ 做实验是很枯燥的,贵在耐心、坚持。

同 **耐烦** nài fán ▷ 他等得不耐烦了。

反 **急躁** jí zào ▷ 一听说事情没办妥,他就急躁起来。

〈辨析〉"耐心"强调沉稳,心里不急躁;"耐烦"强调能忍耐,不厌烦。"急躁"与"耐心"意思相对。

【南辕北辙】nán yuán běi zhé 比喻行动和目的相反。▷ 如果偏离了正确的方向,追求梦想终将是南辕北辙。

[同] **背道而驰** bèi dào ér chí ▷ 任何单位制定各项制度都不能与员工的利益背道而驰。

[反] **殊途同归** shū tú tóng guī ▷ 他俩解数学题方法不同,但最后殊途同归,都把题解出来了。

〈辨析〉"南辕北辙"比喻行动跟目的相反,是就同一事情的两方面说的;"背道而驰"比喻彼此方向不同,目的相反,是就两种不同的事物说的。"殊途同归"与"南辕北辙"意思相对。

【难过】nán guò 难受;不愉快。▷ 听到好友不幸去世的消息,他心里很难过。

[同] **难受** nán shòu ▷ 不要再提那件事了,提起来让人心里难受。

〈辨析〉①"难过"形容心里不愉快,侧重于人的情态,含有哀伤的意味;"难受"形容心里不痛快,侧重于人的感觉。②"难过"还可用作动词,表示日子过得不舒畅,如:这样缺吃少穿的日子真难过;"难受"还表示别扭,难以忍受,如:这种慢吞吞的腔调是让急性子刘铭最难受的。

【难舍难分】nán shě nán fēn 形容双方感情很深,舍不得分开。
▷ 同窗六载的同学就要各奔前程了,大家都有些难舍难分。

[同] **难解难分** nán jiě nán fēn ▷ 为了夺取奥运会乒乓球冠军,两位选手打得难解难分。

[反] **若即若离** ruò jí ruò lí ▷ 经过这场风波,她俩的关系变得若即若离,再不像以前那样好了。

〈辨析〉"难舍难分"形容感情亲密不愿分开;"难解难分"形容双方关系密切,可用于人和事。"若即若离"与"难舍难分"意思相对。

【恼恨】nǎo hèn 生气,怨恨。▷ 不是他让你离岗的,你不要恼恨他。

[同] **恼火** nǎo huǒ ▷ 战术贯彻不下去,主教练十分恼火。

〈辨析〉"恼恨"侧重于"恨",表示由生气而产生怨恨,语意较重;"恼火"侧重于"火",表示生气,语意较轻。

〈相关〉生气;怨恨

【内行】nèi háng 对某种工作或技艺有广博的知识和丰富的经验;内行的人。▷ 饲养锦鲤鱼他很内行;干这项工作我可不是内行,请你多加指教。

反 外行 wài háng ▷ 说到鉴别玉石,他可不外行;不懂就得好好学习,不要外行充内行。

〈辨析〉在形容人对某一领域熟悉程度方面,"外行"与"内行"意思相对。

〈相关〉行家;专家/生手

【内幕】nèi mù 不为外界知晓的内部秘密情况。▷ 内幕一经揭开,必定会引起朝野的哗然。

同 内情 nèi qíng ▷ 这些说长道短的人根本不了解内情。

〈辨析〉"内幕"多指坏的、不敢公开的情况,多含贬义;"内情"指含有各种细节以及种种复杂的关系,为中性词。

【内容】nèi róng 事物内部所包含的实质或意义。▷ 这部电视剧的内容充实,形式完美,非常贴近老百姓的生活。

反 形式 xíng shì ▷ 不要只图形式上的热闹,而要讲求实际的效果。

〈辨析〉在表示事物性状方面,"形式"与"内容"意思相对。

【内外交困】nèi wài jiāo kùn 里里外外都陷入困境。▷ 由于经营不善,这个公司内外交困,难以生存。

同 内忧外患 nèi yōu wài huàn ▷ 国家充满了内忧外患,爱国人士忧心如焚。

反 国泰民安 guó tài mín ān ▷ 国泰民安的和谐社会来之不易,应该好好珍惜。

〈辨析〉① "内外交困"表示内部和外部的困难交织在一起;"内

忧外患"表示国家内部有灾祸,外部又受到侵略,语意较重。② "内外交困"还可指个人处境;"内忧外患"不能指人。"国泰民安"与"内忧外患"意思相对。

【年富力强】nián fù lì qiáng　年纪轻,身体好,精力旺盛。▷ 他是一位年富力强的教授,前程无可限量。

反 年迈力衰 nián mài lì shuāi ▷ 张教授虽已年迈力衰,但每天仍坚持五六小时的写作。

〈辨析〉在形容人的年龄、精力、体力等方面,"年迈力衰"与"年富力强"意思相对。

〈相关〉春秋鼎盛;年轻力壮/老态龙钟;年老体弱

【年纪】nián jì　人生存的年数。▷ 小伙子的年纪看上去三十岁出头。

同 年龄 nián líng ▷ 儿童到了入学年龄,就应该上学。

〈辨析〉"年纪"只适用于人,用于口语和书面语;"年龄"多用于书面语,还适用于动植物,如:大熊猫的年龄约为三岁。

【年青】nián qīng　年龄正处在青年时期。▷ 他正年青,在这个领域里一定可以大有作为。

同 年轻 nián qīng ▷ 这批年轻人在抗洪救灾斗争中表现非常突出。

反 年迈 nián mài ▷ 年迈多病的徐教授还在指导青年教师撰写学术论文。

〈辨析〉"年青"指处在青少年时期;"年轻"指相对来说年龄处于较小的状态。"年迈"与"年青"意思相对。

〈相关〉青年/老年

【念念有词】niàn niàn yǒu cí　指在神佛前小声说祈祷的话或念咒语。也指人不停地自言自语。▷ 老太太虔诚地站在观音菩萨前,口中念念有词。

同 振振有词 zhèn zhèn yǒu cí ▷ 他振振有词地为自己挥霍浪

费的行为辩护。

反 **默默无言** mò mò wú yán ▷ 她听了外婆的叙述,一时默默无言。

〈辨析〉"念念有词"形容念经、祈祷活动或像念经似地背诵、讲话等;"振振有词"形容自以为理由充分、大发言论。"默默无言"与"念念有词"意思相对。

【**捏造**】niē zào 假造事实。▷ 他居然捏造实验数据,骗取学术界的信任。

同 **伪造** wěi zào ▷ 他伪造出国护照,被公安部门拘留了。

〈辨析〉"捏造"侧重于无中生有地凭空虚构,多用于事实、罪名、谎言等;"伪造"侧重在暗中模仿并造出假的事物,对象多为证件、证据、印章等。

〈相关〉假造

【**宁静**】níng jìng 安静。▷ 清晨,中山公园游人稀少,显得格外宁静。

同 **恬静** tián jìng ▷ 田园生活是那样的恬静、休闲。

反 **喧闹** xuān nào ▷ 远处传来一阵喧闹声。

〈辨析〉"宁静"多形容环境和人的心境安静;"恬静"指从内心感到安静。"喧闹"与"宁静"意思相对。

〈相关〉安静;寂静;平静/吵闹;烦乱;闹腾

【**凝固**】níng gù 由液体凝结成固体。▷ 水在冰点凝固成冰。

同 **凝结** níng jié ▷ 冷空气袭来,河面上已凝结成一层薄冰。

反 **溶化** róng huà ▷ 砂糖放在水中就会溶化。

〈辨析〉"凝固"侧重于"固",指液体变成固体或表示固定不变的意思;"凝结"侧重于"结",表示各种情况积聚成新东西,常用于心血、汗水或思想、感情等。"溶化"与"凝固"意思相对。

【**凝视**】níng shì 集中目力看。▷ 少先队员凝视着宋庆龄的雕像。

🔄 **注视** zhù shì ▷ 张老师目不转睛地注视着舞台上芭蕾舞演员的每一个动作。

🔁 **扫视** sǎo shì ▷ 他站在主席台上向四周扫视了一下。

〈辨析〉①"凝视"指目光较长时间地集中于某种物体和人;"注视"侧重于集中精神地看,时间可长可短。②"注视"的对象还可以是抽象的事物,如:他每天注视国际市场石油价格的变化。"扫视"与"凝视"意思相对。

〈相关〉凝望;瞩目;注目/浏览;张望

【**浓厚**】nóng hòu 浓烈,厚重。▷ 最近他对传记文学产生了浓厚的兴趣。

🔄 **深厚** shēn hòu ▷ 在连队里他俩建立了深厚的友谊。

🔁 **淡薄** dàn bó ▷ 这些人法制观念非常淡薄。

〈辨析〉"浓厚"多形容色彩、烟雾、云层、气氛、作风、兴趣等;"深厚"多形容感情、友谊等抽象事物或地层、基础等具体事物。"淡薄"与"浓厚"意思相对。

【**浓重**】nóng zhòng 形容烟雾、色彩、气味等又稠又重。▷ 这幅水彩画的色彩太浓重。

🔄 **浓烈** nóng liè ▷ 一踏进果园,我们就闻到一股浓烈的苹果香味。

🔁 **稀薄** xī bó ▷ 青藏高原上空气稀薄。

〈辨析〉"浓重"使用范围较广,还形容口音等,如:虽然在上海工作多年,她说话还带着浓重的山东口音;"浓烈"使用范围较窄,一般用于形容气味和气氛。"稀薄"与"浓重"意思相对。

【**弄虚作假**】nòng xū zuò jiǎ 耍花招,用虚假的一套骗人。▷ 我们反对弄虚作假、好大喜功的工作作风。

🔁 **实事求是** shí shì qiú shì ▷ 我们要实事求是地对待现实生活中的矛盾。

〈辨析〉在形容人办事是否诚实守信时,"实事求是"和"弄虚作假"意思相对。

〈相关〉夸大其词;添油加醋/货真价实;名副其实

【奴颜婢膝】nú yán bì xī 形容奴才相十足,低三下四地讨好别人。▷ 穷也要穷得有志气,可不能对有钱人奴颜婢膝。

同 低三下四 dī sān xià sì ▷ 别看他这样穷困潦倒,他祖上可不是什么低三下四的人家。

反 坚贞不屈 jiān zhēn bù qū ▷ 他坚贞不屈,用严厉的言辞斥责敌人的审问。

〈辨析〉"奴颜婢膝"形容十足的奴才相;"低三下四"形容卑躬屈膝、阿谀奉承的样子。"坚贞不屈"与"奴颜婢膝"意思相对。

【努力】nǔ lì 尽量用力。▷ 他迈着步子,努力地向前走。

同 尽力 jìn lì ▷ 我会尽力帮助他的。

〈辨析〉"努力"指尽量把力气使出来;"尽力"指毫无保留地用出一切力量,语意较重。

【怒发冲冠】nù fà chōng guān 形容愤怒到极点。▷ 面对敌人的猖狂挑衅,战士们怒发冲冠。

同 咬牙切齿 yǎo yá qiè chǐ ▷ 张大爷咬牙切齿地说:"我总有一天要找他算这笔账。"

反 欣喜若狂 xīn xǐ ruò kuáng ▷ 欣喜若狂的歌迷们纷纷站立起来,向台上的歌星挥手致意。

〈辨析〉"怒发冲冠"一般用来形容正面人物的义愤;"咬牙切齿"形容痛恨到了极点,为中性词。"欣喜若狂"与"怒发冲冠"意思相对。

〈相关〉怒不可遏;怒气冲天/欢呼鼓舞;笑容可掬

【怒吼】nù hǒu 比喻雄壮、宏大的声音。▷ 这是勇敢的海燕,在怒吼的大海上,高傲地飞翔。

同 咆哮 páo xiào ▷ 风在吼,马在叫,黄河在咆哮。

〈辨析〉"怒吼"比喻发出威武雄壮的声音,为褒义词,使用范围较广;"咆哮"形容水流的奔腾轰鸣或人的暴怒喊叫,为中性词,使用范围较窄。

【怒色】nù sè　愤怒的表情。▷ 张教授面带怒色,走进会议室。
同 怒容 nù róng ▷ 她满面怒容地转身走了出去。
反 喜色 xǐ sè ▷ 儿子考上大学了,全家人面露喜色。
〈辨析〉"怒色"侧重于"色",指愤怒的神色;"怒容"侧重于"容",指愤怒的面容。"喜色"与"怒色"意思相对。
〈相关〉愤怒

【暖和】nuǎn huo　不冷也不太热。▷ 今年上海的冬天很暖和。
同 温暖 wēn nuǎn ▷ 温暖的阳光照在我的身上。
反 寒冷 hán lěng ▷ 北方的冬天特别寒冷。
〈辨析〉①"暖和"形容气候、环境等冷热适中;"温暖"除形容气温外,还指感情上的温存和体贴,如:在这个集体中,你能处处感受到兄弟般的情谊和温暖。②"暖和"不能用作动词;"温暖"可用作动词,如:组织的关怀温暖了我的心。"寒冷"与"暖和"意思相对。
〈相关〉和煦;温和/冰冷;严寒

【暖色】nuǎn sè　色彩学上把使人感觉温暖的颜色,如红、橙、黄等,叫作暖色。▷ 房间墙壁被刷成暖色。
反 冷色 lěng sè ▷ 舞台背景都为冷色,以烘托悲剧的气氛。
〈辨析〉在表示不同颜色给人的不同感觉方面,"冷色"与"暖色"意思相对。

【诺言】nuò yán　事先答应别人的话。▷ 他信守自己的诺言,担负起照顾表哥一家生活的责任。
同 誓言 shì yán ▷ 他用舍己救人的行动来实现自己的誓言。
〈辨析〉"诺言"指答应、应允别人的话,为书面语;"誓言"指宣誓时说的话,有庄重的色彩。

【懦弱】nuò ruò 胆小怕事,软弱无能。▷ 一遇到困难,他就显出懦弱的样子。

同 **软弱** ruǎn ruò ▷ 他刚做过大手术,身体还十分软弱。

反 **刚强** gāng qiáng ▷ 他是一个刚强不屈的男子汉。

〈辨析〉"懦弱"指胆小怕事,缺乏力量和勇气,只能用于个人;"软弱"多形容人的意志、性格、身体等不坚强,也可用于动植物及国家、政府等。"刚强"与"懦弱"意思相对。

〈相关〉薄弱;脆弱;怯弱/坚强;坚毅;顽强

Oo

【讴歌】ōu gē 颂扬和赞美。▷ 这次征文竞赛的主题是:讴歌伟大的祖国。

同 歌颂 gē sòng ▷ 人们用最动听的歌声、最美丽的诗句来歌颂人民的英雄。

〈辨析〉"讴歌"侧重指歌唱赞美,也可指用语言文字赞美;"歌颂"侧重指用语言文字赞美、颂扬功德。

〈相关〉颂扬/咒骂

【呕心沥血】ǒu xīn lì xuè 形容费尽心思,耗尽心血,十分辛劳。▷ 她呕心沥血地培养儿子,终于使他成为举世闻名的钢琴家。

同 煞费苦心 shà fèi kǔ xīn ▷ 老师为了使学生们能健康地成长,真是煞费苦心。

〈辨析〉"呕心沥血"用作褒义;"煞费苦心"可用作褒义,也可用作贬义。

〈相关〉鞠躬尽瘁;冥思苦想

【偶尔】ǒu ěr 有时候。▷ 学习之余,他偶尔也去打打球。

同 间或 jiàn huò ▷ 大家都聚精会神地听着,间或有人低声地交谈几句。

反 经常 jīng cháng ▷ 首长经常下连队检查工作。

〈辨析〉"偶尔"指次数很少,多用于口语;"间或"多用于书面语。"经常"与"偶尔"意思相对。

【偶然】ǒu rán 难得;碰巧。▷ 一个偶然的机会,我在自然博物馆见到十余年未见的老同学。

反 **必然** bì rán ▷ 大家听到这个不幸的消息,必然会感到悲痛。
〈辨析〉在表示事情发生的因素方面,"必然"与"偶然"意思相对。

【**藕断丝连**】ǒu duàn sī lián 比喻表面上已经断绝了关系,实际上仍然有联系。▷ 两个人虽然已分手多年,但感情上还是藕断丝连。

同 **难舍难分** nán shě nán fēn ▷ 两个人难舍难分,一直到深夜才各自回家。

反 **一刀两断** yī dāo liǎng duàn ▷ 如果不是碍着情面,我早就和他一刀两断了。

〈辨析〉①"藕断丝连"是比喻性的词语,多用在分离之后;"难舍难分"是直陈性的词语,多用在分离之时。②"藕断丝连"一般用在男女情人之间;"难舍难分"使用范围广,可用在人与人、人与地方之间。

【拍案叫绝】pāi àn jiào jué 形容非常赞赏。▷ 这几首才气横溢的诗词使张教授拍案叫绝。

同 赞不绝口 zàn bù jué kǒu ▷ 我终于来到令中外游人赞不绝口的黄山。

反 破口大骂 pò kǒu dà mà ▷ 一位打扮入时的女士,在那里指手画脚,破口大骂。

〈辨析〉"拍案叫绝"侧重于赞赏;"赞不绝口"侧重于赞美。"破口大骂"与"拍案叫绝"意思相对。

〈相关〉交口称赞;有口皆碑/口诛笔伐;群起攻之

【排斥】pái chì 互不相容;排除。▷ 不要排斥那些与自己意见不相同的同志,要团结大家一起工作。

同 排挤 pái jǐ ▷ 他大搞派性,把好几位持有不同意见的同志排挤出领导班子。

反 吸引 xī yǐn ▷ 这家企业的改革举措吸引了不少人才。

〈辨析〉① "排斥"侧重于"斥",使对方离开或不能加入;"排挤"侧重于"挤",指把不利于自己的人倾轧出去。② "排斥"使用范围广,可用于事物的外部,也可用于事物的内部,为中性词;"排挤"使用范围窄,多用于事物的内部,为贬义词。"吸引"与"排斥"意思相对。

〈相关〉排除;清除

【排除】pái chú 除掉;除去。▷ 不能排除手术失败的可能性。

同 消除 xiāo chú ▷ 经过严格的安全生产检查,消除了事故隐患。

〈辨析〉①"排除"侧重于"排",即用力除去;"消除"侧重于"消",即设法使不存在。②"排除"还有排泄的意思,如:管道堵塞了,污水无法排除出去。

【排演】pái yǎn　戏剧等在正式上演前,演员在导演的指导下,按照剧情逐段练习。▷ 交响乐团正在排演大型交响乐《黄河颂》。

同 演习 yǎn xí ▷ 这次陆海空三军演习充分体现我军的军事威力。

〈辨析〉"排演"指上演前的排练,多用于文艺演出;"演习"指实地练习,多用于军事、消防等进行的实地训练。

【徘徊】pái huái　在一个地方来回地行走。▷ 他在楼下徘徊,拿不定主意是不是该上楼找她。

同 彷徨 páng huáng ▷ 面对突然出现的新情况,他感到很彷徨,不知道如何选择。

〈辨析〉①"徘徊"指在一个地方来回不停地走,多用于心绪不佳而引起的情况;"彷徨"指犹豫不决地来回走,不知到哪里去,没有方向,心神不定。②"徘徊"还比喻犹豫不决或事物在某个范围内来回浮动,不再前进,如:这个厂今年终于打破历年生产指标徘徊不前的局面。

【派别】pài bié　因观点、主张不同而形成的分支。▷ 禅宗是佛教的一个派别。

同 派系 pài xì ▷ 一个小团体里还分成好几个派系。

〈辨析〉"派别"指因主张、见解和特点不同而形成的分支或小团体,使用范围较广,多用于学术、宗教、文学艺术等方面;"派系"指某些政党或集团内部的派别,使用范围较窄,只用于政党、集团的内部。

〈相关〉流派;宗派

【**派遣**】pài qiǎn　指派人到某地做某项工作。▷ 国务院派遣飞机向灾民空投救济物资。

反 **召回** zhào huí ▷ 贸易谈判代表将被召回。

〈辨析〉在政府、机关、团体等用人的外派人员方面,"召回"与"派遣"意思相对。

〈相关〉差遣/撤回

【**攀登**】pān dēng　抓住东西往上爬。▷ 游客们正在向华山顶峰攀登。

同 **登高** dēng gāo ▷ 每天爬楼梯登高是锻炼身体的好方法。

〈辨析〉"攀登"指抓住东西爬上去,有一定难度;"登高"指登上高处的目标,不一定有难度。

〈相关〉登攀

【**攀谈**】pān tán　拉扯闲谈。▷ 他和座位对面的旅客攀谈起来。

同 **交谈** jiāo tán ▷ 两位国家元首就两国关系进行了广泛的交谈。

〈辨析〉"攀谈"是一方找另一方谈话,比较随意,多用于非正式场合,对象多为初次见面的人;"交谈"是双方答话,谈话内容有时是准备好了的,多用于正式场合。

【**盘踞**】pán jù　霸占;非法占据。▷ 盘踞在小岛上的海盗被中国人民解放军歼灭了。

同 **占据** zhàn jù ▷ 为了占据一个好摊位,他俩每天天不亮就起床了。

〈辨析〉"盘踞"指非法占领,多指敌军或匪徒,为贬义词;"占据"指用强力取得或保持,为中性词。

〈相关〉占领

【**蹒跚**】pán shān　迈步缓慢而摇摆不稳的样子。▷ 他训练时脚受了伤,步履蹒跚地回到了宿舍。

【同】**踉跄** liàng qiàng ▷ 他一个踉跄,差点摔个跟头。

〈辨析〉"蹒跚"强调走路缓慢;"踉跄"强调步态不稳。

【判定】pàn dìng 分辨断定;认定。▷ 经过调查研究,有关部门已经对事故性质作出判定。

【同】**判断** pàn duàn ▷ 根据技术图表可以判断近日股指走势。

〈辨析〉"判定"是根据对已知情况的分析后作出断定或结论;"判断"是对事物进行估计和推测。

〈相关〉判别

【叛变】pàn biàn 背叛自己的一方,投到敌对的一方去。▷ 甫志高叛变了革命,叛变了党。

【同】**叛乱** pàn luàn ▷ 面对诸侯叛乱,汉景帝决心用武力对付。

【反】**归顺** guī shùn ▷ 这位球星最后还是归顺于国际米兰队。

〈辨析〉"叛变"是中性词,可指从正义方转向非正义方,也可指从非正义方转向正义方,如:年轻时他叛变了官僚家庭,奔向延安参加了革命;"叛乱"一般用于针对现政权的集团暴力活动,为贬义词。"归顺"与"叛变"意思相对。

〈相关〉背叛

【盼望】pàn wàng 非常期望。▷ 我们盼望早日与旅居台湾的亲人团聚。

【同】**渴望** kě wàng ▷ 小病人渴望能见到姚明大哥哥。

【反】**失望** shī wàng ▷ 这次联赛的成绩令人失望。

〈辨析〉"盼望"表示非常期望;"渴望"表示如饥似渴地期望,语气较重。"失望"与"盼望"意思相对。

〈相关〉期望

【庞大】páng dà 很大;过大。▷ 改革庞大的政府机构,精简工作人员势在必行。

【反】**细小** xì xiǎo ▷ 这件事情虽细小,但涉及千家万户。

〈辨析〉在表示事物的规模、组织、形体、数量方面,"细小"与"庞大"意思相对。

〈相关〉巨大/微小

【旁敲侧击】 páng qiāo cè jī　比喻说话、写文章不从正面直接说明,而是从侧面用曲折的手法加以表达。▷ 对我有什么意见,可以直截了当地提,用不着这样旁敲侧击!

同 **拐弯抹角** guǎi wān mò jiǎo ▷ 小李是个爽快人,说话从不拐弯抹角。

反 **直截了当** zhí jié liǎo dàng ▷ 他性格豪爽,说话办事直截了当。

〈辨析〉"旁敲侧击"比喻写文章、说话不从正面直接点明本意,而从侧面曲折地表述;"拐弯抹角"比喻说话办事不直截了当。"直截了当"与"旁敲侧击"意思相对。

【抛弃】 pāo qì　扔掉;舍弃。▷ 她刚出生就被父母抛弃了。

同 **丢弃** diū qì ▷ 这么好的家具被丢弃了,真可惜。

反 **拾取** shí qǔ ▷ 爷爷正在田地里拾取麦穗。

〈辨析〉"抛弃"使用范围较广,可用于人或事物,也可用于思想、情感等,如:这些人抛弃了信念,糊里糊涂地打发日子;"丢弃"只用于具体事物。"拾取"与"抛弃"意思相对。

【抛售】 pāo shòu　压价出卖大批商品。▷ 为了撤清仓库,公司决定低价抛售这批货物。

反 **抢购** qiǎng gòu ▷ 超市正在搞促销活动,不少人前去抢购特价商品。

〈辨析〉在商品的经营方面,"抢购"与"抛售"意思相对。

〈相关〉倾销/套购

【培育】 péi yù　培植养育;培养教育。▷ 在少体校老师的精心培育下,这些学生茁壮成长。

同 **培植** péi zhí ▷ 许多中药材可以人工培植。

反 **摧残** cuī cán ▷ 这些人贩子不知摧残了多少无辜的少年

儿童。

〈辨析〉"培育"侧重于发育成长;"培植"侧重在种植,一般用于植物,也可用指培养人才。"摧残"与"培育"意思相对。

【赔本】péi běn　本钱或资金亏损。▷ 由于进价过高,这次买卖赔了。

反 赚钱 zhuàn qián ▷ 小李深有体会地说,现在赚钱真不容易啊!

〈辨析〉在商业经营活动等方面,"赚钱"与"赔本"是意思相对。

〈相关〉赚钱/盈利

【佩服】pèi fú　感到可敬而心服。▷ 在运动员中他最佩服奥运会110米跨栏冠军刘翔。

同 崇敬 chóng jìng ▷ 人们崇敬戚继光,因为他是一位民族英雄。

反 厌恶 yàn wù ▷ 大家十分厌恶他不道德的行为。

〈辨析〉"佩服"侧重于心服、口服、赞成,多作口语;"崇敬"侧重于钦佩,多作书面语。"厌恶"与"佩服"意思相对。

【抨击】pēng jī　用语言和文字斥责。▷ 网民竞相抨击该网站造谣惑众。

同 鞭挞 biān tà ▷ 这部小说对现实社会的丑恶现象进行了无情的揭露和鞭挞。

〈辨析〉"抨击"指用批评和议论来打击错误、丑恶的现象;"鞭挞"原指用鞭子抽打,后比喻用语言文字加以谴责批判,语意较重。

〈相关〉批判;谴责

【朋友】péng you　彼此有往来并有交情的人。▷ 小王是他的知心朋友。

同 友好 yǒu hǎo ▷ 张老伯是我爷爷的生前友好。

反 仇人 chóu rén ▷ 仇人相见,分外眼红。

〈辨析〉"朋友"泛指有交情、有来往的人,还特指恋人,如:这位是张老师的女朋友;"友好"除了指人与人之间的友情外,还可作动词,如:中日两国人民世世代代友好下去。"仇人"与"朋友"意思相对。

〈相关〉友人/仇敌;敌人

【蓬勃】péng bó　繁荣、旺盛的样子。▷ 乒乓球活动又蓬勃开展起来了。

同 旺盛 wàng shèng ▷ 他精力旺盛,工作起来从不知疲倦。

反 枯萎 kū wěi ▷ 天气寒冷,这些植物都枯萎了。

〈辨析〉"蓬勃"形容奋发向上,适用范围广;"旺盛"指发展到极点,多形容情绪和生命力。"枯萎"与"蓬勃"意思相对。

〈相关〉充沛;繁荣;兴旺/低沉;衰落;衰退

【批发】pī fā　成批出售。▷ 这里陈列的商品只批发而不零售。

反 零售 líng shòu ▷ 这家商店只做零售业务。

〈辨析〉在表示市场、经营性质方面,"零售"与"批发"意思相对。

【批判】pī pàn　对错误的思想、言论或行为作系统的分析并加以否定。▷ 必须对这种损人利己的错误思想进行批判。

同 批评 pī píng ▷ 读者纷纷写信给媒体,批评这种不讲公德的行为。

反 赞扬 zàn yáng ▷ 保安舍己救人的行为受到了人们的赞扬。

〈辨析〉"批判"多用于对严重错误或敌对的思想行为进行分析、批驳;"批评"多用于对人民内部的错误缺点提出意见。"赞扬"与"批判"意思相对。

〈相关〉评价;责备;责怪;指责/表扬;表彰;称赞;赞美

【蚍蜉撼树】pí fú hàn shù　比喻不自量力。▷ 你们这样做,简直是以卵击石,蚍蜉撼树。

同 螳臂当车 táng bì dāng chē ▷ 任何人要阻止历史的前进,那都是螳臂当车,其结果只能落得个粉身碎骨的下场。

〈辨析〉"蚍蜉撼树"侧重于"撼",多用于对集团、政权等的颠覆和动摇;"螳臂当车"侧重于"当"字上,多用于对历史、潮流、运动等的阻挠。

【疲惫】pí bèi　非常劳累;极度困倦。▷ 连续几天的加班加点,大家都感觉到疲惫不堪。

同 **疲倦** pí juàn ▷ 他实在太疲倦了,刚放下饭碗就睡着了。

反 **精神** jīng shén ▷ 虽然经过了一天的紧张劳动,小强仍然很精神。

〈辨析〉"疲惫"强调疲劳的程度很深,语意较重;"疲倦"语意较轻些。"精神"与"疲惫"意思相对。

〈相关〉疲乏;疲劳

【僻静】pì jìng　偏僻,清静。▷ 那条路很僻静。

同 **幽静** yōu jìng ▷ 幽静的青城山不知吸引了多少中外游客。

反 **热闹** rè nao ▷ 这次年货展销会吸引了无数顾客,每个柜台前都十分热闹。

〈辨析〉"僻静"重点指偏僻而无声息,大多指地方;"幽静"指幽雅而安静,大多指环境和境界。"热闹"与"僻静"意思相对。

〈相关〉冷清/喧闹

【偏差】piān chā　工作上产生的偏离方针政策的倾向和差错。▷ 工商管理人员要严格掌握政策,避免执行任务时发生偏差。

同 **差错** chā cuò ▷ 这种差错是他十年来第一次发生。

〈辨析〉①"偏差"多指工作上的错误;"差错"适用范围更广些。②"偏差"还指运动的物体偏离了确定的方向,如:她修正了偏差,第二箭得了10分。

【偏远】piān yuǎn　偏僻,远离中心。▷ 市政府决定在这些偏远地区建几所希望小学。

同 **偏僻** piān pì ▷ 这位民歌演员来自偏僻的山村。

〈辨析〉"偏远"侧重于"远",因地理位置遥远而造成交通、信息的不畅通;"偏僻"侧重于"僻",指不热闹、不繁华,人员来往较少而带来各种不便。

〈相关〉荒僻/热闹

【便宜】pián yi 物价低廉。▷ 商店里挤满了买便宜货的顾客。

 同 低廉 dī lián ▷ 商店进了一批运动衫裤,价格低廉,你可以去看看。

 反 昂贵 áng guì ▷ 这些进口商品价格实在太昂贵了。

〈辨析〉"便宜"较口语化;"低廉"书面语色彩较浓。在表示价格高低上,"昂贵"与"便宜"意思相对。

【片段】piàn duàn 整体当中的一段。▷ 日记记录伟人少年时代的生活片段。

 同 片断 piàn duàn ▷ 你不能依据片断经验就去肯定这一事物。

〈辨析〉"片段"指文章、小说、戏剧、生活、经历中的一段;"片断"除有片段意思外,还可指零碎、不完整。

【漂泊】piāo bó 比喻职业和生活不安定,到处奔走。▷ 经过几个月的漂泊,船队终于回到了祖国。

 同 飘泊 piāo bó ▷ 他在异国他乡过着飘泊的生活。

〈辨析〉"漂泊"指随水漂流,随处停泊,如:渔船在海上漂泊;"飘泊"指随风飘摇,随处停泊,如:树叶在风中飘泊。

【瓢泼大雨】piáo pō dà yǔ 形容雨下得很大。▷ 一阵瓢泼大雨过后,马路上很快积满了水。

 同 滂沱大雨 páng tuó dà yǔ ▷ 这几天连续下了几场滂沱大雨,大田旱情得到缓解。

 反 牛毛细雨 niú máo xì yǔ ▷ 傍晚时分,天空飘起了牛毛细雨。

〈辨析〉"瓢泼大雨"只能形容雨下得很大;"滂沱大雨"除了形容雨下得很大外,还可形容哭得厉害,眼泪、鼻涕流得很多,如:

一阵委屈袭来,她的泪水就像滂沱大雨倾泻而出。"牛毛细雨"与"瓢泼大雨"意思相对。

【漂亮】piào liang 美观;好看;出色。▷ 你打扮得这么漂亮,准备去哪儿呀?

[同] 标致 biāo zhì ▷ 小媳妇人长得标致,性情也很温和。

[反] 丑陋 chǒu lòu ▷ 他外貌丑陋。

〈辨析〉"标致"只能形容人;"漂亮"不仅可形容人美,还可形容工作出色等,如:这一仗打得真漂亮。"丑陋"与"漂亮"意思相对。

〈相关〉好看/难看

【贫乏】pín fá 贫穷;缺少,不丰富。▷ 我国森林资源相当贫乏。

[同] 匮乏 kuì fá ▷ 由于食物、日用品匮乏,灾区人民生活极度困难。

[反] 丰富 fēng fù ▷ 丰富的石油资源,使这一地区成为强国关注的地方。

〈辨析〉"贫乏"应用范围较广,可形容物质、资源等具体事物,也可形容人的语言、知识、思想等抽象事物;"匮乏"仅形容物资。"丰富"与"贫乏"意思相对。

〈相关〉缺乏/富足

【品质】pǐn zhì 人在思想作风、行为品德方面所表现出来的本质。▷ 他学习成绩好,思想品质优秀。

[同] 品德 pǐn dé ▷ 遵守学校各项规则是少先队员应有的品德。

〈辨析〉"品质"指人在行为、作风上所表现的思想、认识等本质,还指物品的质量,如:西湖龙井茶叶品质优良;"品德"指人的道德品质。

【聘用】pìn yòng 聘请,任用。▷ 公司聘用了一批海归人才。

[反] 辞退 cí tuì ▷ 由于缩小经营规模,公司最近辞退了一部分

员工。

〈辨析〉在用人方面,"辞退"与"聘用"意思相对。

〈相关〉留任;聘请/解雇

【平淡】píng dàn 平常无奇;没有曲折或奇异。▷ 这部电影的故事情节十分平淡。

同 平庸 píng yōng ▷ 平庸的文化工作者是永远拿不出传世之作的。

〈辨析〉"平淡"强调不曲折、不出奇,多形容事物,也可形容人;"平庸"一般形容人及其作品。

【平凡】píng fán 平常,不稀奇。▷ 他们善于在平凡的生活中寻找快乐。

同 平常 píng cháng ▷ 老师说的话很平常,意义却很深刻。

〈辨析〉①"平凡"指普通、不稀奇,多用来形容人或人的行为;"平常"指一般、不特别,既可形容人又可用来形容事件,使用范围较宽。②"平常"可用作名词,表示平时,如:我平常喝绿茶,不喝咖啡。

〈相关〉普通;一般

【平衡】píng héng 对立的各个方面在数量或质量上相等或相抵。▷ 为了保持城市的生态平衡,这块土地上不能再建高楼了。

同 平均 píng jūn ▷ 每个班级平均有48名学生。

〈辨析〉"平衡"侧重指事物各个方面相等、相抵,从而互相制约;"平均"侧重指分配均匀,强调事物在数目、分量上的均等。

〈相关〉均衡/倾斜

【平静】píng jìng 安静。▷ 看了这场戏后,我的心情久久不能平静。

同 宁静 níng jìng ▷ 爷爷离休后回到农村,过着平凡而宁静的生活。

⟨反⟩ 动荡 dòng dàng ▷ 解放前,爷爷离乡背井,过着动荡不安的生活。

⟨辨析⟩"平静"侧重指心情、环境等平稳、宁静的状态;"宁静"侧重指心情、环境的安静。"动荡"与"平静"意思相对。

【平起平坐】píng qǐ píng zuò 比喻地位和权力相等。▷ 您是老前辈,我们后辈怎么能与您平起平坐呢?

⟨同⟩ 分庭抗礼 fēn tíng kàng lǐ ▷ 这名拳击手得了冠军后洋洋自得,认为今后拳坛上再也没人能与自己分庭抗礼了。

⟨辨析⟩"平起平坐"比喻彼此地位和权力相等,使用范围较窄,只指人与人的关系;"分庭抗礼"比喻双方地位或势力相等或互相对立,使用范围较广,多指人与人的关系,也可指物与物的关系。

⟨相关⟩平分秋色/势均力敌

【平坦】píng tǎn 没有高低凹凸或倾斜。▷ 汽车在平坦的高速公路上飞快地行驶。

⟨同⟩ 平展 píng zhǎn ▷ 虹口足球场开阔而平展。

⟨反⟩ 崎岖 qí qū ▷ 走了一段崎岖不平的山路,大家都汗流浃背了。

⟨辨析⟩"平坦"形容地势没有高低不平;"平展"形容地势平坦而宽广。"崎岖"与"平坦"意思相对。

⟨相关⟩平整/坎坷

【平易近人】píng yì jìn rén 形容态度和蔼可亲,使人容易接近。▷ 老将军战功赫赫,却十分平易近人。

⟨反⟩ 盛气凌人 shèng qì líng rén ▷ 他总是摆出一副盛气凌人的架势。

⟨辨析⟩在形容与人相处时表现出的品格、态度等方面,"盛气凌人"与"平易近人"意思相对。

⟨相关⟩和颜悦色/目空一切

【评价】píng jià 评定人或事物的价值。▷ 这部儿童电视剧获得儿童和家长们的极高评价。

  同 评估 píng gū ▷ 领导小组将来我校评估各项工作。

  〈辨析〉"评价"指评定一个人或一件事的价值和作用;"评估"指对资产、学术水平等评议估计。

【迫不得已】pò bù dé yǐ 由于情况逼迫,不得不这样做。▷ 天热,活儿累,口又渴,迫不得已,我们只好喝沟里的水解渴。

  同 万不得已 wàn bù dé yǐ ▷ 不到万不得已的时候,我是不会向他求助的。

  反 自觉自愿 zì jué zì yuàn ▷ 每天放学后把教室打扫干净已经成为全班同学自觉自愿的行动。

  〈辨析〉"迫不得已"是出于外界的逼迫;"万不得已"是指万般无奈,找不到其他办法。"自觉自愿"与"迫不得已"意思相对。

  〈相关〉百般无奈;无可奈何

【迫害】pò hài 压迫使受伤害。▷ 解放前,他因为宣传革命而受到当局的迫害。

  同 虐待 nüè dài ▷ 虐待妇女儿童是严重的犯罪。

  反 保护 bǎo hù ▷ 这位教授在"十年动乱"中得到了周总理的保护。

  〈辨析〉"迫害"多指政治方面的压迫;"虐待"侧重于用凶暴的手段残害人。"保护"与"迫害"意思相对。

  〈相关〉残害;伤害

【迫切】pò qiè 急切。▷ 灾区人民迫切需要食品和药品。

  同 紧迫 jǐn pò ▷ 时间紧迫,飞机只得在附近的机场迫降了。

  反 充裕 chōng yù ▷ 时间很充裕,不必走得那么急。

  〈辨析〉①"迫切"形容心情急切,到了难以等待的程度;"紧迫"形容时间急促,已经没有缓和的余地。②"迫切"可用作动词,也可用作形容词;"紧迫"只能用作动词。"充裕"与"紧迫"意思相对。

【迫在眉睫】 pò zài méi jié　比喻事情已到眼前,形势非常紧迫。▷ 展销会开幕日期已经迫在眉睫,还有许多准备工作没有做好。

〔同〕燃眉之急 rán méi zhī jí　▷ 父亲病重住院,我只好向亲朋好友借钱,以解燃眉之急。

〈辨析〉"迫在眉睫"是形容词性的;"燃眉之急"是名词性的。

〈相关〉当务之急;火烧眉毛;刻不容缓

【破败】 pò bài　残破,衰败。▷ 由于年代久远,这些建筑显得十分破败。

〔同〕破落 pò luò　▷ 到了他父亲这辈,家境早已破落了。

〔反〕完整 wán zhěng　▷ 这篇文章的结构非常完整。

〈辨析〉"破败"多形容建筑、园林、古迹等;"破落"多形容事业、家庭等。"完整"与"破败"意思相对。

【破釜沉舟】 pò fǔ chén zhōu　表示没有退路,非打胜仗不可。也形容下定决心,要不顾一切地干到底。▷ 我们要以破釜沉舟的决心来完成这项艰巨的任务。

〔同〕孤注一掷 gū zhù yī zhì　▷ 被围困的部队孤注一掷,集中所有火力冒险突围。

〔反〕三思而行 sān sī ér xíng　▷ 凡事皆应三思而行,切不可莽撞。

〈辨析〉"破釜沉舟"指逼到无路可走的地步,只能干下去;"孤注一掷"指用尽全力,作最后一次冒险。"三思而行"与"破釜沉舟"意思相对。

【破坏】 pò huài　损坏;损害。▷ 地震海啸破坏了建筑、道路和许多设施。

〔同〕毁坏 huǐ huài　▷ 好端端的一个花瓶被他毁坏了。

〈辨析〉"破坏"适用的范围比较广,可用于事物,也可用于制度、规章、条例等,如:单位的规章制度,不能随意破坏;"毁坏"常用于具体的器物,也可用于抽象事物,如:我们不能毁坏别人的名誉。

【破旧】pò jiù 破烂而陈旧。▷ 这辆吉普车已经十分破旧了。

反 崭新 zhǎn xīn ▷ 这是一辆崭新的"宝马"车。

〈辨析〉在形容物品的新旧方面,"崭新"和"破旧"意思相对。

〈相关〉陈旧

【破裂】pò liè 完整的东西出现了裂缝。▷ 这一带地层破裂是由地震造成的。

同 破碎 pò suì ▷ 这幅扇面画虽已破碎,但很有研究价值。

反 完好 wán hǎo ▷ 这件文物保存得完好无损。

〈辨析〉"破裂"侧重于"裂",程度较轻;"破碎"侧重于"碎",程度较重,适用于具体事物。"完好"与"破裂"意思相对。

【破绽百出】pò zhàn bǎi chū 比喻说话做事露出许多漏洞。▷ 说话要合乎逻辑,否则会破绽百出,闹出笑话。

反 滴水不漏 dī shuǐ bù lòu ▷ 阿庆嫂真不愧是开茶馆的,说起话来滴水不漏。

〈辨析〉在形容说话、做事是否完善、有无漏洞时,"滴水不漏"和"破绽百出"意思相对。

〈相关〉天衣无缝/无懈可击

【扑灭】pū miè 扑打,消灭。▷ 经过消防战士几天几夜的奋斗,森林大火终于被扑灭了。

同 消灭 xiāo miè ▷ 盘踞在馒头山上的土匪被消灭了。

〈辨析〉"扑灭"多用于烈火、蚊蝇等;"消灭"则指全部消除掉,可用于人和事物。

〈相关〉歼灭

【铺张】pū zhāng 过分地讲究排场。▷ 我们主张勤俭节约,反对铺张浪费。

反 节俭 jié jiǎn ▷ 节俭是一种美德。

〈辨析〉在形容生活、办事中的花费时,"节俭"与"铺张"意思相对。

〈相关〉浪费;奢侈/节约

【朴实】pǔ shí 朴素;质朴。▷ 李老师朴实的穿着和谦和的风度,给学生以亲切的感觉。

同 朴素 pǔ sù ▷ 我们要学习解放军艰苦朴素的美德。

反 浮夸 fú kuā ▷ 我们应该摒弃一切浮夸作风。

〈辨析〉"朴实"多形容品质、作风、衣饰、艺术、语言等;"朴素"多形容环境、衣饰、作风等。"浮夸"与"朴实"意思相对。

〈相关〉简朴

【普及】pǔ jí 普遍地传到各个地区、范围等;普遍推广。▷ 这支爱国歌曲已普及到全国各地。

反 提高 tí gāo ▷ 只有普及足球运动,才能提高我国的足球水平。

〈辨析〉在表示横向上的推广与纵向上的升高方面,"提高"与"普及"意思相对。

【普通】pǔ tōng 通常的;寻常的。▷ 这是一辆普通的摩托车。

同 平常 píng cháng ▷ 这是很平常的事,没有必要大惊小怪。

反 特殊 tè shū ▷ 对少数民族和边疆地区居民的生活,政府有特殊的政策。

〈辨析〉"普通"指平常、没有什么奇特;"平常"除一般性、不特别的意思外,还有通常的意思,如:我平常很早起床。"特殊"与"普通"意思相对。

【七嘴八舌】qī zuǐ bā shé　形容人多嘴杂,议论纷纷。▷ 班长的话刚说完,同学们就七嘴八舌地议论起来。

反 众口一词 zhòng kǒu yī cí ▷ 张教练结合比赛的训练方法,得到队员众口一词的称赞。

〈辨析〉在形容众人对某一问题的看法时,"众口一词"与"七嘴八舌"意思相对。

〈相关〉众说纷纭/异口同声

【凄惨】qī cǎn　凄凉,悲惨。▷ 由于缺少照顾,年老多病的他凄惨地离开了人世。

同 凄凉 qī liáng ▷ 她神情凄凉,只是默默地流泪。

〈辨析〉"凄惨"侧重于"惨",多形容声音、神色和结局悲惨;"凄凉"侧重于"凉",多形容环境、景物和心情悲凉。"凄惨"语意比"凄凉"重。

〈相关〉凄楚;凄苦

【期望】qī wàng　对未来的事物或人的前途有所希望和等待。▷ 支援山区建设的工人纷纷表示决不辜负家乡人民的期望。

同 期待 qī dài ▷ 老师殷切地期待你早日学成回国。

　　希望 xī wàng ▷ 希望你在新的工作岗位上取得更大的成绩。

反 失望 shī wàng ▷ 申花这一个赛季的成绩令球迷失望。

〈辨析〉"期望"多用于长辈对小辈、集体和组织对个人、上级对下级;"期待"的对象多为某种结局和结果;"希望"适用于自己和别人。"失望"与"期望"意思相对。

【欺负】qī fu 用暴力、高压、威逼等手段侵犯、压迫或侮辱。▷ 我们不能欺负弱者。

[同] **欺凌** qī líng ▷ 中国人民受外国侵略者欺凌的日子一去不复返了。

〈辨析〉"欺负"多用于个人与个人之间,多为口语,语意较轻;"欺凌"多用于剥削阶级与被剥削阶级、侵略者与被侵略者、有权势的人对一般人等,多为书面语,语意较重。

〈相关〉欺侮;欺压

【其貌不扬】qí mào bù yáng 形容人容貌难看。▷ 这个人虽然其貌不扬,但才华横溢,决非平庸之辈。

[反] **一表人才** yī biǎo rén cái ▷ 老许的儿子一表人才,而且聪明、斯文。

〈辨析〉在形容人的外貌仪容等时,"一表人才"和"其貌不扬"意思相对。

〈相关〉相貌平平/眉清目秀;仪表堂堂

【歧途】qí tú 歧路。比喻错误的道路。▷ 社区干部有责任帮助误入歧途的青少年走上正道。

[反] **正路** zhèng lù ▷ 老张复员后回乡带领乡亲们开发山区资源,走劳动致富的正路。

〈辨析〉在表示人或事物的发展方向正确与否时,"正路"与"歧途"意思相对。

〈相关〉歧路/正道

【奇特】qí tè 奇怪,特别。▷ 我国贵州一带奇特的喀斯特溶洞堪称世界一绝。

[同] **独特** dú tè ▷ 这部家庭伦理电视剧构思独特,很受人们的欢迎。

[反] **平常** píng cháng ▷ 这件根雕作品其实十分平常。

〈辨析〉"奇特"侧重于"奇",表示跟平常不一样;"独特"侧重于"独",表示独一无二。"平常"与"奇特"意思相对。

【骑虎难下】qí hǔ nán xià 比喻做事遇到困难,但迫于形势又不能中途停止,十分为难。▷ 资金还没有筹措足,你别急于开工,否则骑虎难下,后悔就晚了。

同 欲罢不能 yù bà bù néng ▷ 工程才进展到一半,原材料的价格却飞涨,真叫人欲罢不能。

〈辨析〉"骑虎难下"是比喻性的,语气较重;"欲罢不能"是直陈性的,语气较轻。

【企图】qǐ tú 图谋,打算。▷ 蛇头企图带这些人偷渡国境。

同 妄图 wàng tú ▷ 敌军妄图偷袭我军驻地。

〈辨析〉① "企图"指打算实现某种意图、计划,为中性词;"妄图"指出于不正当的目的去谋划,语意较重,为贬义词。② "企图"还可作名词,如:贩毒分子的罪恶企图被缉毒人员识破了。

〈相关〉试图

【启示】qǐ shì 启发提示,使有所领悟。▷ 经过教授的启示,我们的实验进行得十分顺利。

同 启迪 qǐ dí ▷ 这场戏启迪人们在困难的环境下如何去克服困难、战胜困难。

启发 qǐ fā ▷ 这个故事启发人们去幻想去探索。

〈辨析〉① "启示"侧重于提出事实、道理,使有所领悟;"启迪"侧重于开导、启发,多用于书面语;"启发"侧重于打开思路,使有所领悟。② "启发"的对象可以是"你们""我们"和"他们";"启示"的对象多指"我们"。

【启用】qǐ yòng 开始使用。▷ 这栋新大楼将于下个月正式启用。

同 起用 qǐ yòng ▷ 公司领导层决定起用已退休的钱经理。

〈辨析〉① "启用"指开始使用;"起用"指重新任用已退职或免

职的官员。②"启用"用于物的地方较多,用于人的地方较少;"起用"只用于人,不用于物,另外还有提拔使用的意思,如:为了备战奥运会,国家运动队起用了一批新人。

〈相关〉任用;使用

【杞人忧天】qǐ rén yōu tiān　比喻产生无根据或不必要的忧虑。▷ 杞人忧天的故事虽然可笑,但生活中类似的现象并不罕见。

同 庸人自扰 yōng rén zì rǎo ▷ 你以后不能再冒失了,像这种庸人自扰的蠢事,还是少做为妙。

反 高枕无忧 gāo zhěn wú yōu ▷ 事情还没有达到预期的效果,岂能高枕无忧?

〈辨析〉"杞人忧天"突出"忧",可指不必要的忧虑;"庸人自扰"突出"扰",有自讨苦吃的意思。"高枕无忧"与"杞人忧天"意思相对。

【气候】qì hòu　一个地区经过多年观察所得到的概括性的气象情况,如气温、降雨量、风情等,它与气流、纬度、海拔高度、地形等有关。▷ 我们东南沿海大部分地区属于海洋性气候。

同 天气 tiān qì ▷ 气象台预报,今日天气晴转多云。

〈辨析〉①"气候"指较大地区、较长时间内的气象情况;"天气"指较小范围、短时间内气象变化的情况。②"气候"还比喻动向或趋势,如:在当时盗版成风的气候下不适合出版这套丛书。

【千方百计】qiān fāng bǎi jì　想尽一切办法,用尽一切计策。▷ 为了提高产品竞争力,他千方百计地降低生产成本。

同 想方设法 xiǎng fāng shè fǎ ▷ 为了这份调查报告,他想方设法收集有关数据和材料。

反 无计可施 wú jì kě shī ▷ 没想到情况会如此糟糕,大家一时被弄得手足无措,无计可施。

〈辨析〉"千方百计"指想尽一切办法、用尽一切计谋,语意较重;"想方设法"指多方面想办法,语意较轻。"无计可施"与"千方百计"意思相对。

【千钧一发】 qiān jūn yī fà 比喻处境十分危急,随时可能发生险恶的事情。▷ 在这千钧一发的紧急关头,后援部队赶到了。

〖同〗危如累卵 wēi rú lěi luǎn ▷ 赵国的都城邯郸陷于秦军的重重包围之中,情势已危如累卵,若不相救,必被攻陷。

〖反〗安如泰山 ān rú tài shān ▷ 他一方面精心编织关系网,一方面欺上瞒下,自以为在公司的地位从此就安如泰山了。

〈辨析〉"千钧一发"重点在于危急;"危如累卵"重点在于危险,都指具体事物。"安如泰山"与"千钧一发"意思相对。

〈相关〉岌岌可危;摇摇欲坠/安如磐石;稳如泰山

【千里迢迢】 qiān lǐ tiáo tiáo 形容路程很远。▷ 大家千里迢迢赶来参加研讨会,实在难得。

〖反〗近在咫尺 jìn zài zhǐ chǐ ▷ 微信让远在天涯的人能像近在咫尺一样交谈。

〈辨析〉在表示两地距离的长短时,"近在咫尺"与"千里迢迢"意思相对。

〈相关〉千山万水;天涯海角/望衡对宇

【千篇一律】 qiān piān yī lǜ 形容事物间缺乏差别。▷ 这些报告千篇一律,内容空洞,没有新意。

〖同〗千人一面 qiān rén yī miàn ▷ 文艺创作要着力表现出各个人物不同的性格,切忌千人一面。

〖反〗千差万别 qiān chā wàn bié ▷ 人的性格是千差万别的。

〈辨析〉"千篇一律"从文章的构思等无新意、无特点的角度来形容写文章或说话、办事方式的公式化;"千人一面"从人物单一、无个性的角度来形容文艺创作或戏曲表演程式化、公式化,使用范围较窄。"千差万别"与"千篇一律"意思相对。

〈相关〉千人一腔;如出一辙

【迁移】qiān yí 离开原地,挪到别的地方去。▷ 退休后,她把家迁移到郊区。

同 迁徙 qiān xǐ ▷ 由于自然条件的变化,历史上曾有过多次大规模的迁徙。

〈辨析〉"迁移"强调地点的转移,可用于个体或群体;"迁徙"强调转移地点的行动,多用于群体。

〈相关〉迁居

【谦让】qiān ràng 谦虚推让,不肯接受或不肯占先。▷ 他俩谦让了一会儿,才并肩携手走上领奖台。

同 礼让 lǐ ràng ▷ 在公共场合,大家要礼让、照顾老弱病残者。

反 争夺 zhēng duó ▷ 这是一场争夺出线权的比赛,大家要鼓足干劲,奋力拼搏。

〈辨析〉"谦让"表示态度谦逊;"礼让"表示极有礼貌。"争夺"与"谦让"意思相对。

〈相关〉辞让;推让/抢先;争抢

【谦虚】qiān xū 虚心谦让而不自满。▷ 谦虚使人进步,骄傲使人落后。

同 谦逊 qiān xùn ▷ 他虽然是著名歌星,但为人却十分谦逊。

反 骄傲 jiāo ào ▷ 他虽然取得了很大的成绩,但从不骄傲。

〈辨析〉"谦虚"指态度上不骄傲,多用于口语;"谦逊"强调恭谦有礼,多用于书面语。"骄傲"和"谦虚"意思相对。

〈相关〉谦和;虚心/傲慢

【前进】qián jìn 向前行进;向前发展。▷ 历史是在曲折中不断前进的。

反 后退 hòu tuì ▷ 汽车急驶,两旁的白桦树飞速地后退。

〈辨析〉在表示事物运动或发展变化的方向时,"后退"与"前进"意思相对。

〈相关〉前行/倒退

【前所未有】qián suǒ wèi yǒu 以前所没有过的。▷ 今年报考研究生的人特别多,是前所未有的。

同 **史无前例** shǐ wú qián lì ▷ 这场史无前例的浩劫终于结束了。

反 **司空见惯** sī kōng jiàn guàn ▷ 现在,网上购物已成为司空见惯的事情了。

〈辨析〉"前所未有"指过去没有,语气较轻;"史无前例"强调历史上没有先例,语气较重。"司空见惯"与"前所未有"意思相对。

【浅显】qiǎn xiǎn 明白易懂。▷ 他写的科普读物浅显而有趣。

同 **浅近** qiǎn jìn ▷ 他用浅近的文字向读者介绍《易经》。

反 **深奥** shēn ào ▷ 他讲的一些道理太深奥,很少有人听得懂。

〈辨析〉"浅显"强调语言、文字等不深奥,明显易懂;"浅近"强调语言、文字等不艰深晦涩,易为人所理解。"深奥"与"浅显"意思相对。

〈相关〉浅易/艰深

【强大】qiáng dà 力量雄厚;气势威猛。▷ 强大的现代化国防是建设祖国的坚强保障。

同 **强盛** qiáng shèng ▷ 贞观年间,中国是世界上最强盛的国家之一。

反 **衰弱** shuāi ruò ▷ 由于内忧外患,晚唐渐渐衰弱了。

〈辨析〉"强大"侧重于力量大,适用面较广;"强盛"侧重于繁荣昌盛,多用于国家。"衰弱"与"强大"意思相对。

〈相关〉富强

【强烈】qiáng liè 强大,猛烈。▷ 内蒙古地区气候干燥,日光的照射特别强烈。

同 **激烈** jī liè ▷ 辩论会上,正反两方展开了激烈的争论。

反 **柔和** róu hé ▷ 这盏台灯的光线特别柔和。

〈辨析〉"强烈"侧重强劲有力,多用来形容光线、色彩、气味、电流或人的感情、要求、主张等;"激烈"侧重尖锐紧张,多形容情绪、言论和竞赛等。"柔和"与"强烈"意思相对。

【强辩】qiǎng biàn　用诡辩的办法、站不住脚的理由为自己辩解。▷你没有道理,就不要强辩了。

　同 **争辩** zhēng biàn ▷这样无休止地争辩下去,是不会有什么结果的。

〈辨析〉"强辩"是贬义词,强调把无理的事硬说成有理;"争辩"是中性词,泛指争论、辩论。

〈相关〉诡辩;狡辩;争论

【抢救】qiǎng jiù　在紧迫危险的情况下,迅速救护。▷对于危重病人,医生总是奋力抢救的。

　同 **挽救** wǎn jiù ▷孤寂的海上灯塔,不知挽救了多少迷途的船只。

〈辨析〉"抢救"表示迅速地救护人或物;"挽救"表示进行救助使其脱离危险或恢复原状。

〈相关〉急救;解救;救护

【切实】qiè shí　实实在在,合乎实际。▷为了帮助这几户贫困家庭,他做了许多切实的工作。

　同 **确实** què shí ▷近来,他确实非常用功地读书。

　反 **虚浮** xū fú ▷有些领导干部不爱听批评,只爱听那些虚浮动听的奉承话。

〈辨析〉"切实"形容切合实际,不浮夸;"确实"形容真实可信,不虚假。"虚浮"与"切实"意思相对。

〈相关〉确切;确凿;实在

【锲而不舍】qiè ér bù shě　比喻坚持到底,办事学习有恒心、有毅力。▷在攀登科学技术高峰的路上,我们提倡锲而不舍的精神。

反 一暴十寒 yī pù shí hán ▷ 学习外语要持之以恒,不能一暴十寒。

〈辨析〉在形容学习和工作的态度时,"一暴十寒"与"锲而不舍"意思相对。

〈相关〉持之以恒;坚持不懈/半途而废;浅尝辄止

【亲切】qīn qiè 态度热情恳切。▷ 护士长让病人感到亲切可信赖。

同 亲热 qīn rè ▷ 老同学分别多年,一见面真是亲热得不得了。

反 淡漠 dàn mò ▷ 十几年过去了,这件事在他的记忆中早已淡漠了。

〈辨析〉①"亲切"侧重于内心感到亲密和贴近;"亲热"侧重于感情或态度的热情。②"亲切"还可形容对事物的感情,如:这些几十年前的老歌让我们感到十分亲切;"亲热"一般只用于人。"淡漠"与"亲切"意思相对。

【侵吞】qīn tūn 暗中把不属于自己的东西非法据为己有。▷ 他父亲因侵吞国家巨额资产而被捕。

同 侵占 qīn zhàn ▷ 山洪暴发,河流泛滥成灾,湖泊侵占了一部分土地。

〈辨析〉"侵吞"侧重暗中占有,主体是人,对象一般是财产、领土等;"侵占"侧重用强力公开占据,主体一般是人,也可以是物,对象除了财产、领土外,还可以是时间、权利等。

〈相关〉霸占;攻占;抢占;吞占

【勤劳】qín láo 勤勉劳作,不怕辛苦。▷ 这是一个勤劳、奋发的民族。

同 勤奋 qín fèn ▷ 直到晚年,张老还在勤奋地写作。

勤快 qín kuài ▷ 他手脚十分勤快,天一亮就下地干活了。

反 懒惰 lǎn duò ▷ 这人太懒惰了,什么事都不愿意干。

〈辨析〉"勤劳"侧重于劳动;"勤奋"侧重指不懈地努力,多指个人的努力；"勤快"侧重于手脚勤快,较口语化。"懒惰"与"勤快"意思相对。

【**轻而易举**】qīng ér yì jǔ　形容办事毫不费力。▷ 我原以为这种事是轻而易举的,想不到花了九牛二虎之力还未办成。

同 **易如反掌** yì rú fǎn zhǎng ▷ 梁师傅做了几十年的装配工,排除这点故障对他来说易如反掌。

〈辨析〉"轻而易举"的容易程度比"易如反掌"的深。

【**轻浮**】qīng fú　言行不稳重、不严肃。▷ 她举止一点也不轻浮,是一个稳重的女孩。

同 **轻佻** qīng tiāo ▷ 这人总眯着个小眼睛看人,那副轻佻的神态真叫人讨厌。

反 **稳重** wěn zhòng ▷ 他为人正派、稳重。

〈辨析〉"轻浮"多形容言行举止不稳重、不严肃；"轻佻"多形容言行举止不端庄,过于随便,多用作书面语。"稳重"与"轻浮"意思相对。

〈相关〉轻薄／端庄；庄重

【**轻快**】qīng kuài　轻捷迅速,不吃力。▷ 汽艇在淀山湖上轻快地行驶。

同 **轻松** qīng sōng ▷ 他非常轻松地赢了第一局。

反 **笨重** bèn zhòng ▷ 大象走路的脚步很笨重。

紧张 jǐn zhāng ▷ 谈判桌上的气氛非常紧张。

〈辨析〉"轻快"指心情愉快；"轻松"指情绪放松。"笨重"与"轻快"意思相对；"紧张"与"轻松"意思相对。

【**轻蔑**】qīng miè　看不起；蔑视。▷ 他用轻蔑的眼光扫视了一下对方。

同 **蔑视** miè shì ▷ 他的脸上显露出蔑视的神情。

漠视 mò shì ▷ 在制定政策时不能漠视群众的利益。

反 **重视** zhòng shì ▷ 学校非常重视培养学生的动手能力,已成立多个创造发明兴趣小组。

〈辨析〉①"轻视"指不重视、不认真对待;"蔑视"指小看人;"漠视"指冷淡地对待。②"蔑视"与"漠视"能作动词,"轻蔑"不能作动词。"重视"与"轻蔑"意思相对。

〈相关〉鄙视;藐视/看重

【倾囊相助】qīng náng xiāng zhù　尽其所有来帮助他人,十分慷慨。▷ 他对朋友倾囊相助,自己却过着十分俭朴的生活。

反 **一毛不拔** yī máo bù bá ▷ 张经理腰缠万贯,但一毛不拔,从来不肯为慈善事业捐款。

〈辨析〉在形容经济上是否帮助别人时,"一毛不拔"与"倾囊相助"意思相对。

〈相关〉慷慨解囊;乐善好施;轻财重义

【倾吐】qīng tǔ　全部说出。▷ 战士经常向指导员倾吐一些内心的苦闷。

同 **倾诉** qīng sù ▷ 她一边流泪一边倾诉。

〈辨析〉"倾吐"强调把深藏在心底的意思尽情地吐露出来,有时可作名词;"倾诉"强调把自己的思想、感受全部告诉别人,不可作名词。

〈相关〉倾谈;吐露

【清除】qīng chú　扫除干净。▷ 社区干部带领志愿者清除居民楼四周死角的垃圾。

同 **扫除** sǎo chú ▷ 大雪过后,居民主动走出家门扫除积雪。

反 **保存** bǎo cún ▷ 保存实力是克敌制胜的又一法宝。

〈辨析〉"清除"侧重于全部去除;"扫除"侧重于清扫、去除的过程。"保存"与"清除"意思相对。

〈相关〉去除;消除/保留

【清洁】qīng jié　干净卫生;没有灰尘、污垢。▷ 大扫除后,教室十分清洁。

【干净】 gān jìng ▷ 衣服洗得很干净,破洞也补好了。

反 肮脏 āng zāng ▷ 这件衣服很肮脏。

〈辨析〉"清洁"侧重于清爽洁净,多用于书面语;"干净"适用范围较大,多用于口语。"肮脏"与"清洁"意思相对。

〈相关〉洁净/整洁/龌龊

【清静】 qīng jìng 没有纷扰;不受外物干扰。▷ 早晨,风景区四周十分清静。

同 幽静 yōu jìng ▷ 四川青城山以幽静的湖光山色闻名于世。

反 嘈杂 cáo zá ▷ 这种嘈杂的环境,叫我如何复习功课啊!

〈辨析〉"清静"多形容环境;"幽静"多形容环境和景色。"嘈杂"与"清静"意思相对。

【清新】 qīng xīn 清爽而新鲜。▷ 山上的空气非常清新。

同 清爽 qīng shuǎng ▷ 雨后的空气很清爽。

反 混浊 hùn zhuó ▷ 这桶水非常混浊。

〈辨析〉①"清新"侧重于"新",强调新鲜;"清爽"侧重于"爽",强调爽快。②"清新"还指新颖而不俗气,如:这期《中国少年报》版面清新而活泼,一点不落俗套。在形容空气等清爽、新鲜与否时,"混浊"与"清新"意思相对。

【情景】 qíng jǐng 情形,景象。▷ 上海与哈尔滨冬天的情景完全不一样。

同 情形 qíng xing ▷ 这种情形是很难遇到的。

〈辨析〉"情景"指具体场合,可用于场面、外景等;"情形"指有形可见的情况或状态,常用于事物发展过程或变化的状态。

【情趣】 qíng qù 人的性情和志趣。▷ 客厅布置得极有情趣。

同 乐趣 lè qù ▷ 这些游戏充满了乐趣。

〈辨析〉"情趣"指某种情调使人产生的愉悦的心情;"乐趣"指使人感到快乐的意味。

〈相关〉情调

【情绪】qíng xù　心境;心情。▷ 拿了冠军奖杯,队员们谈笑风生,情绪特别好。

同 心情 xīn qíng ▷ 他表面看来很洒脱,其实心情很糟。

〈辨析〉① "情绪"指表现在外的各种感情状态,多用于口语;"心情"主要指内在的心理状态,往往不外露,多用于书面语。② "情绪"有时特指不愉快的情感,如:这几天他正在闹情绪。

〈相关〉情感;思绪;心境

【请教】qǐng jiào　请求指教。▷ 我向你请教几个问题。

同 求教 qiú jiào ▷ 看完张老的文章后,他便登门求教。

〈辨析〉"请教"侧重于谦虚地、有礼地请人教自己,带有谦恭、客气的态度;"求教"侧重于恳切地要求,谦卑的态度色彩较浓,语意比"请教"重。

〈相关〉领教;讨教

【请求】qǐng qiú　提出要求,希望得到满足。▷ 小梁大学毕业后,请求到西部去执教。

同 申请 shēn qǐng ▷ 他申请加入青年突击队,为祖国的航天事业再作贡献。

要求 yāo qiú ▷ 他要求再派一个员工去市场部。

〈辨析〉① "请求"带有敬重的色彩,语意较重,多用于下级对上级;"申请"指说明理由后提出请求,涉及的大多为比较重要的事;"要求"指一般地提出要求,语意较轻,使用时也不受长幼辈的限制。② "请求"还可用作名词,指所提出的要求,如:他支援西藏建设的请求得到了上级部门的批准。

〈相关〉恳求;央求

【庆祝】qìng zhù　为了对共同的喜事表示快乐或纪念而举办一些活动。▷ 这些庆祝活动,将建校100周年纪念活动推向高潮。

同 庆贺 qìng hè ▷ 他们举行家宴,庆贺儿子考上大学。

祝贺 zhù hè ▷ 我们订购一只大花篮,祝贺老师八十大寿。

〈辨析〉"庆祝"多用于比较隆重的正式的场合,方式是集会、游行、演出等,使用范围比较窄;"庆贺"侧重在贺喜,贺喜的事可大可小,使用范围较广;"祝贺"侧重在恭贺祝福,多用于生日、开业、升迁、成功等。

〈相关〉欢庆

【穷乡僻壤】qióng xiāng pì rǎng 指贫穷荒凉而偏僻的地方。
▷ 大学毕业后,他自愿到穷乡僻壤的山区教了六年的书。

反 通都大邑 tōng dū dà yì ▷ 扬州自古以来就是通都大邑。

〈辨析〉在形容某地方的环境时,"通都大邑"与"穷乡僻壤"意思相对。

【区别】qū bié 分别。▷ 这两起事故的性质不同,应该加以区别。

同 区分 qū fēn ▷ 在处理突发事件时,要严格区分不同性质的矛盾。

〈辨析〉"区别"除用作动词外,还可用作名词,表示彼此不同的地方,如:我看不出这两样东西有什么区别;"区分"只用作动词。

〈相关〉辨别;分别;划分

【驱赶】qū gǎn 赶逐;赶走。▷ 牛群被驱赶到草场的西边。

同 驱逐 qū zhú ▷ 两名从事间谍活动的伪学者被驱逐出境。

反 挽留 wǎn liú ▷ 在妈妈再三挽留下,他们同意在上海再多住几天。

〈辨析〉"驱赶"用于一般场合,多用作口语;"驱逐"用于外交、军事场合,多用作书面语。"挽留"与"驱赶"意思相对。

【屈服】qū fú 在外部力量的压逼下妥协让步,放弃斗争。▷ 在困难面前,他们从未屈服。

同 让步 ràng bù ▷ 为了顾全大局,我公司已经作了很大的让步。

反 对抗 duì kàng ▷ 这样对抗下去,对双方都无好处。

〈辨析〉"屈服"表示被迫地低头认输;"让步"表示主动地忍让、放弃。"对抗"与"屈服"意思相对。

〈相关〉屈从;退让;妥协/抵抗

【屈指可数】qū zhǐ kě shǔ　形容数量很少。▷ 他是中国屈指可数的心脏外科专家。

同 寥寥无几 liáo liáo wú jǐ ▷ 从前,我们村里能上大学的人寥寥无几。

〈辨析〉"屈指可数"形容人、物、日子等数目很少;"寥寥无几"形容非常稀少,没有几个,可形容人、物,不可形容日子。

〈相关〉寥若晨星;屈指可算

【取缔】qǔ dì　颁布命令取消或禁止。▷ 公安部门下令取缔这个非法书刊市场。

同 取消 qǔ xiāo ▷ 由于三名队员超龄,国际足联取消该队的比赛资格。

反 建立 jiàn lì ▷ 江苏省已经建立了好几个开发区。

〈辨析〉"取缔"多指强行执行,对象为违法者;"取消"一般指采取行政措施,对象为违规者。"建立"与"取缔"意思相对。

【全部】quán bù　整个;整体;各部分的总和。▷ 你了解的不过是事情的一部分,并不是全部。

同 全体 quán tǐ ▷ "只见树木,不见森林"的意思是说只看到部分,看不到全体。

〈辨析〉"全部"使用范围较宽,既可指人,也可指物;"全体"使用范围较窄,只可指人,不可指物。

〈相关〉整个;整体

【全神贯注】quán shén guàn zhù　形容精神高度集中,不被外界事物所干扰。▷ 他全神贯注地看着水面上的浮标慢慢地下沉,这是大鱼在吞食钩上的鱼饵。

同 **聚精会神** jù jīng huì shén ▷ 教室里,学生们正聚精会神地听老师讲课。

反 **心不在焉** xīn bù zài yān ▷ 上课时,他心不在焉的,被老师批评了几次。

〈辨析〉"全神贯注"侧重指把所有的注意力倾注于一点;"聚精会神"侧重指把分散的注意力集中起来。"心不在焉"与"全神贯注"意思相对。

【**缺点**】quē diǎn 不够或不完善的地方。▷ 这种新药的主要缺点是副作用比较大。

同 **毛病** máo bìng ▷ 小伙子本质不错,只是小毛病多一些。
缺陷 quē xiàn ▷ 他为自己有生理缺陷而自卑。

反 **优点** yōu diǎn ▷ 节能环保是这款冰箱的最大优点。

〈辨析〉"缺点"多指人的行为或工作有欠缺或不够完善的地方,语意较重;"毛病"多指人或物有小缺点,语意较轻。"缺陷"多指人的生理方面或知识、方法等有欠缺或不完美的地方,语意很重。"优点"与"缺点"意思相对。

〈相关〉欠缺

【**缺乏**】quē fá 没有;不够。▷ 一些青年人缺乏理想、缺乏社会责任心。

同 **缺少** quē shǎo ▷ 高原上缺少蔬菜,你得多喝点开水。

反 **充裕** chōng yù ▷ 我有充裕的时间准备职称考试。

〈辨析〉"缺乏"侧重指极少或没有,语意较重;"缺少"指数量不足或没有,语意较轻。"充裕"与"缺乏"意思相对。

〈相关〉匮乏/充足

【**确切**】què qiè 真实可靠。▷ 匈奴人消失的确切年代尚不能确定。

同 **确凿** què záo ▷ 在确凿的证据面前,他只好供认杀害前妻的经过。

〈辨析〉"确切"强调准确恰当,多用来形容语言文字、对事物的描写和对人物、事物的评论;"确凿"强调真实可靠,多用来形容证据或信息。

【群策群力】 qún cè qún lì　大家出主意,大家出力量。▷ 全体员工群策群力,终于如期将新产品投放市场。

同 **集思广益** jí sī guǎng yì ▷ 经过集思广益,董事会终于制定了一份切实可行的计划。

反 **各行其是** gè xíng qí shì ▷ 如果没有统一要求,大家各行其是,肯定要乱套。

〈辨析〉"群策群力"侧重于"策",即大家共同出主意、出力量,集中大家的智慧和力量;"集思广益"侧重于"集",即广泛地吸取有益的意见。"各行其是"与"群策群力"意思相对。

〈相关〉戮力同心;齐心协力/一意孤行

Rr

【**燃烧**】rán shāo 点燃;焚烧。▷ 因操作不当,储油库燃烧起熊熊大火。

反 熄灭 xī miè ▷ 在解放军和灭火队员的奋力扑救下,森林大火终于熄灭了。

〈辨析〉在描写火的态势方面,"熄灭"与"燃烧"意思相对。

〈相关〉点燃;焚烧

【**让步**】ràng bù 退让;妥协。▷ 对他那些无理要求,我们不能让步。

同 退让 tuì ràng ▷ 为了顾全大局,我们愿意退让。

〈辨析〉"让步"强调在争执或冲突中不再坚持原来的要求和利益,让对方获利;"退让"强调向后退,不与对方继续争执或冲突。

〈相关〉忍让;退却;退缩

【**惹是生非**】rě shì shēng fēi 招惹是非,引起纠纷争端。▷ 他最恨那些惹是生非的人。

同 无事生非 wú shì shēng fēi ▷ 这个人经常无事生非,提起他,人人头痛。

反 安分守己 ān fèn shǒu jǐ ▷ 他活到五十多岁,一向安分守己地过日子,从来没有妨碍过别人。

〈辨析〉"惹是生非"重在指招惹是非,引起事端或口角等;"无事生非"指本来没有事,却故意制造出是非来。"安分守己"与"惹是生非"意思相对。

【**热爱**】rè ài　对人和事物有深厚的感情。▷ 他十分热爱户外运动。

　同 **酷爱** kù ài ▷ 小玲酷爱书法,不论春夏秋冬,每天早晨都要练习。

　反 **憎恨** zēng hèn ▷ 对敌人的憎恨,就是对同志的爱。

〈辨析〉"热爱"的对象是人或事物;"酷爱"的对象大多是事物,程度比"热爱"深。在表示对人、物的情感时,"憎恨"与"热爱"意思相对。

〈相关〉钟爱/痛恨

【**热忱**】rè chén　充满热烈诚挚的感情。▷ 有些干部对同志对人民不是满腔热忱,而是冷冷冰冰。

　同 **热诚** rè chéng ▷ 当地华侨热诚地接待了我们。

　　热情 rè qíng ▷ "东方绿舟"热情接待各地的青少年游客。

　反 **冷淡** lěng dàn ▷ 大家对这种新闻炒作反应十分冷淡。

〈辨析〉"热忱"语意庄重,多用于书面语;"热诚"指衷心而诚恳;"热情"着重于感情热烈,书面语和口语都可用。"冷淡"与"热情"意思相对。

【**热闹**】rè nào　景象繁盛、活跃。▷ 猴山前是动物园里最热闹的地方之一。

　同 **热烈** rè liè ▷ 大家热烈欢迎凯旋的中国乒乓球队。

　反 **冷清** lěng qīng ▷ 由于地处郊区,这家商店生意十分冷清。

〈辨析〉"热闹"多形容面、景观的繁盛、活跃;"热烈"多形容情绪和气氛。"冷清"与"热闹"意思相对。

【**人面兽心**】rén miàn shòu xīn　形容人的品质恶劣,没有人性,犹如野兽一般。▷ 他竟然杀害了自己的妻子,真是个人面兽心的家伙。

　同 **衣冠禽兽** yī guān qín shòu ▷ 这个衣冠禽兽干了不少伤天害理的事,如今终于伏法。

〈辨析〉"人面兽心"形容内心狠毒;"衣冠禽兽"多指行为恶劣、道德败坏的人,一般作名词。

【**人声鼎沸**】rén shēng dǐng fèi　形容人声喧嚣嘈杂,像鼎里沸水翻腾一样。▷ 院外人声鼎沸,不知发生了什么事情。

反 **鸦雀无声** yā què wú shēng ▷ 会场里鸦雀无声,同学们聚精会神地听洪救灾报告团演讲。

〈辨析〉在形容有无声响时,"鸦雀无声"与"人声鼎沸"意思相对。

【**人云亦云**】rén yún yì yún　形容随声附和,没有自己的主张。▷ 你怎么这么没主见,老是人云亦云的。

同 **鹦鹉学舌** yīng wǔ xué shé ▷ 领导说什么,他就说什么,简直是鹦鹉学舌。

〈辨析〉"人云亦云"语意较轻,强调随声附和;"鹦鹉学舌"语意较重,强调故意模仿别人的口吻。

〈相关〉拾人牙慧;随声附和;亦步亦趋

【**忍耐**】rěn nài　抑制住内心的烦恼、痛苦、不愉快的情绪,不使表露出来。▷ 再怎么艰苦的日子她都能忍耐,可是就是受不了别人对她的侮辱。

同 **忍受** rěn shòu ▷ 祥林嫂默默地忍受着鲁镇的人们对她的嘲讽与欺侮。

〈辨析〉"忍耐"侧重于"耐",表示耐住性子,语意较轻;"忍受"侧重于"受",表示勉强承受,语意较重。

〈相关〉容忍

【**忍气吞声**】rěn qì tūn shēng　形容受了气强忍着,不敢说出来。▷ 小李被流氓勒索后,不愿像父亲那样忍气吞声,于是报了警。

反 **扬眉吐气** yáng méi tǔ qì ▷ 上海队取得胜利,球迷扬眉吐气,心中十分高兴。

〈辨析〉在形容人的心境方面,"扬眉吐气"与"忍气吞声"意思相对。

〈相关〉垂头丧气/据理力争

【认为】 rèn wéi 对人或事物作出判断,表示确定的看法。▷ 经过讨论,大家认为这个计划是可取的。

同 **以为** yǐ wéi ▷ 我以为这件事情并不会就此了结。

〈辨析〉"认为"是经过分析、思考后提出的认识和看法,态度较为慎重;"以为"属于假设性的判断,是对事物的估计和设想。

【认真】 rèn zhēn 当真;信以为真。▷ 我和你说着玩的,你怎么就认真起来了。

同 **顶真** dǐng zhēn ▷ 我和他随便说说,没想到他竟如此顶真。

〈辨析〉"认真"适用范围较广,书面语和口语都可用;"顶真"适用范围窄,多用于口语。

【任命】 rèn mìng 下达命令让人担任一定的职务。▷ 市人大常委会新任命了三名副市长。

反 **撤职** chè zhí ▷ 由于煤矿领导失职,造成重大事故,矿长被撤职了。

〈辨析〉在对干部的任免方面,"撤职"与"任命"意思相对。

〈相关〉复职;任用/罢黜;免职

【任务】 rèn wù 担负的使命或相当的工作。▷ 我们又接到新的科研任务。

同 **使命** shǐ mìng ▷ 这是祖国交给我们的神圣使命。

〈辨析〉"任务"指上级指定的工作,使用范围较广;"使命"指重大的工作,语意较庄重。

【仍然】 réng rán 表示情况持续不变或变化后又恢复原状。▷ 他仍然保持当年在部队里的工作作风。

同 **仍旧** réng jiù ▷ 山村仍旧是当年的样子。

〈辨析〉"仍然"指情况持续不变,多用于书面语;"仍旧"侧重于

"旧",指情况照过去的样子保持不变,多用于口语。

〈相关〉照旧

【日暮途穷】rì mù tú qióng　天要黑了,路已走到尽头。比喻力竭计穷,已接近灭亡。▷ 饶上都自知日暮途穷,决定携款潜逃。

同 山穷水尽 shān qióng shuǐ jìn ▷ 只要事情还没有到山穷水尽的地步,他是决不会罢休的。

〈辨析〉"日暮途穷"指趋向于没落而面临灭亡;"山穷水尽"指陷入绝境而无可奈何。

【容许】róng xǔ　许可。▷ 这件事不容许你插手。

同 允许 yǔn xǔ ▷ 这场比赛不允许有任何闪失。

〈辨析〉"容许"侧重于容忍、容纳而许可;"允许"侧重于应允、答应而许可。"容许"的语气比"允许"严厉。

〈相关〉许可;准许

【溶化】róng huà　溶解。▷ 这种糖一含到嘴里马上就溶化了。

同 熔化 róng huà ▷ 大多数物质熔化后,体积都会膨胀。

融化 róng huà ▷ 春天来了,冰雪融化,草木萌发,鲜花开放。

〈辨析〉"溶化"指固体在水或酒精等液体中化开;"熔化"指固体因受热而变成液体、胶体、胶状或粉末;"融化"指冰、雪、霜等化成水,也指几种物质融合在一起,成为均匀状态。

【融会贯通】róng huì guàn tōng　指把各方面的知识或道理融合贯穿在一起,从而得到完整而又透彻的理解。▷ 书读得多了,必须融会贯通,学用结合,才能做到全面透彻的理解。

反 生吞活剥 shēng tūn huó bō ▷ 学习国外的科学技术,生吞活剥地照搬硬套是行不通的。

〈辨析〉在表示学习态度、学习方法方面,"生吞活剥"与"融会贯通"意思相对。

〈相关〉触类旁通/穿凿附会;囫囵吞枣

【冗长】rǒng cháng 说话或作文内容少而废话多。▷ 制定法规、规则不宜冗长,条文要使人一目了然。

同 冗杂 rǒng zá ▷ 工作虽然冗杂,但他处理起来还是井井有条的。

反 简短 jiǎn duǎn ▷ 出发前,校长作了个简短的动员。

〈辨析〉"冗长"侧重指文章或讲话的多余词句;"冗杂"指事物繁多杂乱,适用范围较广。"简短"与"冗长"意思相对。

【如法炮制】rú fǎ páo zhì 比喻照现成的办法办事。▷ 在这件事上你不用多费心思,只要如法炮制上一次的就行。

反 别具匠心 bié jù jiàng xīn ▷ 这部小说在构思布局上别具匠心,语言生动形象。

〈辨析〉在表示进行制作的构思方面,"别具匠心"与"如法炮制"意思相对。

〈相关〉邯郸学步/别出机杼

【辱骂】rǔ mà 污辱,漫骂。▷ 辱骂和恐吓决不是战斗。

同 谩骂 màn mà ▷ 他嘴里咕噜着,谩骂着那个偷他自行车的小偷。

〈辨析〉① "辱骂"使对方的人格或名誉受到损害,对象一般是确定的;"谩骂"则是用轻慢、嘲笑的态度侮辱、乱骂对方,对象有时是不确定的。② "辱骂"的语意比"谩骂"重。

〈相关〉漫骂;咒骂

【软弱】ruǎn ruò 缺乏力气,不坚强。▷ 他觉得浑身软弱无力。

同 懦弱 nuò ruò ▷ 她性格懦弱,总是屈从别人的意志。

柔弱 róu ruò ▷ 她是一个柔弱的小姑娘,你要多照顾她。

反 强硬 qiáng yìng ▷ 谈判桌上,对方的口气非常强硬。

〈辨析〉"软弱"使用范围较广,可形容人的意志、性格等;"懦弱"一般形容人的意志、性格;"柔弱"可形容人,也可形容动植物,如:牵牛花伸开柔弱的枝蔓向上攀援。"强硬"与"软弱"意思相对。

【锐减】ruì jiǎn 急剧减少;迅速下降。▷ 因出售伪劣商品被曝光,这家卖场近期销售额锐减。

反 **剧增** jù zēng ▷ 邀请赛邀请许多欧美大牌来参赛,因而出票量剧增。

〈辨析〉在表示数量的变化方面,"剧增"与"锐减"意思相对。

〈相关〉聚减/激增;骤增

【弱不禁风】ruò bù jīn fēng 形容身体虚弱得很。▷ 她身体瘦小,弱不禁风。

反 **身强力壮** shēn qiáng lì zhuàng ▷ 领队的是一个身强力壮的小伙子。

〈辨析〉在形容体质强弱方面,"身强力壮"与"弱不禁风"意思相对。

〈相关〉弱不胜衣/铜筋铁骨

Ss

【洒脱】sǎ tuō 自然,大方;不拘束。▷ 他英俊洒脱,被大家称为小帅哥。

[同] 潇洒 xiāo sǎ ▷ 他身材魁梧,举止潇洒。

〈辨析〉"洒脱"多形容举止、言谈、性格等爽快、随意、超脱;"潇洒"多形容神情、风度、举止、姿态等自然、飘逸、优雅。

【三心二意】sān xīn èr yì 形容拿不定主意或心意不专一。▷ 你认准了考师范大学,就不要三心二意了。

[同] 见异思迁 jiàn yì sī qiān ▷ 他对爱情非常专一,绝不是一个见异思迁的人。

〈辨析〉"三心二意"形容思绪不定,拿不出主意;"见异思迁"形容意志不坚定,喜爱不专一。

【散步】sàn bù 比较放松地、随意地行走。▷ 每天早上,爷爷总要去海边散步。

[同] 漫步 màn bù ▷ 漫步在北海沙滩上是一种难得的享受。

〈辨析〉"散步"是为了锻炼或娱乐而随便走走,较为口语化;"漫步"指没有目的地悠闲走动,多用于书面语。

〈相关〉信步

【丧尽天良】sàng jìn tiān liáng 形容凶残、狠毒到极点。▷ 丧尽天良的杀人犯,终于被缉捕归案,受到法律制裁。

[同] 丧心病狂 sàng xīn bìng kuáng ▷ 丧心病狂的法西斯匪徒把一个村子的人都杀害了。

〈辨析〉"丧尽天良"形容心肠坏,没有一点良心;"丧心病狂"形容行为极端狠毒。

【**丧失**】sàng shī 失去。▷ 有些干部在金钱面前丧失了自己的人格。

同 **损失** sǔn shī ▷ 这次水灾使该地区损失了8个亿。

〈辨析〉"丧失"适用范围较广,可用于土地、生命等具体事物,也可用于立场、人格、勇气等抽象事物;"损失"语意稍轻,可用于财产、物品,也可用于名誉、威信、主权等抽象事物。

【**骚乱**】sāo luàn 骚扰;混乱不安。▷ 裁判的一再错判,是造成观众骚乱的原因。

同 **动乱** dòng luàn ▷ 由于该地区发生动乱,我们提前离开了那儿。

〈辨析〉"骚乱"指混乱持续时间较短,程度较轻,范围较小,一般指人群;"动乱"指混乱持续时间较长,程度较重,涉及范围较广,一般指社会。

【**扫兴**】sǎo xìng 正当高兴时遇到不愉快的事情而兴致低落。▷ 我们在张家界旅游时遭遇大雨,实在令人扫兴。

同 **败兴** bài xìng ▷ 这次千岛湖之旅,行程安排不周,真是乘兴而往、败兴而返。

反 **尽兴** jìn xìng ▷ 这次郊游大家都很尽兴。

〈辨析〉"扫兴"指遇到不悦之事而失去兴致,语意稍轻;"败兴"强调原有的兴致被破坏了,语意较重。"尽兴"与"扫兴"意思相对。

【**色厉内荏**】sè lì nèi rěn 形容外表强硬凶猛而内心怯懦空虚。▷ 这伙流氓色厉内荏,用不着怕他们。

同 **外强中干** wài qiáng zhōng gān ▷ 他来势汹汹,虚张声势,实际上外强中干,没有什么可害怕的。

〈辨析〉"色厉内荏"形容人的精神状态;"外强中干"形容力量,可用于人,也可用于国家、政党、家庭、组织等。

【沙哑】shā yǎ 发音比较困难,声音低沉而不圆润。▷ 连续几天紧张的排练,许多演员嗓子都沙哑了。

同 嘶哑 sī yǎ ▷ 敏敏患了重感冒,连声音都嘶哑了。

反 洪亮 hóng liàng ▷ 这位百岁老人的说话声十分洪亮。

〈辨析〉"沙哑"适用范围广,形容人的声音或物体摩擦、碰撞的声音;"嘶哑"一般形容人发出的声音。"洪亮"与"沙哑"意思相对。

【山穷水尽】shān qióng shuǐ jìn 比喻陷入绝境。▷ 车队被困沙漠将近半月,已经到了山穷水尽的地步。

同 日暮途穷 rì mù tú qióng ▷ 匪徒们自知已日暮途穷,内部矛盾加剧。

反 柳暗花明 liǔ àn huā míng ▷ 不经历山穷水尽的磨难,就体会不到柳暗花明的可贵。

〈辨析〉"山穷水尽"指山和水都到了尽头,常比喻陷入绝境、走投无路,为中性词;"日暮途穷"指太阳落山,路走到了尽头,也比喻到了山穷水尽、走投无路或衰亡的境地,为贬义词。"柳暗花明"与"山穷水尽"意思相对。

〈相关〉走投无路/前程似锦

【闪烁】shǎn shuò 光亮忽明忽暗,摇晃不定。▷ 闪烁的星光,明灭的渔火,使周围的一切更加静谧动人。

同 闪动 shǎn dòng ▷ 他非常激动地叙述着,眼眶里不时闪动着晶莹的泪花。

  闪耀 shǎn yào ▷ 站在山顶往下看,脚下的小城闪耀着忽明忽暗的灯火。

〈辨析〉"闪烁"指光亮忽明忽暗、明暗不定,也指说话躲躲闪闪、吞吞吐吐、意思不明确,如:他闪烁其词,不作正面回答;"闪动"强调光亮动摇不定;"闪耀"表示光亮忽明忽暗地四射。

【善良】shàn liáng 和善纯正,没有恶意。▷ 李大爷看上去威严,其实心地特别善良。

[同] **和善** hé shàn ▷ 街道办公室的干部态度和善地接待来访的居民。

[反] **凶恶** xiōng è ▷ 这群凶恶的流窜犯,到了哪里,哪里的群众就遭祸殃。

〈辨析〉"善良"偏重于内心和本质;"和善"强调外表和态度。"凶恶"和"善良"意思相对。

〈相关〉和蔼;和气;温和/粗暴;凶暴

【善于】shàn yú 在某方面具有特长。▷ 我们不但善于破坏一个旧世界,我们还将善于建设一个新世界。

[同] **擅长** shàn cháng ▷ 他擅长仰泳,在混合比赛中就发挥这个特长。

〈辨析〉"善于"多与动词搭配,表示在某一方面比较熟悉,能运用自如;"擅长"多与名词搭配,表示在某一专业上特别精通。

【商量】shāng liang 为解决问题而交换意见。▷ 他们两人又商量一下,然后走进会议室。

[同] **商榷** shāng què ▷ 要造成民主的空气,允许大家发表意见,有不同的意见,可以讨论、商榷。

商议 shāng yì ▷ 这个科研项目由谁负责,咱们还得商议一下。

〈辨析〉"商量"常用于口语,指就一般问题的商讨;"商榷"常用于书面语,包含客气、尊敬的色彩;"商议"局限于某一问题进行商讨。

〈相关〉商谈;商讨

【赏心悦目】shǎng xīn yuè mù 形容看到美好的景色使人精神愉快。▷ 千岛湖水光山色,令游客赏心悦目,深深陶醉。

[同] **心旷神怡** xīn kuàng shén yí ▷ 这里山明水秀,令人心旷神怡。

反 **心烦意乱** xīn fán yì luàn ▷ 小贩的叫卖声吵得人心烦意乱。

〈辨析〉"赏心悦目"重点在视觉上的感受,常限于景物的欣赏;"心旷神怡"不只限于景物,还侧重于心理上的感受。"心烦意乱"与"心旷神怡"意思相对。

【上当】shàng dàng 因受骗而吃亏。▷ 你买他的东西,肯定要上当。

同 **受骗** shòu piàn ▷ 到无证摊贩那儿买东西,容易受骗。

〈辨析〉"上当"指因轻信谎言或中了圈套而吃亏,语意较轻;"受骗"指因听信谎言受到蒙蔽而被人欺骗,语意较重。

【申明】shēn míng 申述,说明。▷ 我再三申明,我们的目的是宣传公司的产品,为广大顾客服务。

同 **声明** shēng míng ▷ 我国政府严正声明,台湾是中国领土不可分割的一部分。

〈辨析〉"申明"多用于个人小事,指需要着重说明的理由;"声明"多用于国家、政党、组织之间的重大事件,指对某些事件公开表明立场、主张。

【伸展】shēn zhǎn 向一定方向延伸或扩展。▷ 由于水土流失,沙漠地区不断向新疆方向伸展,威胁到大片农田。

同 **扩展** kuò zhǎn ▷ 公司总经理要求销售人员把销售范围扩展到海外去。

反 **收缩** shōu suō ▷ 为了完成今年的重点工程,市政府决定收缩部分基建项目。

〈辨析〉"伸展"多用于体育锻炼、生物生长等,强调向某个方向延伸;"扩展"强调向外部扩大,应用范围较广。"收缩"和"伸展"意思相对。

〈相关〉扩充;扩大;蔓延;延展/紧缩;缩小

【身体力行】shēn tǐ lì xíng 指亲自尽力去做。▷ 军爱民,民拥军,我军的广大官兵身体力行,为大家树立了榜样。

【以身作则】yǐ shēn zuò zé ▷ 领导干部必须以身作则,严于律己。

〈辨析〉"身体力行"强调亲身实践;"以身作则"强调以自己的行动为大家作出榜样。

【神情】shén qíng 面部显露出的神态和表情。▷ 妈妈的脸上露出了欣慰的神情。

同 表情 biǎo qíng ▷ 他做辅导报告时语言生动,表情丰富,深深打动了听众。

神态 shén tài ▷ "小丑"的滑稽神态,令观众们捧腹大笑。

〈辨析〉"神情"指人的脸上所显露出来的内心活动,是真实感情的反映;"表情"指表现在面部的思想感情,可以是自然的,也可以是有意做出来的;"神态"强调人的精神状态。

〈相关〉神色

【神通广大】shén tōng guǎng dà 佛教指神奇的法力。形容本领特别高强,无所不能。▷ 此人神通广大,在省里都说得上话。

反 黔驴技穷 qián lǘ jì qióng ▷ 建筑队老板黔驴技穷,只得乖乖地服从仲裁,退回了定金。

无计可施 wú jì kě shī ▷ 到了这个地步,他是黔驴技穷,无计可施了。

〈辨析〉"神通广大"多指本领高强,极有办法,有时也用作讽刺;"黔驴技穷""无计可施"则表现为本领使完、计策用完。"黔驴技穷"与"神通广大"意思相对。

〈相关〉游刃有余/束手无策

【审判】shěn pàn 法院审理和判决案件。▷ 这位法律博士,是为审判这个案件而特地请来的。

同 审讯 shěn xùn ▷ 审讯从马三开始,刑侦队要从他那儿打开缺口。

〈辨析〉"审判"是法院对案件进行审理判决的合称;"审讯"是

公安等机关向当事人调查、追问案件的事实。

【**慎重**】shèn zhòng　谨慎,持重。▷ 他又慎重地和我谈了刚才队委会的几项决定。

　　[同] 郑重 zhèng zhòng ▷ 他郑重地把文件袋交到我的手上。

　　[反] 轻率 qīng shuài ▷ 你处理这件事太轻率了。

　　〈辨析〉"慎重"形容办事谨慎、小心仔细;"郑重"形容态度严肃、认真。"轻率"与"慎重"意思相对。

　　〈相关〉谨慎;庄重/草率

【**升高**】shēng gāo　由低向高变动。▷ 太阳渐渐升高了,已是上午9点30分了。

　　[反] 降落 jiàng luò ▷ 第一架台商春节包机降落在台湾桃园机场。

　　〈辨析〉在表示物体上下移动时,"降落"与"升高"意思相对。

　　〈相关〉上升;升起;抬高/降低;下降;下落

【**生搬硬套**】shēng bān yìng tào　指做事不顾自己的实际情况,不加变化地搬用别人的经验和方法。▷ 我们坚决反对生搬硬套的教条主义作风。

　　[同] 生吞活剥 shēng tūn huó bō ▷ 学习先进经验不能生吞活剥,而应该结合本单位的实际情况。

　　〈辨析〉"生搬硬套"强调搬用别人的经验和方法;"生吞活剥"则指不加区分地照搬别人的东西。

【**生产**】shēng chǎn　使用劳动工具,创造生产资料和生活资料。▷ 光明牛乳公司生产各种各样的乳制品。

　　[同] 出产 chū chǎn ▷ 杭州出产的龙井茶闻名天下。

　　〈辨析〉"生产"的东西是人工创造的;"出产"的东西除人工创造外还包含天然生长的。

【**生动**】shēng dòng　具有生气和活力;能感动人。▷ 张老师的语文课上得很生动。

同 **活泼** huó pō ▷ 他自幼生性活泼,老师们都很喜欢他。

反 **死板** sǐ bǎn ▷ 这位历史老师的课讲得太死板了。

〈辨析〉"生动"一般形容语言、教育、动作等;"活泼"多形容语言、姿态、行动等。"死板"与"生动"意思相对。

〈相关〉有趣/呆板

【**生龙活虎**】shēng lóng huó hǔ 比喻活泼矫健,充满活力。▷ 田径运动员个个生龙活虎,竞技状态很好。

同 **龙腾虎跃** lóng téng hǔ yuè ▷ 练兵场上,战士们龙腾虎跃,杀声震天。

反 **奄奄一息** yǎn yǎn yī xī ▷ 他的祖母病很重,已经奄奄一息了。

〈辨析〉"生龙活虎"形容人充满活力、精力充沛,侧重于体态;"龙腾虎跃"形容场面、气氛热烈,侧重于人或物的动态。"奄奄一息"与"生龙活虎"意思相对。

【**生气**】shēng qì 活力;生命力的表现。▷ 他的笔法在严谨之中充满生气。

同 **朝气** zhāo qì ▷ 这些小运动员个个充满朝气。

〈辨析〉① "生气"形容具有生命力;"朝气"强调振奋向上的气概。② "生气"还指因遇到不合自己心意的事而气恼,如:一遇到不称心的事,她就要生气。

〈相关〉活力;生机

【**生疏**】shēng shū 不熟悉;不亲近;不熟练。▷ 身在异国他乡,人地生疏,生活、学习很不方便。

同 **陌生** mò shēng ▷ 小强见了陌生人就脸红。

反 **熟练** shú liàn ▷ 他已成为一个熟练的工人了。

熟悉 shú xī ▷ 户籍警对这一带的情况非常熟悉。

〈辨析〉"生疏"指没有接触过或很少接触的,也指因长期不用而不熟练,或感情疏远了;"陌生"指以前根本未接触过。"熟练"与"生疏"意思相对;"熟悉"与"陌生"意思相对。

【声誉】shēng yù 声望,名誉。▷ 他在摄影界享有很高的声誉。

同 声望 shēng wàng ▷ 他在生物化学研究领域享有很高的声望。

〈辨析〉"声誉"一般指在群众中的名誉;"声望"多数指在社会上有较高的名望。

〈相关〉名声;名望;名誉

【声援】shēng yuán 公开发表言论支援。▷ 在世界舆论的声援下,多国部队终于放弃了武力。

同 支援 zhī yuán ▷ 街道正在动员居民捐献衣被,支援云南地震灾区。

〈辨析〉"声援"侧重指从道义、舆论方面给予支持和援助;"支援"侧重指从人力、物力、财力等方面给予支持和援助。

〈相关〉援助;增援;支持

【省吃俭用】shěng chī jiǎn yòng 形容生活十分俭朴节省。▷ 他俩婚后省吃俭用,把积攒下来的钱全部捐给慈善基金会。

反 铺张浪费 pū zhāng làng fèi ▷ 任何时候,都应该提倡勤俭节约,反对铺张浪费。

〈辨析〉在表示过日子是否俭省上,"铺张浪费"与"省吃俭用"意思相对。

【胜利】shèng lì 打败对方;获得成功。▷ 女排队员齐心协力,终于取得了比赛的胜利。

同 成功 chéng gōng ▷ 祝你论文答辩获得成功。

反 失败 shī bài ▷ 他在分组预赛中失败了。

〈辨析〉"胜利"多用于重大事情,强调克服困难、战胜对手;"成功"适用范围较广,强调取得预期成果。"失败"与"胜利"意思相对。

【盛大】shèng dà 隆重,规模大。▷ 体育馆举行了盛大的游艺晚会。

同 浩大 hào dà ▷ 大运河是一项凝聚了历史上无数劳动人民血汗的浩大工程。

〈辨析〉"盛大"多指集体活动的规模巨大,仪式隆重;"浩大"多指工程、气势的巨大。

〈相关〉宏大;隆重

【失散】shī sàn 分离后失去联系。▷ 他终于找到了失散二十多年的姐姐。

同 分散 fēn sàn ▷ 他们从那次分散后,一直没有见面。

〈辨析〉"失散"强调"失",一般用于人;"分散"强调"分",应用范围较广,还表示分派,如:这批救灾物资被分散到各个村。

【失望】shī wàng 丧失了希望和信心。▷ 这次比赛的成绩太令人失望了。

同 悲观 bēi guān ▷ 你对股市的形势估计太悲观,牛市一定会来的。

反 希望 xī wàng ▷ 他热爱航模运动,希望将来能成为一名航模运动员。

〈辨析〉"失望"语意较轻,指达不到目的而不快活;"悲观"语意较重,指情绪消沉,对前途失去信心。"希望"与"失望"意思相对。

【十拿九稳】shí ná jiǔ wěn 比喻办事很有把握。▷ 治疗这种病他是十拿九稳的,保证药到病除。

同 万无一失 wàn wú yī shī ▷ 为了保证手术万无一失,医生们作了充分的准备。

〈辨析〉"十拿九稳"强调必有所得;"万无一失"强调必无所失。

【石沉大海】shí chén dà hǎi 比喻从此毫无消息和不见踪影。▷ 寄出去的信如石沉大海,从来没有回音。

同 杳无音信 yǎo wú yīn xìn ▷ 他离校后去了国外,数十年间杳无音信。

〈辨析〉"石沉大海"是比喻性的,多形容物;"杳无音信"是直陈性的,多形容人。

〈相关〉泥牛入海;杳如黄鹤

【时期】shí qī　具有某种特征的较长的一段时间。▷ 如今我国正处在社会主义建设时期。

同 时代 shí dài ▷ 他少年时代就迷上了象棋。

　　时间 shí jiān ▷ 时间不等人,年轻时要抓紧时间学习。

〈辨析〉"时期"指较长一段时间,一般可以十几年、几十年;"时代"指历史上或个人生命中的某个时期,一般很长;"时间"多指从起点到终点的某一段,也可以指某一点,在可长可短的时候,比"时期""时代"要短些。

【实现】shí xiàn　使理想、愿望、计划等成为事实。▷ 张军参军的愿望终于实现了。

同 完成 wán chéng ▷ 在全体员工的努力下,集团提前一个月完成销售指标。

反 落空 luò kōng ▷ 她争创单项冠军的愿望落空了。

〈辨析〉"实现"多指使抽象事物,如计划、主张、理想等成为事实;"完成"多指具体工作、任务已成为事实。"落空"与"实现"意思相对。

〈相关〉成功;达到/破灭

【实行】shí xíng　用行动来实现各项计划、纲领、政策等。▷ 我国实行的是九年制义务教育。

同 执行 zhí xíng ▷ 各单位要严格执行市政府关于拆除一切违章建筑的命令。

〈辨析〉"实行"使用范围较宽,指计划、任务等成为现实;"执行"则必须按照已定的事项去做,包括法规、法令、判决、措施等。

〈相关〉实施

【食品】shí pǐn 经过加工制作后通常在商店出售的可以食用的物品。▷ 这家超市把不新鲜的食品卖给顾客。

同 **食物** shí wù ▷ 这起食物中毒事故是由于误食感染细菌的食物引起的。

〈辨析〉"食品"多指商店等单位加工制成出售的食物,意义范围较窄;"食物"范围较广,指一切可以用来充饥的东西,包括加工或未加工的,还指动物所吃的东西,如:这种鱼会发光,目的是为了照明,寻找食物。

【使用】shǐ yòng 使人员、物品或钱财等为某种目的服务。▷ 我们要合理使用人才。

同 **利用** lì yòng ▷ 废物利用、勤俭治厂是发展中小企业的基本保证。

〈辨析〉① "使用"的对象为比较具体的事物和人;"利用"强调发挥所用对象的特性去做有利益的事情。② "利用"还指用一定手段,使人或物为己所用,含贬义,如:他们利用小孩骗取人们同情,乞讨钱物。

【势不可当】shì bù kě dāng 比喻来势凶猛,无法抵挡。▷ 解放军横渡长江,势不可当,迅速地摧毁了蒋家王朝。

同 **势如破竹** shì rú pò zhú ▷ 我军百万雄师势如破竹,一举攻占了南京。

〈辨析〉"势不可当"强调声势浩大,不可阻挡;"势如破竹"则表示节节胜利,无可阻挡。

【视而不见】shì ér bù jiàn 尽管睁着眼看,却什么也没有看见或装作没有看见。▷ 如果对不良风气采取视而不见的态度,其结果只能是助长它的蔓延。

同 **熟视无睹** shú shì wú dǔ ▷ 对如此严重的浪费现象,我们怎能熟视无睹、不闻不问呢?

反 **明察秋毫** míng chá qiū háo ▷ 历史上的海瑞在老百姓心中

是一清如水、明察秋毫的"青天大老爷"。

〈辨析〉"视而不见"侧重于不注意、不关心,看见了装作没看见一样,语意较轻;"熟视无睹"指经常看到,看惯了装作没看见一样,语意较重。"明察秋毫"与"视而不见"意思相对。

【事端】shì duān 事故、事件的由头。▷ 这起事端是他一手挑起来的。

同 事故 shì gù ▷ 这起意外事故给国家和人民都带来了重大的损失。

〈辨析〉"事端"一般指生活、交际以及政治上的纠纷,适用范围广,多用作书面语;"事故"指工作、生产中发生的意外事件,通用于口语和书面语。

【事件】shì jiàn 历史上或社会上发生的不平常的大事情。▷ "台独"分子经常制造事件,造成海峡两岸的不安定。

同 事情 shì qing ▷ 这篇作文文字不多,但把事情叙述得十分清楚。

〈辨析〉"事件"的范围较狭窄,多指社会上或历史上发生的比较重大的事情;"事情"的范围较广,不论事情大小、好坏,都可包括在内。

〈相关〉事变;事端;事故

【试验】shì yàn 为了察看某事的结果或性能而进行的探索研究性活动。▷ 宇宙飞船的试验成功,显示出我国国防科技工作的巨大成就。

同 实验 shí yàn ▷ 这项实验与攻克一个新的课题有密切关系,大家要努力细致地进行。

〈辨析〉"试验"侧重于"试",指尝试后才能得到结果;"实验"侧重于"实",指通过实际操作来验证结果。

【适当】shì dàng 合适,恰当。▷ 大病初愈,你只能适当地活动活动。

[同] 适度 shì dù ▷ 在工作、学习之余适度玩玩游戏还是可以的。

[反] 失当 shī dàng ▷ 这套衣服的颜色搭配失当。

〈辨析〉"适当"突出合适、恰当;"适度"则强调应有的程度。"失当"与"适当"意思相对。

〈相关〉合适

【收成】shōu chéng 农业和副业产品等的收获情况。有时也指水产品捕捞的成绩。▷ 在农艺专家的指导下,今年苹果的收成超过去年。

[同] 收获 shōu huò ▷ 这次随队去东北三省考察,收获可真不小。

〈辨析〉①"收成"适用范围较窄,多指农作物;"收获"适用范围较广,除农作物外,还可指学习和工作等取得的成果。②"收获"还用作动词,如:他们播洒汗水,收获着成功和荣誉。

【收买】shōu mǎi 收购;用金钱、地位等好处拉拢别人,使之为自己所利用。▷ 金钱收买不了他的清正廉洁。

[同] 收购 shōu gòu ▷ 供销社受国家委托收购棉花。

〈辨析〉"收买"指用钱财来笼络人,使受利用;"收购"指由国家、政府设立专门机构大量向个人或集体收集购买。

〈相关〉采购;购买

【手足无措】shǒu zú wú cuò 形容慌乱之间不知怎么办才好。▷ 面对飞来横祸,一家人急得手足无措。

[同] 不知所措 bù zhī suǒ cuò ▷ 面对突如其来的事故,总工程师不知所措。

[反] 神色自若 shén sè zì ruò ▷ 形势突变,他神色自若,果断地采取应变措施。

〈辨析〉"手足无措"形容举止慌乱,语意较轻;"不知所措"形容神情紧张,语意较重。"神色自若"与"手足无措"意思相对。

〈相关〉束手无策

【首脑】shǒu nǎo 指为首的人、机关等。▷ 在京举行的六国首脑会议取得了较大的进展。

同 首领 shǒu lǐng ▷ 这个贩毒集团的首领被判了死刑。

〈辨析〉"首脑"一般指国家、政府、政党、团体的领导人;"首领"指某些集团的领头人。

〈相关〉头领

【瘦弱】shòu ruò 长得又瘦又弱。▷ 他刚到运动队的时候,又小又瘦弱,很多教练都不看好他。

同 消瘦 xiāo shòu ▷ 强化训练的运动量是很大的,队员们消瘦了很多。

反 健壮 jiàn zhuàng ▷ 经过父母亲的精心调养,他渐渐地健壮起来。

〈辨析〉"瘦弱"强调弱,不一定与疾病有关系;"消瘦"则是因疾病和劳累等原因造成的瘦。"健壮"与"瘦弱"意思相对。

〈相关〉瘦小/强壮

【殊途同归】shū tú tóng guī 从不同的道路走到同一目的地。比喻采取不同的方法可以得到相同的结果。▷ 他们虽然获得的奖牌不同,但殊途同归,同样是为国争光。

同 异曲同工 yì qǔ tóng gōng ▷ 这几种不同的识字教学方法异曲同工,都能收到较好的教学效果。

〈辨析〉"殊途同归"适用范围较广,强调道路、方法的不同;"异曲同工"则多应用在艺术方面,强调手法、做法上的差异。

【舒服】shū fu 轻松愉快;舒适;适宜。▷ 喝下一杯热茶,人感到舒服多了。

同 舒适 shū shì ▷ 这个宾馆条件很好,住得特别舒适。

反 难受 nán shòu ▷ 这一跤摔得他浑身酸痛难受。

〈辨析〉"舒服"侧重于身心感觉愉快上,一般指精神和物质上的满足,适用范围较大,多用于口语;"舒适"侧重于感觉舒服适意上,多指生活环境令人愉快适意,多用于书面语。"难受"与"舒服"意思相对。

【**熟识**】shú shí 对某人或某种事物有清楚的了解。▷ 他联系了几个比较熟识的老同学,准备一起去黄山旅游。

同 **熟悉** shú xī ▷ 我是在山区长大的,最熟悉那里的情况。

熟习 shú xí ▷ 他花了很多时间,才熟习了这项新技术。

〈辨析〉"熟识"多用于人或具体事物;"熟悉"适用范围广,可用于人或事,也可用于抽象事物;"熟习"则强调熟悉的程度,多用作书面语。

【**衰弱**】shuāi ruò 指人的精力、机能等减退。▷ 老人佝偻着双肩,显得越来越衰弱了。

同 **虚弱** xū ruò ▷ 经过几年的治疗和精心调养,他虚弱的身体逐渐强壮起来了。

反 **健壮** jiàn zhuàng ▷ 他不仅身体健壮,心理也很健康。

〈辨析〉①"衰弱"指体失去强盛的精力和机能;"虚弱"指身体不结实。②"衰弱"还表示事物由强转弱,如:敌人的攻势已经衰弱下来,我们可以组织反攻了。在形容身体是否强健时,"健壮"与"衰弱"意思相对。

【**顺从**】shùn cóng 听从别人,不违背,不反抗。▷ 他样样事情都顺从父母。

同 **听从** tīng cóng ▷ 希望大家听从工作人员的安排。

反 **违背** wéi bèi ▷ 我不想违背自己的意愿。

〈辨析〉"顺从"是无条件地服从他人的意见;"听从"指因他人的话有道理或合乎政策和法规而服从。"违背"与"顺从"意思相对。

〈相关〉服从/依从/遵从/抗拒/违拗/违抗

【**顺利**】shùn lì 没有或很少遇到阻碍或困难。▷ 市政动迁工作进展得很顺利。

同 **顺当** shùn dang ▷ 如果事情办得顺当,我当天就能返回省城。

〈辨析〉"顺利"侧重于便利、顺畅、无阻碍,可用于书面语或口语;"顺当"侧重于便当,易于进行,只用于口语。

【顺水推舟】shùn shuǐ tuī zhōu 比喻顺应某种趋势办事。▷ 既然大家都这么说了,我也顺水推舟地表示赞同了。

同 因势利导 yīn shì lì dǎo ▷ 张老师善于因势利导地教育学生,启发学生。

〈辨析〉"顺水推舟"多指处理人与人之间一些事情时的态度,为中性词;"因势利导"多指人对客观规律、形势等问题的原则立场,为褒义词。

【思考】sī kǎo 思索,考虑。▷ 要养成独立思考问题的习惯。

同 思索 sī suǒ ▷ 这就是我近来一直思索的问题。

〈辨析〉"思考"是一件比较深刻、周到的思维活动;"思索"包含寻求、探索、思考的意思。

〈相关〉考虑;思量。

【四面八方】sì miàn bā fāng 指周围的各个方向或各个方面。▷ 四面八方的贺电、贺函似雪片一样飞来。

同 五湖四海 wǔ hú sì hǎi ▷ 大庆的石油工人是从五湖四海聚集到一起的,他们为我国的石油事业作出了巨大的贡献。

〈辨析〉"四面八方"所指的范围较小,多数指四周围;"五湖四海"所指的范围大,可指全国和全世界各地。

【松弛】sōng chí 松散,不紧张,不严格。▷ 看到落水儿童被救上岸,周围的人的神经终于松弛下来。

同 松懈 sōng xiè ▷ 政府各部门要杜绝松懈、拖沓的工作作风。

反 紧张 jǐn zhāng ▷ "团结、紧张、严肃、活泼",这就是部队的工作作风。

〈辨析〉"松弛"主要指肌肉、绳索、精神等松而不紧;"松懈"主要指精神不振、办事拖沓等情况。"紧张"与"松弛"意思相对。

〈相关〉松散

【送别】sòng bié　为将离别的人送行。▷ 站台上挤满了前来送别亲戚、朋友的人。

同 送行 sòng xíng ▷ 我们举办了"派对"为他送行。

反 迎接 yíng jiē ▷ 校园装饰一新,迎接新生入学。

〈辨析〉"送别"强调"别",说明就此分别,一般不再见面;"送行"强调"行",指到将要远行的人起程的地方,向他告别,看着他离去。"迎接"与"送别"意思相对。

【搜集】sōu jí　到处寻找和聚集事物。▷ 他深入少数民族居住区域搜集民间歌谣。

同 搜罗 sōu luó ▷ 这本书几乎搜罗了所有的中国古代神话。

〈辨析〉"搜集"是把寻找的东西集中起来,一般指材料、情况、言论、物品等;"搜罗"是把东西尽量寻找得多而全,寻找的对象可以是物,也可以是人。

〈相关〉收集;收罗;网罗

【苏醒】sū xǐng　从昏迷中醒过来。▷ 凉风一吹,他慢慢苏醒过来。

反 晕厥 yūn jué ▷ 他感到眼前一黑,便晕厥过去了。

〈辨析〉在表示获得或失去知觉时,"晕厥"与"苏醒"意思相对。

〈相关〉清醒/昏迷

【肃静】sù jìng　肃穆,寂静。▷ 追悼会上,全场肃静,向死难烈士默哀三分钟。

同 寂静 jì jìng ▷ 这一夜我们是在寂静的村寨里度过的。

〈辨析〉"肃静"多指会场、教室等环境安静;"寂静"多指山野、村庄、庙宇等安静。

【素养】sù yǎng　平时的修养。▷ 经过几年业余学校进修,他的业务素养有了很大的提高。

同 修养 xiū yǎng ▷ 这位物理学家还有高度的文学修养。

〈辨析〉①"素养"指平时表现出来的素质;"修养"指经过锻炼、学习而达到的水平。②"修养"还表示正确、优雅的待人处世的态度,如:张校长是一位很有修养的人。

〈相关〉涵养;素质

【损害】sǔn hài 使遭受损失。▷ 盗版是一种严重损害知识产权的犯罪行为。

同 危害 wēi hài ▷ 一人吸烟要危害多少人的健康啊!

〈辨析〉"损害"侧重使蒙受损失,可用于事业、利益、健康、感情、名誉等;"危害"侧重危及安全,多用于有关人与物的生存发展方面。

〈相关〉伤害

【索性】suǒ xìng 表示直截了当。▷ 咱们索性找个地方坐下来好好谈一谈。

同 干脆 gān cuì ▷ 已经很晚了,你干脆别走了,就在这儿住下吧。

〈辨析〉①"索性"除了表示直截了当、果断爽快的语气外,还表示赌气;"干脆"只表示直截了当、果断爽快的语气。②"干脆"还可作形容词,如:他回答得特别干脆。

Tt

【踏实】tā shi　认真切实；不浮躁。▷ 总经理看中她踏实、坚毅、果决的工作作风。

同 扎实 zhā shi ▷ 他的绘画功底比较扎实。

反 浮夸 fú kuā ▷ 他这篇文章言辞浮夸，华而不实。

〈辨析〉"踏实"除形容态度和作风等实事求是外，还可形容情绪安定或安稳，如：叫孙建强去处理这起纠纷，我心里比较踏实；"扎实"形容功力和程度的深浅，还形容物品的结实，如：这张红木圆桌倒是挺扎实的。"浮夸"与"踏实"意思相对。

【塌陷】tā xiàn　坍塌；下陷。▷ 由于包工头偷工减料，这段路基严重塌陷。

反 隆起 lóng qǐ ▷ 后面隆起的山冈，挡住了阳光和风力。

〈辨析〉在形容事物的外景外貌方面，"隆起"与"塌陷"意思相对。

〈相关〉凹陷/鼓出；突出

【泰然自若】tài rán zì ruò　从容镇定地保持平常的神情。▷ 面对敌人的铡刀，刘胡兰泰然自若，毫不畏惧。

同 悠然自得 yōu rán zì dé ▷ 他退休以后，迷上了钓鱼，一竿一笠，倒也悠然自得。

〈辨析〉"泰然自若"表示在紧急情况下，表现的镇定、从容、不慌张的神情；"悠然自得"则表示在平时状态下的那种舒适、悠闲、不紧张的神态。

【贪婪】tān lán　贪得无厌，不知满足。▷ 他是一个吝啬而贪婪的人。

同 贪心 tān xīn ▷ 贪心的人往往会因小失大。

〈辨析〉"贪婪"强调不知满足,多用于欲望、心愿等,语意较重;"贪心"侧重于贪图得到的心思,语意较轻。

【谈虎色变】tán hǔ sè biàn　指被虎伤过的人谈到虎就脸色大变。后形容一提到可怕的事情就情绪紧张,连脸色都变了。▷ 说起唐山大地震,老人们还有点谈虎色变。

同 闻风丧胆 wén fēng sàng dǎn ▷ 只要听到杨子荣的名字,土匪个个闻风丧胆。

反 临危不惧 lín wēi bù jù ▷ 他临危不惧,表现了共产党人的革命气节。

〈辨析〉"谈虎色变"强调因说起自己感到害怕的事物而紧张,语意较轻;"闻风丧胆"强调害怕,语意较重。"临危不惧"与"谈虎色变"意思相对。

〈相关〉杯弓蛇影;草木皆兵;望风而逃/从容自若;面不改色

【谈判】tán pàn　认真慎重地共同商讨。▷ 双方谈判已有一个星期,至今没有进展。

同 协商 xié shāng ▷ 经过充分的协商,两国政府签订了商贸合同。

〈辨析〉"谈判"多用于较庄重的场合,通过商量解决双方分歧较大的重要问题;"协商"既可用于一般场合,也可用于庄重场合,通过商量解决双方分歧比较接近的问题。

〈相关〉会谈;商谈

【忐忑不安】tǎn tè bù ān　形容心神非常不安。▷ 许久没有收到儿子的信,母亲这几天有点忐忑不安。

同 坐立不安 zuò lì bù ān ▷ 高考发榜的日子一天天近了,他也越发坐立不安了。

反 泰然处之 tài rán chǔ zhī ▷ 面对沸沸扬扬的议论,王平泰然处之。

〈辨析〉"忐忑不安"从神态上反映出心神不定;"坐立不安"从行动上反映出心神不定。"泰然处之"与"忐忑不安"意思相对。

【坦白】tǎn bái 如实地说出自己的事情、错误或罪行。▷ 他向母亲坦白了自己的想法。

同 交代 jiāo dài ▷ 他向公安部门交代了制作盗版光盘的事实。

反 抗拒 kàng jù ▷ 对刑警的盘问,他一而再、再而三地抗拒。

〈辨析〉"坦白"除指如实、彻底地说出外,还可作形容词,表示心地纯洁,语言直率,如:我们要做一个襟怀坦白的人;"交代"除指一般地说出外,还有嘱咐的意思,如:妈妈上班前交代我把衣服晾好。"抗拒"与"坦白"意思相对。

【坦率】tǎn shuài 坦白直率;直截了当;毫无保留。▷ 他们两个人就提拔干部问题坦率地交换了意见。

同 直率 zhí shuài ▷ 她直率地向对方提出分割利润的方案。

反 婉转 wǎn zhuǎn ▷ 她非常婉转地向董事长提出了对这件事的看法。

〈辨析〉"坦率"表示坦白真诚、毫无保留;"直率"表示性格直爽,说话不兜圈子。"婉转"与"坦率"意思相对。

〈相关〉爽快;爽气;直爽/委婉

【滔滔不绝】tāo tāo bù jué 形容说话多而流畅。▷ 老支书滔滔不绝地向我们介绍这一带的风土人情。

同 口若悬河 kǒu ruò xuán hé ▷ 他口才很好,每次发言都是口若悬河、滔滔不绝的。

反 笨口拙舌 bèn kǒu zhuō shé ▷ 这个小女孩虽然笨口拙舌,但心眼儿倒是挺好的。

〈辨析〉"滔滔不绝"形容说话又多又流畅;"口若悬河"形容口才好,善言能辩。"笨口拙舌"与"口若悬河"意思相对。

【逃避】táo bì 躲开不愿意或不敢接触的事物。▷ 贩毒分子最终逃避不了法律的制裁。

同 回避 huí bì ▷ 看到他在接电话,我主动回避了。

〈辨析〉"逃避"指逃开,语意较重;"回避"指让开躲避,语意较轻。

〈相关〉避开;躲避

【讨厌】tǎo yàn 讨嫌;对人或事物产生反感。▷ 我很讨厌黄梅季节阴雨绵绵的天气。

同 厌恶 yàn wù ▷ 他厌恶别人在这个时候打扰他。

〈辨析〉"讨厌"表示不喜欢,使人厌烦,多用作口语;"厌恶"表示非常不喜欢,已达到了可恶的程度,多用作书面语。

〈相关〉嫌恶;厌烦

【特别】tè bié 不一般;与众不同。▷ 这套运动服的样式很特别。

同 特殊 tè shū ▷ 医生发现这类病症比较特殊。

〈辨析〉"特别"形容与一般不同的事物,常常是个别的,语意较重;"特殊"则不一定是个别的,语意较轻。

〈相关〉独特;奇特/普通;一般

【特点】tè diǎn 独特之处。▷ 这座大厦具有藏族建筑的风格和特点。

同 特性 tè xìng ▷ 他熟练地掌握了这台电脑的特性。

〈辨析〉"特点"适用范围较广,既可指人,也可以指事物内部性质和外部形态的特色;"特性"适用范围较窄,多表示人或物品的内在性能。

〈相关〉特色;特征

【疼爱】téng ài 特别关心喜爱。▷ 他十分疼爱孩子。

同 喜爱 xǐ ài ▷ 小强最喜爱参加科技活动。

反 厌恶 yàn wù ▷ 时间长了,大家都开始厌恶这种无聊的生活。

〈辨析〉"疼爱"强调特别关切喜爱,一般用于长辈对小辈;"喜爱"强调喜欢,可用于人或物。"厌恶"与"喜爱"意思相对。

【提倡】tí chàng 鼓励;倡导。▷ 应该大力提倡尊老爱幼的优良传统。

同 倡导 chàng dǎo ▷ 我国政府历来倡导和平共处五项原则。

〈辨析〉"提倡"指鼓励或号召大家做某事;"倡导"指引导、指导和带头做某事,语意比"提倡"重。

〈相关〉倡议;首倡

【提纲】tí gāng 学习、讨论、发言或研究的内容要点。▷ 为了参加会议讨论,我和小李把发言提纲拟好了。

同 提要 tí yào ▷ 这篇论文很长,请你再写一篇内容提要。

〈辨析〉"提纲"采用条文形式反映文章的要点;"提要"则强调文章的内容和观点。

〈相关〉大纲;纲目;纲要;要点;摘要

【提前】tí qián 把原定时间往前移。▷ 请你提前半小时到车站集合。

反 推迟 tuī chí ▷ 会务组通知,研讨会推迟两天召开。

〈辨析〉在时间安排的变化方面,"推迟"与"提前"意思相对。

〈相关〉超前;提早/延后;滞后

【题目】tí mù 概括诗文或讲演内容的语句。▷ 学校规定了这次辩论会的题目。

同 标题 biāo tí ▷ 这篇文章的小标题还得修改一下。

〈辨析〉①"题目"使用范围较广,可用于书面形式的文章、作品的内容,也可用于口头形式的演讲、报告等;"标题"使用范围较窄,一般只用于书面形式的文章和作品。②"题目"还指考试或练习时要求解答的问题,如:这几道题目有点难度,大家可以讨论一下。

【体会】tǐ huì 体验,领会。▷ 这次我们参加全市头脑奥林匹克比赛,深刻体会到集体的智慧和力量。

同 **体验** tǐ yàn ▷ 这个剧组的演员都下工厂体验生活去了。

〈辨析〉"体会"强调理性认识,多用于抽象事物;"体验"强调感性事物,多用于具体事物。

【**体谅**】tǐ liàng 体察其情并给予谅解。▷ 我们非常体谅你的处境。

同 **谅解** liàng jiě ▷ 球迷应该谅解足球俱乐部的一些做法。

〈辨析〉"体谅"侧重于能设身处地为别人着想,对别人的不足之处不加指责;"谅解"侧重于了解实情后,能够消除意见原谅对方。

【**天才**】tiān cái 天赋与的才能;超人的智慧。▷ 人们常说天才出于勤奋。

同 **天赋** tiān fù ▷ 他具有打乒乓球的天赋。

〈辨析〉"天才"侧重指才能高、聪明;"天赋"侧重指聪明的资质生来就有。

【**天花乱坠**】tiān huā luàn zhuì 比喻说话有声有色,非常动听。▷ 你就是说得天花乱坠,我也不会再追加投资了。

同 **头头是道** tóu tóu shì dào ▷ 他把这篇文章分析得头头是道。

〈辨析〉"天花乱坠"形容话说得漂亮生动,但夸大而不切实际,含有贬义;"头头是道"形容说话或写文章有条有理,为中性词。

〈相关〉活龙活现;有条不紊

【**天然**】tiān rán 自然的;天生的。▷ 小溪上的这座石桥是天然形成的。

反 **人工** rén gōng ▷ 空军部队实施人工降雨后,灾区的旱情减轻了很多。

〈辨析〉在对景物、生物等客观事物的分类上,"人工"与"天然"意思相对。

〈相关〉野生;自然/人造

【天壤之别】tiān rǎng zhī bié 比喻相隔很远,差别很大。▷ 现在我家的住房条件和过去相比,真有天壤之别了!

反 伯仲之间 bó zhòng zhī jiān ▷ 在中超联赛中,上海申花与北京国安的实力在伯仲之间,难分高下。

〈辨析〉在比较两个事物的高下方面,"伯仲之间"与"天壤之别"意思相对。

〈相关〉迥然不同;霄壤之别/半斤八两;相差无几

【天堂】tiān táng 比喻幸福美好的生活环境。▷ 昔日的不毛之地,如今已成为人间天堂。

反 地狱 dì yù ▷ 旧社会,劳动人民在人间地狱中生活。

〈辨析〉在比喻生活条件的好坏时,"地狱"与"天堂"意思相对。

〈相关〉乐园/苦海

【天真】tiān zhēn 单纯;朴实;没有做作和虚伪。▷ 这些小演员,个个天真活泼,演起戏来像模像样。

同 单纯 dān chún ▷ 青年人以为一踏上社会就可施展本领,这种想法太单纯了。

反 老练 lǎo liàn ▷ 真想不到他年纪轻轻就这么老练了。

〈辨析〉"天真"多形容年幼的人心地单纯、直率;"单纯"形容人或事物简单、不复杂。"老练"与"天真"意思相对。

〈相关〉纯真;幼稚;稚嫩/练达;世故

【田野】tián yě 田地和原野。一般指大片种植庄稼的田地。▷ 田野里盛开着一片金黄色的油菜花。

同 原野 yuán yě ▷ 一群野马奔跑在辽阔的原野上。

〈辨析〉"田野"主要指种有庄稼的大片土地;"原野"一般指未经开垦的空旷地。

【恬淡】tián dàn 淡泊;安静闲适。▷ 张教授退休后,过起恬淡的书斋生活。

同 淡泊 dàn bó ▷ 李教授在教学、科研上的奉献精神和对于名利的淡泊态度,使我很感动。

〈辨析〉① "恬淡"指安静闲适,不追求名利,侧重于对这种生活的感受;"淡泊"指把功名利禄看得很淡,侧重于自己志向的流露。② "淡泊"还可用作动词,如:他一生淡泊名利。

【恬静】tián jìng 安稳平静,没有声音。▷ 长白山上的森林之夜特别恬静。

同 安静 ān jìng ▷ 小孙子活泼好动,简直没有安静的时候。

〈辨析〉"恬静"形容安然自得,不受外界干扰;"安静"指处于平稳的静态。

【甜美】tián měi 愉快,舒服,美好。▷ 张也甜美的歌声使听众陶醉。

同 甜蜜 tián mì ▷ 她的脸上露出甜蜜的微笑。

反 苦涩 kǔ sè ▷ 他的脸上露出一丝苦涩的微笑。

〈辨析〉"甜美"侧重指客观上具有舒服、愉快的感受,多形容生活、爱情、笑容、声音等;"甜蜜"侧重指主观上的感受,多形容生活、爱情、心情、滋味等。"苦涩"与"甜美"意思相对。

【挑选】tiāo xuǎn 挑拣,选择。▷ 这些大豆良种是从北大荒农场挑选而来的。

同 选择 xuǎn zé ▷ 在众多的专业中,她选择了航海。

〈辨析〉"挑选"的对象一般是人和物;"选择"除了人和物外,还可以是抽象的事物。

【调和】tiáo hé 调停纠纷,使重归于好。▷ 不管谁家有纠纷,只要有调和的余地,就要努力。

同 调解 tiáo jiě ▷ 居委会干部上门调解,解决了他们两家的矛盾。

〈辨析〉① "调和"指排除矛盾后又重归于好;"调解"侧重于消除矛盾。② "调和"还可指配合得均匀和谐,如:她用色拉酱把各种水果块调和在一起。

【**调剂**】tiáo jì 进行适当调节使达到合适程度。▷ 听音乐可以调剂一下情绪。

同 **调节** tiáo jié ▷ 这种风扇的速度可以自由调节。

调整 tiáo zhěng ▷ 比赛前,主教练调整了训练强度,使大家能进入最佳状态。

〈辨析〉"调剂"重在"剂",主要是数量上和程度上的调整,如多少、大小、好坏、强弱、忙闲等;"调节"重在"节",强调节制,在数量或程度范围内调整,如气候、温度、物价、机器等;"调整"重在"整",指整顿、整理,对象是经济、计划、政策、机构等。

【**调皮**】tiáo pí 顽皮,不听话。▷ 太调皮的孩子,有时不受人们欢迎。

同 **淘气** táo qì ▷ 我班就数小强最淘气。

顽皮 wán pí ▷ 看他那顽皮的样子,真叫人又气又好笑。

反 **文静** wén jìng ▷ 小芹的性格很文静。

〈辨析〉"调皮"适用范围较广,可用于儿童、成人,也可用于动物;"淘气"则强调玩闹而使人生气,可用于小孩和小动物;"顽皮"一般指小孩。"文静"与"调皮"意思相对。

【**挑逗**】tiǎo dòu 逗引;招惹。▷ 对她的种种暗示和挑逗,他似乎并不理会。

同 **逗弄** dòu nòng ▷ 在母亲的逗弄下,弟弟笑个不停。

〈辨析〉"挑逗""逗弄"都指用语言、动作等激发对方产生某种反应;"逗弄"还有作弄、耍笑的意思,如:你怎么可以逗弄低年级同学呢!

〈相关〉逗引;戏弄

【**挑衅**】tiǎo xìn 故意挑起事端,扩大事态,以引起冲突或战争。▷ 对敌人的挑衅,一定要坚决还击!

同 **寻衅** xún xìn ▷ 他酒喝多了就寻衅闹事。

〈辨析〉"挑衅"侧重在挑动激怒对方,以引起冲突或战争,表现在言语上、行动上、军事上,具有攻击性,语意较重;"寻衅"侧重故意找茬,以引起冲突,多用在日常生活个人之间的小事上,语意较轻。

〈相关〉捣乱;滋事

【听说】tīng shuō 听别人说。▷ 我听说他临走时曾交给你一包东西。

 同 耳闻 ěr wén ▷ 你说的那些事,以前我也有耳闻。

〈辨析〉"听说"强调听到话是别人说的,多用于口语;"耳闻"强调亲耳听到的,多用于书面语。

〈相关〉传闻;风闻;据说

【停职】tíng zhí 在一定期间内制止某人执行其原来的职务。▷ 由于犯了经济方面的错误,公司副经理被停职检查。

 反 复职 fù zhí ▷ 一年后,他又复职了,仍然是主管行政的经理。

〈辨析〉在表示职务的变化时,"复职"与"停职"意思相对。

〈相关〉撤职;免职/在职

【停止】tíng zhǐ 不再继续进行。▷ 我们对问题的认识不能总停止在目前水平上。

 同 中止 zhōng zhǐ ▷ 美国宇航局宣布,在查明这次事故原因之前,将中止一切航天飞机的活动。

〈辨析〉"停止"侧重于行动终止,不再进行;"中止"指进行中间停下来,其后还会继续进行。

〈相关〉停顿;停息;止住;终止

【停滞不前】tíng zhì bù qián 停留下来不再继续前进。▷ 急躁冒进固然要不得,而停滞不前也是不行的,我们要积极、稳妥地前进。

 反 突飞猛进 tū fēi měng jìn ▷ 航天技术的突飞猛进使人类去

月球上旅行的愿望正在变为现实。

〈辨析〉在形容事物进展的速度快慢时,"突飞猛进"与"停滞不前"意思相对。

【挺拔】tǐng bá 直立而高耸。▷ 湖的四周是一幢幢挺拔的建筑。

同 挺秀 tǐng xiù ▷ 时装模特儿挺秀的身材令人羡慕。

〈辨析〉"挺拔"强调直立而高耸,多用于树木、建筑物等;"挺秀"强调秀丽,多形容人或树木。

【挺身而出】tǐng shēn ér chū 形容勇敢地站出来担当危险或艰难的事情。▷ 他在危险的关头挺身而出,用自己的身体挡住了烈火的蔓延,保住了国家财产。

反 畏缩不前 wèi suō bù qián ▷ 在这场灭火战斗中,他们不是畏缩不前的懦夫,而是冲锋陷阵的勇士。

〈辨析〉在形容遇到困难勇敢与否时,"畏缩不前"与"挺身而出"意思相对。

〈相关〉奋不顾身/望而生畏

【通畅】tōng chàng 通行或运行没有阻碍。▷ 这条马路加宽后,周边道路就通畅无阻了。

反 堵塞 dǔ sè ▷ 这条路太窄小,车辆经常在此堵塞。

〈辨析〉在形容通行是否有阻碍时,"堵塞"与"通畅"意思相对。

【通过】tōng guò 议案、答辩等经过同意而成立。▷ 小李没有通过英语六级考试。

反 否决 fǒu jué ▷ 他的建议被否决了。

〈辨析〉在表示会议上对议案、答辩等表决方面,"否决"与"通过"意思相对。

【通宵达旦】tōng xiāo dá dàn 经过整整一夜直到天亮。▷ 马路上通宵达旦的人声、汽车声,使附近居民无法入睡。

同 夜以继日 yè yǐ jì rì ▷ 为了按时交货,这两天我们夜以继日地干活。

〈辨析〉"通宵达旦"从时间的角度形容连续工作;"夜以继日"多形容不怕疲劳、连续作战的精神。

【同甘共苦】tóng gān gòng kǔ 共同享受幸福,共同担当艰苦。▷ 优秀的企业家都会与员工同甘共苦。

反 **分道扬镳** fēn dào yáng biāo ▷ 他俩曾经是好朋友,但自从那一次争执后,便分道扬镳了。

〈辨析〉在表示是否团结合作时,"分道扬镳"与"同甘共苦"意思相对。

【同流合污】tóng liú hé wū 同坏人一起干坏事。▷ 意志薄弱的人,经不起金钱的诱惑,容易同社会上的不法分子同流合污。

反 **洁身自好** jié shēn zì hào ▷ 对违反社会公德的不良行为,我们应该坚决制止,决不能只满足于洁身自好。

〈辨析〉在对外界丑恶现象的态度方面,"洁身自好"与"同流合污"意思相对。

【同日而语】tóng rì ér yǔ 把不同的事情或情况放在同一时间来议论,看成差不多的。▷ 如今山区的交通情况,与当年相比,已不可同日而语了。

同 **相提并论** xiāng tí bìng lùn ▷ 他们两人不在一个级别上,当然不能相提并论。

〈辨析〉"同日而语"强调时间上的差异;"相提并论"强调不分彼此,不相上下。

〈相关〉等量齐观;混为一谈;一概而论

【同意】tóng yì 对某种主张表示相同的意见。▷ 大多数居民同意将围墙拆除。

同 **赞成** zàn chéng ▷ 大家都赞成下班后去福利院参加义务劳动。

反 **反对** fǎn duì ▷ 他反对盲目行动。

〈辨析〉"同意"在对某种意见表示肯定时态度一般;"赞成"对某种意见表示肯定时态度积极。"反对"与"同意"意思相对。
〈相关〉赞同/拒绝

【痛苦】 tòng kǔ　身体或精神上感到非常难受。▷ 对她的痛苦遭遇,大家都表示同情。

同 **痛楚** tòng chǔ ▷ 他的眼神里分明流露出一种难以启齿的痛楚。

反 **舒适** shū shì ▷ 外面又黑又冷,这间渔家小屋却温暖而舒适。

〈辨析〉"痛苦"多形容精神上、身体上或生活上受到的折磨与打击,语意较轻;"痛楚"多形容精神上或肉体上受到的折磨,语意较重。"舒适"与"痛苦"意思相对。

【痛快】 tòng kuài　心情舒畅;精神愉快。▷ 玩笑开得太过分了,闹得大家都不痛快了。

同 **畅快** chàng kuài ▷ 与李老师谈心后,她觉得心情畅快了一些。

反 **扫兴** sǎo xìng ▷ 这种做法真叫人扫兴。

〈辨析〉"痛快"指舒服、快乐,兴致很高;"畅快"指舒畅、惬意,心情顺畅。"扫兴"与"痛快"意思相对。
〈相关〉舒服/爽快/愉快/郁闷

【偷梁换柱】 tōu liáng huàn zhù　比喻暗中玩弄手法,以假乱真,以次充好,改变事物的内容、性质。▷ 这家公司偷梁换柱,用一般菌类冒充冬虫夏草。

同 **移花接木** yí huā jiē mù ▷ 他采用移花接木的手段改编了这个剧本。

〈辨析〉"偷梁换柱"指暗中变换事物;"移花接木"则是用拼凑的手法来变换事物。

【偷窃】 tōu qiè　偷;盗窃。▷ 这名外国间谍偷窃我国经济情报,现在被驱逐出境了。

　　同 **盗窃** dào qiè ▷ 这伙人专门盗窃小区停放的轿车。

　　〈辨析〉"偷窃"使用范围较广,对象不论大小;"盗窃"使用范围较窄,只限于偷大的东西。

　　〈相关〉偷盗;行窃

【**投诚**】tóu chéng　　诚心归附。▷ 对前来投诚的国民党士兵,我解放军表示欢迎。

　　同 **投降** tóu xiáng ▷ 在我军的层层包围下,敌人纷纷扔下武器举手投降了。

　　反 **反抗** fǎn kàng ▷ 哪里有压迫,哪里就有反抗。

　　〈辨析〉"投诚"表示敌人自动归顺,是褒义词;"投降"应用范围较广,指敌我双方向对方屈服。"反抗"与"投诚"意思相对。

【**透露**】tòu lù　　透出;显露。▷ 他向记者透露了下一部将拍摄的影片的片名。

　　同 **吐露** tǔ lù ▷ 他向组织吐露了埋藏多年的秘密。

　　泄露 xiè lòu ▷ 他无视组织纪律,向外界泄露了国家机密。

　　〈辨析〉"透露"主要指有意、无意地把消息等传出去;"吐露"是主动说出实情或真心话;"泄露"指把秘密告诉别人。

　　〈相关〉显露/隐瞒

【**透明**】tòu míng　　能透过光线的。▷ 为了防止风沙迷眼,有些妇女脸上蒙着一层透明的白纱。

　　同 **透亮** tòu liàng ▷ 你把窗帘打开,房间就透亮了。

　　〈辨析〉①"透明"指物体能透过光线;"透亮"指环境、物体明亮,能看得清,在语意上比"透明"重。②"透明"还指公开、无遮掩的,如:该公司奖金分配是透明的,员工心中都有数。

　　〈相关〉光亮;亮堂;明亮

【**突破**】tū pò　　集中兵力向一点进攻或反攻,以打开缺口,扩大战果。▷ 客队的突破能力很强,我们要加强防守。

[同] **打破** dǎ pò ▷ 刘翔打破了110米栏世界纪录。

〈辨析〉"突破"表示集中力量在一点上打开缺口,冲破阻力,超过限制等;"打破"表示全面或大范围破除掉原有的障碍、限制、约束,在语意上比"突破"重。

【团聚】tuán jù 聚会;聚集。▷ 一年之中,只有到了除夕夜,全家人才能团聚在爷爷家里吃顿年夜饭。

[同] **团圆** tuán yuán ▷ 海峡两岸的同胞都盼望着骨肉团圆的这一天。

[反] **分离** fēn lí ▷ 这对分离多年的兄弟,终于团聚了。

〈辨析〉"团聚"指亲人或朋友久别后再相聚;"团圆"侧重在离散后又相聚,一般指有血缘关系的亲属。"分离"与"团聚"意思相对。

〈相关〉相聚/离散

【推波助澜】tuī bō zhù lán 比喻从旁助长事物的声势,推动其发展,扩大其影响。▷ 怪不得事态发展越来越严重,原来是有人在推波助澜。

[同] **兴风作浪** xīng fēng zuò làng ▷ 几个在市场里兴风作浪的不法商人,被依法逮捕了。

[反] **息事宁人** xī shì níng rén ▷ 他遇到矛盾,总是用息事宁人的办法去解决。

〈辨析〉"推波助澜"比喻从旁鼓动,使事态扩大;"兴风作浪"比喻煽动挑拨,制造事端。"息事宁人"与"推波助澜"意思相对。

〈相关〉煽风点火/无事生非/兴妖作怪

【推陈出新】tuī chén chū xīn 除去陈旧的,产生新鲜的。现多指通过批判继承,去糟粕,取精华,在旧事物的基础上创造新事物。▷ 经过几代艺术家的推陈出新,古老的昆曲又焕发了青春。

[反] **抱残守缺** bào cán shǒu quē ▷ 一个人如果抱残守缺,故步

自封,就会和时代的发展格格不入。

〈辨析〉在表示对新旧事物的态度方面,"抱残守缺"与"推陈出新"意思相对。

〈相关〉标新立异;弃旧图新/墨守成规;因循守旧

【推辞】tuī cí 拒绝;不允诺。▷ 他约我去喝茶,我推辞了。

同 推却 tuī què ▷ 小杨是个热心人,别人请他帮助,他从不推却。

反 接受 jiē shòu ▷ 盛情难却,我只能接受这份礼物。

〈辨析〉"推辞"重在谢绝辞让,应用范围较广,指任命、邀请、馈赠等;"推却"指拒绝接受让自己做的事情,多作书面语。"接受"与"推辞"意思相对。

【推荐】tuī jiàn 把好的人或事物向他人或组织作介绍,希望任用或接受。▷ 语文老师经常向我们推荐好的书刊。

同 推举 tuī jǔ ▷ 大家一致推举张伯当业委会主任。

〈辨析〉"推荐"多用于人和事物;"推举"只用于人。

〈相关〉推选

【退步】tuì bù 落后;向后倒退。▷ 由于迷恋游戏机,小强学习成绩退步了。

同 后退 hòu tuì ▷ 你的学习成绩怎么没提高,反而后退了?

反 进步 jìn bù ▷ 经过教练的指导,他的跳高成绩进步很快。

〈辨析〉"退步"强调比原来差;"后退"指退回后面的地方或以往的发展阶段。"进步"与"退步"意思相对。

【退出】tuì chū 离开某场所;脱离某团体、某组织或某事。▷ 由于其他工作的需要,我便退出了实验小组。

反 加入 jiā rù ▷ 我加入了奥运会的志愿队。

〈辨析〉在是否参加某团体或某事等方面,"加入"与"退出"意思相对。

〈相关〉脱离/参加;投入

【吞没】tūn mò 淹没。▷ 大火很快把大饭店吞没了。

同 淹没 yān mò ▷ 庄稼和房屋全被山洪淹没了。

〈辨析〉①"吞没"可用于洪水,也可用于大火,多指具体事物,具有形象色彩;"淹没"多用于洪水、流沙,不用于大火。②"吞没"还指将他人或公共的财物据为己有,如:吞没公共财物是违法行为。

【拖拉】tuō lā 办事迟缓;效率很低。▷ 干工作要雷厉风行,不允许拖拉,延误时机。

反 利索 lì suo ▷ 小李办事很利索,你放心好了。

〈辨析〉在形容做事或工作是否有效率时,"利索"与"拖拉"意思相对。

〈相关〉拖沓/干脆;爽快

【拖泥带水】tuō ní dài shuǐ 比喻做事不干脆。也比喻说话、写文章不简洁。▷ 他办事一向拖泥带水的。

反 干净利落 gān jìng lì luo ▷ 武术运动员的动作干净利落,引来全场观众的热烈掌声。

〈辨析〉在形容说话、办事是否简洁干练时,"干净利落"与"拖泥带水"意思相对。

〈相关〉不胜其烦/当机立断;言简意赅

【脱胎换骨】tuō tāi huàn gǔ 原为道教语,指修道者得道后,能脱去凡骨而成仙胎仙骨。现多指通过教育改造,彻底改变一个人的世界观。也比喻事物通过改造成为另一个事物。▷ 从昔日的富家小姐到今天的妇女干部,她真是脱胎换骨,面貌一新了。

同 洗心革面 xǐ xīn gé miàn ▷ 除非她真能放弃旧的传统意识,洗心革面,重新做起,才能够改造成为有用的人。

反 依然故我 yī rán gù wǒ ▷ 几十年来,张老师依然故我,在教育战线上辛勤耕耘。

〈辨析〉"脱胎换骨"强调内在性质的改变;"洗心革面"则表示内在和外表两方面的变化。"依然故我"与"脱胎换骨"意思相对。

【妥当】tuǒ dàng　稳妥,适当。▷ 这句话用在这儿有点不妥当,请改一下。

　回 妥善 tuǒ shàn ▷ 每年,国家对复员转业军人都作了妥善安排。

　妥帖 tuǒ tiē ▷ 这事由你来经办,再妥帖也没有了。

〈辨析〉"妥当"一般形容动作、做法等稳妥、适当;"妥善"多形容处理问题周到完善;"妥帖"表示十分合适的意思。

Ww

【挖掘】wā jué 挖;发掘。▷ 这条海底隧道已经开始挖掘。

同 发掘 fā jué ▷ 我国还有许多古代遗址没有被发掘。

〈辨析〉"挖掘"多用于坑道、隧道、深井等工程项目;"发掘"多用于文物考古等方面,并含有发现的意思。

〈相关〉采掘;开掘

【歪风邪气】wāi fēng xié qì 形容不良的作风和风气。▷ 各级领导干部要狠狠地同歪风邪气作斗争。

同 歪门邪道 wāi mén xié dào ▷ 这家商店经营作风好,在经销业务上从不走歪门邪道。

〈辨析〉"歪风邪气"主要指作风和风气不良;"歪门邪道"主要指方法和途径不正当。

【弯路】wān lù 弯曲的路。比喻工作、学习等方面因不得法而经历的曲折过程。▷ 工作中,有时难免要走些弯路。

反 捷径 jié jìng ▷ 在科学研究的道路上是没有捷径可走的。

〈辨析〉在表示行989或做事所选择的途径方面,"捷径"与"弯路"意思相对。

〈相关〉曲径;远路/近路;直路

【剜肉补疮】wān ròu bǔ chuāng 比喻用有害的办法解决眼前的困难。▷ 他东借西挪,剜肉补疮,勉强地维持着生意。

同 饮鸩止渴 yǐn zhèn zhǐ kě ▷ 向高利贷者借钱还债,无异于饮鸩止渴。

〈辨析〉"剜肉补疮"强调只顾眼前;"饮鸩止渴"语意更重,后果

【完善】wán shàn 完备,美好。▷ 这是一所日趋完善的高等职业技术学校。

同 完备 wán bèi ▷ 学校计算机实验室的设施很完备。
完美 wán měi ▷ 这座环保型科技大厦的结构、外形和内部设备都十分完美。

〈辨析〉"完善"语意较重,一般适用于具体事物;"完备"语意较轻,适用于具体事物;"完美"语意较重,不仅适用于事物,也适用于人。

【玩火自焚】wán huǒ zì fén 比喻冒险干坏事的人必将自食恶果。▷ 历史证明,侵略者的下场必然是玩火自焚。

同 作茧自缚 zuò jiǎn zì fù ▷ 你不要作茧自缚,要战胜自我,开辟出一个新的天地。

〈辨析〉"玩火自焚"语气较重,强调自己受害;"作茧自缚"语气较轻,强调自己受束缚。

〈相关〉引火烧身;自食其果;自投罗网;自作自受;作法自毙

【顽敌】wán dí 顽固或顽抗的敌人。▷ 经过激烈的战斗,顽敌被全部歼灭。

同 劲敌 jìng dí ▷ 韩国足球队一直是中国足球队的劲敌。

〈辨析〉"顽敌"强调顽固强悍,只适用于敌我双方;"劲敌"指强劲有力的对手,除用于敌人外,还可用于竞赛对手。

【顽强】wán qiáng 坚强;强硬。▷ 国家少年足球队队员在运动场上顽强拼搏的精神得到球迷们的喝彩。

同 坚强 jiān qiáng ▷ 这是一群意志坚强的年青人。

反 软弱 ruǎn ruò ▷ 面对世界冠军队,他们表现得太软弱了。

〈辨析〉"顽强"侧重于不怕困难和压力,在行动或意志上坚持下去,为中性词;"坚强"侧重于不可动摇的决心,为褒义词。"软弱"与"顽强"意思相对。

〈相关〉强硬;刚强/懦弱;薄弱;疲弱;脆弱

【挽回】wǎn huí 设法使形势好转或恢复原状。▷ 他们用生产自救的方法,竭力挽回自然灾害带来的损失。

同 挽救 wǎn jiù ▷ 医务人员正在努力挽救重危病人的生命。

〈辨析〉"挽回"表示恢复正常;"挽救"则表示危急情况下的抢救。

【惋惜】wǎn xī 对人的不幸遭遇或事物的意外变化表示同情、可惜。▷ 看到这件珍贵的文物被毁了,大家十分惋惜。

同 可惜 kě xī ▷ 糟蹋粮食多可惜啊!

〈辨析〉"惋惜"语气较重,侧重于人的心理活动;"可惜"语气较轻,侧重于对事物的判断。

【万古长青】wàn gǔ cháng qīng 比喻高尚的精神或深厚的友谊永远存在下去。▷ 中美两国人民的友谊将世代相传,万古长青。

同 流芳百世 liú fāng bǎi shì ▷ 岳飞精忠报国,将流芳百世。

反 臭名远扬 chòu míng yuǎn yáng ▷ 这位歌星早已因偷税漏税而臭名远扬。

〈辨析〉"万古长青"表示永远不会改变和衰退;"流芳百世"表示美名永远流传在世上。"臭名远扬"与"流芳百世"意思相对。

【万籁俱寂】wàn lài jù jì 形容周围环境非常安静。▷ 半夜时分,黑夜沉沉,万籁俱寂。

同 鸦雀无声 yā què wú shēng ▷ 会场里鸦雀无声,同学们聚精会神地听抗洪救灾报告团演讲。

反 人声鼎沸 rén shēng dǐng fèi ▷ 赛场上人声鼎沸,热闹非凡。

〈辨析〉"万籁俱寂"多形容自然环境的安静;"鸦雀无声"一般指人们或人们聚集活动的场所很安静。"人声鼎沸"与"万籁俱寂"意思相对。

【**妄自菲薄**】wàng zì fěi bó 过分地看轻自己。▷ 在与人交往中,我们既不该妄自菲薄,也不该妄自尊大。

同 **自暴自弃** zì bào zì qì ▷ 犯一点错误不可怕,可怕的是自暴自弃。

反 **妄自尊大** wàng zì zūn dà ▷ 他刚取得些进步,便变得妄自尊大,不知天高地厚了。

〈辨析〉"妄自菲薄"是过分地看轻自己;"自暴自弃"是自己糟蹋自己、自己鄙弃自己。"妄自尊大"与"妄自菲薄"意思相对。

〈相关〉自轻自贱

【**忘记**】wàng jì 经历的事物不再存留在记忆中;不记得。▷ 孩提时代的事情,我大都忘记了。

同 **忘怀** wàng huái ▷ 海南岛的迷人景色令人难以忘怀。
   忘却 wàng què ▷ 几十年过去了,他早就忘却了曾经有过的不愉快。

反 **记住** jì zhù ▷ 我永远会记住母校老师的教诲。

〈辨析〉"忘记"使用范围广,使用频率高,可用于口语,也可用于书面语;"忘怀"使用范围窄,使用频率不高,常用于书面语;"忘却"多用于书面语。"记住"与"忘记"意思相对。

〈相关〉遗忘/记得

【**旺盛**】wàng shèng 向上发展的气势猛烈。▷ 今年风调雨顺,庄稼长势特别旺盛。

同 **茂盛** mào shèng ▷ 茂盛的大榕树下,成了纳凉人的好去处。

反 **衰败** shuāi bài ▷ 洪水过后,田野里呈现出一片衰败的景象。

〈辨析〉①"旺盛"使用范围较广,可形容植物、事物等的生命力强;"茂盛"只能形容植物繁茂茁壮。②"旺盛"还形容人的情绪高涨,如:年轻的大学生们有着旺盛的精力。"衰败"与"旺盛"意思相对。

〈相关〉兴盛;兴旺/衰落

【望穿秋水】wàng chuān qiū shuǐ　形容盼望的殷切。▷ 一家人望穿秋水,盼望他早日在国外学成归来。

　同 望眼欲穿 wàng yǎn yù chuān ▷ 又一个春节到了,妈妈天天盼望离家八年之久的儿子能早日归来,真是望眼欲穿啊!

〈辨析〉"望穿秋水"主要指对远方亲人的盼望心情;"望眼欲穿"适用范围更广些,不仅指亲人,还可指心爱的东西。

【望洋兴叹】wàng yáng xīng tàn　比喻做事因力量不够或缺乏条件而感到无可奈何。▷ 你可以去国外名牌大学继续深造,而我只能望洋兴叹了。

　同 无可奈何 wú kě nài hé ▷ 小贝贝这孩子太顽皮,爸爸妈妈有时对他也无可奈何。

〈辨析〉"望洋兴叹"表示唉声叹气的神情;"无可奈何"表示十分无奈的心情。

【危急】wēi jí　危险,紧急。▷ 正当火势蔓延的危急时刻,消防队员赶到了。

　同 危险 wēi xiǎn ▷ 病人已经脱离危险。

　反 安全 ān quán ▷ 你放心,这个地方很安全。

〈辨析〉"危急"强调一刻也不能拖延,多形容事情、形势、生命等处于紧急状态或时刻;"危险"强调情况或处境十分不利,有遭到损害、失败或死亡的可能。"安全"与"危险"意思相对。

〈相关〉紧急;危难

【危如累卵】wēi rú lěi luǎn　形容十分危险。▷ 面对危如累卵的防洪形势,他一筹莫展,焦虑万分。

　反 安如泰山 ān rú tài shān ▷ 大堤在洪水冲击下安如泰山。

〈辨析〉在形容形势、地位的安危时,"安如泰山"与"危如累卵"意思相对。

〈相关〉岌岌可危;摇摇欲坠/固若金汤;坚如磐石

【威风】wēi fēng　使人畏惧的气势或气派。▷ 陆海空三军仪仗队阵容整齐,显得非常威风。

〖同〗威武 wēi wǔ ▷ 中国人民解放军是威武之师。

〈辨析〉"威风"多形容表现出来的气势或气派;"威武"多形容力量强大,不屈服。

【威胁】wēi xié　用权势或武力逼迫恐吓。▷ 面对敌人的威胁利诱,他始终不为所动。

〖同〗威逼 wēi bī ▷ 我连死都不怕,还怕你的威逼吗?

〈辨析〉"威胁"除用于个人外,还可用于政治、军事、自然界乃至抽象事物,如:暴雨如注,泥石流正威胁着这个村庄;"威逼"多指人直接用各种手段威吓强迫别人。

〈相关〉强逼;威吓;胁迫

【微薄】wēi bó　微小单薄;少量。▷ 这点微薄礼品,聊表寸心而已。

〖反〗丰厚 fēng hòu ▷ 这工作虽然比较艰苦,但是有丰厚的报酬。

〈辨析〉在表示付出和回报的多少时,"丰厚"与"微薄"意思相对。

〈相关〉菲薄;匮乏/丰盛;雄厚

【微不足道】wēi bù zú dào　形容非常渺小,不值得一提。▷ 一个人的力量是微不足道的,但是众人拾柴火焰高,大家齐心协力,就能把事情办好。

〖同〗微乎其微 wēi hū qí wēi ▷ 人在天地之间,仿佛沧海一粟,微乎其微。

〈辨析〉"微不足道"强调渺小,不值得一提;"微乎其微"强调极轻微、极小或极少。

【巍峨】wēi é　山或建筑物雄伟高大。▷ 峨眉山高耸入云,巍峨挺拔,是中外闻名的旅游胜地。

〖同〗高大 gāo dà ▷ 这位身材高大的运动员是国内的篮球名将。

〖反〗矮小 ǎi xiǎo ▷ 他身材矮小,不适宜打篮球。

〈辨析〉"巍峨"只用于山与建筑物等;"高大"适用范围较广,可用于人或事物。"矮小"与"高大"意思相对。

【围绕】wéi rào　在外面围着转动。▷ 地球围绕着太阳旋转。

　[同] **环绕** huán rào ▷ 环绕着青海湖的国际自行车大赛每年举行一次。

〈辨析〉"围绕"还指以某件事情或某个问题为中心,如:大家围绕如何开展课外活动展开了讨论;"环绕"只表示在外面围着转动。

〈相关〉缠绕;环抱

【违背】wéi bèi　背离;不符合。▷ 他是个守信用的人,从不违背自己的诺言。

　[同] **违抗** wéi kàng ▷ 他们不敢违抗经理的指示。

　[反] **遵守** zūn shǒu ▷ 我们应该自觉地遵守交通规则。

〈辨析〉"违背"语意较轻,涉及面较广,可以是原则、规则、制度、决议、诺言等;"违抗"语意较重,主要指命令、指示、意志等。"遵守"与"违背"意思相对。

〈相关〉违反/遵从

【惟妙惟肖】wéi miào wéi xiào　描写、模仿或刻画得非常巧妙、逼真。▷ 口技演员模仿各种鸟儿的叫声,真是惟妙惟肖。

　[同] **栩栩如生** xǔ xǔ rú shēng ▷ 徐悲鸿笔下的奔马栩栩如生。

〈辨析〉"惟妙惟肖"强调酷似,适用范围较广;"栩栩如生"强调逼真,与活的一样,多用于书画等艺术品。

〈相关〉活灵活现;跃然纸上

【伪装】wěi zhuāng　假装;装扮。▷ 侦察员伪装成顾客守候在一边。

　[同] **假装** jiǎ zhuāng ▷ 看见公安战士走过来,他马上假装看报,用报纸遮住脸。

〈辨析〉①"伪装"是有计划、有目的地装扮、隐蔽自己,以假代真,迷惑对方;"假装"往往是在某种特定场合,故意装扮出不真实的行为蒙骗对方。②"伪装"还可用作名词,如:他们用树枝做伪装。

〈相关〉假扮;冒充;装扮

【伟大】wěi dà 大而雄伟;卓越而令人敬仰的;气势非凡的。▷ 社会主义事业是人类历史上从未有过的伟大事业。

同 宏大 hóng dà ▷ 西安秦兵马俑的规模十分宏大。

〈辨析〉"伟大"是褒义词,多形容气势非凡、品格高尚、才识卓越、令人景仰;"宏大"指规模巨大。

【萎靡不振】wěi mǐ bù zhèn 意志消沉,毫无生气。▷ 他自从高考落榜后,一直萎靡不振。

反 精神抖擞 jīng shén dǒu sǒu ▷ 这位老者虽然年逾古稀,却仍然精神抖擞。

〈辨析〉在形容精神面貌时,"精神抖擞"与"萎靡不振"意思相对。

【为虎作伥】wèi hǔ zuò chāng 传说被老虎咬死的人,会变成伥鬼,伥鬼甘愿帮老虎带路,再去伤害别人。比喻自愿充当坏人的爪牙。▷ 抗日战争期间,一小撮民族败类投靠日寇,为虎作伥,祸害自己的同胞,真是丧尽天良。

同 助纣为虐 zhù zhòu wéi nüè ▷ 他已经够残忍的了,你竟然还助纣为虐。

〈辨析〉"为虎作伥"强调帮凶;"助纣为虐"强调干坏事。

【未雨绸缪】wèi yǔ chóu móu 在没有下雨的时候把房屋修缮好,以免漏雨。比喻事先做好准备,以免到时候出问题。▷ 多亏学校未雨绸缪,这次台风没有给学校造成损失。

反 临渴掘井 lín kě jué jǐng ▷ 临渴掘井的人缺乏远见,事情一来,必然手忙脚乱。

〈辨析〉在遇事或做事情时有否事先做好准备工作方面,"临渴掘井"与"未雨绸缪"意思相对。

〈相关〉防患未然;防微杜渐/江心补漏;临阵磨枪

【慰问】wèi wèn　安慰,问候。▷ 春节前,市领导慰问了驻沪陆海空三军。

同 慰劳 wèi láo ▷ 乡亲们送来许多土特产,慰劳解放军战士。

〈辨析〉① "慰问"的对象除了有贡献的单位或个人外,还有遭受灾害或不幸的人;"慰劳"语意较为隆重,对象是有贡献的单位或个人;② "慰问"时可不用钱物,只用话语表示;"慰劳"强调用赠送物品或话语的形式表示感谢。

【温和】wēn hé　不冷不热。▷ 昆明气候温和,风景秀丽,是个旅游胜地。

同 温暖 wēn nuǎn ▷ 外面是冰天雪地,小屋里却是温暖如春。

反 寒冷 hán lěng ▷ 靠近北极的地方非常寒冷。

〈辨析〉"温和"使用范围较广,除表示气候不冷不热外,还表示人的态度、言语、性情等使人感到亲切;"温暖"表示天气或他人的关怀等使人感到暖和。"寒冷"与"温暖"意思相对。

【闻名】wén míng　有名。▷ 谈教授在遗传学方面的成就是举世闻名的。

同 著名 zhù míng ▷ 西安是世界著名的中国古文化旅游地。

〈辨析〉"闻名"强调广为人知,可用于人或事物;"著名"强调显著、突出,多用于人物、城市、著作、战役等。

【稳定】wěn dìng　稳固,安定。▷ 稳定和谐的社会才是经济发展的基础。

同 稳固 wěn gù ▷ 他的表现时好时坏,思想基础很不稳固。

反 动荡 dòng dàng ▷ 时局动荡,民心不安啊!

〈辨析〉"稳定"强调安定、不动摇;"稳固"强调基础的安稳。"动荡"与"稳定"意思相对。

〈相关〉安定;固定;稳当/变动;动摇;混乱

【稳重】 wěn zhòng　沉着稳妥。▷ 他虽然年少,但说话做事都很稳重。

同 持重 chí zhòng ▷ 他待人老成持重,与他的年龄不太相称。

反 轻浮 qīng fú ▷ 这姑娘举止轻浮,缺乏教养。

〈辨析〉"稳重"形容说话办事沉着、老练;"持重"形容态度、言语、举止等谨慎、老成。"轻浮"与"稳重"意思相对。

【问心无愧】 wèn xīn wú kuì　指没有做错什么事,没有什么对不起人的地方,心中十分坦然。▷ 我没有对不起他的地方,问心无愧。

同 心安理得 xīn ān lǐ dé ▷ 你只要自己心安理得就行了,何必去理会别人的风言风语。

反 问心有愧 wèn xīn yǒu kuì ▷ 接受这份奖励,我是问心有愧的。

〈辨析〉"问心无愧"从否定角度说明事情没有做错,反省起来,心里不亏;"心安理得"从肯定角度说明事情做得合理,心里感到坦然。"问心有愧"与"问心无愧"意思相对。

【窝藏】 wō cáng　私藏罪犯、赃物或赃款等。▷ 他由于窝藏逃犯,受到法律的制裁。

同 隐藏 yǐn cáng ▷ 隐藏得很深的外国间谍,终于被公安部门揭露出来了。

〈辨析〉"窝藏"的对象是违法的人或物,都是具体的;"隐藏"的对象不一定是违法的人或物,可以是具体的,也可以是抽象的,如:她隐藏了一个秘密。

〈相关〉躲藏;潜藏;私藏;掩藏

【污浊】 wū zhuó　混浊;肮脏。▷ 建筑物的后面有一个污浊的泥塘。

同 混浊 hùn zhuó ▷ 空气中因悬浮着大量烟、尘而形成了混浊现象。

〈辨析〉① "污浊"形容肮脏、污染严重,语意较重;"混浊"形容混有杂质,不纯洁,不清亮,语意较轻。

【诬蔑】wū miè 捏造事实或罪名以败坏别人的名誉。▷ 这些人经常造谣诬蔑,专门破坏团结。

同 污蔑 wū miè ▷ 你不觉得这是对他人的污蔑吗?
  诬陷 wū xiàn ▷ 他贼喊捉贼,诬陷会计贪污公款。
〈辨析〉"诬蔑"强调捏造事实,说人坏话;"污蔑"是用污辱性的言词攻击别人;"诬陷"指诬告陷害别人。

【无动于衷】wú dòng yú zhōng 内心一点儿也不受感动。▷ 对于铺张浪费的现象,我们不能熟视无睹,无动于衷。

同 不动声色 bù dòng shēng sè ▷ 他心中十分焦急,脸上却不动声色。
〈辨析〉"无动于衷"强调不动心;"不动声色"强调办事镇定自若,不张扬。

【无法无天】wú fǎ wú tiān 形容人行动不受任何约束,胡作非为。▷ 小明从小娇生惯养,无法无天,难以管教。

同 胡作非为 hú zuò fēi wéi ▷ 他经常在外面胡作非为,做了许多不光彩的事情。

反 安分守己 ān fèn shǒu jǐ ▷ 他活到五十多岁,一向安分守己地过日子,从来没有妨碍过别人。
〈辨析〉"无法无天"强调不遵守法纪;"胡作非为"强调任意干坏事。"安分守己"与"无法无天"意思相对。

【无精打采】wú jīng dǎ cǎi 形容情绪低沉、精神萎靡不振的样子。▷ 小芳独自在小屋里闷坐着,显出一副无精打采的样子。

同 有气无力 yǒu qì wú lì ▷ 那个战士有气无力地伸手揭开盖在身上的油布,小腿肚上露出一处被水浸坏的伤口。

反 朝气蓬勃 zhāo qì péng bó ▷ 青年人应该朝气蓬勃,具有敢想、敢干的革命精神。

〈辨析〉"无精打采"着重表示心情、思想上的不振作;"有气无力"表示语言、行动上没力气。"朝气蓬勃"与"无精打采"意思相对。
〈相关〉萎靡不振;垂头丧气/生龙活虎;兴高采烈

【无私】wú sī 不自私。▷ 雷锋同志无私忘我的精神受到人们的赞颂。

同 忘我 wàng wǒ ▷ 他那种忘我劳动的精神感动了所有的人。

反 自私 zì sī ▷ 他非常自私,说话办事从来不考虑别人的利益。

〈辨析〉"无私"指没有私心,多形容奉献精神;"忘我"强调为了大家而忘掉自己,多形容工作状态或精神境界。"自私"与"无私"意思相对。

【无微不至】wú wēi bù zhì 形容关怀照顾得非常细致周到。▷ 张教练无微不至地关怀着这批小队员,为他们的成长倾注了无数的心血。

反 漠不关心 mò bù guān xīn ▷ 你不能这样漠不关心地对待上访群众。

〈辨析〉在形容互相关怀照顾方面,"漠不关心"与"无微不至"意思相对。

〈相关〉关怀备至;体贴入微/不闻不问;漠然置之

【五光十色】wǔ guāng shí sè 形容色彩绚丽,花样繁多。▷ 五光十色的霓虹灯为上海的夜晚增添了迷人的色彩。

同 五花八门 wǔ huā bā mén ▷ 面对记者五花八门的提问,洋教练一时无以对答。

五颜六色 wǔ yán liù sè ▷ 小商品市场里有五颜六色的儿童玩具。

〈辨析〉"五光十色"偏重于色彩;"五花八门"偏重于花样;"五颜六色"偏重于色彩和花样。

【希望】 xī wàng　心里想着达到某种目的或出现某种情况。▷ 她希望雨能停下来。

反 **失望** shī wàng ▷ 我彻底失望了。

〈辨析〉在表示期望达到某种目的时,"失望"与"希望"意思相对。

〈相关〉盼望;期望;指望/绝望

【牺牲】 xī shēng　为了正义的目的舍弃自己的生命。▷ 他的父亲在淮海战役中牺牲了。

同 **献身** xiàn shēn ▷ 陈景润从小就立志献身祖国的科学事业。

〈辨析〉① "牺牲"强调为正义而献出生命;"献身"指将全部精力献给正义的事业。② "牺牲"还指放弃或损害一方的权益,如:为了完成这项任务,他牺牲了一年的假期。

【稀罕】 xī han　稀少,不多见。▷ 除了熊猫外,白鳍豚也是世上很稀罕的动物。

同 **稀奇** xī qí ▷ 现在彩电的品种和数量很多,一点也不稀奇。

〈辨析〉① "稀罕"形容稀少、很少见,多用于客观事物;"稀奇"形容奇特、新奇,多用于人们的感受。② "稀罕"还用作动词,表示因为稀奇而喜欢,如:我不稀罕这些小摆设。

【稀疏】 xī shū　指物体、声音等在空间或时间上的间隔远。▷ 远处传来了稀疏的鞭炮声。

同 **稀少** xī shǎo ▷ 这一带村落稀稀少少,非常荒凉。

反 **密集** mì jí ▷ 这个地块人口密集,动迁工作有一定难度。

〈辨析〉"稀疏"侧重于出现的空间或时间上间隔远,多用于物体、声音等;"稀少"侧重于出现的次数和数量少,可用于人或事物。"密集"与"稀疏"意思相对。

〈相关〉稀朗/浓密

【**习惯**】xí guàn 长期养成的、不易改变的说话、行为、生活等方式。▷ 他是北方人,现在来到南方工作,一下子还不习惯吃米饭。

同 **习气** xí qì ▷ 我希望你能改掉身上的不良习气。

习性 xí xìng ▷ 环境的变动改变了这群猕猴的习性。

〈辨析〉"习惯"指长期养成又不易改变的行为、倾向等;"习气"指逐渐养成的坏行为、坏作风,是贬义词,一般用于人;"习性"指人和动物在自然和环境条件下养成的特性。

【**习以为常**】xí yǐ wéi cháng 经常见到或经常那样做,已经习惯了,觉得很平常。▷ 每天放学以后,老李习以为常地在学校周围巡视一番。

反 **少见多怪** shǎo jiàn duō guài ▷ 日蚀是一种自然现象,用不着少见多怪的。

〈辨析〉在表示对某事常见或少见方面,"少见多怪"与"习以为常"意思相对。

〈相关〉屡见不鲜;司空见惯/千载难逢;闻所未闻

【**喜出望外**】xǐ chū wàng wài 遇到意外的好事而特别高兴。▷ 想不到我们校合唱队首次参加市里比赛,就取得这样好的成绩,师生们都喜出望外。

同 **大喜过望** dà xǐ guò wàng ▷ 她大喜过望,女儿居然考上了重点大学。

反 **大失所望** dà shī suǒ wàng ▷ 狮子座流星雨并没有在预测的时间内出现,这令在寒风中等候了很久的天文爱好者大失所望。

〈辨析〉"喜出望外"表示异常喜悦;"大喜过望"语意稍重,表示因结果超出原来的期望而非常高兴。"大失所望"与"喜出望外"意思相对。

【喜气洋洋】 xǐ qì yáng yáng 十分高兴的样子。▷ 同学们敲锣打鼓,喜气洋洋,欢迎张军同学凯旋。

同 **欢天喜地** huān tiān xǐ dì ▷ 校庆那天,分散在全国各地的昔日同窗,欢天喜地地聚在一起。

反 **怒气冲冲** nù qì chōng chōng ▷ 他朝窗外一看,只见一大群怒气冲冲的工人正朝这边走来。

〈辨析〉"喜气洋洋"形容人的情绪和脸色;"欢天喜地"形容人高兴的样子。"怒气冲冲"与"喜气洋洋"意思相对。

〈相关〉春风满面;满面春风/怒气冲天

【喜悦】 xǐ yuè 快乐;高兴。▷ 妈妈忍不住流下喜悦的泪水。

同 **兴奋** xīng fèn ▷ 刘翔获得奥运冠军后,抑制不住兴奋的心情,高举国旗绕运动场一周。

反 **悲痛** bēi tòng ▷ 大家怀着十分悲痛的心情,参加烈士追悼会。

〈辨析〉"喜悦"形容心情愉快;"兴奋"形容情绪高涨。"悲痛"与"喜悦"意思相对。

【系统】 xì tǒng 性质相同而又互有关系的事物按一定方式或原则组成的整体。▷ 在整个高等教育系统中,该校是最有声望的。

同 **体系** tǐ xì ▷ 多年的植树造林,使山区初步形成了绵亘千里的防护林体系。

〈辨析〉"系统"指同类事物按一定的关系组成的整体,往往侧重于纵的方面;"体系"指有关事物互相联系而构成的整体,往往侧重于横的方面。

【**细腻**】xì nì 精细,光滑。▷ 这只紫砂壶造型新颖,质地细腻。
圓 细致 xì zhì ▷ 绣花是一种十分细致的手工活。
反 粗糙 cū cāo ▷ 这套衣服的做工很粗糙。
〈辨析〉"细腻"侧重于光滑不粗糙,多用于形容具体事物或人的感情,也可形容对事物观察细致周密、对文学作品刻画细致入微;"细致"形容思考和办事认真精细。"粗糙"与"细腻"意思相对。

【**细水长流**】xì shuǐ cháng liú 比喻有计划地、节省地使用钱和物资。▷ 老百姓过日子就得细水长流,富日子也要当穷日子过。
圓 源源不断 yuán yuán bù duàn ▷ 金钱源源不断地流进包工头的腰包。
〈辨析〉"细水长流"形容生活的方式;"源源不断"形容人或物不断而来。

【**狭窄**】xiá zhǎi 宽度或范围小,不宽阔。▷ 出口处狭窄,很容易因拥挤而发生事故。
圓 狭隘 xiá ài ▷ 她的心胸太狭隘,很难与别人相处。
〈辨析〉"狭窄"多用于具体事物,形容不宽敞;"狭隘"多用于抽象事物,形容不广阔。

【**先人后己**】xiān rén hòu jǐ 首先考虑别人,然后才想到自己。▷ 小杨同学先人后己的优良品质应该受到表扬。
圓 舍己为人 shě jǐ wèi rén ▷ 他舍己为人,跳进河水抢救落水儿童。
反 损人利己 sǔn rén lì jǐ ▷ 损人利己的人,其结果都没有好下场。
〈辨析〉"先人后己"是先想到别人,再考虑自己;"舍己为人"是只想到别人,不考虑自己。"损人利己"与"先人后己""舍己为人"意思相对。

【鲜艳】xiān yàn　鲜明美丽;色彩明亮艳丽。▷ 一盆盆鲜艳夺目的鲜花放在舞台的前方。

同 鲜明 xiān míng ▷ 这台歌舞剧具有鲜明的民族特色。

〈辨析〉"鲜艳"形容色彩鲜亮而美丽;"鲜明"形容光泽明亮。

【闲暇】xián xiá　闲空。▷ 闲暇之时他们常去郊外远游。

同 空闲 kòng xián ▷ 等你空闲下来,我们去黄山旅游。

〈辨析〉"闲暇"指无事可做的休闲时间,多用于书面语;"空闲"指工作、学习之中或之余的空隙时间,通用于口语和书面语。

〈相关〉空隙;空暇;闲空

【弦外之音】xián wài zhī yīn　比喻说话或诗文中间接透露、没有明说的意思。▷ 他为人粗鲁,哪里听得出对方的弦外之音。

同 言外之意 yán wài zhī yì ▷ 你一再说忙,言外之意是不是不想参加这次研讨会了?

反 直言不讳 zhí yán bù huì ▷ 在领导面前,他敢于直言不讳地提意见。

〈辨析〉"弦外之音"比喻的意在言外较为含蓄;"言外之意"比喻的意在言外较为直率。"直言不讳"与"弦外之音"意思相对。

〈相关〉单刀直入;开门见山;开宗明义

【显示】xiǎn shì　显现,表示。▷ 港澳同胞对内地灾区的捐赠,又一次显示了"血浓于水"的同胞情谊。

同 显现 xiǎn xiàn ▷ 这次竞赛充分显现了我们与兄弟队之间的差距。

〈辨析〉①"显示"侧重于主动地、明显地、有意地表示出来,多用于抽象事物;"显现"侧重于自然地表现出来,多用于具体事物。②"显示"还有"炫耀"的意思,如:他到处显示自己身上的名牌服装。

【限定】xiàn dìng　限制数量、范围等,不许超出。▷ 组委会限定每个单位只能派两个人参加研讨会。

同 限制 xiàn zhì ▷ 年终发放的奖金要限制在一定范围内。

〈辨析〉"限定"指在时间、数量、范围等方面作出规定;"限制"强调进行约束,不许超过,可用于事物,也可用于人及相关活动。

〈相关〉遏制;节制;强制

【相信】xiāng xìn 确信,不怀疑。▷ 别气馁,我相信你下一次一定会取得好成绩。

同 信任 xìn rèn ▷ 你这样信任我,我一定会把这包东西当面交给他的。

〈辨析〉"相信"一般用于别人或事物,也可用于自己,如:我相信我一定会成功;"信任"只能用于别人或组织等。

【详尽】xiáng jìn 详细,全面。▷ 这份资料详尽地记载了当时的气候变化。

同 详细 xiáng xì ▷ 经过详细的调查和取证,这件案子已经有眉目了。

反 简略 jiǎn lüè ▷ 这份简略的游记吸引了无数游客上黄山。

〈辨析〉"详尽"侧重于"尽",指没有遗漏;"详细"侧重于"细",指周密细致。"简略"与"详尽"意思相对。

〈相关〉详细;周详/粗略;扼要

【享受】xiǎng shòu 享用;在物质和精神上得到的满足。▷ 林教授享受国务院特殊津贴。

同 享乐 xiǎng lè ▷ 年轻人要发扬艰苦奋斗的精神,不应该只贪图享乐。

反 受苦 shòu kǔ ▷ 我这样做,是为了孩子将来不受苦。

〈辨析〉① "享受"侧重指在精神上或物质上获得满足,为中性词;"享乐"侧重指贪图舒适安逸,一味地追求吃喝玩乐,为贬义词。② "享受"还可用作名词,如:这不仅仅是一种享受,也是一种荣耀。"受苦"与"享受"意思相对。

〈相关〉享用;消受

【想念】xiǎng niàn 对喜欢、爱慕、景仰的人或物不能忘怀,渴望见到。▷在国外的留学生时常想念祖国。

同 思念 sī niàn ▷工作之余我经常思念一起战斗过的战友。

〈辨析〉"想念"指对分离的人或环境不能忘怀并希望见到,通用于书面语和口语;"思念"指对分离或亡去的人及故土等充满深情怀念,多用于书面语。

〈相关〉惦念;挂念;怀念

【想入非非】xiǎng rù fēi fēi 沉迷于不切实际的虚幻境界;胡思乱想。▷他买了体育彩票后,整日想入非非,似乎百万大奖会从天而降。

同 异想天开 yì xiǎng tiān kāi ▷小雪说她要到月球上去跳舞,我们都被她异想天开的话逗乐了。

〈辨析〉"想入非非"形容不切实际的胡思乱想;"异想天开"指想法奇特,富有幻想,有时也含贬义,指一种空幻的、与众不同的想法。

【消沉】xiāo chén 灰心丧气,情绪低落。▷由于球队成绩不佳,他近来非常消沉。

同 低沉 dī chén ▷这两天她的情绪很低沉,不知家里出了什么问题。

〈辨析〉"消沉"侧重于情绪由高昂到低落的变化,语意比"低沉"重;"低沉"侧重于当时的状态不高昂。

〈相关〉低落;消极

【消耗】xiāo hào 物质或精力因使用或经过变化而渐渐减少。▷到了下半场,由于队员们体力消耗太大,东方队的进攻速度也放慢了。

同 耗费 hào fèi ▷这项工程拖延了不少时间,耗费了不少人力、物力。

反 **积聚** jī jù ▷ 同学们把积聚起来的零花钱捐献给希望工程。

〈辨析〉"消耗"主要指损耗物品,也可指损耗精力和体力;"耗费"主要指损耗时间、人力、物力。"积聚"与"消耗"意思相对。

【**销声匿迹**】xiāo shēng nì jì 形容隐藏起来或不公开露面;也指消失后不再出现。▷ 随着秋冬季节的来临,田间的昆虫也销声匿迹了。

反 **抛头露面** pāo tóu lù miàn ▷ 李强稍有名气后,经常抛头露面,频频出现在各种场合。

〈辨析〉在形容是公开露面还是隐藏踪迹时,"抛头露面"与"销声匿迹"意思相对。

【**小巧玲珑**】xiǎo qiǎo líng lóng 形容小而精巧细致。▷ 珍藏品展览馆里,珍藏着许多小巧玲珑的翡翠,晶莹可爱。

反 **大而无当** dà ér wú dàng ▷ 这座大而无当的豪华大厦,盖了十年还没有竣工。

〈辨析〉在表示事物大小时,"大而无当"与"小巧玲珑"意思相对。

【**效力**】xiào lì 事物所产生的有利的作用。▷ 这种新药效力很好。

同 **效能** xiào néng ▷ 这种肥皂液效能很高,又方便使用。

效用 xiào yòng ▷ 对我们这个大家庭来说,这台洗衣机效用很大。

〈辨析〉①"效力"侧重指功效;"效能"侧重指隐藏着的有利的作用;"效用"侧重在产生的效果及其作用上。②"效力"还表示出力、效劳,如:我随时随地愿意为你效力。

〈相关〉功效;功用

【**协商**】xié shāng 共同商量以便取得一致意见。▷ 有问题可以放到桌面上来,大家协商解决。

同 **商榷** shāng què ▷ 这个论点还有值得商榷的地方。

〈辨析〉"协商"重在表示协调商量;"商榷"着重指与不同见解的人交换意见、讨论问题。

【协议】xié yì 国家、政党或团体间经过谈判、协商后取得的一致意见。▷ 这次东南亚各国首脑会议达成多项协议。

同 协定 xié dìng ▷ 双方根据实际情况,订立了十项科研协定。

〈辨析〉"协议"侧重于"议",指共同商量后取得的一致意见;"协定"侧重于"定",指商量后订立的、要共同遵守的文件。

【协助】xié zhù 帮助;辅助。▷ 副总经理协助总经理搞好公司各项工作。

同 辅助 fǔ zhù ▷ 在区教研员的全力辅助下,学校各项工作取得较好的成绩。

〈辨析〉"协助"指配合性地帮助,对象是人、身体、社会、国家等;"辅助"指补充性地帮助,对象是事物,有时也可以是人。

〈相关〉帮助;扶助;辅佐

【泄露】xiè lòu 把应该保密的事透露出去。▷ 国家机密是不能泄露的。

同 泄漏 xiè lòu ▷ 处理废矿物油的传统填埋法和焚烧法存在泄漏隐患,还会污染大气。

反 保密 bǎo mì ▷ 这件事对外要绝对保密。

〈辨析〉"泄露"一般表示不该让人知道的事情暴露了;"泄漏"一般表示液气、气体等漏出。"保密"与"泄露"意思相对。

【心不在焉】xīn bù zài yān 形容思想不集中。▷ 上课时他心不在焉的,被老师批评了几次。

同 心猿意马 xīn yuán yì mǎ ▷ 上课不专心听讲,心猿意马,下课不认真做作业,草草了事,这样的学生怎么会有好成绩呢?

反 全神贯注 quán shén guàn zhù ▷ 同学们正全神贯注地观察着老师的实验示范。

〈辨析〉"心不在焉"形容思想不集中;"心猿意马"形容心神不定。"全神贯注"与"心不在焉"意思相对。

【心慈面软】xīn cí miàn ruǎn　形容人心地和善,讲情面,富有同情心。▷ 处理原则问题时不能心慈面软,要按实际情况处理。

反 心狠手辣 xīn hěn shǒu là ▷ 对于那些心狠手辣的犯罪分子,我们要狠狠打击。

〈辨析〉在形容人的思想和手段的善恶时,"心狠手辣"与"心慈面软"意思相对。

〈相关〉大慈大悲;菩萨心肠/穷凶极恶;人面兽心

【心悦诚服】xīn yuè chéng fú　内心里乐于服从或佩服。▷ 获银牌的运动员心悦诚服地说:"他是如此强大,每战必胜,我能名列第二,确实心满意足了。"

同 五体投地 wú tǐ tóu dì ▷ 对他的宽容和以德报怨,我佩服得五体投地。

〈辨析〉"心悦诚服"是真心实意的佩服;"五体投地"是满怀崇敬的佩服。

【心照不宣】xīn zhào bù xuān　彼此心里明白,不用说出来。▷ 我俩心照不宣,暗暗地相互竞争着。

同 心领神会 xīn lǐng shén huì ▷ 5号队员举起左手,他就心领神会地把球传了过去,两人一招一式配合得十分默契。

〈辨析〉"心照不宣"可用于两人或两人以上的情况;"心领神会"则多指明白对方的意图。

【辛苦】xīn kǔ　身心劳苦。▷ 爷爷辛苦了一辈子,现在老了,该享福了。

同 辛劳 xīn láo ▷ 上海市政建设工地上,到处都有外来务工人员辛劳的身影。

辛勤 xīn qín ▷ 我们在老师辛勤培育下茁壮成长。

反 舒适 shū shì ▷ 从此,我们全家过着非常舒适的生活。

〈辨析〉"辛苦"指身心疲乏而造成的不舒服;"辛劳"多数指苦干而造成的劳累;"辛勤"指在工作、劳动中勤奋劳作。"舒适"与"辛苦"意思相对。

【欣赏】xīn shǎng 享受美好的事物,体会其中的趣味。▷ 我们在黎明前登上黄山顶峰,欣赏日出时的迷人景色。

同 观赏 guān shǎng ▷ 世界名画展在美术馆开幕了,许多市民前去观赏。

〈辨析〉"欣赏"使用范围较广,可用于视觉、听觉、味觉、感觉等;"观赏"只局限于能见到的东西。

〈相关〉鉴赏

【欣欣向荣】xīn xīn xiàng róng 原指草木茂盛。现比喻事业蓬勃发展,繁荣兴旺。▷ 祖国到处呈现出一派生机勃勃、欣欣向荣的景象。

同 蒸蒸日上 zhēng zhēng rì shàng ▷ 我国西部地区呈现出一派蒸蒸日上的景象。

反 日薄西山 rì bó xī shān ▷ 延续两千多年的中国封建王朝,到了辛亥革命前夕,已是日薄西山、气息奄奄了。

〈辨析〉"欣欣向荣"本指草木生长繁茂的样子,现多用来形容事业兴旺、繁荣昌盛;"蒸蒸日上"形容生产、生活、事业等呈向上发展的趋势。"日薄西山"与"欣欣向荣"意思相对。

〈相关〉繁荣昌盛;如日中天;生机勃勃/落花流水;每况愈下;死气沉沉

【新鲜】xīn xiān 指出现不久、还不普及的事物等。▷ 几年前,上网还很新鲜。

同 新奇 xīn qí ▷ 他刚到上海,对周围的事物感到新奇。

新颖 xīn yǐng ▷ 这部电视剧的表现形式十分新颖。

〈辨析〉① "新鲜"使用范围广泛,一般用作口语;"新奇"则表示新鲜而奇特;"新颖"一般形容作品的内容和表现形式,使用面较窄。②"新鲜"还指没有变质或没经过腌制的东西,如:这些苹果刚从树上摘下来,非常新鲜。

〈相关〉新型/陈旧

【新秀】xīn xiù 某一领域涌现的优秀人才。▷ "越女争锋"的比赛中,涌现出许多越剧新秀。

反 老将 lǎo jiàng ▷ 老将一上场,球场瞬间便活跃起来了。

〈辨析〉在表示人的才干、资历方面,"老将"与"新秀"意思相对。

〈相关〉新兵;新手/老手;宿将

【信口开河】xìn kǒu kāi hé 随便乱说一气。▷ 无论在什么场合,都不能信口开河地乱说。

同 信口雌黄 xìn kǒu cí huáng ▷ 反映情况要实事求是,不能信口雌黄。

〈辨析〉"信口开河"指随口乱说;"信口雌黄"指妄加评论或随意诬蔑。

【信赖】xìn lài 信任,依靠。▷ 他用实际行动赢得了大家的信赖。

同 相信 xiāng xìn ▷ 我相信他有能力完成此项工作。

信任 xìn rèn ▷ 她对校对工作认真负责,人们都很信任她。

〈辨析〉"信赖"语意较重,可用于人或组织等;"相信"使用范围广,自己、别人、组织都可以;"信任"表示敢于任用、托付的意思,可用于人或组织。

【兴建】xīng jiàn 动工建造较大规模的建筑。▷ 正在兴建的学校体育馆,将于明年校庆时竣工。

同 兴修 xīng xiū ▷ 兴修农田水利,改良草场,是改造中低产田的好办法。

〈辨析〉"兴建"指开始建设较大建筑物,可用于具体建筑物,也可用于抽象的机关、企事业单位;"兴修"指开始建造土木工程,多用于比较具体的设施,使用范围比"兴建"窄。

〈相关〉建筑;建造;修建

【兴隆】xīng lóng 兴旺,发达。▷ 旅游事业的兴隆带动了各行各业的发展。

|同| 兴盛 xīng shèng ▷ 第三产业的兴盛,使一批待岗工人重新走上了工作岗位。

|反| 衰败 shuāi bài ▷ 投资失误,养殖场出现一片衰败的景象。

〈辨析〉"兴隆"适用范围较窄,多形容事业的盛大发达;"兴盛"适用范围较广,多形容国家事业的旺盛。"衰败"与"兴隆"意思相对。

【兴师动众】xīng shī dòng zhòng 表示发动很多人去做某一件事。▷ 这件事只要派几个得力的人去办就行了,用不着如此兴师动众的。

|同| 调兵遣将 diào bīng qiǎn jiàng ▷ 关键时候张教练调兵遣将,最后赢得客场胜利。

〈辨析〉"兴师动众"指发动很多人做某件事,有"小题大做,没有必要"的意思,多用于贬义;"调兵遣将"指为了赢得胜利或完成重大项目而调用各方面的人力,为中性词。

【行动】xíng dòng 指为实现某种目的而进行活动。▷ 全市居民行动起来,积极参加春季爱国卫生运动。

|同| 行为 xíng wéi ▷ 这种不法行为是不允许的。

〈辨析〉① "行动"指一般的举动、动作,可用于人或动物,如:蜗牛行动迟缓;"行为"不可用于动物。② "行动"还指行走、走动,如:他脚扭伤了,行动有些困难。

〈相关〉举动;行径

【形容】xíng róng 对客观事物的描绘、描述。▷ 他那复杂的心情是无法形容的。

|同| 描绘 miáo huì ▷ 这是一部描绘知识分子艰苦创业的电视连续剧。

〈辨析〉"形容"强调描述,还指形体和容貌,如:其人形容枯槁,

奄奄一息;"描绘"还指描画图像。

【形势】xíng shì 事物发展变化的情况和趋势。▷ 这些观点和做法已不能适应经济形势的发展了。

情势 qíng shì ▷ 上游连日暴雨,河水暴涨,救灾情势十分危急。

〈辨析〉"形势"泛指事情进行的状态,可用于某一阶段的事情,也可用于较长时期的事情;"情势"侧重指事情的状况和发展趋势,多用于范围较小、时间较短、变化较快的事情。

【形形色色】xíng xíng sè sè 形容事物种类繁多,各式各样。▷ 植物园里形形色色的奇花异木令人大开眼界。

五花八门 wǔ huā bā mén ▷ 百货商场的商品五花八门,吃的、穿的、用的样样都有。

〈辨析〉"形形色色"泛指各种各样,可用于人,也可用于事物;"五花八门"比喻花样繁多、变化多端,只用于事物,不用于人。

【醒悟】xǐng wù 认识由模糊而清楚或认识到自己的错误。▷ 经过指导员的耐心帮助,他终于醒悟过来,认识了自己的错误。

省悟 xǐng wù ▷ 这时,他才省悟过来,原来是程序设计上有问题。

〈辨析〉"醒悟"侧重指由外界促其觉悟;"省悟"侧重在反省觉悟,可以由外界促使,也可指自身反省。

【性格】xìng gé 表现在对待客观事物的态度和行为上的稳定的个性特点。▷ 他性格十分豪爽,乐意帮助别人。

性情 xìng qíng ▷ 他这样做,是为了陶冶我的性情,使我变得温柔一点。

〈辨析〉"性格"指在行为方式和态度方面表现出来的心理特点,一般用于人;"性情"指在性格情感方面表现出来的心理特点,可用于人,也可用于动物。

【凶残】xiōng cán 凶恶,残暴。▷ 这些暴徒凶残地杀害无辜百姓。

同 凶暴 xiōng bào ▷ 近来他的性情变得更加凶暴了。

凶狠 xiōng hěn ▷ 此人凶狠残暴,你和他在一起要多加防备。

反 善良 shàn liáng ▷ 她外表端庄,心地善良。

〈辨析〉"凶残"多形容人的行为残忍、心肠狠毒;"凶暴"多形容人的性情、态度和行为凶恶、暴虐;"凶狠"多形容人的心肠和手段狠毒。"善良"与"凶残"意思相对。

〈相关〉凶恶/慈善

【凶相毕露】xiōng xiàng bì lù 凶恶的相貌全部暴露出来。▷ 到了没有人的地方,他凶相毕露。

同 穷凶极恶 qióng xiōng jí è ▷ 这是一帮穷凶极恶的刽子手。

反 和颜悦色 hé yán yuè sè ▷ 这位和颜悦色的外国老头就是我们的主教练。

〈辨析〉"凶相毕露"指显露出十分凶恶的样子;"穷凶极恶"则表示手段极端残暴凶恶。"和颜悦色"与"凶相毕露"意思相对。

【胸有成竹】xiōng yǒu chéng zhú 比喻做某件事之前心中对做法已有了全盘考虑,做时很有把握。▷ 下一步怎么做,教练已经胸有成竹了。

反 胸中无数 xiōng zhōng wú shù ▷ 如何处理这个矛盾,我胸中无数,暂时不能表态。

〈辨析〉形容在对处理某个问题有无多大把握时,"胸中无数"与"胸有成竹"意思相对。

【雄厚】xióng hòu 财力、物力和人力十分充足。▷ 这家上市公司实力雄厚,每年为股民有好的回报。

反 薄弱 bó ruò ▷ 工厂资金薄弱,无力开发新产品。

〈辨析〉在形容人力、物力是否充足时,"薄弱"与"雄厚"意思相反。

〈相关〉坚强;坚实/单薄;匮乏

【休养】xiū yǎng　休息,调养。▷ 他被安排到外地休养去了。

同 疗养 liáo yǎng ▷ 他决定到黄山去疗养一段时间。

〈辨析〉"休养"侧重于"休",指经过休息使身心得到调养;"疗养"侧重于"疗",指在休养中还加以治疗疾病。

【修饰】xiū shì　修整装饰,使整齐美观。▷ 经过细心修饰,门楼更加壮观了。

同 粉饰 fěn shì ▷ 这家商店的门面粉饰得十分漂亮。

装饰 zhuāng shì ▷ 彩霞把天空装饰得异常绚丽多彩。

〈辨析〉①"修饰"侧重于"修",突出修整,常用于人或事物;"粉饰"侧重于"粉",指以粉涂抹,一般用于事物;"装饰"侧重于"装",指把基础较好的东西再加以装点,一般指事物,偶尔用于人。②"修饰"还指对语言文字润色加工,使其准确、鲜明、生动,如:文章经过修饰,表达的意思更清楚了。

【羞涩】xiū sè　因不好意思而举止拘谨,态度不自然;难为情的样子。▷ 你看这个小伙子羞涩得像个大姑娘。

同 羞怯 xiū qiè ▷ 她那羞怯的样子更加逗人喜爱了。

〈辨析〉"羞涩"侧重于"涩",形容不好意思、含羞的神态;"羞怯"侧重于"怯",形容在公众场合害羞、胆怯的表现。

〈相关〉害羞;含羞;腼腆

【袖手旁观】xiù shǒu páng guān　比喻置身事外,不过问或不协助别人。▷ 看到损害公共财物的行为,我们不能袖手旁观。

同 冷眼旁观 lěng yǎn páng guān ▷ 大家都在出主意想办法,你却冷眼旁观,这不太好吧。

反 见义勇为 jiàn yì yǒng wéi ▷ 我们的新闻媒体要大力宣传见义勇为者。

〈辨析〉"袖手旁观"语意较轻,指不过问、不给予帮助;"冷眼旁观"语意较重,指用冷漠、冷淡的眼光观看。"见义勇为"与"袖手旁观"意思相对。

〈相关〉置身事外

【虚伪】xū wěi 不真诚;不实在。▷ 这个人很虚伪,无论跟谁都不说真话。

同 虚假 xū jiǎ ▷ 这则虚假广告不知坑害了多少人。

反 真诚 zhēn chéng ▷ 通过真诚坦率的交谈,双方消除了误会。

〈辨析〉"虚伪"侧重于"伪",形容为人矫情、搞虚假的一套;"虚假"侧重于"假",形容与实际不符。"真诚"与"虚伪"意思相对。

〈相关〉伪善/真实

【虚心】xū xīn 不自满,肯向人求教或接受别人的意见。▷ 越是虚心的人,进步就越快。

反 骄傲 jiāo ào ▷ 虚心使人进步,骄傲使人落后。

〈辨析〉在表示人的品行修养方面,"骄傲"与"虚心"意思相对。

〈相关〉谦虚;谦逊/高傲;自负

【需要】xū yào 对事物的要求或欲望。▷ 这场及时雨满足了干涸的土地对水分的需要。

同 需求 xū qiú ▷ 这家公司的产品可以满足不同阶层的人的不同需求。

〈辨析〉① "需要"指"必要",可用于人的主观愿望,还可用于客观事物和形势,使用范围比较广;"需求"指"要求",多用于人的主观愿望,有时可用于市场、企业、业务方面,使用范围较窄。
② "需要"还用作动词,如:春节期间需要许多钟点工。

【蓄意】xù yì 藏有坏的意图;存心。▷ 任何蓄意破坏社会秩序的行为,都将受到法律制裁。

同 故意 gù yì ▷ 他故意装出一副可怜的样子。

〈辨析〉"蓄意"侧重于"蓄",表示早就存心做坏事,多用于书面语;"故意"侧重于"故",指有意识地那样做,多用于口语。

〈相关〉存心;有意

【宣告】xuān gào 公开告诉大家。▷ 上海京昆艺术中心宣告成立。

同 宣布 xuān bù ▷ 校长宣布全校师生代表大会开始。

〈辨析〉"宣告"多用于重大事件;"宣布"可用于大的或小的事情。

〈相关〉颁布;发布;公布

【喧闹】xuān nào 吵闹声大而杂乱。▷ 天刚蒙蒙亮,楼下的菜场就喧闹起来。

同 喧嚷 xuān rǎng ▷ 球场上,球迷们的掌声和喧嚷声响成一片。

反 安静 ān jìng ▷ 这孩子活泼好动,简直没有安静的时候。

〈辨析〉"喧闹"侧重于"闹",指声音喧哗热闹;"喧嚷"侧重于"嚷",指许多人大声喊叫。"安静"与"喧闹"意思相对。

〈相关〉喧哗;喧腾;喧嚣/寂静;宁静;清静

【绚丽】xuàn lì 灿烂,美丽。▷ 绚丽的朝霞放射出万道光芒。

同 瑰丽 guī lì ▷ 展现在观众面前的是一幅瑰丽典雅的场景。

艳丽 yàn lì ▷ 植物园里的郁金香开得十分艳丽。

〈辨析〉"绚丽"形容色彩华丽,灿烂夺目;"瑰丽"形容美得出奇;"艳丽"形容色彩美得鲜亮。

【削弱】xuē ruò 使减弱。▷ 人员调整后,后勤方面的力量削弱了。

同 减弱 jiǎn ruò ▷ 台风的风力逐渐减弱了。

反 加强 jiā qiáng ▷ 学校要加强交通法规的宣传教育。

〈辨析〉"削弱"指由于内因变化而变弱;"减弱"指由强转弱的过程。"加强"与"削弱"意思相对。

〈相关〉弱化;衰弱/强化;增强

【雪上加霜】xuě shàng jiā shuāng 比喻一再遭受不幸,苦上加苦。▷ 他父亲刚去世,家中又突遭火灾,真是雪上加霜。

反 雪中送炭 xuě zhōng sòng tàn ▷ 人们常说锦上添花非实意,雪中送炭是真意。

〈辨析〉在表示他人遇到困难时是帮助还是危害时,"雪中送炭"与"雪上加霜"意思相对。

【寻觅】xún mì 寻找,搜求。▷ 他四处寻觅这种草药。

同 寻求 xún qiú ▷ 他必须寻求两位教授为他的论文写鉴定报告。

寻找 xún zhǎo ▷ 地质队员们跋山涉水,为祖国寻找新的矿藏。

〈辨析〉"寻觅"指比较仔细地搜寻,语意比"寻找"重;"寻求"指目标不太明确地寻找、探求,对象是人或其他事物;"寻找"语意较通俗,常用于口语。

【循序渐进】xún xù jiàn jìn 遵循次序逐步前进。▷ 只有循序渐进地学习,才能打下扎实的基础。

反 急于求成 jí yú qiú chéng ▷ 急于求成是做不好这个实验的。

〈辨析〉在形容治学和做事是否遵循规律时,"急于求成"与"循序渐进"意思相对。

〈相关〉从长计议/操之过急

【驯服】xùn fú 顺从的;使顺从。▷ 这匹马不易驯服。

同 制服 zhì fú ▷ 航空公司为制服劫机犯训练了一批特警人员。

〈辨析〉"驯服"指经过训练使之顺从,多用于性情暴躁的野生动物,有时也用于人和自然灾害;"制服"意为用强大的力量压服使其受到控制,语意比"驯服"重。

〈相关〉收服;降服;压服

【迅速】xùn sù 速度快。▷ 起床号声一响,队员们就迅速地起床并到操场上排队集合。

同 **敏捷** mǐn jié ▷ 他思维敏捷,很快就把考题做完了。

反 缓慢 huǎn màn ▷ 你们行动如此缓慢,怎能追得上前面的队伍?

〈辨析〉"迅速"形容速度快、动作快,可用于人或动物;"敏捷"除形容动作快外,还形容动作灵巧、干净利落。"缓慢"与"迅速"意思相对。

〈相关〉迅疾/迟缓

【压抑】yā yì　对感情、力量等加以克制,使不能充分流露、发挥。▷他压抑住心头怒火,让自己逐渐冷静下来。

同 压制 yā zhì ▷领导不能随意压制和批评持不同意见的同志,应该广开言路、集思广益。

抑制 yì zhì ▷观众们抑制不住激动的心情,热烈地鼓起掌来。

〈辨析〉①"压抑"指抑止、抑制,语意较轻;"压制"指用强力或暴力加以限制,语意较重;"抑制"指强制不许流露。②"压抑""抑制"的对象主要是精神、感情、意见等,使用范围比较窄;"压制"的对象可以是人,也可以是物,还可以是具体或抽象的事物,使用范围比较广。

【押送】yā sòng　跟随看押运送。▷出国展览的文物由文物局派人押送。

同 押运 yā yùn ▷每辆卡车上的战备物资都由两名战士负责押运。

〈辨析〉①"押送"侧重于"送",指将货物或人送交有关方面;"押运"侧重于"运",强调运输的过程。②"押送"还指押着(犯人或俘虏)送交有关方面,如:战士们押送犯人安全地抵达了目的地。

【哑口无言】yǎ kǒu wú yán　形容被人质问或驳斥,无言答对。▷她被老马的一番话驳得哑口无言。

同 理屈词穷 lǐ qū cí qióng ▷在大量的事实面前,犯罪嫌疑人理屈词穷,只得交代自己的罪行。

张口结舌 zhāng kǒu jié shé ▷ 人赃并获,证据确凿,吸毒犯张口结舌,只好低头认罪。

反 理直气壮 lǐ zhí qì zhuàng ▷ 因为他做得对,所以说起话来理直气壮。

〈辨析〉"哑口无言"指似哑巴一样说不出话来;"理屈词穷"表示无理而说不出话来;"张口结舌"指张着嘴说不出话来,不一定理亏,有时可能害怕、惊讶或不懂,使用范围比较广。"理直气壮"与"理屈词穷"意思相对。

【雅致】yǎ zhì 优美而不落俗套。▷ 这间书房布置得既朴素又雅致。

同 高雅 gāo yǎ ▷ 她高雅的气质征服了全场观众。

反 俗气 sú qì ▷ 这种颜色做窗帘太俗气了。

〈辨析〉"雅致"侧重指细致、高雅,多形容风景、摆设和供玩赏的物件;"高雅"侧重于内质,可形容人和物。"俗气"与"高雅"意思相对。

【淹没】yān mò 大水漫过、盖过。▷ 洪水淹没了下游的房屋和良田。

同 沉没 chén mò ▷ 战舰在炮火中沉没了。

〈辨析〉①"淹没"指大水漫过、盖过;"沉没"指沉入水中。②"沉没"还有沉落的意思,可用于景象、景物、情绪等,如:落日沉没在远山后面。

〈相关〉沉浸;隐没

【延长】yán cháng 向长的方面延伸;使原来的长度、距离、时间变长。▷ 这条公共汽车路线已延长到黄浦江边上了。

同 延伸 yán shēn ▷ 绿油油的草地,无边无际,一直延伸到天边。

反 缩短 suō duǎn ▷ 经过一段时间的训练,两队的技术差距明显缩短了。

〈辨析〉"延长"侧重于拉长,适用范围较大,可指距离和时间,用于物和人;"延伸"侧重于伸展,适用范围较小,指距离和范围,只能用于物。"缩短"与"延长"意思相对。

【严格】yán gé 认真要求,不放松。▷ 教练对我们严格要求,是为了使我们更快地提高水平。

同 严厉 yán lì ▷ 班主任老师严厉地批评了迟到早退的同学。

反 放松 fàng sōng ▷ 学习犹如逆水行舟,稍一放松,就会落到别人的后面。

〈辨析〉"严格"一般用于人或事,表示执行制度或掌握标准时认真严格、不放松;"严厉"一般适用于人,指对人的要求严肃、厉害。"放松"与"严格"意思相对。

〈相关〉严肃/宽容

【严寒】yán hán 非常寒冷。▷ 为了寻找地下矿藏,他不怕严寒酷暑,走遍了祖国的山山水水。

同 寒冷 hán lěng ▷ 北方的冬天非常寒冷。

反 酷暑 kù shǔ ▷ 由于大气层遭到破坏,今年北方的夏天酷暑难熬。

炎热 yán rè ▷ 炎热的夏天正是锻炼运动员意志的好时机。

〈辨析〉"严寒"指天气冷得让人受不了,语意较重;"寒冷"指天气极冷,语意相对较轻。"酷暑"与"严寒"意思相对;"炎热"与"寒冷"意思相对。

〈相关〉冰冷/酷热;暑热

【严密】yán mì 结合得紧密;周到,没有疏漏。▷ 这个盗窃团伙的组织很严密,职责分明。

同 周密 zhōu mì ▷ 校艺术节活动的计划制定得十分周密。

〈辨析〉"严密"指紧密,没有疏漏;"周密"指周到、完备,没有疏漏。

【言传身教】yán chuán shēn jiào 一面口头上传授、讲解,一面行动上以身作则。指用言行影响或教育别人。▷ 主教练言传身教,帮助球员提高水平。

同 以身作则 yǐ shēn zuò zé ▷ 领导干部必须以身作则,严于律己。

〈辨析〉"言传身教"强调言行并重;"以身作则"强调以行动作出榜样。

【掩耳盗铃】yǎn ěr dào líng 比喻自己欺骗自己。▷ 这种掩耳盗铃的把戏,是欺骗不了任何人的。

同 自欺欺人 zì qī qī rén ▷ 这些不法商贩采用自欺欺人的做法,坑害广大消费者。

〈辨析〉"掩耳盗铃"表示自己欺骗自己;"自欺欺人"还有欺骗别人的意思。

【掩盖】yǎn gài 掩藏;隐瞒。▷ 墨写的谎言,掩盖不了血写的事实。

同 掩饰 yǎn shì ▷ 得了冠军后,女排队员掩饰不住内心的喜悦和激动。

反 揭露 jiē lù ▷ 他揭露了她隐藏在内心的秘密。

〈辨析〉① "掩盖"指隐瞒了事物的真相;"掩饰"指设法或装样子遮掩。② "掩盖"还有遮盖的意思,如:大雪掩盖着四野。"揭露"与"掩盖"意思相对。

〈相关〉隐藏;隐瞒;遮盖;揭穿;揭发;揭破

【偃旗息鼓】yǎn qí xī gǔ 放倒战旗,停敲战鼓。原指行军时隐蔽行踪,不暴露目标。后比喻事情中止或收场,不再进行。▷ 昨天还干得热火朝天,今天怎么就偃旗息鼓了?

同 销声匿迹 xiāo shēng nì jì ▷ 随着秋冬季节的来临,田间的昆虫也销声匿迹了。

反 大张旗鼓 dà zhāng qí gǔ ▷ 当年他父亲曾大张旗鼓地开办

过一家公司。

〈辨析〉"偃旗息鼓"指中止、停止;"销声匿迹"指隐藏起来或消失后不再出现。"大张旗鼓"与"偃旗息鼓"意思相对。

【演变】yǎn biàn 指经历时间很久的、逐渐的发展变化。▷ 从猿演变到人,中间经历了数百万年。

[同] 进化 jìn huà ▷ 他潜心研究生物进化的过程。

[反] 退化 tuì huà ▷ 长期的海洋生活,使鲸的四肢退化了。

〈辨析〉"演变"指发展变化经历很长的一段时间;"进化"指向上、向前发展。"退化"与"进化"意思相对。

〈相关〉变化;演化

【仰望】yǎng wàng 抬头向上看。▷ 我们抬头仰望,只见几十只降落伞像一朵朵鲜花从天而降。

[同] 瞻仰 zhān yǎng ▷ 我们来到天安门广场瞻仰人民英雄纪念碑。

〈辨析〉"仰望"表示抬头往上看;"瞻仰"不仅表示看,而且还有恭敬的意思。

〈相关〉仰视

【养育】yǎng yù 抚养,教育。▷ 无论走到哪里,我们都忘不了祖国母亲的养育之恩。

[同] 哺育 bǔ yù ▷ 鸟妈妈正在哺育小鸟。

〈辨析〉"养育"侧重指物质上的抚养,一般用于人;"哺育"指喂养,使用范围较广。

〈相关〉教育;培育;喂养

【要求】yāo qiú 提出具体事项或愿望,希望做成或实现。▷ 小杨主动找到领导,坚决要求参加抗震救灾小分队。

[同] 恳求 kěn qiú ▷ 他再三恳求爸爸带他一起参观科技展览馆。

〈辨析〉"要求"指希望实现的愿望或提出条件;"恳求"一般为急切地请求,语气较重。

【**要挟**】yāo xié　抓住把柄,强迫对方答应自己的要求。▷ 面对罪犯的要挟,她毫不退缩,沉着应对。

同 逼迫 bī pò ▷ 在盗窃头目的逼迫下,他每天都上街行窃。

〈辨析〉"要挟"指利用对方的弱点迫使对方接受要求,一般指人;"逼迫"指施加压力,使做成某件事情。

【**摇动**】yáo dòng　摇东西使它动。▷ 他用力摇动树干,熟透的果实便纷纷掉下来了。

同 摇晃 yáo huàng ▷ 她摇晃着身体,跳起了轻快的拉丁舞。

〈辨析〉"摇动"指在外力作用下产生摇摆;"摇晃"多指有规律地左右摇动。

〈相关〉摇摆;摇曳

【**摇摇欲坠**】yáo yáo yù zhuì　形容非常危险,眼看就要倒下来。▷ 辛亥革命前夕,清朝的统治已是摇摇欲坠了。

同 风雨飘摇 fēng yǔ piāo yáo ▷ 由于经营不善,这家公司正处在风雨飘摇之中。

反 稳如泰山 wěn rú tài shān ▷ 长江洪峰已经过去,经过加固的大坝稳如泰山,岿然不动。

〈辨析〉"摇摇欲坠"指由内因变化趋向衰弱;"风雨飘摇"由外因激化成为不稳固状。"稳如泰山"与"摇摇欲坠"意思相对。

〈相关〉岌岌可危/安如磐石;安如泰山

【**咬文嚼字**】yǎo wén jiáo zì　对文字反复咀嚼、体会,反复琢磨。▷ 阅读文章既要弄懂词句,更要领会其精神实质,而不要去咬文嚼字。

同 字斟句酌 zì zhēn jù zhuó ▷ 他讲演字斟句酌,看得出已经作了充分的准备。

〈辨析〉"咬文嚼字"还讽刺死抠字眼不重视实质或爱卖弄才学的人,如:你说话老爱咬文嚼字的,咱们大老粗可听不懂啊;"字斟句酌"指写作态度认真,每字每句都仔细推敲。

【野生】yě shēng　在自然环境里生长的生物。▷ 这是野生的灵芝。

反 家养 jiā yǎng ▷ 荒野中生长的野猴子比家养的有活力。

〈辨析〉在生物饲养、培植方面,"家养"与"野生"的意思相对。

【夜郎自大】yè láng zì dà　汉朝的使者到了夜郎国,夜郎侯问,汉朝同夜郎国比起来谁大。夜郎自以为自己国家最大,竟不知汉朝国土的广大。后比喻人很无知,妄自尊大。▷ 我们要注意研究和吸收国内外一切有用的东西,为经济建设服务,反对那种故步自封、夜郎自大的思想作风。

同 妄自尊大 wàng zì zūn dà ▷ 如果你想不断进步,就不能妄自尊大,而要发扬谦虚谨慎、不骄不躁的作风。

反 妄自菲薄 wàng zì fěi bó ▷ 一味妄自菲薄,就会丧失志气。

〈辨析〉"夜郎自大"指自以为了不起;"妄自尊大"表示盲目地自高自大。"妄自菲薄"与"夜郎自大"意思相对。

【一笔勾销】yī bǐ gōu xiāo　比喻把一切都取消,统统不算数。▷ 过去的事就一笔勾销吧,再也不要提它了。

同 一笔抹杀 yī bǐ mǒ shā ▷ 小秦固然有缺点,但对他的成绩却不能一笔抹杀。

〈辨析〉"一笔勾销"指全部取消;"一笔抹杀"指全盘否定所有的成绩和优点。

【一帆风顺】yī fān fēng shùn　船凭着满帆风行驶。比喻非常顺利,没有任何阻碍。▷ 这场女排决赛,中国队并非一帆风顺的,而是在前两局比分落后的情况下急起直追,终于以五局三胜的险分夺冠。

反 一波三折 yī bō sān zhé ▷ 电视剧描写了她发家、当典型、遇灾难的过程,一波三折,喜剧味道十分浓厚。

〈辨析〉在表示曲折和顺利时,"一波三折"与"一帆风顺"意思相对。

【一贯】yī guàn 始终如一,贯彻不变。▷ 他一贯主张孩子成人后要自立。

同 一向 yī xiàng ▷ 苏州城一向是我国著名的旅游胜地。

〈辨析〉"一贯"指从过去一直贯串下来,早就如此,从未改变,语气较重;"一向"指一定时间的全过程,从过去到现在,语气较轻。

〈相关〉从来;向来;一直

【一箭双雕】yī jiàn shuāng diāo 指射箭技艺高超。也比喻做一件事能达到两方面的目的。▷ 他在这件事情上,玩了个一箭双雕的把戏,不但出了名,暗里还得到不少好处。

同 一举两得 yī jǔ liǎng dé ▷ 戒了烟,既省下一笔开支,又对身体有好处,真是一举两得。

〈辨析〉"一箭双雕"有比喻义;"一举两得"则没有。

【一蹶不振】yī jué bù zhèn 一跌倒就再也爬不起来。比喻遭受一次挫折之后再也振作不起来。▷ 正是这种软弱的性格,使大哥受到一次巨大的打击之后,一蹶不振。

反 东山再起 dōng shān zài qǐ ▷ 他年老体弱,已经不可能东山再起了。

〈辨析〉在表示失败后是否重新得势时,"东山再起"与"一蹶不振"意思相对。

【一曝十寒】yī pù shí hán 比喻一时勤奋,多时懒散,缺乏恒心,不能坚持。▷ 反腐败斗争不能一曝十寒、紧一阵松一阵的。

反 持之以恒 chí zhī yǐ héng ▷ 要想在事业上取得成功,除了决心之外,还要持之以恒。

〈辨析〉在表示是否有恒心、毅力时,"持之以恒"与"一曝十寒"意思相对。

【一齐】yī qí 一同。▷ 听完英模的报告,大家一齐起立鼓掌。

同 一起 yī qǐ ▷ 我明天去东方明珠观光,你一起去吗?

〈辨析〉"一齐"指同时同地做某一件事;"一起"除指同时同地做某一件事外,还指一共和同一个地方,如:这些书和录音带一起多少钱?他俩住在一起吗?

【一气呵成】yī qì hē chéng　比喻工作安排紧凑,中间不松懈、不间断,直至最后完成。▷ 他一气呵成完成了整个方案的制订工作。

同 一鼓作气 yī gǔ zuò qì ▷ 老画家在慈善会上作画,一鼓作气连画了三幅。

〈辨析〉"一气呵成"比喻做事紧凑、不间断,一股劲地做完;"一鼓作气"比喻趁劲头大时,勇往直前地把事情做完。

〈相关〉趁热打铁;一挥而就

【一丝不苟】yī sī bù gǒu　学习或工作态度认真,一点也不马虎粗心。▷ 班长一丝不苟的学习态度,深得老师的赞扬。

反 粗枝大叶 cū zhī dà yè ▷ 她是一个粗枝大叶、有口无心的人。

〈辨析〉在形容学习或工作认真与否时,"粗枝大叶"与"一丝不苟"意思相对。

〈相关〉粗心大意;粗制滥造;敷衍了事;漫不经心

【一无所获】yī wú suǒ huò　什么也没有得到,毫无收获。▷ 星期日下午我们去湖边钓鱼,结果一无所获。

反 满载而归 mǎn zài ér guī ▷ 这次下乡劳动真是满载而归,既学习了农业知识,又了解了农村。

〈辨析〉在形容做事情的结果时,"满载而归"与"一无所获"意思相对。

〈相关〉空手而归

【一心一意】yī xīn yī yì　形容心思专一,没有其他杂念。▷ 她一心一意留在张家照顾老人。

反 三心二意 sān xīn èr yì ▷ 这套衣服款式新颖,价格适中,你就不要再三心二意了,买下来吧。

〈辨析〉在形容学习或工作是否专心时,"三心二意"与"一心一意"意思相对。

【一致】 yī zhì 没有分歧。▷ 经过几天协商,双方取得一致的看法。

反 分歧 fēn qí ▷ 在采取攻还是守的战术上,教练之间还有分歧。

〈辨析〉在形容思想、方法等是否统一时,"分歧"与"一致"意思相对。

【依靠】 yī kào 指望或仰仗某种力量来达到一定目的。▷ 只有依靠群众,才能把这个问题调查清楚。

同 依赖 yī lài ▷ 自然界的各种生物都是相互依赖而生存的。

〈辨析〉"依靠"指借助一定的外力来达到目的;"依赖"指完全靠外力来达到目的。

【依然如故】 yī rán rú gù 仍旧同以前一样,一点没有变化或发展。▷ 风波过后,他依然如故,仍然那样敢说敢为。

反 面目全非 miàn mù quán fēi ▷ 由于某些人乱砍滥伐,原本郁郁葱葱的青山变得面目全非了。

〈辨析〉在形容变化与发展的程度时,"面目全非"与"依然如故"意思相对。

【遗迹】 yí jì 古代或前代遗留下来的痕迹。▷ 他曾经考察过湖北赤壁古战场的遗迹。

同 陈迹 chén jì ▷ 封建王朝已经成为陈迹。

〈辨析〉"遗迹"指现今尚存的古代或前代遗留下来的事物痕迹,适用于时间久远和重大的历史史实;"陈迹"指过去的事情,有的尚能见到,有的则无法见到,使用范围较广。

〈相关〉古迹;旧迹;遗风;遗址

【遗愿】 yí yuàn 死者生前没有实现的愿望。▷ 我们一定要实现张工程师的遗愿。

同 **遗志** yí zhì ▷ 青少年要继承先烈的遗志,把祖国建设得更加美好。

〈辨析〉"遗愿"指个人的愿望;"遗志"指志向和抱负。

【**疑惑**】yí huò 心里不明白;不相信。▷ 他用疑惑的眼光打量着眼前这个人。

同 **困惑** kùn huò ▷ 当时的情况使许多人都感到困惑。

〈辨析〉"疑惑"指心里不明白、不理解,感到怀疑、迷惑;"困惑"指心中有疑问,不知道怎么办。

〈相关〉惶惑/迷惑/疑虑

【**义正辞严**】yì zhèng cí yán 理由正当,言辞严肃。▷ 他在会议上义正辞严地批驳了某些人的无理要求。

反 **理屈词穷** lǐ qū cí qióng ▷ 我国外交部发言人的一席话驳得对方理屈词穷、无言以对。

〈辨析〉在形容态度、观点、立场方面时,"理屈词穷"与"义正辞严"意思相对。

〈相关〉理直气壮/师出无名

【**异常**】yì cháng 不同于一般的情况。▷ 这些异常的情况,引起了武警战士的高度警惕。

反 **正常** zhèng cháng ▷ 运动后发生这些情况属于正常现象。

〈辨析〉在表示是否符合一般规律或情况时,"正常"与"异常"意思相对。

【**异口同声**】yì kǒu tóng shēng 很多人说出同样的话。形容众人说法完全一致,意见相同。▷ 对于周末去自然博物馆的提议,大家异口同声地表示赞成。

同 **众口一词** zhòng kǒu yī cí ▷ 全班同学众口一词,推荐李小玲参加市朗诵比赛。

〈辨析〉"异口同声"指两人或两人以上说的话都一样;"众口一

词"突出一个"众"字。

【**异想天开**】yì xiǎng tiān kāi 比喻想法非常离奇,超越常理,难以实现。▷ 这样一种异想天开的想法,也只有他想得出来。

同 想入非非 xiǎng rù fēi fēi ▷ 最近,他又想入非非地要去罗布泊探险了。

〈辨析〉"异想天开"指想法奇特,不一般;"想入非非"指想法虚幻,不现实。

〈相关〉胡思乱想

【**易如反掌**】yì rú fǎn zhǎng 容易得像把手掌翻过来一样。形容极其容易。▷ 梁师傅做了几十年的装配工,排除这点故障对他来说易如反掌。

反 来之不易 lái zhī bù yì ▷ 安定团结的局面来之不易,我们应该倍加珍惜。

〈辨析〉在表示完成某件事情或取得某项事物是否容易时,"来之不易"与"易如反掌"意思相对。

〈相关〉轻而易举/难上加难

【**毅力**】yì lì 坚定持久、毫不动摇的意志。▷ 每年都坚持冬泳需要很大的毅力。

同 意志 yì zhì ▷ 经过这场事变,小洪的意志更加坚定了。

〈辨析〉"毅力"指坚定持久、毫不动摇的意志;"意志"指决定达到某种目的而产生的心理状态。

【**阴沉**】yīn chén 天阴的样子。▷ 天色逐渐阴沉下来,一场大雪就要降临了。

同 阴暗 yīn àn ▷ 天越来越阴暗了。

〈辨析〉① "阴沉"指天色昏暗,云层低垂;"阴暗"指光线昏暗。② "阴沉"有时也形容人的愁闷,如:他脸色阴沉,坐在一旁不吭气;"阴暗"有时也形容人的神色、心情等,如:由于一场大病,他的脸色有点阴暗。

【引用】yǐn yòng　用别人说过的话(包括书面材料)或做过的事作为依据。▷ 这篇科研论文引用了许多学者的实验数据。

同 引证 yǐn zhèng ▷ 他引证了马克思名言论述市场经济。

〈辨析〉"引用"指为我所用;"引证"指为我所证明。

【引诱】yǐn yòu　诱导;诱惑。▷ 他经不住贩毒犯的引诱,又走上了吸毒之路。

同 诱惑 yòu huò ▷ 他诱惑少年上街偷盗。

〈辨析〉"引诱"是引人做坏事;"诱惑"是指用欺骗的手段引导对方做坏事。

【隐藏】yǐn cáng　藏起来不让人看见。▷ 乡亲们把伤员隐藏在湖中的小岛上。

同 隐瞒 yǐn mán ▷ 他隐瞒了自己那段不光彩的历史。

反 显露 xiǎn lù ▷ 大雾逐渐退去,机场上的跑道、飞机等渐渐显露出来了。

〈辨析〉"隐藏"侧重于"藏",指藏起来不让人发现,为中性词;"隐瞒"侧重于"瞒",指掩盖真相不让人知道,为贬义词。"显露"与"隐藏"意思相对。

〈相关〉隐蔽;隐匿/暴露;揭露;揭示;显示

【英勇】yīng yǒng　勇敢,顽强。▷ 面对敌人的铡刀,刘胡兰面不改色,英勇不屈。

同 勇敢 yǒng gǎn ▷ 他勇敢地承认了错误,得到了大家的原谅。

反 胆怯 dǎn qiè ▷ 他显得十分紧张和胆怯。

〈辨析〉"英勇"语意较重,指特别勇敢;"勇敢"语意较轻,指有胆量,不怕危险和困难。"胆怯"与"勇敢"意思相对。

【盈利】yíng lì　扣除成本后获得的利润。▷ 有时候要把社会效益放在第一位,不能只想到盈利。

反 亏损 kuī sǔn ▷ 经过改革,公司今年已经减少亏损了。

〈辨析〉在经营活动方面,"亏损"与"盈利"意思相对。
〈相关〉盈余/赔本
【盈余】yíng yú 收支两抵后剩下来的。▷ 本月约盈余1万元。
 同 多余 duō yú ▷ 交了学杂费后,我将多余的钱都买了饭菜票。
〈辨析〉"盈余"指收支两抵剩下的,范围较窄,只限于钱财;"多余"指超过需要数量的,使用范围较广,可用于钱财,也可用于其他事物。
〈相关〉剩余;盈利
【营救】yíng jiù 想方设法援救。▷ 海上巡逻队开快艇去营救遇难的船员。
 同 援救 yuán jiù ▷ 登山队派出精兵强将援救被围困在山上的外国朋友。
〈辨析〉"营救"指想方设法救援;"援救"指援助急救。
【营造】yíng zào 经营建筑;有计划地造;有目的地造。▷ 市里决定在外环线一带营造大面积的防护林。
 同 营建 yíng jiàn ▷ 这个小科技馆是由全校师生集资营建的。
〈辨析〉①"营造"对象比较广泛,可以是建筑工程、森林、道路等;"营建"对象比较狭窄,主要限于建筑工程的建造。②"营造"还可用于抽象事物,如:大家努力营造一种友好气氛。
〈相关〉构筑;建设;建造
【应接不暇】yìng jiē bù xiá 原指风景多,来不及观赏。后形容事情接连不断而来,来不及应付。▷ 今天有人请吃饭,明天有人求办事,真让他应接不暇。
 同 目不暇接 mù bù xiá jiē ▷ 从这一连串目不暇接的翻腾动作中可以看出他扎实的基本功。
〈辨析〉"应接不暇"侧重在"应付";"目不暇接"侧重在"看"。
【应战】yìng zhàn 友好竞赛时接受对方提出的挑战条件。

▷ 北京队下了战书,我们上海队敢不敢应战?

反 **挑战** tiǎo zhàn ▷ 在这届世界乒乓球锦标赛上,一些世界名将受到了新手们的强烈挑战。

〈辨析〉在作战、竞赛方面,"挑战"与"应战"意思相对。

【**永恒**】 yǒng héng　永远不变。▷ 中朝两国人民友谊是永恒的。

同 **永久** yǒng jiǔ ▷ 这块手表送给你,作为咱俩友谊的永久纪念。

反 **临时** lín shí ▷ 这个临时仓库一直使用到现在。

〈辨析〉"永恒"指永久不变;"永久"指永远、长久。"临时"与"永恒"意思相对。

【**用处**】 yòng chù　各种用途。▷ 事情已经这样了,你再埋怨也没有什么用处了。

同 **用途** yòng tú ▷ 老师向我们介绍了橡胶的各种用途。

〈辨析〉"用处"强调某种作用和某种效用,可用于人,也可用于物,通用于口语和书面语;"用途"表示物质应用的方面和范围,多用于书面语。

【**优良**】 yōu liáng　指品种、质量、成绩、作风等十分好。▷ 这些优良的奶牛品种是从荷兰引进的。

同 **优秀** yōu xiù ▷ 这些优秀的文学作品,都具有很强的感染力。

〈辨析〉"优良"指品种、质量、成绩、作风等十分好;"优秀"指品种、质量、成绩、作风等非常好。

〈相关〉优异

【**忧虑**】 yōu lǜ　忧愁,焦虑。▷ 母亲的安慰打消了我心中的忧虑。

同 **顾虑** gù lǜ ▷ 这件小事你不必顾虑,我们可以帮你办妥的。

〈辨析〉"忧虑"强调忧愁、着急;"顾虑"多指担心、畏惧,语意比

"忧虑"轻。

【悠长】 yōu cháng　时间长久。▷ 卖花姑娘的叫卖声在幽深的小巷里显得格外悠长。

同 悠久 yōu jiǔ ▷ 中华民族有着悠久的历史。

反 短暂 duǎn zàn ▷ 经过短暂的休息,精彩的比赛又开始了。

〈辨析〉"悠长"侧重于持续的时间长;"悠久"侧重于时间上先后相距遥远。"短暂"与"悠长"意思相对。

【犹豫不决】 yóu yù bù jué　形容拿不定主意。▷ 射门时的犹豫不决使他失去了进球的机会。

同 优柔寡断 yōu róu guǎ duàn ▷ 由于他的优柔寡断,以至于失去了多次难得的机会。

反 当机立断 dāng jī lì duàn ▷ 连长当机立断,突出重围。

〈辨析〉"犹豫不决"侧重于心理活动;"优柔寡断"指缺乏正确的判断力。"当机立断"与"犹豫不决"意思相对。

〈相关〉迟疑不决;举棋不定/毅然决然

【游览】 yóu lǎn　游玩观赏景物、名胜等。▷ 节假日去东方明珠游览的人特别多。

同 游历 yóu lì ▷ 我们游历了欧洲各国的名山大川。

〈辨析〉"游览"指去特定的地方游玩;"游历"指去各处游览,除了旅游观赏外,还有考察学习等活动。

【游刃有余】 yóu rèn yǒu yú　刀在牛骨中间移动运转毫不费力,就像骨节之间有很空的余地任其回旋。后比喻才力卓越或技术精熟,遇到问题应付自如。▷ 小刚办这件事情,一定是游刃有余的。

反 力不从心 lì bù cóng xīn ▷ 周师傅想干一番事业,可是年老体衰,力不从心。

〈辨析〉在表示能力强弱、技术是否熟练时,"力不从心"与"游刃有余"意思相对。

〈相关〉应付裕如;应付自如/力不胜任;勉为其难

【友好】yǒu hǎo　亲切,和睦。▷ 我们要加强同世界各国人民的友好往来。

同 友善 yǒu shàn ▷ 他待人十分友善,大家都愿意接近他。

反 仇恨 chóu hèn ▷ 小夏用仇恨的目光盯着人贩子。

〈辨析〉① "友好"指关系和睦,多用于民族与民族或国家与国家之间;"友善"形容态度友好,多用于朋友之间。② "友好"还用作名词,指好朋友,如:他生前的友好都来参加他的追悼会。"仇恨"与"友好"意思相对。

【有趣】yǒu qù　能使人发生兴趣与趣味。▷ 这个游戏十分有趣。

反 乏味 fá wèi ▷ 这种机械劳动很乏味。

〈辨析〉在表示对人或事有无兴趣时,"乏味"与"有趣"意思相对。

【有条不紊】yǒu tiáo bù wěn　有条理、有次序,一点不乱。▷ 整个施工现场秩序井然,施工人员有条不紊地工作着。

同 井井有条 jǐng jǐng yǒu tiáo ▷ 家里虽然没有什么值钱的东西,却被她收拾得井井有条。

反 杂乱无章 zá luàn wú zhāng ▷ 阁楼上杂乱无章地堆放着一些家具和书籍。

〈辨析〉"有条不紊"形容条理清晰、工作有序;"井井有条"语义较重,更形象化些。"杂乱无章"与"有条不紊"意思相对。

【幼稚】yòu zhì　想法简单;缺乏经验。▷ 你这种做法是极其幼稚的。

同 天真 tiān zhēn ▷ 这么大的人了,怎么会说出如此天真的话来。

反 老练 lǎo liàn ▷ 别看他年纪小,办事倒很老练。

〈辨析〉"幼稚"除了指想法简单、缺乏经验外,还有年纪小的意思,如:他还幼稚,不懂事;"天真"形容单纯直率,多用于对待问题思维简单的人,不一定特指年幼者。"老练"与"幼稚"意思相对。

【愉快】yú kuài 快意,舒畅。▷ 看到自己的孩子这么懂事,妈妈心中有说不出的愉快。
反 苦恼 kǔ nǎo ▷ 会计上岗证一直考不出来,她很苦恼。
〈辨析〉在形容开心与否时,"苦恼"与"愉快"意思相对。
〈相关〉开心;快活;快乐;欢乐/愁苦;忧愁;忧郁

【愚蠢】yú chǔn 头脑迟钝,不聪明。▷ 你这么聪明的人,怎么干出这种愚蠢的事情?
同 愚昧 yú mèi ▷ 你们怎么会愚昧到这种程度,竟然相信巫师的话。
反 聪明 cōng míng ▷ 光靠耍小聪明,不肯下苦工夫,是学不到真本领的。
〈辨析〉"愚蠢"形容头脑迟钝、不聪明;"愚昧"形容缺乏知识、没有教养。"聪明"与"愚蠢"意思相对。

【语无伦次】yǔ wú lún cì 说话和写作没有条理和层次。▷ 他语无伦次地向大家诉说自己遇险的经过。
反 头头是道 tóu tóu shì dào ▷ 他讲得头头是道,做起事来却丢三拉四。
〈辨析〉在形容说话是否有条理时,"头头是道"与"语无伦次"意思相对。

【郁闷】yù mèn 烦闷,不舒畅。▷ 申花队又输了,球迷们十分郁闷。
反 畅快 chàng kuài ▷ 站在上海东方明珠上眺望大上海,真是畅快极了。
〈辨析〉在形容人的心情、情绪方面,"畅快"与"郁闷"意思相对。
〈相关〉烦闷/高兴;舒畅

【预报】yù bào 预先报告某种情况。▷ 电视台体育频道预报下周 CBA 赛事。

圆 预告 yù gào ▷《少年文艺》预告下期推出诗歌专辑。

〈辨析〉① "预报"指预先报告,多用于天文、气象等方面;"预告"指事先通告,多用于戏剧演出、图书出版等。② "预告"还用作名词,如:电视台正在播送节目预告。

【预定】yù dìng 预先规定和约定。▷ 这部反映学校生活的电视片预定在今年五月初开拍。

圆 预约 yù yuē ▷ 看专家门诊需要提前预约。

〈辨析〉"预定"侧重于"定",指事先就确定下来的;"预约"侧重于"约",指事先约好的。

〈相关〉约定

【预防】yù fáng 事先防备。▷ 春夏之交,尤其要注意预防呼吸道疾病。

圆 防备 fáng bèi ▷ 这些防备措施是必不可少的,一定要落实到每个单位。

〈辨析〉"预防"指事先设法防备;"防备"指针锋相对地做好准备。

【渊博】yuān bó 指学识既深又广。▷ 我的导师是一位学识渊博、阅历丰富的老教授。

反 肤浅 fū qiǎn ▷ 他对这个问题的看法是很肤浅的。

〈辨析〉在形容知识面的广与狭方面,"肤浅"与"渊博"意思相对。

【原来】yuán lái 过去的;没有改变的。▷ 原来这里不通公交车。

圆 本来 běn lái ▷ 他本来不打算去黄山,他想去庐山。

〈辨析〉"原来"指过去的、原先的,含有现在情况已改变的意思;"本来"可表示情况始终如此、没有改变,也可用于情况有了改变。

〈相关〉先前;原本;原先

【原因】yuán yīn　引起事情或造成结果的根由。▷ 造成这次重大事故的根本原因,就是不照章办事。

同 缘故 yuán gù ▷ 不知什么缘故,这几天我的关节炎病又发了。

反 结果 jié guǒ ▷ 这场比赛的结果很难预测。

〈辨析〉"原因"使用范围广,常用于重大事物,也可用于一般事物;"缘故"使用范围窄,常用于一般事物。"结果"与"原因"意思相对。

【圆满】yuán mǎn　毫无欠缺和遗漏,使人满意。▷ 在各方面的支持下,大学生运动会取得圆满成功。

同 完满 wán mǎn ▷ 这场事故的善后工作处理得十分完满。

反 欠缺 qiàn quē ▷ 他的比赛经验欠缺,在关键时刻没有能顶住,最后输了球。

〈辨析〉"圆满"侧重于"圆",指几乎没有缺点,十分满意,多与"成功"搭配着用;"完满"侧重于"完",指问题解决完好,一般不与"成功"搭配起来用。"欠缺"与"圆满"意思相对。

【怨声载道】yuàn shēng zài dào　形容大家普遍怨恨,强烈不满。▷ 这条河流污染十分严重,两岸居民怨声载道。

反 有口皆碑 yǒu kǒu jiē bēi ▷ 李校长退休后热心办学,对教育事业的贡献是有口皆碑的。

〈辨析〉在对人或事物的评价方面,"有口皆碑"与"怨声载道"意思相对。

〈相关〉民怨沸腾;天怒人怨/交口称赞

【怨言】yuàn yán　抱怨的话。▷ 对于领导的安排,我们没有半点怨言。

同 牢骚 láo sāo ▷ 他在不停地发牢骚。

〈辨析〉"怨言"指抱怨的话,语意较重;"牢骚"指烦闷不满的话,语意较轻。
〈相关〉埋怨;抱怨

【蕴藏】yùn cáng　在内部蓄积,尚未显露或发掘。▷ 地质工作者发现,这一带蕴藏着丰富的煤矿。

同 **储藏** chǔ cáng ▷ 他把多余的钱财储藏起来。

〈辨析〉"蕴藏"侧重于"蕴",指蓄积而未显露或未被发掘的;"储藏"侧重于"储",指储存起来。

〈相关〉贮藏;储存;贮存

Zz

【灾害】zāi hài　水、火、荒、旱、虫、雹及人为因素所造成的祸害。▷ 我们要紧急动员起来,战胜特大暴雨造成的灾害。

同 **灾难** zāi nàn ▷ 灾难深重的中国人民从此站起来了。

〈辨析〉"灾害"一般指自然因素造成的祸害;"灾难"指人或自然造成的灾祸。

〈相关〉灾祸

【赞成】zàn chéng　同意别人的主张或行为。▷ 与会代表一致赞成会议决议。

同 **拥护** yōng hù ▷ 全国人民一致拥护并支持我国政府的严正声明。

反 **反对** fǎn duì ▷ 这种损人利己的行为,遭到周围居民的反对。

〈辨析〉"赞成"语意较轻,表示同意;"拥护"语意较重,表示对重大事情的赞同。"反对"与"赞成"意思相对。

【赞美】zàn měi　称赞;赞扬人或事的好处。▷ 桂林山水甲天下,这里的一草一木、一山一水都是值得赞美的。

同 **赞扬** zàn yáng ▷ 大家赞扬他见义勇为的精神。

反 **批评** pī píng ▷ 他虚心接受领队的批评。

〈辨析〉"赞美"表示对一般人或事的称赞;"赞扬"指对人的各种行为的称赞。"批评"与"赞美"意思相对。

〈相关〉称誉;颂扬;赞颂/毁谤

【赞赏】zàn shǎng　赞美和赏识别人的才能和贡献。▷ 观众一致赞赏她的说唱艺术。

同 **赞叹** zàn tàn ▷ 杂技演员的精彩表演令观众赞叹不已。

反 **鄙视** bǐ shì ▷ 我们鄙视那种弄虚作假、欺骗消费者的恶劣行为。

〈辨析〉"赞赏"侧重于"赏",表示从内心赏识、喜爱,语意较轻;"赞叹"侧重于"叹",表示钦佩的心情,语意较重。"鄙视"与"赞赏"意思相对。

【**遭受**】zāo shòu 受到不幸或损害。▷ 接二连三遭受到沉重的打击,他一下子便病倒了。

同 **遭遇** zāo yù ▷ 印度洋上几个岛国遭遇了百年未遇的特大海啸。

反 **摆脱** bǎi tuō ▷ 经过一段时间的艰苦训练,他们已摆脱了低迷状态,开始走上坡路。

〈辨析〉"遭受"指受到、忍受;"遭遇"指遇到、碰到。"摆脱"与"遭受"意思相对。

〈相关〉经历;经受;受到/避免;幸免

【**糟蹋**】zāo tà 浪费或随意损坏;不爱惜。▷ 不能糟蹋粮食。

同 **浪费** làng fèi ▷ 提倡节约,反对浪费。

〈辨析〉"糟蹋"涉及对象都是具体事物,语意较重,还有侮辱、蹂躏的意思,如:他不能容忍这些人糟蹋自己的名声;"浪费"语意较轻,除涉及具体事物外,还有抽象事物,如:浪费时间就是不珍惜生命。

【**责备**】zé bèi 批评,指责。▷ 孩子还小,不要再责备他了。

同 **责怪** zé guài ▷ 是我没有考虑周全,你就别责怪自己了。

指责 zhǐ zé ▷ 他已尽力了,你就不要再指责他了。

反 **谅解** liàng jiě ▷ 如果有照顾不周的地方还请各位多多谅解。

〈辨析〉"责备"表示一般的批评,语意较重;"责怪"表示埋怨、怪罪,语意较轻;"指责"语意较重,只能用于对别人的批评。"谅解"与"责备"意思相对。

- 【责无旁贷】zé wú páng dài 自己应负的责任,不能推卸给他人。▷ 抗洪救灾是人民子弟兵责无旁贷的义务。

  反 推三阻四 tuī sān zǔ sì ▷ 你就别推三阻四地让大家扫兴了。

  〈辨析〉在形容推托和负责任方面,"推三阻四"与"责无旁贷"意思相对。

- 【增加】zēng jiā 在原有基础上增多和加多。▷ 今年,全国职工都普遍地增加了工资。

  同 增长 zēng zhǎng ▷ 这次社会调查活动,使我们增长了不少知识。

  反 降低 jiàng dī ▷ 加强交通管理后,交通事故大大降低了。

  〈辨析〉"增加"指在原来基础上数量变大;"增长"指在原来的基础上有所增加和提高。"降低"与"增加"意思相对。

  〈相关〉增多;增添/减低;减少

- 【沾沾自喜】zhān zhān zì xǐ 形容自以为很好而得意的样子。▷ 他听到别人赞扬就沾沾自喜、得意忘形了。

  同 洋洋得意 yáng yáng dé yì ▷ 你看他这副洋洋得意的样子。

  反 垂头丧气 chuí tóu sàng qì ▷ 又输了,队员们垂头丧气地走出体育馆,心里难受极了。

  〈辨析〉"沾沾自喜"指自认为很好而得意,多与成绩、成功或好事相联系,适用范围较窄,多用于书面语;"洋洋得意"指称心如意,十分满意,表现出神气十足的样子,适用范围广,通用于书面语和口语。"垂头丧气"与"沾沾自喜"意思相对。

  〈相关〉得意忘形;自鸣得意

- 【瞻前顾后】zhān qián gù hòu 向前看又向后看。形容做事顾虑多,没有决断。▷ 他生性谨慎,一举一动都要瞻前顾后地反复考虑。

【**当机立断**】dāng jī lì duàn ▷ 在大敌当前的形势下,他当机立断,命令战士迅速突围。
〈辨析〉在形容是否抓住时机、立刻决断上,"当机立断"与"瞻前顾后"意思相对。
〈相关〉迟疑不决;举棋不定;犹豫不决/毅然决然

【**斩草除根**】zhǎn cǎo chú gēn 比喻铲除祸害,务求彻底,不留后患。▷ 要消灭蚊虫,必须斩草除根,彻底消灭了孑。
同 **斩尽杀绝** zhǎn jìn shā jué ▷ 两百多年前,欧洲殖民主义者进入澳洲大陆后,用各种残酷手段把当地土著人斩尽杀绝。
〈辨析〉"斩草除根"指消灭程度的彻底性;"斩尽杀绝"指全部消灭。
〈相关〉除恶务尽;片甲不留;一网打尽

【**展示**】zhǎn shì 清楚地摆出来;明显地表现出来。▷ 这几个细节的描写充分展示了人物的内心世界。
同 **展现** zhǎn xiàn ▷ 爬上山顶,展现在我们眼前的是一个巨大的人工湖。
〈辨析〉"展示"指清楚地摆出来让人了解事物;"展现"是让事物本身呈现在人们的眼前。
〈相关〉显示;显现/隐藏

【**战斗**】zhàn dòu 指敌对双方所进行的武装冲突;也指交战。▷ 拂晓时分,战斗终于打响了。
同 **战争** zhàn zhēng ▷ 战争给人民带来了深重的灾难。
〈辨析〉①"战斗"指敌对双方的武装冲突,范围较小;"战争"规模较大,用于国家间、民族间、集团间的武装斗争。②"战斗"还用作动词,指同敌方作战,如:我们已经做好了战斗的准备。

【**战略**】zhàn lüè 战争的方略;泛指重大的、带有全局性质的谋略。▷ 大战即将爆发,必须立即作好战略部署。

同 **战术** zhàn shù ▷ 我们战略上要大胆,战术上要细心。
〈辨析〉"战略"指导战争的总体计划和策略,着眼于全局、整体;"战术"指具体战斗的原则和方法,着眼于局部、部分。

【张皇失措】zhāng huáng shī cuò 慌慌张张,举动失去了常态,不知怎么办才好。▷ 看到两名警察迎面走来,他张皇失措,拔腿便跑。

同 **手足无措** shǒu zú wú cuò ▷ 会议的准备工作应该做得充分一些,即使发生意外,也能应付自如,不致手足无措。

反 **泰然自若** tài rán zì ruò ▷ 面对敌人的铡刀,刘胡兰泰然自若,毫无畏惧。

〈辨析〉"张皇失措"指不知怎么办才好;"手足无措"指无法应付的样子。"泰然自若"与"张皇失措"意思相对。
〈相关〉惊慌失措;不知所措/处之泰然;若无其事;从容不迫

【掌故】zhǎng gù 历史上的人物或事件的故事,包括人物事迹、典章制度、风俗人情等。▷ 他经常用一些掌故来增加作品的可读性。

同 **故事** gù shì ▷ 这本书里收集了许多少数民族的故事。

〈辨析〉"掌故"强调真实情况;"故事"强调富有情节性,可以是真实的或虚构的。

【掌握】zhǎng wò 主持,控制。▷ 自己的命运要靠自己来掌握。

同 **控制** kòng zhì ▷ 这几个关键部门都被我们控制住了。

〈辨析〉"掌握"指能对人或事物充分支配和控制;"控制"指对人或事物加以约束和限制,语意较重。

【障碍】zhàng'ài 阻挡道路,使难以顺利前进。▷ 道路上的障碍使交通阻塞。

同 **阻碍** zǔ'ài ▷ 大雾天引发的交通事故,阻碍交通约 6 个小时。

〈辨析〉"障碍"范围窄,侧重于挡住、使不能顺利通过,其对象常常是具体事物;"阻碍"使用范围广,侧重于妨碍,使不能顺利发展,其对象可以是具体的,也可以是抽象的。
〈相关〉妨碍;阻挡

【招待】zhāo dài 应接宾客或顾客。▷ 都是同行,我就不招待了,大家随意。

同 款待 kuǎn dài ▷ 我们一再感谢主人的盛情款待。
〈辨析〉"招待"指一般的应酬接待,语意较轻;"款待"指热情而优厚地招待,常与盛情搭配使用,语意较重。
〈相关〉厚待;接待;优待

【朝气】zhāo qì 比喻振作奋发、不断进取的气概。▷ 年轻人充满朝气,好像早晨八九点钟的太阳。

反 暮气 mù qì ▷ 这位老演员身上没有丝毫的暮气,像艺术园林中的一棵不老松。
〈辨析〉在形容人有无积极进取的精神状态时,"暮气"与"朝气"意思相对。

【着急】zháo jí 急躁不安。▷ 不管遇到什么事,你们都不用着急。

同 焦急 jiāo jí ▷ 看到她焦急的样子,他的心里感到十分不安。
〈辨析〉①"着急"表示心中发急;"焦急"表示烦躁而急迫不安。
②"着急"还有担心的意思,如:天快晌午了,她着急菜卖不掉。
〈相关〉发急;犯急;焦躁

【照顾】zhào gù 照管,顾及。▷ 领导在安排工作时,应该尽量照顾到各人的实际和专长,真正做到人尽其才。

同 照料 zhào liào ▷ 我要出差一段时间,家务事你多照料一下。
〈辨析〉"照顾"指顾及、照管,对象一般是人;"照料"指主动去关心和料理,对象可以是人,也可以是物。

【**折磨**】zhé mó 使在肉体上、精神上受痛苦。▷ 疾病把她的身体折磨垮了。

同 **折腾** zhē teng ▷ 伤病一直在折腾着他,使他无法正常工作。

〈辨析〉"折磨"用于口语和书面语;"折腾"多用于口语。

【**珍贵**】zhēn guì 有很大价值或意义的;宝贵。▷ 这个展览会的展品都是十分珍贵的。

同 **宝贵** bǎo guì ▷ 勤俭节约是中华民族最宝贵的优良传统。

〈辨析〉"珍贵"指稀少难得而很有价值或意义深刻,多用于具体事物;"宝贵"指价值高、值得重视,一般用于抽象事物。

【**珍视**】zhēn shì 珍惜,重视。▷ 要珍视安定团结的大好局面。

同 **重视** zhòng shì ▷ 大家对这次军训非常重视。

反 **轻视** qīng shì ▷ 他轻视体力劳动。

〈辨析〉"珍视"指珍惜、重视;"重视"指认真对待。"轻视"与"重视"意思相对。

【**真诚**】zhēn chéng 真实诚恳,不虚假。▷ 他待人很真诚。

同 **真挚** zhēn zhì ▷ 他的一番话是那么真挚、那么深情。

反 **虚伪** xū wěi ▷ 这个人很老实,一点也不虚伪。

〈辨析〉"真诚"侧重于"诚",形容为人诚恳,不虚假;"真挚"侧重于"挚",含有殷切、亲切的意思。"虚伪"与"真诚"意思相对。

【**真实**】zhēn shí 符合实际,不虚假。▷ 这部电视剧是根据真实的故事改编的。

反 **虚假** xū jiǎ ▷ 我们不要被虚假的现象所蒙蔽。

〈辨析〉在形容与事实是否相符时,"虚假"与"真实"意思相对。

〈相关〉实在/虚伪

【**振作**】zhèn zuò 使精神旺盛,情绪高涨。▷ 只有先振作起精神,你才能战胜困难。

反 **消沉** xiāo chén ▷ 一直没有找到合适的工作,他开始消沉了。

〈辨析〉在形容精神、情绪的好坏时,"消沉"与"振作"意思相对。

〈相关〉沮丧;颓废

【震动】zhèn dòng　因受到外力影响而发生颤动;使颤动。▷ 大型汽车开过,房子会有轻微的震动。

同 **震撼** zhèn hàn ▷ 劳东林的一番话强烈地震撼了邵长水的心。

〈辨析〉"震动"侧重于"动",指因受振而引起的持续短促的摇动;"震撼"侧重于"撼",指引起剧烈震动和震惊。

【镇定】zhèn dìng　遇到紧急情况时沉着、不慌张。▷ 他镇定地回答了一个又一个的提问,获得主考老师的赞许。

同 **镇静** zhèn jìng ▷ 无论遇到什么情况,他都表现得很镇静。

〈辨析〉"镇定"侧重于"定",指情绪稳定,沉得住气,语意较重;"镇静"侧重于"静",指情绪平稳,不慌张,语意较轻。

【争执】zhēng zhí　争论问题,坚持己见,互不相让。▷ 辩论会上双方意见对立,争执不下。

同 **争吵** zhēng chǎo ▷ 他们争吵了半天也没有吵出一个结果来。

〈辨析〉"争执"指争论问题各执己见;"争吵"指因意见不合而大声争辩,语意较重。

〈相关〉争辩;争论;争议

【征集】zhēng jí　用书面或口头等方式收集。▷ 钱币学会征集到了各个历史时期的钱币。

同 **收集** shōu jí ▷ 退休后,他收集了各种报刊上有关天文方面的资料。

〈辨析〉"征集"指用书面或口头的方式收集;"收集"指把某种东西聚集在一起。

〈相关〉搜集;搜罗

【挣扎】zhēng zhá　用大力支撑或摆脱。▷ 蜘蛛从尾部抽出丝来,把飞蛾缠住,一直到它不再挣扎为止。

同 反抗 fǎn kàng ▷ 奴隶们纷纷拿起武器,反抗奴隶主的残酷压迫。

〈辨析〉"挣扎"比喻在极其困难的情况下为生存尽最大的努力;"反抗"侧重用有力的行动反抗,有奋力抗击的意思。

【蒸蒸日上】zhēng zhēng rì shàng　形容事业一天比一天发展,越来越兴旺发达。▷ 珠江三角洲地区的经济建设蒸蒸日上。

反 每况愈下 měi kuàng yù xià ▷ 入冬后,他的身体状况每况愈下。

〈辨析〉在表示进步、事业发展情况的好坏上,"每况愈下"与"蒸蒸日上"意思相对。

〈相关〉方兴未艾;欣欣向荣/江河日下

【整齐】zhěng qí　外形规则、完整;有秩序,有条理,不凌乱;大小、长短相差不多。▷ 空中的大雁排成整齐的一字形,向南飞去。/房间里的东西收拾得整齐又干净。

反 凌乱 líng luàn ▷ 仓库里的货物堆放得很凌乱。

〈辨析〉在形容是否有条理、有秩序时,"凌乱"与"整齐"意思相对。

【正常】zhèng cháng　符合规律或一般情况的。▷ 去年上海的平均气温属于正常。

反 反常 fǎn cháng ▷ 今年天气反常,许多地方都发生了水灾。

〈辨析〉在形容是否符合一般规律的情况时,"正常"与"反常"意思相对。

【正确】zhèng què　符合事实、道理或公认的标准。▷ 事实证明你解决问题的思路是正确的。

同 准确 zhǔn què ▷ 这些数据是统计局提供的,很准确。

反 错误 cuò wù ▷ 改正错误、轻装前进才是你唯一的出路。

〈辨析〉"正确"重在表示"对",没有错误;"准确"重在表示"准",没有差错。"错误"与"正确"意思相对。

〈相关〉精确;确凿/偏差

【正义】zhèng yì 公正的、符合人民利益的道理。▷ 法院公判了一伙抢劫犯,为人民伸张了正义。

反 邪恶 xié è ▷ 要坚决取缔那些邪恶的、欺骗人民的邪教。

〈辨析〉在形容事件是否公正、利民时,"邪恶"与"正义"意思相对。

【证明】zhèng míng 用可靠的材料或事实来表明或断定人或物的真实性。▷ 事实证明,他们没有撒谎。

同 证实 zhèng shí ▷ 这一传说至今还没有证实。

〈辨析〉"证明"除了表示有说服力的事实外,还可用作名词,如:这是证明,请你办理一下;"证实"表示证明传闻、消息、情况等的确实,不可作名词。

【郑重其事】zhèng zhòng qí shì 严肃认真地对待工作和某事。▷ 他郑重其事地向领导呈交了一份辞职书。

反 满不在乎 mǎn bù zài hū ▷ 领导批评他,大家都替他着急,他却满不在乎。

〈辨析〉在形容工作态度认真与否时,"满不在乎"与"郑重其事"意思相对。

【支持】zhī chí 支撑维持;给以鼓励、帮助。▷ 这项工作得到了领导的大力支持。

同 支援 zhī yuán ▷ 我的叔叔参加了科技小分队,支援大西北建设。

〈辨析〉"支持"侧重指从精神、道义上给予鼓励和援助;"支援"侧重指从人力、物力和财力上给予援助。

【支离破碎】zhī lí pò suì 形容残缺零碎,不完整。▷ 一篇好文章,被他改得支离破碎,面目全非。

反 完美无缺 wán měi wú quē ▷ 金无足赤,人无完人,劳模也并非是完美无缺的。

〈辨析〉在形容完备美好或残缺不全时,"完美无缺"与"支离破碎"意思相对。

〈相关〉残缺不全/完好无损;完整无缺

【直接】zhí jiē 不经过中间事物或第三者而发生关系的。▷ 事故的直接原因还没有调查清楚。

反 间接 jiàn jiē ▷ 他通过别人间接了解到了公司的一些情况。

〈辨析〉在表示事物之间的关系时,"间接"与"直接"意思相对。

【直截了当】zhí jié liǎo dàng 形容说话、做事干脆爽快,不绕弯子。▷ 别绕弯子,你有什么意见就直截了当地说吧!

反 拐弯抹角 guǎi wān mò jiǎo ▷ 他是个爽快人,说话办事直来直去,从不拐弯抹角。

〈辨析〉在形容说话做事是否爽快时,"拐弯抹角"与"直截了当"意思相对。

〈相关〉直言不讳/转弯抹角

【直抒己见】zhí shū jǐ jiàn 直率地说出自己的意见。▷ 这次学术研讨会,由于大家直抒己见,开得很成功。

同 直言不讳 zhí yán bù huì ▷ 在领导面前,他敢于直言不讳地提意见。

反 闪烁其词 shǎn shuò qí cí ▷ 公安战士见他闪烁其词的样子,更加心生疑窦。

〈辨析〉"直抒己见"表示不隐瞒自己的观点;"直言不讳"表示没有顾虑、不回避问题的意思。"闪烁其词"与"直抒己见"意思相对。

〈相关〉畅所欲言/含糊其辞;隐约其辞

【指挥】zhǐ huī 发布命令或指令使行动协调一致,符合规定的要求。▷ 一切行动听指挥是做好每项工作的要点。

同 指导 zhǐ dǎo ▷ 在专家的指导下,我们完成了安装工作。
〈辨析〉"指挥"的对象是人或具体行动;"指导"除了告诉人如何行动外,还指示一些原则、方法等。

【指使】zhǐ shǐ 出主意叫人去做某事。▷ 要是没有人指使,他不敢这样放肆。

同 指派 zhǐ pài ▷ 组织上指派你去参加残奥会的筹备工作。
〈辨析〉"指使"指暗中出主意,叫别人去办不好办的事,多含贬义;"指派"指指定并派遣,多用于上级对下级、组织对个人,多属公务。
〈相关〉支使;指挥;指令

【指示】zhǐ shì 对下级或晚辈就如何处理问题指明原则和方法。▷ 省公安厅指示刑警大队要在一个月内破案。

同 指点 zhǐ diǎn ▷ 我有哪些缺点,请您给我指点出来。
〈辨析〉"指示"指上级对下级或长辈对晚辈指明处理的原则和方法,语意庄重,程度深;"指点"表示指出来给人看,有点明、点拨、指引的意思,程度浅。
〈相关〉点拨;指引

【制造】zhì zào 通过劳动使原料成为可供使用的物品。▷ 我们一定要用自己的双手,制造出新一代的机器人。

同 制作 zhì zuò ▷ 科技小组的同学正在制作航空模型。
〈辨析〉"制造"一般指通过机械生产出的成品;"制作"多数指手工加工成的产品。

【忠诚】zhōng chéng 尽心尽力、诚心诚意地对待。▷ 他忠诚党的教育事业,为教育下一代勤恳工作。

同 忠实 zhōng shí ▷ 这部电视剧是中国人民抗击外来侵略者的忠实写照。

反 背叛 bèi pàn ▷ 这个背叛祖国的人受到人们的唾弃和法律的制裁。

〈辨析〉"忠诚"着重指诚心诚意、尽心尽力,有时可作动词;"忠实"指老实可靠,也可指真实、如实,一般不作动词。"背叛"与"忠诚"意思相对。

【重大】zhòng dà 影响大而重要。▷ 我国的农业科技取得了重大成就。

同 重要 zhòng yào ▷ 这个问题很重要,必须好好讨论一下。

反 次要 cì yào ▷ 这场比赛的输赢是次要的,重要的是让队员适应比赛场地。

〈辨析〉"重大"多形容抽象事物;"重要"多形容地位或作用十分突出,不同于一般的人或事物。"次要"与"重要"意思相对。

【周密】zhōu mì 周到,细密。▷ 这次研讨会我们作了周密的准备。

同 严密 yán mì ▷ 既要严密防守,更要积极进攻,这才是取胜的根本。

〈辨析〉"周密"侧重于"周",强调周全、完备,多形容考虑、计划、安排、调查、准备等;"严密"侧重于"严",强调无懈可击、没有疏漏,多形容防守、防备、封锁、监视、观察等。

〈相关〉紧密;严实;缜密

【逐渐】zhú jiàn 慢慢地;一点点地。▷ 天气逐渐热了起来。

同 逐步 zhú bù ▷ 他的病情已逐步好转了。

〈辨析〉"逐渐"强调增大或减小的变化过程的延续性;"逐步"强调增大或减小的速度有明显的阶段性。

〈相关〉渐渐/猛然;骤然

【主意】zhǔ·yi 确定的想法;主见。▷ 是不是出国旅游,他还没有主意。

同 主张 zhǔ zhāng ▷ 比赛时队员不能自作主张,各行其是。

〈辨析〉"主意"指对某些疑难问题提出的解决方法或意见,语意较轻;"主张"是对重要问题提出的系统见解和意见,语意较重。

〈相关〉办法;点子;意见

【嘱咐】zhǔ fù　提醒对方记住应该怎样、不应该怎样。▷ 高考前,老师再三嘱咐我们临场不要慌张。

同 叮嘱 dīng zhǔ ▷ 刚才他叮嘱的事情可不能忘记。

吩咐 fēn fù ▷ 不等妈妈吩咐,我主动把房间打扫干净了。

〈辨析〉"嘱咐"强调提醒,不带强制性;"叮嘱"表示反复叮咛,语意较重;"吩咐"强调指派或命令,带有强制性。

【注意】zhù yì　精神集中于某一方面。▷ 教练注意到小林近来表现有点不正常。

反 忽略 hū lüè ▷ 你们不能忽略来自对方中锋的威胁。

〈辨析〉在表示思想集中与否时,"忽略"与"注意"意思相对。

〈相关〉留心;留意/疏忽

【祝福】zhù fú　指祝人平安和幸福。▷ 祝福您万事如意,合家欢乐。

同 祝愿 zhù yuàn ▷ 祝愿您身体健康,事事如意。

〈辨析〉"祝福"含有礼仪、敬意的意味;"祝愿"含有友好、关心的意味,内容较具体。

【著名】zhù míng　十分有名;出名。▷ 冼星海是我国著名的音乐家。

同 驰名 chí míng ▷ 这就是驰名中外的乌龙茶。

闻名 wén míng ▷ 河北省赵县的汶河上,有一座世界闻名的石拱桥,叫赵州桥。

反 无名 wú míng ▷ 清明节,我们向无名英雄敬献了花圈。

〈辨析〉"著名"形容显著、出名,给人印象深刻;"闻名"指听到的名声;"驰名"指名声传播得很远。"无名"与"著名"意思相对。

【专心致志】zhuān xīn zhì zhì　形容全部精神都集中于某件事上,毫不分心。▷ 我们要创造条件,让教授们专心致志地做好教学和科研工作。

反 心不在焉 xīn bù zài yān ▷ 上课时他心不在焉的,被老师批评了几次。

〈辨析〉在表示思想是否集中时,"心不在焉"与"专心致志"意思相对。

【转移】zhuǎn yí 改换位置,从一方移到另一方。▷ 他把文件转移到表姐家。

同 移动 yí dòng ▷ 台风正向西南方向移动。

〈辨析〉"转移"指位置的变换和情况的改变;"移动"一般只指位置的变换。

【庄重】zhuāng zhòng 言语举止稳重严肃;不随便;不轻浮。▷ 他说话时的语气很庄重。

反 轻浮 qīng fú ▷ 他举止轻浮,说话油腔滑调。

〈辨析〉在形容言语举动是否庄重严肃时,"轻浮"与"庄重"意思相对。

〈相关〉持重;端庄/轻薄;轻狂;轻佻

【装腔作势】zhuāng qiāng zuò shì 为引人注意或吓唬人,故意装出某种腔调,做出某种情态。▷ 访问过冰心奶奶的人都说她没有一点架子,衣着也很随便,说话也不装腔作势。

同 装模作样 zhuāng mú zuò yàng ▷ 看见老师来了,小刚便装模作样地做起功课来了。

〈辨析〉"装腔作势"是以架势来引人注意或吓唬人;"装模作样"重在虚伪不真实,有骗人的意思。

【追究】zhuī jiū 查问、索求缘由或责任等。▷ 煤矿事故屡屡发生,国务院下令一定要追究到底。

同 追查 zhuī chá ▷ 这起严重的考试作弊事件一定要追查个水落石出。

〈辨析〉"追究"指追问事情的缘由与责任,带有责备的意思,涉及人或事;"追查"指以掌握的事实为线索,对整个事件进行调查,主要涉及事。

〈相关〉查问;追问

【准确】zhǔn què 完全符合实际情况或预期要求。▷ 他的跳水动作准确到位、漂亮潇洒。

圆 精确 jīng què ▷ 统计局要求统计结果精确到小数点后五位。

〈辨析〉"准确"指结果完全符合实际或预料;"精确"指结果非常准确,在语意上比"准确"重。

【捉弄】zhuō nòng 戏弄;耍弄,使为难。▷ 他人老实,经常被无端捉弄。

圆 玩弄 wán nòng ▷ 他在发言中,经常玩弄一些外语词汇。

〈辨析〉"捉弄"指开玩笑,使人难堪或吃亏,语意轻;"玩弄"有搬弄、卖弄的意思,对象常常是知识、学问,语意重。

〈相关〉搬弄;卖弄;戏弄

【滋味】zī wèi 味道。一般指美味。▷ 湘菜滋味不错,就是太辣了。

圆 味道 wèi dào ▷ 味道清淡是潮州菜的特色。

〈辨析〉"滋味"指在品尝食品中感受到的味觉;"味道"指物品本身所具有的、使人产生味觉的品质,可以是食品,也可以是其他东西,使用范围比"滋味"广。

【仔细】zǐ xì 细致,周密。▷ 要仔细检验产品质量。

反 马虎 mǎ hu ▷ 他做事马虎,老是出差错。

〈辨析〉在形容工作、学习是否细心时,"马虎"与"仔细"意思相对。

〈相关〉粗糙;粗率;细心/粗心

【自暴自弃】zì bào zì qì 自己糟蹋自己,自己厌弃自己。形容甘心落后,不求上进。▷ 你不该自暴自弃,老师和同学们还是很相信你的。

反 自强不息 zì qiáng bù xī ▷ 在重重压力和困境中,能不气馁、不屈服,自强不息,努力拼搏,这不也是一种素质的体现吗?

〈辨析〉在形容意志是否坚强时,"自强不息"与"自暴自弃"意思相对。

【自发】zì fā 指某项活动在人们并不认识和掌握的情况下,仅由客观必然过程所支配而不自觉地发生。▷ 他们自发地组织起来,晚上在小区四周巡逻。

同 自觉 zì jué ▷ 行人要自觉遵守交通规则。

〈辨析〉"自发"指无意识、不自觉地发生,是一种感性行为或状态;"自觉"指有所认识而且主动参与,是一种理性行为或状态。

〈相关〉自动;自愿

【自命不凡】zì mìng bù fán 自以为不平凡、了不起。▷ 你那自命不凡的毛病不改,就不会有大的进步。

同 夜郎自大 yè láng zì dà ▷ 做人既不应该夜郎自大,也不应该妄自菲薄。

反 自惭形秽 zì cán xíng huì ▷ 在那些有真才实学的专家面前,他有些自惭形秽起来。

〈辨析〉"自命不凡"指自认为比别人高明的感觉,专用于人,使用范围较窄;"夜郎自大"强调无知浅薄、狭隘闭塞,除用于人,还可用于国家、集团、单位等,使用范围广。"自惭形秽"与"自命不凡"意思相对。

〈相关〉妄自尊大/妄自菲薄

【自食其果】zì shí qí guǒ 形容做了坏事或蠢事,结果害了自己。▷ 现在是他们自食其果的时候了。

同 自作自受 zì zuò zì shòu ▷ 落到今天这个地步,他完全是自作自受。

〈辨析〉"自食其果"比喻自己做坏事后自己承担恶果,语意较重;"自作自受"指自己做错事使自己倒霉、受罪、承担后果,语意较轻。

〈相关〉咎由自取;罪有应得

【**自食其力**】zì shí qí lì 依靠自己的劳动养活自己。▷ 由于有关部门的通力协作,这些伤残人员也能够自食其力了。

反 **不劳而获** bù láo ér huò ▷ 他那篇文章抄自一本杂志,这种不劳而获的剽窃行为是可耻的。

〈辨析〉在表示人的生存状态方面,"不劳而获"与"自食其力"意思相对。

〈相关〉自力更生/坐享其成

【**踪影**】zōng yǐng 被寻找对象的踪迹和形影。▷ 一连几天谁也没见到他的踪影。

同 **踪迹** zōng jì ▷ 考察队员几天搜寻下来并没有发现野象的踪迹。

〈辨析〉"踪影"指实在的印记,也可指不实在的行踪,除用于人或动物外,还可用于其他事物;"踪迹"指人或动物留下的实在的脚印或行迹,只能用于人或动物。

〈相关〉行迹;行踪

【**阻挡**】zǔ dǎng 阻止;拦住;使不能通过。▷ 谁也不能阻挡中国人民前进的步伐。

同 **阻挠** zǔ náo ▷ 他们排除各种阻挠,勇敢地投入支援边疆的活动中去。

〈辨析〉"阻挡"强调拦住,不使其前进;"阻挠"指设置困难,阻止其前进。

〈相关〉阻止

【**坐井观天**】zuò jǐng guān tiān 比喻眼光狭小,所见有限。▷ 幸好我不是坐井观天,你说的这些事情我都知道。

[同] 管中窥豹 guǎn zhōng kuī bào ▷ 尽管只看了两个学校,但管中窥豹,对这个学区的教学情况,我们已略知一二。

[反] 见多识广 jiàn duō shí guǎng ▷ 这些人从小走南闯北,见多识广,有比较强的适应能力。

〈辨析〉"坐井观天"比喻视野小、见识短浅,主观色彩较浓;"管中窥豹"比喻看不到全貌,所见只是事物的一部分,只是片面了解。"见多识广"与"坐井观天"意思相对。

〈相关〉略见一斑/井底之蛙